投融资系列丛书

中国企业"走出去"

海外绿地项目投融资实务与案例

沈光伟 谢智慧 金霄 ◎ 编著

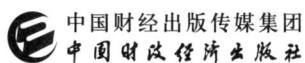

中国财经出版传媒集团
中国财政经济出版社

·北京·

图书在版编目（CIP）数据

中国企业"走出去"：海外绿地项目投融资实务与案例 / 沈光伟，谢智慧，金霄编著． -- 北京：中国财政经济出版社，2024.7
（投融资系列丛书）
ISBN 978 - 7 - 5223 - 2973 - 4

Ⅰ. ①中… Ⅱ. ①沈… ②谢… ③金… Ⅲ. ①企业 - 海外投资 - 研究 - 中国②企业融资 - 研究 - 中国 Ⅳ. ①F279.23

中国国家版本馆 CIP 数据核字（2024）第 059291 号

责任编辑：贾延平	责任校对：胡永立
封面设计：陈宇琰	责任印制：党　辉

中国企业"走出去"——海外绿地项目投融资实务与案例
ZHONGGUO QIYE "ZOUCHUQU"
——HAIWAI LYUDI XIANGMU TOURONGZI SHIWU YU ANLI

中国财政经济出版社 出版

URL：http：//www.cfeph.cn
E - mail：cfeph@ cfeph.cn
（版权所有　翻印必究）
社址：北京市海淀区阜成路甲 28 号　邮政编码：100142
营销中心电话：010 - 88191522　编辑部电话：010 - 88190957
天猫网店：中国财政经济出版社旗舰店
网址：https://zgczjjcbs.tmall.com
中煤（北京）印务有限公司印刷　各地新华书店经销
成品尺寸：170mm×240mm　16 开　25.5 印张　356 000 字
2024 年 7 月第 1 版　2024 年 7 月北京第 1 次印刷
定价：96.00 元
ISBN 978 - 7 - 5223 - 2973 - 4
（图书出现印装问题，本社负责调换，电话：010 - 88190548）
本社质量投诉电话：010 - 88190744
打击盗版举报热线：010 - 88191661　QQ：2242791300

序一

自2020年以来,新冠疫情的暴发以及俄乌冲突的持续,导致全球地缘政治和治理格局加速演变。同时,全球经济增长动能不足,部分国家债务高企,给中资企业的海外投资和融资带来前所未有的挑战。

沈光伟先生是我的好友和同事,他从事海外投融资业务30余年,是我国第一批"走出去"的"老海外"。长期的一线工作经历,使他在国际承包和对外投融资领域积累了丰富的工作经验和业绩。

目前正值全球政治经济格局经历深刻变革之际,本书的出版恰逢其时。本书不仅系统地梳理了全球外国直接投资的发展趋势,详细介绍了国内外金融机构及其产品,深入探讨了不同融资模式的特点和适用范围,还结合中国企业在海外绿地投资中的实际案例,深入分析了融资难题及其应对策略,为企业选择合适的融资方案提供了科学依据。

特别值得一提的是,书中给出的海外绿地投资项目融资可行性分析框架,不仅系统全面,而且具有很强的实用性。该框架可通过国家风险分析、项目投资架构合理性分析、担保措施和能力分析等多个维度帮助企业全面评估项目的融资可行性，降低开发成本，提高融资工作效率。

书中的案例取自具体项目的融资实战，为读者提供了真实的学习素材。从东南亚水电项目到北美洲高速公路项目，每个案例都详细描述了项目融资的可行性分析、推进思路及实际操作流程。只有沈先生组建的这个既具有深厚的专业功底和独到的眼光，又拥有丰富的实践经验的团队，才能将这样精准实用的案例及其分析呈现给大家，为企业提供情景式可借鉴的经验，为读者提供宝贵的参考。

在国际工程市场开发难度不断加大，项目融资变得异常艰难的背景下，本书将成为企业破解海外投资融资难题的一把钥匙。本书的出版将为中国企业深入全球化进程提供强有力的支持，因为它不仅是一本理论与实践相结合的专业书籍，更是一本充满智慧与洞见的实战指南。作为一名长期从事海外投资管理的实践者，我诚挚地推荐这本书，相信这本书一定能给所有正在或计划进行海外投资的企业和个人以巨大的帮助。

最后，感谢作者将多年积累的宝贵经验和知识凝结成书，以飨读者，并为中国企业在全球市场上的奋进与发展贡献力量。

吕泽翔

2024 年 6 月

序二

人生如旅，茫茫商海中能够遇见一位良师益友，实乃一大幸事。在我跨入外经贸领域的初期，曾因对行业的陌生而徘徊困惑，工作举步维艰。就在我困惑之际，沈光伟先生凭借其多年海外项目的从业经验，帮助我迅速融入并打开了市场，使我在短时间内得以成长，并逐渐在业内获得一席之地。

回忆起那段共同奋战的岁月，我依然感动不已，钦佩之情油然而生。那时，他多次陪我拜访客户，并以专业的见解和沉稳的谈吐赢得了客户的信赖，也让我的业绩节节攀升。

一直以来，他始终站在行业的前沿，为众多企业提供融资咨询服务，不断积累丰富而宝贵的案例经验，并利用周末时间研读反思，撰写心得，力求将实践中的每个亮点都化作文字，形成对行业的深刻理解和智慧的结晶。如今，他将数十年的实践经验全都倾注于这本书中，就是想把最真实、最实用的知识和经验传递给读者。

这本书不仅总结了他的职业生涯，也为跨境投资融资领域作出了重要贡献。书中所涵盖的内容，既有理论的深度，又有实战的广度，在海外市场的融资策略和操作方面，能为企业和从业人员提供极具参考价值的指导。本书一定会成为跨境投资从业者的案头必备，也肯定能帮助更多人在复杂的国际市场中找到方向，抓住机遇。

从个人角度而言，这次能为本书写序，我感到无比荣幸。作为曾经的受益者，我深知本书的分量，也深知沈光伟先生对行业的热爱和执着。

正如古人所云："学然后知不足，教然后知困。"他的求知若渴和无私奉献，正是这句话的最佳诠释。他不仅在不断自我提升，也在用自己的力量推动行业进步。

愿本书能在跨境投资融资领域指引更多企业在出海大潮中收获成功。

王福俭

2024 年 6 月

前言

2023年，全球地缘政治冲突持续发酵，俄乌冲突、巴以冲突以及部分国家地区持续动荡，严重影响了基础设施建设市场的发展。虽然冲突过后的重建将带来大量基础设施建设需求，但短期来看，地区冲突仍将持续，这使长期大规模的基础设施投资和建设变得更为困难。

在各国经济复苏缓慢、全球供应链加速重构等背景下，国际工程市场开发难、项目融资难、合同生效难的局面仍会持续一段时间。面对上述挑战，中国企业对外投资仍然展现出强劲的增长势头。我国商务部公布的数据显示，2023年，中国对外非金融类直接投资累计9169.9亿元，同比增长16.7%（折合1301.3亿美元，同比增长11.4%）。

在外部环境恶化、经济发展动力不足的影响下，中资企业海外投资发展遇到瓶颈，而海外投资项目的债务融资问题尤其突出。如何破解项目融资难题，是当前中国对外经济合作企业面临的重要挑战。

从业务模式上看，海外投资包括绿地投资、跨境并购等，从资金来源上分析，股权融资和债务融资同等重要，因此，在进行海外投资时，利用资本市场和信贷市场筹集资金，是一个非常复杂的工程。不同的项目因为国别不同、投资主体不同、行业不同、投资架构不同，其融资模式千差万别，如何准确抓住海外投资项目融资工作的主线，快速组织资源为融资工作服务，是每个企业面临的首要问题。

中国企业实施对外投资的信用主体有四类：一是主营业务为投资的国有大型企业集团和财团等；二是国有大型技术装备企业集团的海外投资平台和国有大型施工企业集团的海外投资平台；三是主营业务为工程咨询、装备制造、工程施工的大型国有企业；四是大型民营实体企业和上市公司等。

后两类企业在向"投融建营一体化"转型，以投资带动工程承包，以投资拉动产品销售的过程中，存在对金融政策了解不够、对金融资源掌握不足、对融资模式了解不多、对绿地项目债务融资业务缺乏实践思考等问题。

本书从对外投资业务面临的融资问题入手，分析了中资企业海外投资、融资工作的短板及其面临的具体问题，给出建议方案，并针对以上工作短板，系统介绍了相关金融政策，国内外金融机构、金融产品及业务特点等。在此基础上，本书还提出了面向海外投资项目的融资可行性分析框架，并结合案例对框架应用中涉及的各类指标进行了说明，使企业在面对绿地项目融资时，可以利用此框架快速进行融资可行性分析，降低融资类项目的前期开发成本，提高融资工作效率。

本书收集整理了不同类型的典型案例，如中资企业对外全资/

控股投资、小额参股投资、"预付款+建设期延付+再融资"模式融资、出口买方信贷（EPC+F）项目以转贷方式融资、以收购股权或增资方式进入项目公司的方案分析、投资人资信状况直接影响项目融资关闭，以及在美联储持续加息的情况下，通过债务重组降低融资成本等。本书展现的市场开发策划及融资可行性分析框架，能够让企业按图索骥，掌握融资可行性分析框架的使用方法。针对当前海外基础设施建设领域政府投资项目逐渐减少、私人投资项目不断增加的客观现实，本书利用典型案例分析了中国出口信用保险公司（以下简称"中国信保"）的信用保险产品，力求通过市场策划、融资可行性分析和预判，以及项目属地/境外融资等措施破解绿地项目融资难、合同生效难等问题。

为方便读者在实际工作中使用，书后还附了相关金融支持政策、各类金融机构产品及服务介绍。

本书的三位作者分别供职于大型央企、著名院校和上市公司，他们既有国际承包、对外投资、国际商务和融资以及海外人力资源管理的工作实践，又有与国内外银行、保险公司和基金等金融机构合作的业绩，并且在从事项目管理、业务咨询和培训的过程中，积累了丰富的工作资源和案例。此次三位作者将自己工作中的一些经验和感悟汇集出版，就是希望为中资企业解决海外投资、融资难题略尽绵薄之力。

在本书的写作过程中，我们得到了中国出口信用保险公司王福俭先生，中国国际工程咨询有限公司张辉先生，中国能建国际集团杨洪胜先生、张敏女士，以及部分企业、金融机构同行的大力支持和帮助。王福俭先生还承担了本书的审校工作，在整个写作过程中，上述专家给我们提出了很多好的意见和建议，在此一并表示感谢！

目前，市场上专门介绍海外投资融资的图书并不多见，本书围绕中资企业海外绿地投资业务的融资诉求，介绍了金融机构的产品和服务，并对绿地项目债务融资可行性分析及预判给出了具体方向，为"走出去"企业的一线工作人员提供了快速判断融资可行性的方法。希望本书的出版，能够给中资企业对外投资和融资工作提供有价值的参考。

编著一本顺应后疫情时代的海外投融资方面的优质图书，是一项富有挑战性的工作，我们深感责任重大。尽管我们已尽所能，但由于能力有限，书中一定会存在这样那样的疏漏和不足，恳请各位专家和广大读者指正。

作者

2024 年 6 月

目录

第一章　海外投资现状及融资影响因素 …………………………… 1
　第一节　全球外国直接投资概览 ………………………………… 1
　　一、全球外国直接投资发展回顾 ……………………………… 1
　　二、全球外国直接投资影响要素 ……………………………… 4
　第二节　我国海外投资发展概况 ………………………………… 6
　　一、我国对外直接投资发展回顾 ……………………………… 6
　　二、我国海外直接投资影响要素 ……………………………… 9
　第三节　我国企业海外绿地投资融资面临的挑战 ……………… 11
　　一、全球跨境私人投资融资发展趋势 ………………………… 11
　　二、我国海外投资主体、主要行业和融资方式 ……………… 15
　　三、海外绿地投资项目融资影响因素简析 …………………… 17
　　四、我国企业海外投资融资面临的挑战 ……………………… 20

第二章　海外投资支持政策及金融资源 …………………………… 32
　第一节　海外投资金融资源概览 ………………………………… 32
　第二节　国内政策性金融机构 …………………………………… 33
　　一、中国出口信用保险公司 …………………………………… 34
　　二、中国进出口银行 …………………………………………… 35
　　三、国家开发银行 ……………………………………………… 36

第三节　海外投资基金 ··· 38
　　　一、丝路基金 ··· 38
　　　二、中拉合作基金 ··· 39
　　　三、中拉产能合作投资基金 ··· 39
　　　四、中非产能合作基金 ··· 40
　　　五、中国一中东欧投资合作基金 ······································· 40
　　第四节　多边和国外金融机构 ··· 40

第三章　海外绿地投资融资模式 ··· 42
　　第一节　海外绿地投资股权融资模式 ····································· 43
　　　一、公司融资模式 ··· 44
　　　二、股权基金融资模式 ··· 45
　　　三、发债融资模式 ··· 48
　　　四、上市公司增资模式 ··· 53
　　第二节　海外绿地投资债务融资模式 ····································· 54
　　　一、出口信贷概述 ··· 54
　　　二、出口买方信贷 ··· 56
　　　三、出口卖方信贷 ··· 60
　　　四、再融资贷款 ··· 64
　　　五、伊斯兰融资 ··· 67
　　　六、项目融资 ··· 69
　　　七、跨境担保融资 ··· 76
　　　八、融资租赁 ··· 81
　　　九、公司融资 ··· 87
　　　十、银团贷款 ··· 90

第四章 海外绿地投资交易架构设计 ... 94

第一节 海外投资交易架构设计相关要素 ... 94
一、海外投资交易架构设计的相关概念 ... 94
二、交易架构影响因素简析 ... 99
三、投资类型与交易架构的关系 ... 103

第二节 海外投资交易架构设计原则 ... 104
一、税务优化原则 ... 104
二、监管合规原则 ... 106
三、操作便捷原则 ... 107
四、资本安全原则 ... 108

第三节 海外绿地投资交易架构分析框架 ... 109
一、海外投资交易架构分析框架概览 ... 109
二、投资主体三层架构及目的地选择 ... 110

第五章 海外绿地投资项目融资可行性分析框架 ... 112

第一节 海外投资融资可行性分析框架概述 ... 112
一、融资可行性分析框架的提出 ... 112
二、融资可行性分析框架的价值 ... 113
三、融资可行性分析框架的结构 ... 114

第二节 国家风险分析 ... 116
一、国家风险分析的基本内容 ... 116
二、国家风险对海外绿地投资项目的影响 ... 117
三、投资人识别和管控国家风险的思路 ... 118

第三节 项目投资架构合理性分析 ... 119

第四节 担保措施和能力分析 ... 120
一、主权担保 ... 121
二、金融机构担保 ... 123

三、商业担保 …………………………………………………… 124
　　四、其他抵押质押担保方式 …………………………………… 124
　第五节　项目可行性分析 ………………………………………… 124
　　一、合规性分析 ………………………………………………… 125
　　二、经济可行性分析 …………………………………………… 125
　　三、技术可行性分析 …………………………………………… 130
　第六节　项目相关方资信状况及履约能力分析 ………………… 130
　　一、发起人实力与资信状况分析 ……………………………… 130
　　二、承包商履约能力分析 ……………………………………… 131
　　三、其他参与方资信状况与能力分析 ………………………… 132
　第七节　项目整体风险分析 ……………………………………… 133
　　一、法律风险分析 ……………………………………………… 133
　　二、外汇风险分析 ……………………………………………… 134
　　三、环保风险分析 ……………………………………………… 135
　第八节　融资可行性分析框架应用 ……………………………… 135
　　一、利用融资可行性分析框架前的准备工作 ………………… 135
　　二、利用融资可行性分析框架的步骤 ………………………… 144
　　三、基于融资的海外绿地投资项目开发建议 ………………… 145

第六章　海外绿地投资项目融资案例 ……………………………… 147
　第一节　投资中巴经济走廊项目融资案例 ……………………… 148
　　一、项目概况 …………………………………………………… 148
　　二、项目融资可行性简析 ……………………………………… 149
　　三、项目融资工作推进思路 …………………………………… 155
　　四、项目融资工作小结 ………………………………………… 157
　第二节　孟加拉国达卡机场高架路项目融资案例 ……………… 158
　　一、项目概况 …………………………………………………… 158
　　二、项目融资可行性简析 ……………………………………… 159

三、项目融资工作推进思路……………………………… 164
四、项目融资工作小结…………………………………… 167

第三节 "预付款＋建设期延付＋再融资"模式典型案例 …… 169
一、项目概况……………………………………………… 169
二、融资可行性分析……………………………………… 170
三、项目融资工作推进相关思路………………………… 177
四、项目融资工作小结…………………………………… 187

第四节 以 BOOT、PPP 模式实施对外投资典型案例 ……… 196
一、项目概况……………………………………………… 196
二、融资可行性分析……………………………………… 198
三、项目融资工作推进相关思路………………………… 206
四、项目融资工作小结…………………………………… 213
五、对海外投资项目融资的几点思考…………………… 214

第五节 牙买加高速公路 BOT 项目投融资及再融资案例 … 224
一、项目概况……………………………………………… 224
二、项目可行性分析……………………………………… 226
三、项目融资工作推进相关思路………………………… 231
四、项目融资工作小结…………………………………… 235

第六节 以收购股权或增资方式进入项目公司方案分析…… 236
一、项目概况……………………………………………… 237
二、项目融资可行性简析………………………………… 238
三、项目融资推进相关工作思路………………………… 241
四、承包企业参股投资类项目开发融资建议…………… 245
五、项目融资工作小结…………………………………… 249

第七节 提升投资人资信水平实现 IPP 项目融资关闭案例 … 254
一、项目概况……………………………………………… 254
二、项目融资可行性分析………………………………… 255
三、项目融资工作推进思路……………………………… 260

四、项目融资工作小结……263

第八节 投资人资信状况不佳影响项目融资关闭案例……265
　　一、项目概况……265
　　二、项目融资可行性……266
　　三、项目融资推进相关工作思路……270
　　四、项目融资工作小结……277

第九节 古巴水电站项目采用"转贷"方式融资案例……279
　　一、项目概况……280
　　二、项目融资可行性简析……280
　　三、项目融资推进相关工作思路……285
　　四、项目融资工作小结……288

附录……294

附录一 多边金融机构……294
　　一、世界银行……294
　　二、亚洲基础设施投资银行……304
　　三、亚洲开发银行……305
　　四、非洲开发银行……307
　　五、欧洲复兴开发银行……308
　　六、美洲开发银行……310
　　七、伊斯兰开发银行……310
　　八、加勒比开发银行……311

附录二 出口信用保险机构……312
　　一、多边投资担保组织……313
　　二、官方出口信用保险机构……314

附录三 国外商业银行……324
　　一、渣打银行……324
　　二、汇丰银行……326

三、星展银行 ……………………………………………… 327
　　四、德意志银行 …………………………………………… 328
　　五、荷兰银行 ……………………………………………… 329
　　六、桑坦德银行 …………………………………………… 330
　　七、法兴银行 ……………………………………………… 331
附录四　主要评级机构 …………………………………………… 332
附录五　投资者-国家争端解决机制 …………………………… 335
附录六　《联合国承认及执行外国仲裁裁决公约》 ……………… 339
附录七　《纽约公约》缔约国名单 ………………………………… 344
附录八　《关于解决国家与他国国民之间投资争端公约》 ……… 351
附录九　《ICSID公约》缔约国名单 ……………………………… 369
附录十　与我国签订的避免双重征税协定的国家和地区名单 …… 375

参考文献 ………………………………………………………… 382

第一章

海外投资现状及融资影响因素

海外投资是企业参与国际化的重要商业模式，是全球经贸活动的重要组成部分，也是一个国家经济发展到一定阶段的重要表现。本章简要介绍全球和我国对外投资概况和跨境投资融资发展趋势，分析企业海外投资过程中的各类影响因素，尤其是海外绿地投资融资面临的挑战。

第一节　全球外国直接投资概览

为了让读者能够全面了解外国直接投资全貌，本节通过对全球外国直接投资流量和存量历史数据的分析，回顾全球海外直接投资历史，总结海外直接投资的驱动因素，结合当前全球政治经济形势，分析未来海外直接投资的发展趋势。

一、全球外国直接投资发展回顾

外国直接投资（Foreign Director Investment，FDI）是指外国投资者依据东道国法律在东道国以创立新企业或增加资本扩展原企业，或收购其他企业的方式开展的投资活动。此类投资活动通常涉及长期的商业关系。外国直接投资是国际贸易发展到一定阶段的产物，企业通过对外直接投资，在全球范围内提高了资源的配置效率，提升了创新速度，对世界和各国的经济发展产生了积极的影响，已经成为经济全球化的重要组成部分。1970—2022年全球跨境直接投资存量和流量①情况如图1-1所示。

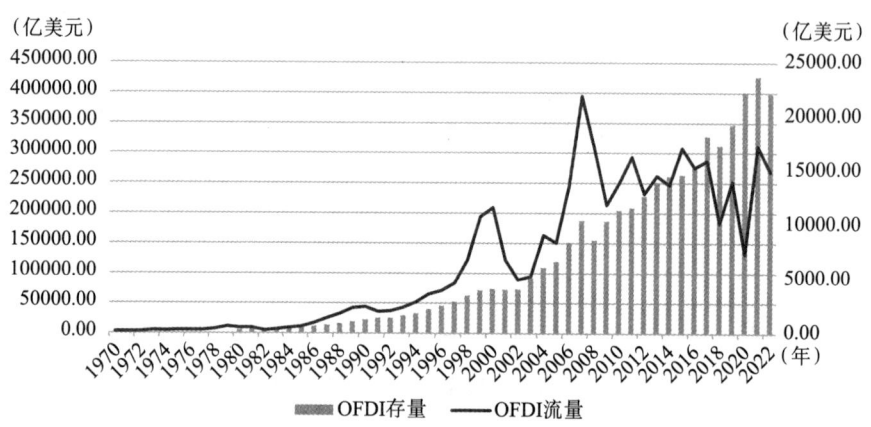

图1-1　1970—2022年全球跨境直接投资流量和存量统计

数据来源：联合国贸发会议；根据历年《世界投资报告》整理。

20世纪七八十年代，随着全球产业转移、全球化和国际化分工的不断深化，以有效利用当地生产要素、大幅降低成本、获取超额利润为目的的对外投资迅速发展。1970—1980年，这一时期的全球对外直接投资流量相对较小。1970年，全球对外直接投资流量142亿美元，到了1980年就达到516亿美元，10年增长了3.6倍；而到了1990年，则达到了2439亿美元，10年增长近5倍。1991年《世界投资报告》显示，1980—1989年，对外直接投资的主要资本流出国为发达国家，占比分别高达98.4%（1980—1984年的平均值）和96.8%（1985—1989年的平均值），其中，美国、英国、日本、德国和法国5个主要发达国家合计的资本流出占比分别为69.8%（1980—1984年的平均值）和69.1%（1985—1989年的平均值），而发展中国家的对外直接投资仅占1.6%（1980—1984年的平均值）和3.2%（1985—1989年的平均值）。这一时期，全球跨境投资快速发展，

---

① 除特别注明外，投资存量和流量均指流出量（outflow FDI）。

特点是基数小、增长快、总体规模相对较小。

20世纪的最后10年，是全球生产扩张最快的十年，全球跨境直接投资发展势头不减，尤其是在1999年，投资流量首次突破1万亿美元大关。

首先，发达国家和发展中国家跨境直接投资均有长足的发展，全球各国对外投资大幅增长。1999年，发达国家对外直接投资流量依然是对外投资流出量的主体，约9560亿美元，占当年全球流量的约93%；发展中国家投资流量则约736亿美元，虽然绝对数据依然较小，仅占全球对外直接投资流量的约7%，相比1991年，其占比已翻倍，有了非常大的改观。

其次，全球大型跨国公司的海外直接投资快速发展，不但发达国家的大型跨国公司积极参与海外直接投资，发展中国家的企业，以及一些中小企业也都在寻求更加国际化的发展。2000年的《世界投资报告》统计数据显示，国际化企业从20世纪60年代的大约7000家，增长到90年代的40000家，30年后增长了接近6倍。越来越多的企业涉足海外直接投资业务，也在一定程度上促进跨境直接投资规模扩大。同时，这一时期，各国也在为跨境投资提供更自由和便利的环境，投资政策异常宽松，也是促进对外直接投资快速增长的重要因素。统计数据显示，促进外资政策从1991年的80个，增加到1999年的131个，而不利于投资的政策则由1991年的2个，仅增加到1999年的9个。这一时期，海外直接投资对全球资本形成总量的影响达到14%，而20年前仅为2%。投资存量与世界GDP的比重也从5%上升到16%。

进入21世纪，随着全球化进一步深入，以中国为代表的一些发展中国家经济快速增长，在利用外国直接投资提升自身能力的同时，对外直接投资规模也不断扩大，全球跨境投资总体上呈上升态势，尤其是2007年，全球跨境投资达到创纪录的2.2万亿美元。21世纪的头20年，由经济和技术力量驱动的国际化大规模协同生产制造以及相关服务的规模不断增长，全球产业和经贸合作进一步深化，是促使外国直接投资规模快速增长的重要原因。此外，参与国际化经贸合作的世界各国在获得巨大红利的背景下，为提高竞争力，纷纷出台更受欢迎的外国直接投资自由化政策，进一步推动国际资本跨境流动。尤其是在发展中国家，在技术变革和更自由、更紧密的市场背景下，跨国公司在发展中国家出口竞争力中的作用依然明显。这一时期，发达国家依然是对外直接投资主力，但发展中国家的对外直接投资发展较快，即便在海外直接投资流量最高点的2007年，发展中国家对外直接投资流出量也占到了12%，而在2009年则占到了21%。此外，全球气候变化引起各国普遍关注，同时联合国发布了可持续发展报告，各国企业的社会责任得到增强，投资更多转向低碳和可持续发展领域。值得注意的是，进入21世纪，全球外国直接投资经历了三次大幅下降。2002年，受全球经济疲软、股市表现不振等因素的影响，全球外国直接投资连续两年大幅下滑，全球外国直接投资流量从1999年的1万多亿美元下降到2002年的不足5000亿美元，降幅超过50%；受2008年国际金融危机的影响，连续两年外国直接投资流量大幅下降，到2009年，外国直接投资从高点的2.1万亿美元降至1万亿美元，跌幅达到50%；2020年，受新冠疫情影响，全球外国直接投资从2019年的1.4万亿美元，下降到7319亿美元，跌幅也接近一半。

2023年6月，联合国贸发组织（UNCTAD）发布的2023年《世界投资报告》显示，2022年全球外国直接投资下降了35%，从2019年的1.5万亿美元降至1万亿美元。主要原因是新冠疫情导致的封锁减缓了现有投资项目，而经济衰退的前景迫使跨国企业重新评估新项目。面对当前严峻的经济形势，中国的对外工程承包企业如何破解国际市场开发难、融资难、合同生效难的问题，已成为业内关注的重点。

二、全球外国直接投资影响要素

外国直接投资是经济全球化、技术发展的产物，对于资本流出国来说，是全球配置资源、提高生产效率的有效手段。外国直接投资的发展也与稳定的政治格局、有效的全球治理体系有密切关系。同时，发展中国家也是全球外国直接投资获益者，发展中国家的经济增长也为全球外国直接投资增长贡献了力量。此外，全球金融体系的不断完善，金融服务的支持，也是全球海外直接投资50多年发展的核心动力。

（一）企业追求高利润是外国直接投资不断发展的主要因素

一些研究人员对外国直接投资的动因、投资方式等进行了深入研究，从全球外国投资几十年的发展情况看，影响外国直接投资的因素不但包括全球经济情况，还包括各国的政策，更包括全球资本的供给情况。比较优势理论、产品生命周期理论、垄断优势理论、区域优势理论等研究成果，从不同的方面，对外国直接投资的动因和发展进行了论述，也充分证明了外国直接投资是经济发展的必然。

（二）宽松的监管环境为全球海外直接投资提供了支撑

全球化是世界和各国经济发展到一定阶段的必然趋势，各国为发展自身经济，希望更多的外国资本促进本国产业发展。《世界投资报告》显示，虽然在某些阶段外资监管有一定的收紧，但自由化和放松监管政策是大的发展趋势，为全球外国直接投资注入了更多活力，促使外国直接投资规模不断扩大。

（三）稳定的国际环境支持外国直接投资健康发展

第二次世界大战以来，即便在一些区域发生武装冲突，但和平和发展一直是主基调，这为全球经济的持续发展提供了良好的环境，使投资人对这种长周期回报的海外投资充满信心。同时，良好和稳定的国际政治经济治理架构、便捷的金融结算体系等，都为海外直接投资提供了支撑，促进了全球外国直接投资的稳定发展。

2020年以来，受新冠疫情、逆全球化思潮等影响，全球海外直接投资遇到障碍。一是外国直接投资流量出现大幅波动，全球经济复苏乏力，影响投资人决策。二是受大国竞争等因素影响，全球外资监管政策收紧。虽然2022年有所好转，但政策收紧对全球外国直接投资信心有所影响。

三是受俄乌冲突久拖不决、地缘冲突迭起、部分国家政治稳定性下降等影响，一些外国直接投资存在较大的不确定性。四是美元加息升值，造成美元回流，成本高企，以美元计价或作为主要投资和结算货币的投资项目，受到不同程度的影响。

第二节　我国海外投资发展概况

自2001年我国加入世贸组织（WTO），特别是提出"一带一路"倡议以来，我国海外投资业务实现了历史性转变。本节将回顾我国海外直接投资历史，分析我国对外直接投资流量和存量历史数据及我国海外直接投资的影响因素。

一、我国对外直接投资发展回顾

中国的对外直接投资始于改革开放以后。外贸公司凭借自身的外贸特许经营许可，国际经济技术合作公司利用国际经济合作与对外经济援助业务，成为中国对外投资的先行者。这一时期，中国企业尚不具备明显的对外投资优势，加之外汇短缺，国家在外资政策的运营方向上主要偏重对外引资，并不鼓励对外直接投资，此时，我国海外投资非常少。1985年以后，政府逐步意识到对外投资对于经济体制改革、产业升级、增强企业竞争力的推动作用，先后制定了对外直接投资审批管理办法等规章制度。1987年，国务院正式批准了企业国际化经营，进一步加快了中国企业对外直接投资的步伐。这一时期政府日益重视对外直接投资，各种对外投资的规范性政策和制度得到了健全和完善；企业也在加大对外投资的力度，对外投资的业务流程和机制得到确立。与此同时，企业多元化经营的趋势逐步增强，有相当数量的国有大型企业积极向外投资，开展跨国经营。这一时期，对外投资主体多为贸易型企业，主要是建立海外的销售体系，以新建方式为主。中国加入世贸组织以前,中国的对外投资总体流量小,存量更小。中国于 2002 年建立了《对外直接投资统计制度》,当年,中国对外直接投资流量仅有 27 亿美元。2003—2022 年我国对外直接投资流量和存量情况如图 1-2 所示。

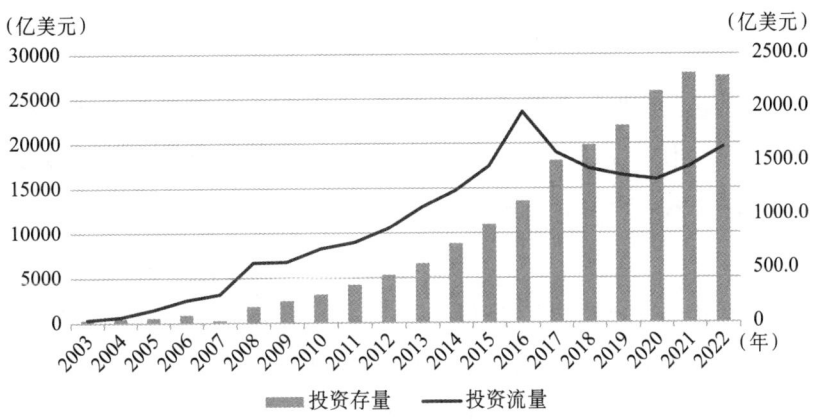

图 1-2　2003—2022 年我国对外直接投资流量和存量统计

数据来源:商务部、国家统计局。

2001 年,中国加入世贸组织,"走出去"战略写入《国民经济和社会发展第十个五年计划纲要》。随着中国企业的成长壮大和现代企业制度的建立,在中国 GDP 规模不断扩大和外汇储备高速增长的背景下,中国对外直接投资稳定、高速、持续增长,海外投资成为企业国际化和国内产业结构调整的重要手段和有效方式。同时,中国加入世贸组织为中国企业迈向国际市场、参与国际竞争、与国际经济秩序接轨创造了高效、透明的国际环境。此后,中国企业对外投资增速明显加快,除出口贸易外,海外投资和对外承包工程业务也快速发展。这一阶段中国企业的对外投资,更多的是以获取资源和市场为主,采矿和能源行业逐步增多,占对外投资比例较大;从投资主体看,以央企和一些小型民营企业为主;投资形式多样,行业分布广泛,通过收购、兼并实现的直接投资占投资额的比重较大。部分大型企业(中石化、中石油等)专业化、规模化的海外经营,使其能够在更大范围内优化资源配置,并形成优势。从相关部门的统计数据看,这一时期中国企业的对外投资规模稳步提升，且年增长率较高，但大部分企业的海外直接投资规模依然较小，三分之二的企业的投资规模小于500万美元。此外，虽然中国对外投资流量增长较快，但中国企业的海外投资流量依然较低，存量不高，2008年中国对外投资首次突破500亿美元，对外投资存量1839.7亿美元。

2008年国际金融危机爆发以后，中国资本纷纷进入国际市场，对外投资进入快速发展期。尤其是在2015年，中国的对外投资首次超过利用外资，成为资本净流出国。此时，中国对外投资流量依然保持较高的增速，投资存量不断提升。中国对外投资的快速发展，主要得益于以下三个方面：

一是国家在"走出去"总体战略方面不断强化和鼓励对外投资。在对外投资管理体制方面，政府相关部门不断深化境外投资的管理改革，为中国企业对外投资提供了一个便利化的环境。

二是国家大力推动"一带一路"建设，有力地促进了中国企业的海外投资发展。受"一带一路"国家基础较差、风险较高的影响，中国海外投资在该区域的投资流量和流量都比较小。随着"一带一路"建设的进一步推进，国家层面的双多边促进工作的深入展开，部分重点国家、重点领域的合作机会不断涌现，企业在"一带一路"建设大背景下的投资也不断拓展。从2017年的统计数据看，这一区域的投资占比已经有所提升。"一带一路"市场成为中国企业海外投资的重要区域。

三是企业实力不断提升，对外投资意愿和能力不断增强，促进海外投资发展。随着海外投资规模的不断扩大，企业在投资模式以及风险应对方面积累了丰富的经验。结合自身的发展需要，加强海外市场开拓，企业在投资模式和区域选择方面更加自信，也有力地促进了海外投资的发展。2016年，中国的对外投资流量为1961.5亿美元，仅次于美国，世界排名第二；对外投资存量虽然与美国等发达国家相比还有一定的差距，但已经有了很大提升，世界排名第六位，中国已经成为资本净流出国。从2017年开始，针对海外投资部分项目资产状况不佳、盈利能力不强、投资回报率偏低、决策缺乏规范和非理性投资等问题，相关部门加强政策调控，密集出台了一系列政策，通过对相关文件的解读，我们不难发现，监管部门在肯定成绩、鼓励对外投资的基础上，对海外投资提出了更高的要求：在关注外部风险的同时，开始关注对国内的影响（内部风险）；在关注投资规模的同时，更关注投资效益和质量。商务部数据显示，2017年中国对外投资受政策监管影响，全年流量约为1200.8亿美元，同比下降29.4%，是实施"走出去"发展战略以来，中国对外投资出现的首次回调，对外投资基本回归至与国内经济发展阶段相适宜的水平，非理性投资得到初步遏制。2018—2019年，中国对外直接投资降幅收窄，总体相对稳定。

2020年以来，虽然受新冠疫情、外部监管、中美竞争和地缘冲突等因素的影响，我国对外直接投资依然呈现持续向好态势，投资流量持续扩大。2022年中国全行业对外直接投资1465亿美元，较2021年同期增长0.9%；非金融类对外直接投资1168.5亿美元，同比增长2.8%，其中，对"一带一路"国家非金融类直接投资209.7亿美元，同比增长3.3%。我国海外直接投资发展态势良好，但企业海外投资融资面临一定的挑战，值得关注。

2023年，我国全行业对外直接投资10418.5亿元人民币，比2022年增长5.7%（以美元计为1478.5亿美元，增长0.9%）。其中，我国境内投资者共对全球155个国家和地区的7913家境外企业进行了非金融类直接投资，累计投资9169.9亿元人民币，增长16.7%（以美元计为1301.3亿美元，增长11.4%）。

二、我国海外直接投资影响要素

中国加入世贸组织以来，海外直接投资持续健康发展，海外直接投资流量和存量屡创新高，已经成为发展中国家对外投资大国。我国海外直接投资迅速发展，既有企业为了自身发展拓展海外市场的主观动力，也有外部项目资源好以及发展环境比较宽松等有利条件。总的来说，有如下五方面的因素促进我国企业海外直接投资。

（一）我国经济发展到一定阶段，促进海外投资发展

改革开放以来，我国经济快速发展，尤其是加入世贸组织以后的不到20年的时间，中国已经成为仅次于美国的全球第二大经济体。中国的外向型经济从开始的来料加工和以劳动密集型产业为主的生产模式，逐步向技术密集型和资本密集型产业转变。尤其在制造业领域，我国已经成为全球最大的生产制造基地，各类技术能力不断提高，在产业链中的地位不断上升，在全球价值链中占据举足轻重的地位。

与我国在外贸业务规模、GDP和产业链地位相比，对外直接投资流量和存量占GDP的比重，与发达国家相比还有一些差距，扩大对外投资规模既是我国经济发展的要求，也是我国经济发展到当前阶段的必然。

（二）我国企业能力提升，投资拓展海外市场是必然选择

得益于改革开放和全球经济的发展，我国企业通过承接发达国家全球产业和产能外溢，企业能力不断加强。企业通过海外投资寻求高端技术和市场，是企业能力提升后的必然选择。同时，我国经济在以低端制造业为主的基础上，企业不断提升自身的能力，逐步向产业链的高端发展，自身能力得以不断提升，在人工等成本上升的情况下，为了更好地发展，企业通过对外直接投资拓展海外市场是必由之路。

（三）我国经济要通过海外投资实现全球资源配置的要求

虽然我国各类资源丰富，但经济体量快速扩大，油气、部分金属等资源短缺问题制约了经济的发展。同时，某些行业存在一定的技术差距，也限制了相关产业或产品的发展，这些都要求企业通过扩大海外投资获取必要的先进技术。此外，人力资源不足也制约了企业的发展，对外直接投资可以助力企业解决部分人才不足的问题。

（四）当前我国经济高质量发展的要求

党的十九大以来，尤其是党的二十大提出高质量建设"一带一路"，对企业的海外经营和发展提出了更高的要求。我国部分企业已经通过快速发展的传统经贸积累了资本，这些企业通过资本输出的方式达到或保持优势是必然的。同时，传统的经贸方式难以满足高质量发展的要求，企业急需通过对外经济合作来提升国际经贸合作的质量，这都促进了我国企业的对外直接投资。

（五）海外投资是我国扩大开放、彰显大国担当的举措

作为全球最具活力和最大的发展中国家，我国在全球经济发展中扮演着重要角色。我国企业加强海外直接投资，在搞好自身经济建设的同时，拉动发展中国家共同富裕，分享中国的成功经验，为世界经济的发展注入新动能，是我国坚持改革开放，肩负大国责任，彰显大国担当的重要举措。

第三节　我国企业海外绿地投资融资面临的挑战

企业海外直接投资包括绿地投资、兼并和收购等模式，不同投资方式的融资模式有较大的不同，结合本书的主题，本节仅介绍绿地投资、融资面临的挑战。

一、全球跨境私人投资融资发展趋势

私营部门参与基础设施投资数据库，是世界银行集团国际复兴开发银行（IBRD）、国际开发协会（IDA）基于其提供支持的基础设施融资、公私合作和担保实践的产物。其目的是识别和传播关于私营部门参与低收入和中等收入国家基础设施项目的信息，通过数据库可以了解各国基础设施

建设投资的合同安排、资金来源和目的地，以及主要投资者的资料。从1984年开始，这个数据库已经积累了1万多个基础设施项目的信息，部分项目包括详细的融资信息。同时，国际复兴开发银行（IBRD）、国际开发协会（IDA）每年还定期发布《私人参与基础设施项目报告》（Report on Private Participation in Infrastructure Projects，PPI），报告从全球、地区、投资领域和融资四个方面对全球中低收入国家私人参与基础设施投资的情况进行全面总结。通过该报告，我们可以了解当前全球中低收入国家基础设施领域的投资规模和发展趋势。虽然世界银行私人参与基础设施项目数据库不能完全覆盖全球的基础设施建设项目情况，但具有全部融资信息的项目，可以总体反映全球基础设施投资融资的发展趋势。

新冠疫情暴发以来，全球政治经济环境发生了巨大变化，经济低迷、俄乌冲突尚未结束，低碳和可持续发展议题继续保持，这些都是制约全球跨境投资发展的影响因素。结合2022年《私人参与基础设施项目报告》，全球基础设施建设在新冠疫情后逐步复苏。报告显示，市场持续向疫情前水平恢复，2022年的基础设施投资承诺总额比前五年平均水平（2017—2021年）高出4%。但私人参与基础设施项目总数下降至263个，而疫情前为380个。2013—2022年中低收入国家私营部门参与基础设施项目投资情况如图1-3所示。

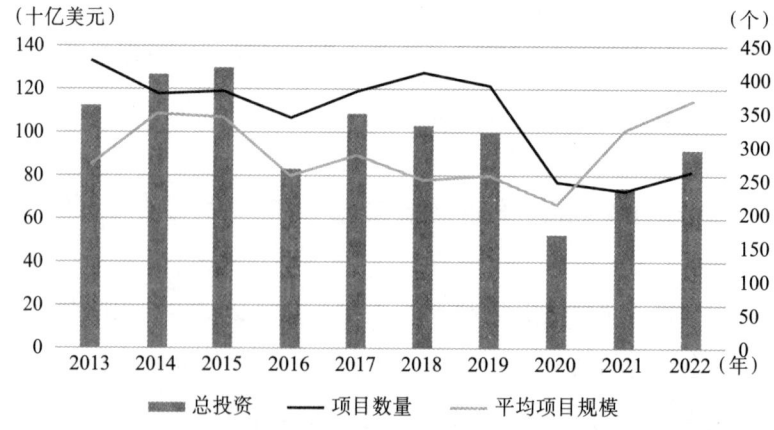

图1-3　2013—2022年中低收入国家私营部门参与基础设施项目投资情况

从近几年《世界银行全球基础设施年度PPI投资分析报告》披露的数据看，私人参与基础设施（Private Participation in Infrastructure，PPI）项目投资，主要专注于特许经营权项目、绿地项目。

根据世界银行2019年、2020年、2021年、2022年出版的《PPI投资分析报告》，我们对基础设施领域PPI项目（BOOT、BOO、PPP）的投资额、绿地项目占比，以及PPI项目投资的行业分布情况进行了对比分析，详见表1-1。

表1-1　2018—2021年私人投资全球基础设施资金构成情况

项目	2018年		2019年		2020年		2021年	
	投资额（亿美元）	绿地（%）	投资额（亿美元）	绿地（%）	投资额（亿美元）	绿地（%）	投资额（亿美元）	绿地（%）
PPI项目	901	81	967.7	73	456.8	85	762.6	61.5

分行业投资情况	投资额（亿美元）	占比（%）	投资额（亿美元）	占比（%）	投资额（亿美元）	占比（%）	投资额（亿美元）	占比（%）
交通领域	544	60.4	478	49.4	105	23.0	438	57.4
能源电力	316	35.1	401	41.4	298	65.2	224	29.4
供水和水处理	38	4.2	40	4.1	40	8.8	99	13.0
城市固废处理			47	4.9	9.48	2.1	1.61	0.2
其他	2.97	0.3	1.74	0.2	4.36	0.9		

由表1-1的数据可以看出，全球私人投资基础设施项目主要是投资绿地项目，投资的项目绝大部分都是特许权项目，交通和能源电力项目占90%以上。

2022年，获得详细融资信息的项目147个，占所有项目总数的70%（所有项目都是来自基于建立实物资产的投资项目）。按照投资金额计算为369亿美元，占全部投资项目总投资额571亿美元的65%。

上述提及的369亿美元中，有130亿美元（占比35%）来自公共资金，183亿美元（占比50%）来自私营机构，另外的55亿美元（占比15%）来自国际多边或双边开发机构以及各国的出口信贷机构（DE-

FIS）。其中，总共有 90 亿美元的股权资金来自私营部门投资，占总股本的 99%。参与合作项目的国企和政府股权的公共资金仅占 1%，为 1.03 亿美元。值得关注的是，全部投资中，直接来自政府支持的增长达到 9%，其中 33 亿美元的政府补贴流向 12 个交通项目，包括印度的 9 个高速公路项目（印度承诺通过高速公路连接地区以促进经济活动），以及分别在越南（2 个高速公路项目）和巴西（一个轻轨项目）的交通项目。

根据基础设施融资惯例，2022 年，基础设施项目仍然是高度依赖债务融资，总债务规模达到 245 亿美元。与前几年相比，本地债务提供者的作用有所增加，接近一半（48%）的债务来自当地资源；而商业债务规模占总投资流动的 25%。详细资金来源构成如图 1-4 所示。

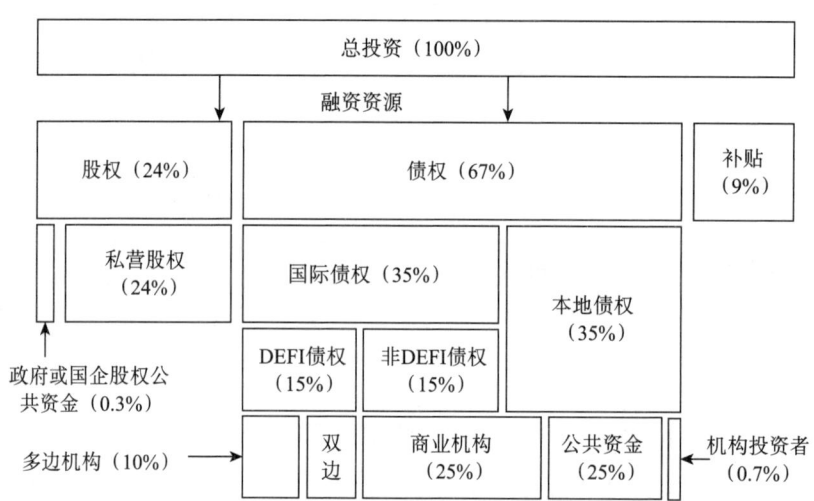

图 1-4　2022 年私营部门参与的基础设施项目的融资来源

数据来源：世界银行 PPI 数据库，2022 年 1 月。

注：所有数据均为总投资额的百分比。

根据 2022 年 PPI 投资分析报告披露，在统计的 PPI 项目中：

（1）资金来源：债权部分包括商业机构（25%）、公共资金（26%）、多边机构（10%）、双边机构（5%）、机构投资者（0.7%）；

（2）资金结构：PPI 项目的平均债务比率为 67%，股本金/资本金占 24%，政府补贴占 9%；

（3）股本金/资本金出资：99% 来自私人；

（4）债务资金：来自东道国当地银行（贷款或还款担保函）的债务与国际债权人的债务规模相当。

外资企业在东道国从事投资经营，对于投资者来说就是私营部门，PPI 投资分析报告所展示的融资趋势，也就是中资企业海外投资过程中所面对的实际环境。因此，中资企业海外投资资金筹措，既要重视自有资金情况，还要重视国内金融资源的支持，又要关注属地金融资源的支持，还要关注国际金融资源的支持。

二、我国海外投资主体、主要行业和融资方式

（一）我国海外投资业务主体情况

中国企业对外投资基础设施项目，业务主体主要有四类。

一是主营业务为投资的大型企业集团，如国家电网公司、五大发电集团（华能集团、中国电力投资集团、大唐集团、国家能源投资集团、华电集团）、三峡集团等。大型央企一度是我国对外投资的绝对主体，一些大型海外投资项目都是由这些企业完成的，如国家电网投资菲律宾、巴西等国家电网项目；三峡集团投资巴西水电站项目。

二是大型工程建设企业集团的海外投资平台，如中国电建海投、葛洲坝海投、铁建国际投资集团等。大型工程承包企业的海外投资平台也是我国海外投资的重要力量，这些企业通常围绕集团公司主业，与承包工程业务相结合，发挥投资拉动作用。以电建海投为例，其投资的甘再水电站项目，一度成为业内称赞的明星项目。其投资的中巴经济走廊重点电力项目卡西姆燃煤电站，也获得了多方赞誉。

三是大型国有企业的二三级公司，其主营业务是：勘察设计、装备/

设备制造、工程施工、工程管理型的承包企业。这些企业规模通常较以上两类企业小，但海外承包工程业务相对活跃，在市场拓展和执行方面有一定的优势，在条件具备的情况下，也在积极向"投融建营一体化"转型，通过开展对外投资带动 EPC① 工程承包，拉动产品销售。

四是股份制企业、上市公司及各类民营企业，这是海外投资数量最多、覆盖行业最广的投资主体。自 2015 年以来，民营企业已经占据我国对外投资金额的 50% 以上，如吉利收购沃尔沃、美的收购德国库卡等，都是民营企业海外投资的经典案例。

（二）我国企业海外投资主要行业和融资方式

我国企业海外投资行业涉及领域广泛，涵盖了国民经济的全部行业大类。租赁和商务服务、批发和零售、制造、金融、交通运输/仓储和邮政业等传统领域依然是中国对外直接投资的主要领域，信息、建筑、电力、房地产、农业、卫生等行业的对外投资也取得了不俗的业绩。由于商务部和国家统计局的统计数据仅从国民经济行业大类进行统计，为便于读者理解，本书从融资角度，将海外投资的主要行业分为以下四类。

一是服务类项目，如酒店、公寓、商业中心、旅游产业等。这类项目的特点是所有决策依据都是来源于专业机构的报告，对于中长期投资来讲，国别风险、市场风险等很难准确预测和控制，此类投资项目的融资模式相对单一，很多项目是业主自有资金投资。

二是工业项目，如装备制造业、产业园、加工厂等。这类项目同样面临国别、技术、市场、经济形势等风险，此类项目通常由投资主体自有资金出资建设。

三是资源类项目，如森林、矿产、石油、天然气等。这类项目对中长期投资来讲，仍然面临阶段性的市场变化、经济衰退等的影响，此类项目的融资既有项目融资，也有企业自有资金出资建设。

---

① EPC（Engineering, Procurement and Construction）是一种建设工程承包模式。

四是特许经营权项目，如电站、垃圾处理厂、污水处理厂、机场、港口、公路、铁路等。这类项目在开工建设前已经与所在国相关部门签署了特许权合同/协议，所有特许权项目文件满足金融机构要求后，即可获得融资支持。换句话说，项目开工建设前产品已经有销售契约，在特许经营期内可以获得稳定的现金流，典型的项目融资是所有业主希望使用的融资模式。

五是并购或收购类项目。如吉利并购沃尔沃、中国中化并购先正达。此类跨境并购项目是海外投资的重要形式，其融资模式通常由投资银行协助完成，除了大型并购项目由国际知名的投行牵头提供融资外，一些规模较小的项目，一般由并购主体、基金公司、商业银行和中小投资银行共同实施，融资模式灵活多样。

三、海外绿地投资项目融资影响因素简析

从东道国角度来看，中资企业进行海外绿地项目投资，投资人为私营机构。对投资人来说，要面对有别于母国的东道国投资监管环境，在建设资金的筹措方面，尤其要考虑项目自身的经济可行性，关注东道国和国际环境等对融资的影响。

（一）全球宏观环境影响海外投资项目融资

对外投资项目的融资是一个复杂的问题，受到许多因素的影响，全球宏观政治经济形势更是影响海外项目融资的重要因素。

政治环境是跨境投资的重要决策参考，稳定的政治环境通常意味着较低的国际政治和冲突风险，有利于东道国进行长期的产业规划，也有利于投资人进行投资决策，而不必担心政治风险事件导致的经济波动和资产损失。这将有利于投资人依靠稳定的信息制订投资计划，同时，相关金融机构也更愿意提供金融支持。稳定的国际环境，也意味着良好的经济发展环境，有利于国际合作和贸易的发展，有助于提升投资人的信心。

而全球良好的宏观经济环境，通常意味着市场的扩展和增长，企业在此环境下发展也将获得更大的发展机会。同时，良好的经济发展趋势还促使各国政府改善投资环境，并提供更加宽松的监管环境，银行等金融机构可能更愿意提供贷款和融资支持。在经济发展趋势向好的前提下，各方更相信投资人的偿还能力。

总的来说，全球良好的政治和经济环境，对于企业海外投资的决策和融资至关重要，预期良好的市场机会和发展潜力、较好的投资环境、较低的政治和经济风险，都有助于投资人筹措资金。

（二）东道国国别因素影响海外投资项目融资

作为私营部门在东道国进行投资，东道国的政治、经济、监管等对投资和融资有直接的影响。

首先，东道国政治风险是海外投资项目融资的重要影响因素。政治风险包括不稳定、政变、征用和国有化等因素。所有这些都会对投资项目的可行性产生重大影响。如果一个国家不稳定，金融机构可能没有兴趣为该国的一个投资项目提供资金。这是因为，如果政局进一步恶化，债权人将担心收不回自己的资金。同样，如果一个国家最近经历了政变，或者人们担心未来会发生政变，这也可能会阻止金融机构为该国的投资项目提供资金。

其次，东道国经济风险也是海外投资项目融资的重要影响因素。经济风险包括通货膨胀、利率和汇率波动等因素。这些都可能对投资项目的盈利能力产生重大影响，因此在评估其可行性时必须考虑到这一点。例如，如果一个国家的通货膨胀率很高，那么这可能会减少投资项目的总体回报，因为利润将被通货膨胀侵蚀。同样，如果一个国家的利率很高，那么这将增加投资项目的借贷成本，从而降低其盈利能力。汇率风险也很重要，因为它会对投资项目的成本和收入产生重大影响。如果一种货币对其他货币大幅贬值，那么这将增加进口投入的成本，减少出口收入，这两种情况都将对盈利能力产生不利影响。

最后，影响海外投资项目融资的另一个重要因素是监管风险。监管风险包括可能对投资项目产生不利影响的政府监管的任何变化。例如，如果政府引入新的环境法规，使生产某种特定产品的成本更高，那么相关的投资项目就可能无利可图。同样，如果一国政府要改变其税收制度，降低在该国投资的吸引力，这也可能阻止投资者将资金投入相关的目标项目。

（三）投资项目所处行业和投资方式影响融资

海外投资不同的行业和投资方式是影响融资的重要因素。

一般来说，涉及东道国国计民生的行业，对东道国经济发展影响较大的特许经营权项目容易获得金融机构的认可。电力、水务、民航、公路、港口等民生行业有持续的现金流收入，收益和现金流有保障，更利于融资。同时，金融机构会关注投资项目所处的行业前景和趋势，具有良好增长前景和持续需求的行业，更能使金融机构感兴趣。此外，行业的竞争情况也会影响融资。如果投资项目具有排他性，投资人竞争能力较强，市场份额大，则项目更容易获得金融机构支持。最后，项目技术领先、效率高也会更受金融机构青睐。成本和效率是利润的有效保证，如果项目具备领先的技术和创新能力，则项目更具有吸引力，因为这意味着更高的增长潜力和市场竞争优势。当然，如果投资的项目属于全球重要的资源类行业，容易计价等，也将促进项目的成功融资。

不同的投资方式对资本和融资有不同的需求。投资项目和性质不同，其融资模式也会有较大的差异，投资人需要根据项目的规模和性质选择融资方式，避免资金短缺或过度融资。同时，不同投资方式的融资成本也不同，投资人需要综合考虑融资成本和投资回报均衡。不同的投资方式，其风险的分担也不同，例如独立投资则完全由投资人全部承担风险，而合作投资则可以与合作方共同分担风险；如果是项目融资方式，则根据项目各参与方的责任和成本综合考虑风险分担机制。此外，不同类型的投资方式，所面临的监管环境也会有不同。选择有利于监管的投资方式，可能更利于获得融资。

(四) 企业能力是投资项目融资的关键因素

企业的自身实力和能力对海外投资项目融资至关重要。

投资人的信用、声誉、实力和业绩是绿地项目债务融资的核心评价指标，如果企业在国际市场有良好的声誉和信用记录，银行等金融机构更愿意为其提供融资。衡量企业财务能力的指标就是其财务稳定性，包括投资者的盈利能力、现金流状况、资产负债情况等。同时，企业的规模和资本实力也是重要的评价指标，较大的规模和充足的资本可以承担更大的投资风险，更能给金融机构提供更强的信心，也可以降低融资的成本，获得更有利的融资条件。

企业的团队和管理能力也是融资的重要参考。金融机构更倾向于支持富有经验的投资人团队，这种团队在应对投资风险、提高效率、保证项目成功方面更有优势，获得融资的机会也更多。

四、我国企业海外投资融资面临的挑战

2020年以来，受新冠疫情和俄乌冲突等影响，世界经济发展动力不足，产业链供应链受阻，逆全球化趋势凸显，我国对外贸易和对外经济合作业务面临复杂的发展环境。

针对海外投资业务，中资企业面临越来越复杂的外部环境，而海外私人投资面临的融资困境，是中资企业迫切需要解决的难题。影响海外投资项目债务融资的因素较多，既有政策因素，也有市场因素。从东道国角度出发，投资保护和纠纷解决、债务违约、市场资金缺口、环保、劳工、税收政策等都会给融资造成直接影响；从投资母国角度出发，国别风险、信贷政策、资金规模、人民币国际化等都会影响融资；从项目自身出发，技术标准、带动出口、投资模式等也会对项目融资产生影响；从投资人角度出发，自身能力、资源状况、项目收益、投资风险等会影响投融资意愿；从金融机构角度出发，东道国营商环境、资金资源、监管条件、融资项目

业务模式等也会影响投融资意愿。

综合来看，资金缺口大、外部风险大、金融资源有限、企业融资能力不足和业务模式转变是当前我国企业海外投资融资面临的最主要挑战。

（一）海外项目建设面临资金缺口大

世界各国，尤其是发展中国家都希望上马更多的项目，为本国经济发展提供支持。无论是基础设施投资还是产业项目投资，发展中国家对这些项目都有庞大的需求，但是这些项目的资金缺口显而易见，即投资需求与资金供给不匹配，海外投资项目面临资金缺口问题。

一是发展中国家基础设施项目多，资金支持缺口大。发展中国家处于快速发展阶段，各类项目急需资金；新冠疫情及俄乌冲突导致产业链和供应链转移，各类产业项目建设也需要资金支持；经济发展需要建设大量的基础设施项目，随着部分国家工业化和城镇化步伐的加快，相关建设也需要大量资金支持。以"一带一路"国家为例，这些国家的总人口超过40亿，约占全球总人口的63%，GDP总量超过20万亿美元，约占全球总量的30%。受经济发展水平的制约，多数国家和地区的基础设施薄弱，制约了经济的发展。随着"一带一路"国家和地区工业化和城市化进程的加快，基础设施投资需求也越来越旺盛。部分研究机构对全球基础设施、工业项目建设需求的研究表明，全球各类投资资金需求均巨大。

二是产业链和供应链重构，导致产业项目投资需要大量资金。受新冠疫情和俄乌冲突影响，全球产业链和供应链安全越来越受到重视，同时，产业链和供应链也面临调整。为保证供应链安全，近岸化、短链化趋势明显，部分行业产业链和供应链迁移同样需要资金的支持，在全球经济衰退和通胀压力下，产业链和供应链重建资金面临缺口。

三是美联储加息导致资本回流，全球资本短缺。受新冠疫情初期全球宽松的金融政策、全球通胀以及经济衰退风险影响，美联储持续加息导致全球资本回流，全球资金短缺；受流动性降低影响，美元指数升高，这也造成美元融资成本高企，资金使用受到限制。由于海外投资依然以美元为主，美联储加息这段时间，受美元短缺影响，海外投资融资面临资金短缺、成本提高的问题。

四是现有金融机构资金有限。参与海外投资融资的金融机构主要包括商业金融机构、私募基金、部分多边金融机构等，通常来说，传统多边国际金融机构所提供的贷款数额相对有限，其主要给发展中国家的政府和由政府担保的公司提供优惠贷款，官方援助增资有限。以世界银行和亚洲开发银行为例，世界银行和亚洲开发银行都计划未来增加对亚洲的贷款支持规模，但基本上年贷款额增加均不超过 100 亿美元，这对于各国数千亿美元的资金缺口而言仍然远远不够。

五是受跨境投资项目自身投资回报期长、回报率低等原因的影响，部分资金支持意愿不强。私募基金和私人资金通常追求较高的收益，部分海外投资项目，尤其是一些基础设施项目，受项目自身收益、投资环境等影响，私人资金投资意愿不足，这些是资金面临短缺的重要原因。

（二）外部环境影响跨境投资融资

近年来，去全球化、民粹主义、单边主义令各国营商环境和全球政治经济环境发生了巨大变化。

首先，政治风险高企影响融资环境。资金安全是金融机构提供资金支持的重要条件。政治风险是跨境投资面临的主要风险，当前，受新冠疫情和俄乌冲突影响，全球政治风险频发，政治环境的不确定性使金融机构贷款更加困难，给海外投资项目融资带来影响。

其次，经济环境不佳影响未来投资收益。海外投资收益是金融机构评估项目、审核贷款的重要指标。2020 年以来，全球经济面临巨大下行压力，大宗商品价格波动，产业链供应链重构等因素叠加，使全球经济增长面临巨大压力，尤其是美联储持续加息，发达国家通胀严重，造成融资成本高企。

再次，营商环境恶化限制融资。新冠疫情暴发以来，经济区域化趋势明显，政治的外资安全审查、民粹主义、冷战思维等因素同样给海外投资融资带来负面影响。

最后，发展中国家减债缓债影响融资落地。新冠疫情暴发以来，各国防疫支出大量资金，给部分国家的经济造成了较大影响，而石油、粮食等大宗商品受俄乌冲突影响高位震荡，使部分国家债务问题更加突出。部分国家债务居高不下，缓债减债限制了其借贷能力。

(三) 海外投资可利用的金融资源有限

提供跨境投资融资的金融资源包括本国金融机构、东道国金融机构、国际多边金融机构和参与国际项目投资的私募基金等。受当前宏观政治经济环境影响，尤其是美联储加息的影响，资本出现回流，一些金融资源在跨境投资资金供给和协调方面尚显不足。

一是商业性与政策性金融机构协调不足。在"一带一路"建设过程中，商业性项目与政策性项目划分不清。商业性金融机构与政策性金融机构之间存在信息沟通不畅的问题。统筹协调不够，导致有的项目存在资金支持过度，而有的项目资金不足的情况。政策性金融机构和商业性金融机构的经营考核存在差异，导致它们的经营策略也不相同。在一些项目中，谁应先期进入、如何进入，往往缺乏整体设计。机构间的协调问题会给海外投资的资金供给带来一些阻碍。此外，各类金融机构的协调性严重不足，多边开发银行是全球基础设施建设的重要参与者，不但提供资金、知识和技术经验分享，而且能够比较有效地协调受援国各参与方。但多边开发银行一般具有区域性特征，更多集中关注本区域范围内的基础设施项目，以推进区域一体化，相互之间的协调合作较少。这种协调性不足可能会导致重复建设，或者出现"拥挤效应"，增加被投资国的建设成本和协调成本，也使资金分散，导致建设资金不足。

海外项目的融资成本在项目总成本中的占比通常较高，业主往往要求较低的利率和较长的贷款期限。与之对应的是，一些项目的盈利能力其实并不强，再加上一些国家的经济实力偏弱，国别风险较高，所以商业性资金进入意愿不强。而政策性金融机构也热衷于向规模较大、还款有保障的项目提供低息贷款。因此，某些非商业性项目可以通过融资结构安排，吸引更多的商业性和政策性的资金参与，统筹协调，发挥政策性金融与商业性金融的功能。

二是中国金融机构海外辐射能力有限。我国金融机构国际化业务发展较快，但整体上参与国际竞争的能力与服务水平有待进一步提升。首先，我国金融机构总部对海外拓展越来越重视，进步也很大，但是实际重视程度仍低于国内业务，国际化经营资源配置相对不足。受过去专业分工影响，除个别国际化经营程度较高的银行外，大部分金融机构开启国际业务的不多，国际化起步较晚，海外分支机构较少，经验和能力欠缺。另外，我国金融机构的业务模式不适应国际化经营的要求。我国银行在海外经营过程中仍以传统的存款、贷款、国际结算等业务为主，缺乏与海外市场相适应的产品与服务创新，不能很好地融入当地金融发展环境，难以结合东道国的市场特点和客户需求来制定创新策略。

三是从外部环境角度看，有些经济体对中资金融机构的进入持怀疑态度，甚至对其施以准入壁垒。如有的东道国市场被一些国际大型金融机构占领，在这些机构的游说下阻碍我国金融机构的进入；有的经济体认为我国金融监管水平有待提高，金融风险较高，就以防范金融风险传染为由，在给予中资金融机构牌照时审查更加严格。

四是中国企业开展对外投资业务，外资金融机构参与有限。从目前中资企业海外投资项目的资源看，大部分投资由中资金融机构提供资金，融资资金多元化不足。部分海外大型项目资金量需求巨大，一家金融机构难以完全满足融资需求，通常需要多家金融机构联合为项目提供融资。当前，中资企业海外投资过程中，依然主要依靠中资金融机构提供贷款，这将难以满足中资企业海外投资的资金需求，因此，应拓宽融资渠道，争取包括海外各类金融机构在内的金融资源参与融资。如果国际金融机构或其他外资金融机构参与融资，那么在解决资金短缺的同时，可以在一定程度上降低项目风险，促进投资项目落地。目前，中资企业海外投资的融资渠道有限，模式单一。根据中国信保《国家风险分析报告》的调研，仅有

25%的企业有利用外资金融机构的经验,调研数据反映了企业融资渠道相对单一,企业海外业务融资通常只利用国内金融机构,选择海外金融机构的企业占比不高。

五是私营资本积极性不高。私人资本的参与受诸多因素限制,私营资本积极性不高。公私合营被认为是在政府财政资金不足情况下的有效替代方案,但实际上私人资本的参与及成效受到经济周期、政府相关的规定以及监管能力等多方面的影响,并非所有的项目都有私人资本愿意参与,也并非所有的公私合营项目最终都能收获良好的经济效益。部分基础设施项目投资回收期长,投资收益率低,私人投资动力不足。以亚洲为例,亚洲国家基础设施投资占GDP的比例接近7%,但只有0.2%为私人投资,而中国基础设施投资(约占GDP的9%)中只有不到0.03%来自私人资本。即便是在私人投资占比较高的南美洲和加勒比地区,基础设施投资的私人资本融资比例也仅为1.9%和1.6%。

(四) 海外投资可借鉴的融资模式有限

海外投资融资并无固定模式,但从现有投资项目的融资情况分析,对外投资、融资模式和方式创新不足,难以适应当前绿地项目债务融资需求。

1. 银行贷款是主要模式

2008年全球金融危机后通过的巴塞尔Ⅲ协议对银行系统提出了更严格的要求,对提供项目融资制定了更多的限制,但银行贷款仍是基础设施领域最主要的资金来源。银行贷款中除了一般的商业银行贷款,还包括多边开发银行和政策性银行提供的贷款。在发展中国家,银行可能不愿意向其认为可能存在风险的基础设施项目提供借款。此外,项目债券市场不发达、机构投资者兴趣不足,也会削弱基础设施项目的融资能力。一些国家寻求外币融资的同时,也必须承担外币汇率变化产生的风险。即使是在金融市场相对发达的国家,银行贷款的期限通常也还是比项目偿还期或大部分基础设施项目经济周期或者PPP协议周期要短。

2. 股权融资以短期为主

股权投资是一种常见的融资方式，从资金来源上看，可分为私募和公募两种。当前市场上比较多的是投资期限比较短的私募股权投资，但是这些短期投资往往无法满足基础设施建设中长期的资金需求。"一带一路"建设项目的公共产品属性、资金量大、投资期限长且收益回报率低等特点，历来不是私营资本的投资重点。股权融资的短期投资属性，往往无法满足基础设施建设中长期的资金/资本金需求。虽然中国政府专门设立了一些中长期的基金，例如丝路基金、中非基金和相关的产业基金（涉及交通、远洋渔业、黄金交易、能源等领域）、地区或国别基金等，但从基金规模和当前的运行效果看，尚无法满足"一带一路"建设的需求。

3. 项目融资模式有待拓展

由于发展中国家普遍面临基础设施薄弱的问题，例如建设能力不够、技术水平落后、管理水平和运营能力不足等，项目融资（尤其是PPP模式）模式作为一种市场化、社会化的供给公共产品和服务的创新方式，能够在过去主要由政府主导的基础设施领域实现"引资、引技、引智"，并构建起政府和社会资本稳固的合作伙伴关系。从这一角度看，用项目融资模式支持"一带一路"相关国家的基础设施建设，将有很大的发展空间和前景。

4. 债券融资发展缓慢

债券融资目前仍是我国海外投资融资发展的薄弱环节。亚洲国家已经将推进亚洲债券市场的发展作为地区金融合作的目标，亚洲基础设施投资银行发行长期债券的实践将会为地区内债券市场的发展提供经验。各国已经达成共识，推动本币债券市场的发展，扩大中长期资金来源。

（五）企业融资能力凸显融资短板

融资能力是对外投资企业在面对需要外部资金配合的投资项目时，可以利用相关的各类金融资源，快速设计融资担保架构，并付诸实施的能力。此类能力并不是具体某个职位或某个人的个人能力，而是企业合理运用金融资源的综合能力。企业的融资能力具体表现在：对国家金融支持政策的正确把握和使用；熟练使用各类金融机构的产品和服务；快速有效的融资可行性分析；选择适合本企业条件的投资规模、融资方案并高效实施。

从现有企业的实践经验看，当前，我国实施对外投资的企业在绿地项目债务融资领域还存在一定的短板。

1. 海外投资融资理念有待提升

企业向投融建营一体化转型，在海外业务拓展过程中，对外投资项目的资金如何筹措，除部分"走出去"时间比较长的大型企业集团拥有融资经验外，其余大部分主营业务为设计、装备制造和施工的企业，尤其是中小企业依然缺乏有效的思路，归纳起来就是缺乏海外投资的融资理念。融资理念就是对海外投资全方位的融资信息的把握，对融资资源和融资模式的理解，以及合理利用各类金融工具，为投资项目设计融资方案，并落实资金到位的一系列具体方法。通过对当前中资企业海外投资融资案例的分析来看，大型企业尤其是部分央企，其融资能力较强，在投资项目融资过程中，能够很好地利用全球各类金融资源，灵活使用自有资金、基金、信贷、债券等解决融资问题。对于大部分中小企业来说，受自身能力限制，在实施海外投资过程中，融资理念明显不足，要面临各类融资问题。中小企业通常在投资前期缺乏有效的融资规划，融资工作又缺乏主动性，在融资可行性分析方面缺乏有效的研判，对于必须需要融资支持的一些大型项目，不能很好地掌握项目资金落实情况，无法控制融资工作节奏。对于能否实现融资关闭，缺乏客观的评价，对前期投入的时间、精力和费用缺乏规划，从而造成前期开发工作效率不高，迟迟达不到预期目标。

2. 对金融支持政策了解不足

树立海外投资融资理念的一个重要表现，就是充分理解和掌握各类金融支持政策。金融支持政策包括政府支持政策和金融机构的支持政策，如果对各类金融支持政策了解不够，对于一些需要融资的项目，企业也会缺乏有序的应对。

国家支持企业在海外开展投资和对外承包工程业务，相关部委和金融机构均有配套的支持政策。一些金融支持政策的时效性较强，企业在海外经营过程中，应该时刻关注国家相关部委和机构的金融支持政策。我国政府层面的金融支持政策通常由央行、外管局、政策性金融机构、商业银行发布。外资银行、海外各类基金、中国香港或欧洲债券市场发行规范等，也是金融政策。对于政府制定的政策，企业应该安排专职人员负责联系相关部门和金融机构，以便在第一时间获得最新的政策信息，并获得权威的政策解读。对于金融机构或者海外相关机构和金融市场的政策，企业也应该充分掌握，只有获得了这些金融政策，才能更好地处理海外投资融资问题。

3. 缺乏有执行力的融资团队

海外投资融资工作对融资团队的执行能力要求较高。融资团队不但要精通业务，更要熟悉各类金融资源和政策，还要有一定的跨机构协调能力，这类人才往往是市场上的稀缺资源。另外，一个企业仅有一两个懂融资业务的人员是不够的，至少需要一个专业的融资团队才能应对越来越多的融资需求。

从企业调研反馈的情况分析，企业在海外项目的融资人力资源方面有三个不足：

首先是具有金融背景和经验的人员不足。企业的融资人才通常是财务管理人员或有一定经验的业务人员，真正从金融机构转到企业来做融资人力资源的非常有限。由于海外投资和对外承包工程业务所涉及的金融产品和服务相对复杂，不同金融机构的相关政策及产品服务也不完全相同，企业的融资人员对市场上可以获得的各类金融机构的金融产品与服务可能缺乏全面的了解和掌握。

其次是融资人员的执行力不足。一些企业的融资队伍即便有一定的经验，可以设计基本的融资结构并接洽相关的金融机构，但具体到某金融机构的某部门的联络、协调和运作方式，融资队伍可能还缺乏实际经验及系统性的认知，这些不足直接影响融资的执行力。

最后是融资人员的协调能力不足。海外项目融资通常需要协调多个部门或多个金融机构，企业融资队伍往往力不从心。这种协调能力，对于一些相对复杂的融资项目来说，非常重要。

综合以上三点，我们不难看出，企业缺乏有执行力的融资团队，不利于项目融资落地。但是，建立有效的融资团队，除了大型企业的投资平台外，对于大多数企业集团的二级、三级实体公司来说，是不切实际的，只有聘请专业的融资顾问提供服务，才是更有效的办法。

4. 企业海外投融资综合能力不足

受外部市场环境影响，在海外融资类项目开发过程中，由于企业在投融资综合能力上有短板，导致项目融资困难。再加上基础设施项目收益较低，国别风险较大，这种情况就影响了金融机构的投资兴趣。受当前全球经济低迷的影响，资金供给也存在一定的困难，这进一步增加了绿地项目融资的难度。

5. 可借鉴的成功融资经验不多

对于大多数企业来说，一旦成功运作过一个融资类项目后，都会加以总结，以便在后续项目中使用这些融资经验。但对于中小企业或者刚刚开始涉足海外投资业务的企业来讲，可借鉴的成功经验依然有限，无法满足企业当前的业务需求。况且，受所处的行业及市场所限，企业的融资经验更多地集中在本行业及相关区域，在没有更多的可借鉴的项目经验的情况下，其融资思路受到了一些限制。由于投资国别的差异，相关经验很难有共性，进而会增加融资工作的难度。与此同时，模式单一问题也给企业海外投资带来影响。

"一带一路"建设项目具有多元的融资需求，中国政府正在推动各国共同构建一个多层次的融资体系，为"一带一路"建设提供贷款、股权融资、债券融资、发展援助等融资安排。但从目前的实际发展情况看，实际情况与预想的还有一定的距离。对绿地项目债务融资的可行性分析，更是中资企业实施对外投资时的短板。此外，投资项目还需要项目决策能力，包括对项目所在地的投资环境、盈利能力、风险识别及管理等的考察。

（六）业务模式转变增加融资难度

随着外部投资经营环境的变化，政府项目越来越少，私人投资项目逐步增多，传统的投资经营模式面临调整。从现有的项目情况来看，对外投资项目需要企业自行解决建设资金，业务模式改变迫在眉睫。随着业务模式的改变，融资也将面临调整，对于传统的承包工程企业，要围绕主营业务向上下游拓展服务领域，受自身人力资源及融资经验影响，将面临更大的融资困难。

1. 从承包工程向投资业务模式转变

当前，承包企业为应对国际市场变化，积极向投融建营一体化转型，以投资拉动承包业务。业务转型不但需要调整业务模式，还意味着转变思维方式，如部分中资企业从承包工程转向海外投资。这个转向首先是角色的转变，在投资上考察的是项目的收益，是长期回报，而承包工程是短期收益，更多的是要考察利润率。业务模式转变对融资提出了更高的要求，即投资主体的工作核心是如何解决项目的债务融资，以项目公司的股权、资产、预期收益作为还款保证，做真正意义的项目融资。这与之前的承包商协助项目业主融资有很大不同，很多企业都难以把握。

2. 各类新业态新模式不断涌现，需要提升融资能力

前文所述的海外投资资金需求大，缺口大，企业掌握的金融资源有限，使用的融资模式也有限。近年来，各类新的业态层出不穷，对企业的融资能力提出了更高要求。联合国规划提出了 ESG（Environmental, Social and Governance, ESG）投资概念，并认为该原则是衡量公司是否具备足够社会责任感的重要标准。全球对低碳趋势已达成共识，越来越多的国家开始发展清洁能源。在分布式能源、能源管理新模式开发和利用等的市场化过程中，上述产业需要资金支持，这既是企业的诉求，也是金融机构面临的新课题。

熟悉并灵活应用海外基础设施项目的融资模式，对投资企业来讲有一定的难度，对企业能力也提出了更高的要求。

3. 金融机构自身也面临应对各类业务模式转变的挑战

金融机构是市场的重要参与者，在融资业务中往往处于主动地位，其产品和服务虽然会根据市场的需求而调整和完善，但总体来看，依然存在一定的滞后。从金融产品端来看，主要是产品适应性调整不及时和宣传力度不够。当前，海外投资方式等有很多变化，但产品并没有及时跟进，缺乏与时俱进。受前一阶段疫情的影响，国内金融机构对投资企业的支持力度明显减弱，而且，来自以美国为首的部分发达国家的压力很大。最初，这些国家针对环保和社会责任以及项目的透明度等的负面评论较多，后来又针对政府贷款和部分国家的债务问题提出批评意见，并在 G20 财长会议上推动对发展中国家减债，这将在一定程度上制约金融机构的参与热情。

通过以上分析，我们不难看出，我国企业跨境投资融资面临一定的压力，若要解决融资难题，企业需要系统思考，充分理解融资政策，掌握融资模式，提高融资可行性分析能力。

第二章

海外投资支持政策及金融资源

海外投资金融支持政策和金融资源是做好项目融资工作的基础，本章重点介绍各类金融政策和金融资源。

第一节 海外投资金融资源概览

按照区域划分，海外投资融资相关的金融资源分为国内金融资源和国外金融资源；按照金融资源性质划分，又分为政策性和开发性金融机构、商业金融机构、国际或区域多边金融机构等（见图 2-1）。我国政策性和开发性金融机构、多边金融机构和外资金融机构介绍详见本书附录。

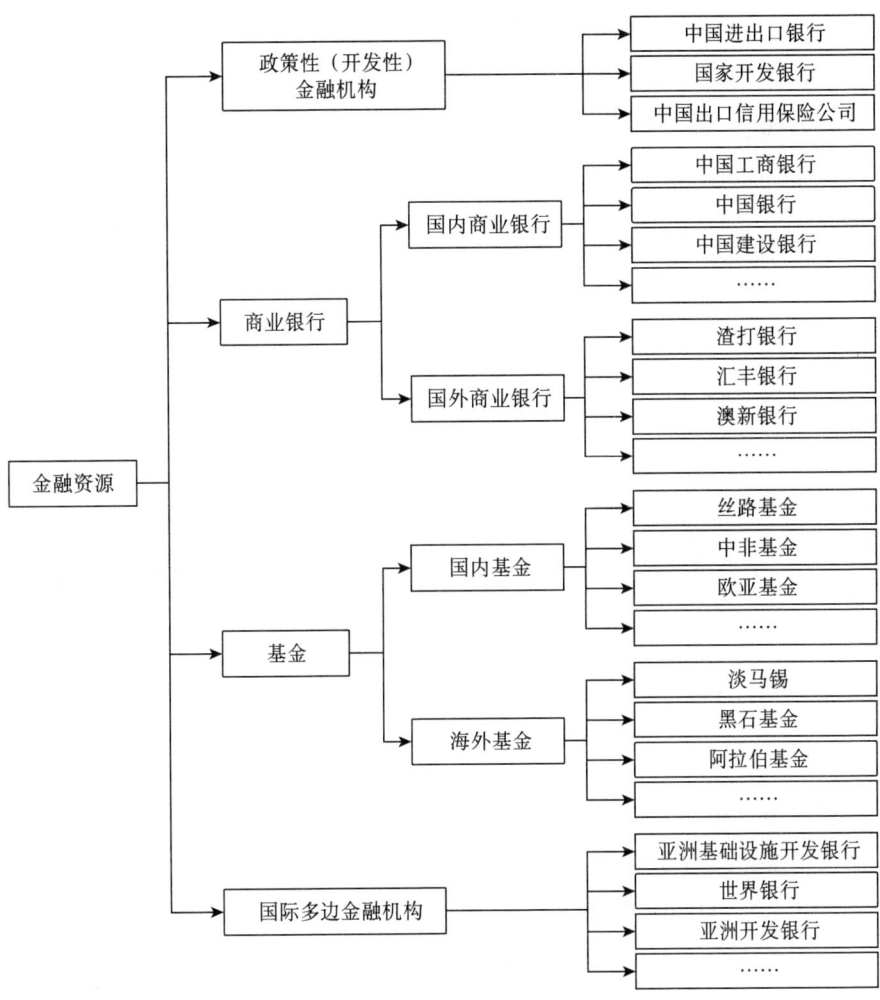

图 2-1 各类金融资源

第二节 国内政策性金融机构

为支持企业走出去开拓海外市场,尤其是在"一带一路"建设的大背景下,我国相关政府机构制定了针对性的金融支持政策。金融支持政策既有财政部、商务部和国家发展改革委发布的,也有金融机构发布的,还有由多部门联合发布的。这些政策既有针对某一区域的政策，也有针对具体行业的政策，如中巴经济走廊能源合作项目的相关支持政策属于区域性的支持政策，境外经贸合作区相关支持政策属于行业支持政策。

政策性金融机构是由政府或政府机构发起、出资设立、参股的，不以利润最大化为经营目的，在特定的业务领域内从事政策性融资活动，以贯彻和配合政府的政治经济政策或意图的金融机构。目前，国内涉及海外业务的政策性金融机构包括中国进出口银行和中国出口信用保险公司，国家开发银行属于涉及海外业务的开发性金融机构。

因为政策性金融机构的产品和服务直接面向海外投资或承包工程项目，所以政策性金融机构可以快速解决海外投资或承包工程项目的融资问题。因此，企业需要时刻跟踪相关政策性金融机构的各类政策走向。下面介绍一下比较重要的政策性金融机构。

一、中国出口信用保险公司

中国出口信用保险公司（以下简称"中国信保"）是由国家出资设立，支持中国对外经济贸易发展与合作，具有独立法人地位的国有政策性保险公司，于2001年12月18日成立，目前已形成覆盖全国的服务网络。中国信保"通过为对外贸易和对外投资合作提供保险等服务，促进对外经济贸易发展，重点支持货物、技术和服务等出口，特别是高科技、附加值大的机电产品等资本性货物出口，促进经济增长、就业与国际收支平衡"。

中国信保的业务范围包括：中长期出口信用保险业务；海外投资保险业务；短期出口信用保险业务；国内信用保险业务；与出口信用保险相关的信用担保业务和再保险业务；应收账款管理等出口信用保险服务及信息咨询业务；保险资金运用业务；经批准的其他业务。中国信保还向市场推出了具有多重服务功能的"信保通"电子商务平台和小微企业投保平台，使广大客户享有更加快捷高效的网上服务。

自中国信保成立以来，其出口信用保险对我国对外经贸的支持作用日益显现。在国际金融危机期间，其出口信用保险更充分发挥了稳定外需、促进出口成交的杠杆作用，帮助广大对外经贸企业破解了"有单不敢接""有单无力接"的难题，在"抢订单、保市场"方面发挥了重要作用。截至 2022 年末，中国信保累计支持的国内外贸易和投资规模超过 7.06 万亿美元，为超过 28 万家企业提供了信用保险及相关服务，累计向企业支付赔款 193.77 亿美元，累计带动近 300 家银行为出口企业提供保单融资支持超过 4 万亿元人民币。根据伯尔尼协会统计，2015 年以来，中国信保业务总规模在全球官方出口信用保险机构中连续排名第一。

二、中国进出口银行

中国进出口银行（以下简称"进出口银行"）是由国家出资设立，直属于国务院领导，支持中国对外经济贸易投资发展与国际经济合作，具有独立法人地位的国有政策性银行。依托国家信用支持，进出口银行在稳增长、调结构、支持外贸发展、实施"走出去"战略等方面发挥了重要作用，加大了对重点领域和薄弱环节的支持力度，促进了经济社会持续健康发展。

进出口银行支持外经贸发展和跨境投资，"一带一路"建设，国际产能和装备制造合作，科技、文化以及中小企业"走出去"和开放型经济建设等领域。

进出口银行的经营范围包括配合国家对外贸易和"走出去"领域的短期、中期和长期贷款，含出口信贷、进口信贷、对外承包工程贷款、境外投资贷款、中国政府援外优惠贷款和优惠出口买方信贷等；办理国务院指定的特种贷款；办理外国政府和国际金融机构转贷款（转赠款）业务中的三类项目及人民币配套贷款；吸收授信客户项下存款；发行金融债券；办理国内外结算和结售汇业务；办理保函、信用证、福费廷等其他方式的贸易融资业务；办理与对外贸易相关的委托贷款业务；办理与对外贸易相关的担保业务；办理经批准的外汇业务；买卖、代理买卖和承销债券；从事同业拆借、存放业务；办理与金融业务相关的资信调查、咨询、评估、见证业务；办理票据承兑与贴现；代理收付款项及代理保险业务；买卖、代理买卖金融衍生产品；资产证券化业务；企业财务顾问服务；组织或参加银团贷款；海外分支机构在进出口银行授权范围内经营当地法律许可的银行业务；按程序经批准后以子公司形式开展股权投资及租赁业务；经国务院银行业监督管理机构批准的其他业务。

截至2022年末，进出口银行"一带一路"贷款余额达2.2万亿元，项目覆盖交通、电力、水利、通信等基础设施互联互通，高新技术产品、大型成套设备和机电产品出口及能源资源开发等"一带一路"建设重点领域。从涉及领域看，经贸合作类贷款占比最高，能源资源合作、基础设施互联互通和产业投资也占较高比重。通过这些项目建设，进出口银行既提升了我国企业的国际竞争力，推动了国内产业结构优化升级，为中国经济社会发展创造了提质增效新动能，也促进了东道国的经济发展。"一带一路"贷款覆盖140多个共建国家，签约项目累计拉动投资超4000亿美元，带动贸易逾2万亿美元。支持"一带一路"共建国家建设铁路超4000公里、公路2.3万公里、机场40余个、港口30余个；金融助力100多个清洁能源电力项目，每年可节约超过2000万吨标准煤，减少约5000万吨二氧化碳排放。

三、国家开发银行

国家开发银行作为开发性金融机构，在中国加入世界贸易组织后，探索运用现汇资金发放外汇贷款，支持国家"走出去"战略，成为我国最早开展"走出去"业务的银行之一。

2005年，国家开发银行以发起设立上海合作组织银行联合体为契机，向上海合作组织国家派出专家工作组，开始了国际合作业务全球布局的新尝试。2008年金融危机以来，国家开发银行紧密围绕国家发展战略主线，成功运作了一批关系国家能源资源战略的重大项目，以贷款换能源、换资源，成功运作了中委基金、中俄石油、中巴石油、中土天然气、中铝收购力拓部分股权等重大项目；支持中石油、中石化等龙头骨干企业"走出去"开展能源资源合作，与资源国建立横向联系；积极落实我国对非洲合作的战略举措，发起设立中非发展基金，积极推动经济合作，促进政治外交合作。2010年，又倡导建立"金砖国家"银行合作机制，牵头成立"中国—东盟国家银联体"，发起设立中葡基金。此外，国家开发银行在外交部、发展改革委、商务部、人民银行和原中国银监会等有关部门的指导下，积极开展国际经济金融合作，先后与144个国家政府、金融机构和企业签订了232项合作协议。

国家开发银行坚决贯彻落实"一带一路"建设，支持众多项目取得重要进展。

在专项贷款支持下，一批基础设施、产能合作和民生环保领域项目取得重要进展，将进一步改善当地基础设施条件，提升产业发展水平，惠及民生和就业，夯实合作国经济社会发展基础，并带动我国装备制造、工程施工和资本"走出去"。

在基础设施领域，国家开发银行融资已支持印度尼西亚雅万高铁建设，该项目成为我国首条全系统、全要素、全产业链"走出去"的高铁项目；支持柬埔寨首条高速公路——金边至西哈努克港高速公路建设；支持斯里兰卡科伦坡南港码头建设，特许经营期内预计为当地带来18亿美元的税收；支持"一带一路"国家新建电站装机容量达2200万千瓦，帮助当地将资源优势转化为经济社会发展动能。

在国际产能合作领域，国家开发银行支持哈萨克斯坦奇姆肯特炼油厂升级改造、年产50万吨聚丙烯等重大项目，以及文莱恒逸年加工800万吨原油石化项目，进一步完善当地产业链条，提升工业化发展水平；为印度尼西亚青山工业园产业链发展提供融资支持，助力印度尼西亚不锈钢产量从零跃升至全球第二位，并为当地累计创造了3万个直接就业岗位。

在促进民心相通方面，国家开发银行积极开展交流培训，加强经验交流和能力建设合作；面向"一带一路"相关国家举办各类交流活动，共覆盖58个国家。国家开发银行奖学金还资助和奖励了"一带一路"相关国家的留学生来华学习。

在推进"一带一路"专项贷款过程中，国家开发银行坚持自主开发和选择项目，秉持绿色、环保、可持续发展理念，专门制定了专项贷款评审制度，进一步加强了对重大项目的社会、环境、利益相关方等方面的评估论证，强化项目自身现金流和风险管理，努力为"一带一路"建设提供长期、可持续、风险可控的金融服务。

第三节 海外投资基金

海外投资基金是我国为支持企业海外投资成立的股权投资基金，这些基金在支持中资企业海外投资方面发挥了积极作用。基金作为海外投资重要的金融资源与银行、保险等金融机构的作用有很大的不同：一是基金参与进行股权投资，可作为项目投资人按持股比例出资；二是基金通常是小额参股，不控股；三是部分基金对持股比例和出资额有要求，企业在选择项目时要满足基金的出资要求；四是部分基金有投资回报要求，在邀请出资前需要充分了解基金需求。由于基金出资有以上要求，企业在筛选项目过程中，如果需要基金参与，前期要做好相应的调研。

一、丝路基金

丝路基金有限责任公司是依照《中华人民共和国公司法》设立的中长期开发投资基金，由外汇储备、中国投资有限责任公司、国家开发银行、中国进出口银行共同出资，于 2014 年 12 月 29 日在北京注册成立。丝路基金秉承"开放包容、互利共赢"的理念，服务于"一带一路"建设，为中国与相关国家和地区的经贸合作、双边多边互联互通提供投融资支持，促进中国与有关国家和地区的共同发展、共同繁荣。自成立以来，丝路基金坚持市场化、国际化、专业化运作，通过以股权为主的多种投融资方式，重点围绕"一带一路"建设推进与相关国家和地区的基础设施、资源开发、产能合作和金融合作等项目，确保中长期投资基金获得可持续和合理的投资回报。

丝路基金首期资金为 100 亿美元，外汇储备通过其投资平台出资 65 亿美元，中国投资有限责任公司、中国进出口银行、国家开发银行分别出资 15 亿、15 亿和 5 亿美元。2017 年 5 月，国家主席习近平在"一带一路"国际合作高峰论坛开幕式上宣布，中国将加大对"一带一路"建设的资金支持，向丝路基金新增资金 1000 亿元人民币。

二、中拉合作基金

2014 年 7 月，国家主席习近平在巴西出访期间正式宣布启动中拉合作基金，并承诺出资 50 亿美元。2015 年 4 月，国务院研究决定将出资规模扩大为 100 亿美元。基金由中国进出口银行具体筹建，于 2016 年 1 月正式投入运营。中拉合作基金是由我国政府宣布设立的一支专门针对加勒比及拉美地区的、"政府指导，市场化运作"的私募股权投资基金。基金实施中拉产能合作"3×3"模式，投资能源资源、基础设施、现代农业、制造业、科技创新、信息技术六大领域，并可参与绿地投资和棕地投资[1]。

三、中拉产能合作投资基金[2]

中拉产能合作投资基金于 2015 年 5 月 21 日由时任国务院总理李克强宣布设立，并于当年 6 月注册成立正式运行，总规模为 300 亿美元，首期

---

[1] 棕地投资是指投资人购买或租赁现有生产设施以开展新的生产活动。这种策略在外国直接投资中被广泛使用。相比于新建工厂，棕地投资的明显优势在于建筑物已经存在，从而大大降低了启动成本和时间。

[2] 中拉产能合作投资基金和中非产能合作基金已经在 2019 年合并管理，管理公司为丝元投资有限责任公司。

由国家外汇管理局中央外汇业务中心和国家开发银行共同注资 100 亿美元。

四、中非产能合作基金

中非产能合作基金于 2015 年 12 月 4 日由国家主席习近平宣布设立，并于 2016 年 1 月启动，首期由国家外汇管理局中央外汇业务中心和国家开发银行共同注资 100 亿美元。

五、中国—中东欧投资合作基金

2013 年 11 月，时任国务院总理李克强在第二次中国—中东欧国家领导人会晤中宣布中国—中东欧投资合作基金正式成立，并将基金列入中国与中东欧国家合作的纲领性文件《中国—中东欧国家合作布加勒斯特纲要》。中国—中东欧投资合作基金（一期）最终封闭金额 4.35 亿美元，于 2014 年年初正式运营，其主要以股权投资为主，辅以夹层债务、股权挂钩等其他投资方式。

此外，国新国际成立的基金，也可以为央企提供股权资金。企业在相关区域投资过程中，也可以寻求股权融资支持，如中国葡语基金、欧亚基金等。

第四节　多边和国外金融机构

多边和国外金融机构是企业海外开拓项目的重要资金来源。通常，多边金融机构提供资金支持的项目，需要东道国或当地政府提供配套资金。多边金融机构支持的项目对承包商也有较高的要求，此类项目以投标居多，成本控制能力强、管理水平高的企业，可以尝试投标国际金融机构提供资金支持的项目。

对于多边金融机构提供资金支持的项目，即便中资企业没有获得总承包资格，企业依然可以争取获得这些项目的分包或者供货业务。对于符合多边金融机构政策的项目，中资企业在前期工作过程中，可以建议海外业主寻求相关国际金融机构的支持，为后续的商务合作增加谈判的筹码。因此，加强与多边金融机构的联系和沟通，了解这些机构资金的使用方向和政策，对中资企业开拓海外市场有一定的促进作用。

此外，一些知名的大型外国金融机构也是海外投资过程中企业需要掌握的金融资源，如渣打银行、法国巴黎银行、桑坦德银行等。更多的多边和国外金融机构的介绍，读者可以参见附录1和附录2。

第三章 海外绿地投资融资模式

企业在海外开展投资活动,当需要通过融资获得项目建设资金或者流动资金时,由于项目所在国别、所处行业、项目类型不同,以及项目业主、其他各参与方资信状况不同,项目的融资方式选择有很大差异。但无论项目最终的投资或融资结构的设计如何不同,均基于基础的金融产品和服务,再根据项目各参与方及外部的相关条件做好融资可行性分析,最后则可确定适合的投资和融资结构。因此,海外投资企业必须充分了解各类金融资源的主要融资模式。

根据不同的考察维度,海外投资融资模式的分类方式并不相同。按照资金在投资项目中融资主体分类,海外投资融资模式可以分为股权融资和债务融资;按照金融市场资金的来源分类,可以分为直接融资和间接融资(银行机构获得融资资金,通常是间接融资,从基金或战略投资人获得融资,一般称为直接融资);根据资金来源分类,还可以分为资本市场融资和信贷市场融资两大类,如发债融资是资本市场融资,而出口信贷融资是信贷市场融资;按照融资期限分类,可以分为短期融资和中长期融资,如1年以内的融资通常属于短期融资,2年以上的融资是中长期融资。海外投资融资模式分类见图3-1。

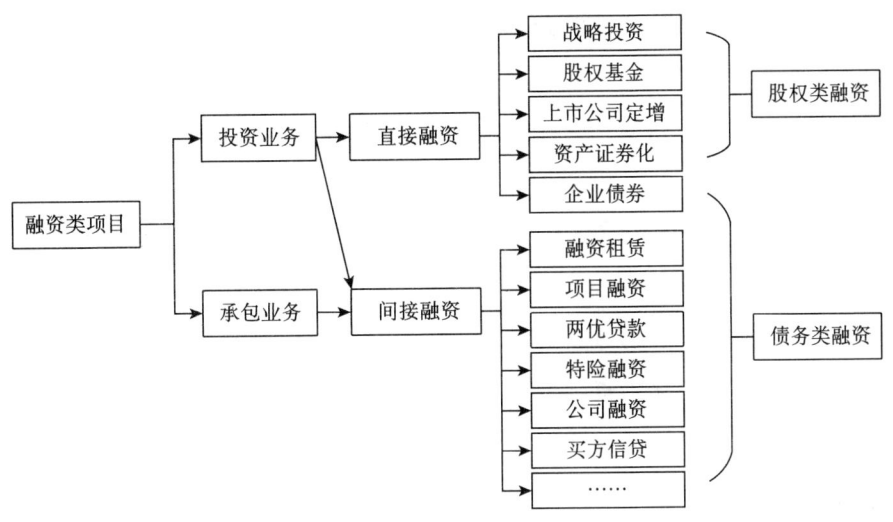

图 3-1　融资模式分类示意图

在了解相关金融资源、融资模式后，如何有效地选择和使用这些资源和模式，是企业做好海外投资融资重要工作的基础。不同类型的投资项目，其融资思路及方式会有所差异，企业在海外投资决策前，应该首先确认项目的类型，然后结合掌握的金融政策和资源，利用融资可行性分析框架（第五章介绍）规划可行的融资方案。

从融资角度分析，投资项目行业不同，融资模式会有较大差异；政府参与的项目和纯商业项目的融资会有很大的区别；并购项目和绿地投资项目所采用的融资模式和融资分析也有较大差异。因此，要做好融资工作，海外投资企业应该对各类项目的性质和特点有清晰的认识和判断。

目前市场上还没有一种准确、被各方接受、权威的融资模式分类方法。结合海外投资业务的特点，以下两节分别从股权融资和债务融资两个方面，介绍海外绿地投资的相关融资模式。

第一节　海外绿地投资股权融资模式

股权融资，是指中资企业在跨境融资过程中，为投资项目筹集资本金过程中所采用的融资模式。跨境投资中,股权部分资金,也就是资本金部分,通常占总投资的 20%~30%,对于总投资额不大的项目,股权部分的筹集通常是投资人自筹,对于大型投资项目,即便是资本金比例不高,但绝对金额也相对较大,投资人往往会通过股权融资来筹集资本金,包括私募基金筹集、上市公司增发筹集、企业发债筹集或银行借款等模式。结合中资企业海外绿地投资股权融资实践,以及金融机构股权融资相关产品和服务,股权资金一般通过公司融资、股权基金筹资。股权融资除了企业融资模式外,上市公司增资和发债也是其重要的补充融资模式。

一、公司融资模式

公司融资又称企业融资,是指企业利用自有资金或自身信用从外部借款的融资模式。在海外绿地投资业务中,股本金和债务资金的筹资都可以采用公司融资来解决。公司融资与其他类型的融资模式相比,有以下四个方面的特点。

(一)股本金是投资项目公司融资的基本要求

对于需要通过筹集外部资金参与建设的项目,公司提供股本金是获得外部融资机构认可的必要条件,且企业自身投入的资金比例越高,证明企业的实力越强,更容易获得外部金融机构的支持。

(二)公司融资需要企业承担较高的投资风险

对于公司融资来说,债权人针对债务的借款主体具有完全的追索权,借款公司的现金流量和资产都可用于偿还债务、提供担保,即使项目失败,也必须由公司还贷,因此,公司融资模式中,企业承担的责任较大。

(三)融资额度受企业规模和信用状况影响

公司融资对于企业自身在银行的授信有较高的要求,对于一些大型企业,由于银行的授信额度高,且成本相对较低,可以考虑利用公司融资方式来解决建设资金问题。对于资信状况一般、银行授信不足的企业来说,公司融资方式有一定的压力。此外,公司融资占用企业授信,会对公司融资的稳定性产生影响。

(四) 公司融资与其他类型的融资模式相比效率高

公司融资与其他类型的融资模式比较,此类模式效率更高,只要符合条件,金融机构很快就可以放款。公司融资模式承担债务偿还责任的是借款公司,不是拟投资或建设的项目。虽然公司融资占用企业的授信,且需要承担全部的还款责任,但部分大型企业为了快速实现融资关闭、缩短融资时间、降低融资成本,在权衡其他融资模式的时间和成本的基础上,依然会选择采用公司融资。而对于资质一般、银行授信不足的企业,很难采取此类方式。

二、股权基金融资模式

(一) 股权基金融资模式及特点

海外投资股权基金,是配合企业对外投资,分担股本金压力的重要资金来源,采用股权基金融资模式,是大型投资项目的重要股权资金融资方式。在对外投资业务中,股权基金扮演了重要角色,尤其是"一带一路"倡议提出后,为促进中国与相关地区的经贸发展,弥补传统信贷或援助的不足,引导和支持中国企业海外投资,我国成立了若干只基金,如中非发展基金、丝路基金、中国东盟基金等,以配合企业海外投资业务。这些基金在规模、区域、行业选择、运作模式等方面都不相同,在促进中资企业海外投资业务发展中起到了非常大的作用。随着中国企业海外投资的快速增长,尤其是在高质量建设"一带一路"的大背景下,越来越多的中资企业希望获得这些股权投资基金的支持。

这里简要介绍的与中资企业海外投资相关的各类基金，是企业在对外投资过程中可以先了解的。企业了解了各类基金的特色和要求，便可合理设计投融资结构。因此，对外投资企业应该重视和研究各类基金在海外项目中的价值，对于具体项目，企业可以与相关基金联系，获得专业的支持。

除了国内的海外股权投资基金外，一些国外的投资基金也在中资企业海外业务中发挥了重要作用，比如淡马锡、黑石基金等。在一些特定项目中，企业也可以灵活利用这些基金。

基金在使用过程中，有以下三点需要注意。

一是基金出资有比例限制，且不参与投资项目运营。虽然一些基金是股权资金的重要来源，但这些基金通常仅作为财务投资人，出资但不控股，仅参与部分决策但不参与项目的具体运营，企业在选择基金的过程中，要了解基金出资的占比，结合企业自有资金的情况，合理选择基金。

二是基金参与股权投资有额度限制。根据基金规模的不同，考虑到前期工作投入，基金往往对单一项目的出资额度有最低和最高的额度限制，企业要综合考虑股本金、股权比例、自有资金量和基金出资限额，合理配置基金额度。

三是一些基金有投资回报和退出条件限制。对于有投资回报限制的基金，企业一定要了解其回报要求，慎重选择。对于基金的退出条件，在选择基金前，企业要综合项目情况和基金退出要求，合理选择。

（二）股权基金融资操作实务

1. 准备项目投资计划

企业在考虑使用股权基金前，要准备项目投资计划，包括项目所在国别、城市、项目类型、投资规模、可行性报告、股权和债权投资计划等信息，还要明确股权、债权资金比例，自有资金投入额度，希望基金持有股权比例和资本金额度等。

2. 了解各类基金的特点

上面我们介绍了海外股权基金的相关特点，就是其出资的占股比例要求、额度限制、收益要求和退出条件。企业要提前了解拟接触基金的相关情况，并结合相关情况修订项目投资计划。

举例来说，某基金的要求是：最低出资金额为5000万美元，不控股，出资后5年需要收回本金，对投资回报有要求。如果股债比为20∶80，基金最低出资额是5000万美元，为便于计算，假设基金占股按照50%（不控股应小于50%），则整个项目的股本金为1亿美元，项目总投资规模应在5亿美元左右。因此，严格来说，如果项目总投资规模小于5亿美元，则企业需要考虑此项目是否满足基金的相关条件。

3. 选择合适的股权投资基金

企业需要结合各基金的要求和投资条件，修改项目的融资计划，还应该充分调研更多的备选基金，制订多种方案，筛选合适的基金伙伴。

仍以上面的项目为例。如果项目总投资为5亿美元，融资银行要求项目公司资本金为总投资的30%，贷款为总投资的70%，则企业可以通过调整项目公司的股权比例来满足基金要求。如股债比为30∶70，则此时股本金投资为1.5亿美元，股权低于50%条件下，基金可以投资的范围为5000万~7500万美元，协商调整持股比例即可满足基金最低出资额的要求。

（三）股权基金融资案例

1. 项目概况

×水电站位于巴基斯坦吉拉姆河，规划装机容量72万千瓦，年发电32.13亿千瓦时，该水电项目是中巴经济走廊优先实施的能源项目之一，中国S集团南亚公司拟采用"建设—经营—转让"（BOT）模式运作，计划于2015年年底开工建设，2020年投入运营，运营期30年，到期后无偿转让给巴基斯坦政府。

2. 融资需求

×水电站总投资金额约16.5亿美元，中国S集团南亚公司拟按照股权投资占20%、债务融资占80%的比例来安排成立项目公司。项目公司股权部分除自有资金外，南亚公司希望获得金融机构的股权投资，债务部分希望全部由金融机构提供融资。

3. 融资方案

2014年底成立的丝路基金，成为×水电站项目股权和债务融资的主要融资机构。

在股权投资方面，丝路基金为S集团控股的南亚公司提供项目股本金支持。南亚公司是S集团在南亚国家的投资运营平台，主要投资巴基斯坦等国的水电、风电等清洁能源开发项目，×水电站是其投资的首个水电项目。

在债权投资方面，丝路基金参与由中国进出口银行和国家开发银行牵头组建的银团，向×电力公司提供了项目的建设融资。此外，国际金融公司（IFC）也是主要融资参与者，提供了1亿美元贷款。

三、发债融资模式

利用在海外发行债券筹集项目投资和建设资金，已经成为中资企业海外发展的重要融资渠道，许多企业成功发债的经验可以作为很好的范例和借鉴。

2015年，国家发展和改革委员会发布《关于推进企业发行外债备案登记制改革的通知》（发改外资〔2015〕2044号）后，企业发行外债的额度管理由审批制改为备案登记制。这一通知的发布，降低了企业直接到境外发债的主体门槛，大大推动了企业境外债务融资的市场化，使境外发行债券融资成为企业海外经营过程中筹措资金的一种高效便捷的融资方式。同时，该通知还明确了允许资金在境内外可自由支配。政府政策的改革，使境外发行债券成为中国企业可以选择的重要融资渠道。

（一）发债融资模式及特点

1. 拓展资金来源，降低传统信贷依赖

发行国际债券募集的资金来源广泛，债权人分散，发行者可根据自己的需要发行不同币种、面值的债券。与传统的出口信贷相比，发行国际债券募集资金更加灵活，且资金规模更大，可以满足企业境外投资股权资金及建设资金的需求，是非常有效的融资方式。

我国某些大型央企和大型承包企业集团从事海外投资业务，这些企业的信誉好、实力强，具有在国际金融市场发行债券的实力和可行性，再加上我国政府的大力支持，总承包企业应利用好这一资本市场开拓国际工程承包市场。

2. 资金成本低廉，偿还方式灵活

成本是企业融资考虑的重要因素，在美元利率较低的情况下，债券市场募集资金的成本有较大的优势，但在美元利率高涨、债权收益较高的条件下，发债融资并不具备良好条件。有数据显示，2000—2013 年，中国境内 1 年至 5 年期银行贷款利率和非金融企业 5 年期债券指导利率均在 5%~7% 区间内波动。而 2008 年金融危机以后，美国国债收益率降到历史最低水平，投资级中国企业大部分时候能够以显著低于 5% 的价格发行 5 年期美元债券，这也是当年很多中国企业选择境外发债募集资金的主要原因。但 2022 年以来，美联储连续加息应对通胀，高利率影响美元债券的发行。因此，企业应该随时关注债权市场的收益变化，寻找合适的债券发行窗口，获得较低成本的资金。

此外，债券偿还办法灵活，发行者处于主动地位。发行者可以根据自身的财务情况灵活选择提前赎回或者延期偿还，如果在债券到期前偿还贷款，发行者可以到二级市场购买赎回债券，如拟延期偿还，可在债券未到期前发行新债券替换原来的债券。

3. 还款期限较长，满足资金需求

海外投资项目的资金需求规模大、期限长，除了出口信贷外，其他贷款方式在资金量及期限上很难满足项目的需求。而海外发债的规模通常较大，期限也较长，有资料显示，早期（2010—2013 年）中国企业发行的美元债券的平均期限全部为 8.1 年，部分企业还发行了永续债券。因此，从资金的偿还期限上看，选择境外发债的方式募集资金，是可供企业选择的融资方式之一。

4. 提高企业声誉，实现资产负债匹配

能在国际市场上发行债券，是发行者信誉高、偿还能力强的表现，同时也提高了发行者的信誉。发行者信誉越高，偿还能力越强，以后发行债券就更容易，如能连续发行，发行费可能会降低。

除此之外，部分债券筹措的资金可以自由运用，不必与项目挂钩。随着中资企业海外投资业务的不断发展，很多企业拥有较大规模的海外业务收入，境外发行债券可以实现境外资产、收入和负债的货币匹配，降低汇兑风险。对于中资企业的海外收购业务，企业还可以通过发行长期债券的方式置换短期过桥贷款。

（二）境外发债融资条件和操作实务

境外发债融资虽然有显著的优点，但对企业和相应的项目也有一定的限制条件。在境外发债前，企业应该就债券类型选择、发行方式等做好前期的调研。当前，我国非金融类企业在中国香港、美国和欧洲等地均有成功发行债券的经验可供借鉴。

一般企业在境外发行债券时，均需要聘请承销商来协助做好相关的咨询和服务工作，具体内容包括方案设计、尽职调查、财务审核、债券评级和市场定价等。

1. 中资非金融企业境外发债的基本条件

虽然境外发行债券有很多优点，许多中资非金融企业也成功地在境外发行了债券，但并非所有的企业都符合发行境外债券的条件。经过十多年的发展，某些业内专业人士对中资企业境外发债的条件进行了梳理，可供企业在选择是否采取境外发债时作为参考：对于企业的规模来说，要求息税折旧摊销后利润（EBITDA）达到1亿美元以上；对于企业的类型来说，大型国企和实力强的上市民企更容易获得成功；对于发行结构来说，企业可以选择红筹结构、维持良好结构（部分红筹）、提供跨境担保结构和银行担保结构。

即便企业满足了境外发行债券的基本条件，若要成功发行债券，还需要企业、相关参与方和市场多方协调配合，共同努力才能完成。

2. 境外债券发行方案设计

发行方案是计划境外发债企业启动工作的核心内容。国际债券市场已经相当成熟，发行方案也趋于标准化，企业应该结合自身条件和项目资金需要，在原有成功发债案例的基础上，设计符合要求的发行方案。发行方案一般包括发行结构、币种选择、债券期限、利率结构、信用评级、发行格式、募集资金用途、发行规模和成本等内容。

作为中资企业海外投资融资的补充方式，企业进行债券发行方案设计时需要结合自身的业务实际设计符合项目融资需求的债券发行方案。

3. 发行准备工作

发行准备工作首先是企业委任承销商、境外法律顾问、中国法律顾问和审计师等中介机构，并组成由企业业务、财务和法律人员参与的内部项目执行团队。

在项目团队搭建好后，企业就可以围绕发债文件和债券评级两项主要工作开启债券发行准备。一旦两项工作都完成了，就可以开始市场推广工作。如果市场反映良好，即可以建档定价完成债券的发行工作。

4. 尽职调查和财务审计

债券发行中的尽职调查由承销商认可的法律顾问或财务顾问来执行，主要针对企业的业务、财务和法律等方面进行调查。尽职调查是债券发行中的重要环节，尽职调查的信息既可以协助投资人进行投资决策，也能在一定程度上降低承销商的法律风险。因此，拟发行债券的企业应该积极配合相关工作，提供真实准确的信息，有助于推动发债工作的顺利进行。

企业审计和财务审计报告是债券发行通函的附件，是发债文件的重要组成部分。发债企业可以选择四大会计师事务所之一进行相关的审计工作，关于财务审计报告使用的会计准则，债券市场没有特殊要求。

5. 债券评级

债券评级是信用评级机构对发债企业还本付息能力和信用的综合评

价，信用评级在债券市场中发挥着重要作用。评级可以帮助投资者建立比较基准，协助投资者判断某一债券的质量和潜在的收益率。由于评级机构公布的评级结论会附带信用分析，并定期更新，可以协助投资者不断跟踪发行人和债券的最新情况。信用评级可以降低债券市场的交易成本，提高运作效率。

目前，可以提供专业信用评级的机构较多，但国际上最主要的评级机构是穆迪、标普和惠誉。在国际债券市场中，这三家机构的市场份额相当高，公信力也较高，其服务价格也非常高昂，但境外发债选择知名评级机构评级更有效。

债券评级是一个持续的过程，需要不断地与评级机构进行沟通，对于需要公开的相关信息，企业应秉持开放的态度，积极互动，以利于评级结果的保持。

6. 市场推广和定价发行

各项准备工作完成后，承销商会通过簿记建档协助债券市场的推广和定价发行。这一过程包括选择交易时机、投资者推介、宣布初步价格、确定价格和分配、签署认购协议。

以上各项工作均会对债券的成功发行有重要影响，如：选择合适的交易时机，市场情绪较高，有利于投资者决定购买；价格区间合理，可以很快完成认购。任何环节出现问题，均有可能造成债券发行的失败。

（三）发债融资案例

1. 发债需求

国际工程承包市场的变化，能促使国内的一些大型承包企业转变经营理念，积极拓展海外投资项目，通过"投资—建设—运营一体化"的模式，拓展海外市场，寻求新的业务增长模式。

国内某央企 A，是 ENR250 排名靠前的能源电力领域的大型承包商，旗下拥有数个海外知名品牌，随着经营理念的转变，拟通过投资方式，加速在建项目的实施，为解决项目建设资金，拟通过发行债券的方式募集资金。

该募集总计划为25亿美元，第一期5亿美元，分别用于集团下属三家品牌公司的海外项目。

2. 发行方案设计

央企A组成了由总会计师、资金管理部、董事会办公室、财务管理部、法律与风险管理部、海外事业部等共同参与的债券发行团队。

债券为高级永续债券，票面利率为3.5%，发行人央企A下属公司，债券由央企A提供全额无抵押担保（穆迪和惠誉对央企A的评级分别为Baa1和A-）。

央企A聘请建银国际、渣打银行作为全球协调银行，与中国银行、汇丰银行等12家银行联合组成承销团，负责此次债券的承销。至簿记关闭，共收到海外市场147个有效订单，总额超过35亿美元、约7倍的超额认购，在同期市场中表现抢眼。

3. 发债总结

2017年6月，债券适时推出，恰逢美国公布的非农数据与预期相距甚远，市场处于紧张期，资本纷纷寻找避险交易。该债券适时向市场推出，受到了海外资本的热捧。在此基础上，最终确定3.5%的超低发行价格，较同期发行的同类型企业海外永续债券成本下降了0.4%，节约财务成本约1000万美元；按照境内人民币债券5年期中期永续票据5.5%测算，节约财务费用人民币3.4亿元。

本次债券成功发行，体现了央企A对市场时机的准确把握和对境外资本市场运作的成熟掌控，同时也显示了国际投资者对央企A相关品牌的认可和未来业务发展的信心。这也是央企A充分把握境外资本市场、优化债务结构、降低融资成本的又一次有益尝试。

四、上市公司增资模式

对于有海外投资业务的上市公司，可以采取公开或定增发行股票的方式进行股权融资。上市公司申请增发新股，除应当符合《上市公司新股发行管理办法》的规定，以及其他相关要求，具体条件读者可以参阅上市公司股票增发管理相关规定。

第二节　海外绿地投资债务融资模式

债务融资，是指企业在对外投融资过程中，为投资项目的债务筹集资金所采用的融资模式。海外投资中，债务融资在海外投资项目资金中占比较大，通常占总投资额的70%～80%，债务融资部分的资金通常是投资人通过金融机构筹集获得的。由于债务融资的资金规模大，除部分有条件的大型企业会依靠自身的授信完成融资外，大多数投资人通常通过出口信贷等融资模式来解决融资问题。

本节介绍常用的债务融资模式，投资人可以根据投资项目具体情况进行选择使用。

一、出口信贷概述

出口信贷是企业海外投资经营过程中最常使用的一种国际信用贷款方式，一般包括出口买方信贷和出口卖方信贷，其中出口买方信贷是当前海外经营企业主要选择的融资模式。

出口信贷具有一定的政策属性，目的是促进和支持本国大型机电产品或成套设备等资本性货物的出口，加强企业的国际竞争力。随着业务的发展，该业务已经成为大多数国际性银行的主要产品之一，很多在中国的外资银行也都积极进入这一领域。本国银行方面，除了中国进出口银行、国家开发银行、中国工商银行、中国银行等主力银行外，其他大型国有银行和股份制银行也很重视这一业务，并建立了专门的团队以开发这一市场。由于出口信贷具有期限长、国外借款人风险较高等特点，出口信贷通常由有政府背景的出口信用保险机构支持，它是国家资本协助企业争夺国际市场的一种手段。当然，也有部分出口信贷业务没有配套出口信用保险，而是依赖其他的担保措施确保贷款的安全。

出口信贷起源于20世纪50年代，在欧洲发达国家向发展中国家出口成套设备和技术过程中，逐步发展和完善起来的。出口信贷的发展与发达国家资本类货物的出口及相对落后的进口国之间有密切关系。首先，成套设备和技术通常价格较高，进口国通常无力一次性支付全部款项，需要信贷来提供相应的资金支持；其次，许多资本类货物出口项目的建设周期较长，建成后是否满足合同要求需要一定的时间来检验，进口方不愿意提前全款支付，希望验收合格后付款，这种情况下，出口商通常难以承担垫资的压力，也需要信贷资金的支持；最后，由于许多进口国是相对落后的国家，政治风险较高，出口商无法承担政治风险，需要一定的担保才能应对。基于以上原因，欧洲部分国家如英国、法国等国家的政府为鼓励本国企业出口，成立了相应的出口信用保险机构，承保进口方国家的政治和商业风险，鼓励银行为出口商提供贷款。最早开展这项业务的是欧洲国家，目前，出口信贷和出口信用保险业务在全球各主要资本输出国均得到了良好的发展。

中国最早开展出口信贷业务的银行是中国银行，当时不是支持中国企业"走出去"，而是作为借款方，支持国外先进技术"引进来"。20世纪80年代，中国在引进国外先进设备时，作为借款方，向西方发达国家的出口信贷机构申请出口信贷贷款，但是当时由于中国企业的信用评级较低，西方出口信贷银行一般要求中国企业采取中国银行转贷的模式与中国开展出口信贷业务。1994年，中国进出口银行成立后，开办出口信贷业务，支持中国企业海外经营。2001年，中国出口信用保险公司成立后，作为国家唯一开展中长期出口信用保险的政策性金融机构，为支持中国产品出口和海外工程承包，在出口信贷保险项下，为各银行的出口信贷业务提供商业风险和政治风险保险服务。

出口信贷与普通信贷有较大的区别，其主要特点有以下四个方面：

一是金额大、期限长。贷款额度达几亿至十几亿美元。如2014年中国信保承保的阿根廷水电站项目,承保金额达到70亿美元;贷款期限通常2年以上,最长可达15至20年。

二是有预付款、本国成分(国产化比率)的要求,比如一般要求进口方需支付15%的预付款,本国成分不低于一定比例,以体现对本国产品和服务的支持。

三是通常与出口信用保险相结合。出口信贷通常以信用保险为基础,尤其是商业银行的出口信贷,如果没有出口信用保险作为支持,一旦出现风险,商业银行自身将很难挽回损失或进行追偿。

四是为了避免各国在出口信贷领域采取过低的利率和费率,从而扭曲国际竞争,出口信贷通常会在WTO框架或其他贸易框架下受到一定的监督。而对于经合组织大部分成员国提供的出口信贷,在预付款比例、贷款利率、还款方式、最低保险费率、贷款期限等方面,还会受《关于官方支持的出口信贷指导原则》的约束。

使用较多的出口信贷的产品包括出口买方信贷、出口卖方信贷两种融资方式。

二、出口买方信贷

出口买方信贷是出口国为了支持本国机电产品、成套设备、对外工程承包等资本性货物和服务的出口,由出口国银行在本国政府的支持下给予进口国或进口商指定的银行的中长期融资便利。海外投资项目建设过程中,可以采用此融资模式解决投资项目的债务部分的融资。

(一)出口买方信贷融资模式特点

出口买方信贷是当前对外承包工程企业首选的融资产品,其主要有以下五个方面的特点:

一是优化出口商资产负债结构。由于出口买方信贷是海外业主(进口商）负责融资，对于承包商（出口商）来说是即期收款，承包商无须融资负债，保障了收汇安全，加快了资金周转，改善了财务状况。

二是为进口商提供融资便利。出口买方信贷一方面扩大了进口商的融资渠道，进口商与承包商签订的是即期付款合同，但由于贷款银行直接向承包商支付，进口商获得了延期付款便利，解决了资金短缺的问题。

三是降低汇兑损失风险。在普通的延付合同项下，出口商收取的延付款项与自身承受的成本可能不是同一币种，在期限较长的情况下，可能有大量的应收款暴露在汇兑损失的风险之下。出口买方信贷结构可以有效转移这类风险，使出口企业实现即期的收款。

四是不占用企业在国内银行的授信。通常，中资银行对出口企业都有授信额度，在一定程度上会规定企业借款的上限。在大型项目中，采用出口买方信贷结构，可以将借款主体转移给境外合作方，不占用自身的银行授信额度。

五是降低银行信贷风险。在该结构下，银行可以选择向中国出口信用保险公司投保，自己作为被保险人。由于出口买方信贷有出口信用保险公司提供的保险增信，银行提供此类贷款可以优化自身资产结构，提高银行的信贷资产质量。

（二）出口买方信贷融资条件及操作实务

出口买方信贷的借款人是海外业主（进口方），根据其自身的资信情况，在担保人提供还款担保或以其他方式提供还款担保的前提下，可以获得中国信保提供的出口买方信贷保险的支持，进而获得中资银行或者是外资银行的贷款。

出口买方信贷的出口国参与主体包括承包商（出口商）、债权人（银行）、出口信用保险机构等角色，进口国参与主体包括业主或借款人（进口商，如果我国企业进行海外投资，则借款人为国内企业）、担保人、转贷行等角色，出口买方信贷各角色的基本结构如图3-2所示。

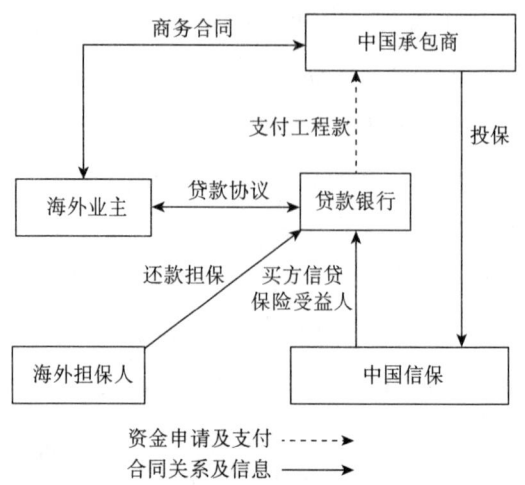

图3-2 出口买方信贷融资结构示意图

在出口买方信贷模式下,承包商与海外业主签订商务合同,预付款比例不低于15%;海外业主和借款人(既可以是中资银行,也可以是外资银行)签订贷款协议,海外担保人与借款人签订还款担保协议。商务合同款项按照工程完成情况支付,且通常情况下,工程款不出境,直接由债权人支付给中国承包商。因此,出口买方信贷是由项目的投资方提供相应的担保,利用出口买方信贷解决债权部分融资,这就需要项目投资人具有相应的担保能力,这对投资人提出了较高的要求。以项目公司为借款人的项目,通常需要股东提供额外的担保,而以项目作为担保的融资模式则不需要股东提供额外的担保,因此,出口买方信贷模式对项目投资人提出了更高的要求。

出口买方信贷除基本结构外还有转贷模式,转贷模式的交易结构加入了外资转贷银行(见图3-3)。在转贷模式下,国内债权人与转贷银行签署贷款协议,借款人与转贷银行签署转贷协议,此模式主要考虑利用转贷银行的资信状况为借款人(进口商)提供增信。

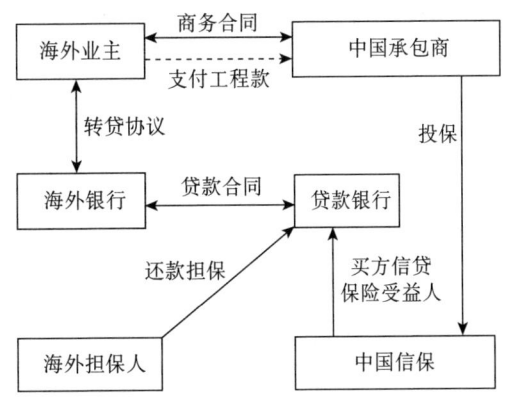

图 3-3 出口买方信贷转贷模式示意图

(三) 出口买方信贷融资案例①

1. 项目融资需求

非洲某国为促进本国矿业资源开发,该国矿业部拟从中国进口一批采矿设备,并安排该国国有企业(进口商 A)与中国出口企业(出口商 B)签署了商务合同。进口商 A 同意支付该项目合同金额的 15% 作为预付款,其余 85% 的金额希望通过出口信贷的方式解决。

2. 融资方案设计

进口商 A 是该国矿业部下属企业,鉴于该项目属于该国重点项目,该国财政部同意为该项目提供主权担保。

出口商 B 在了解项目的基本情况后,向中国进出口银行和中国信保介绍了基本情况。经过企业、银行和信保三方讨论,确定以买方信贷的方式为该项目解决贷款。项目交易结构如图 3-4 所示:中国出口商 B 与该国企业进口商 A 签订商务合同;进出口银行(贷款银行)与进口商 A 签订贷款协议;贷款银行根据进口商 A 的指令,直接向出口商 B 支付合同款项,进口商 A 承担还本付息义务,并由该国财政部提供还款担保。同时,中国信保向贷款银行提供出口买方信贷保险,承担银行的收汇风险,最终

---

① 本案例仅为说明买方信贷的融资逻辑,业主为东道国矿业部。

促成了贷款银行为该项目提供融资。

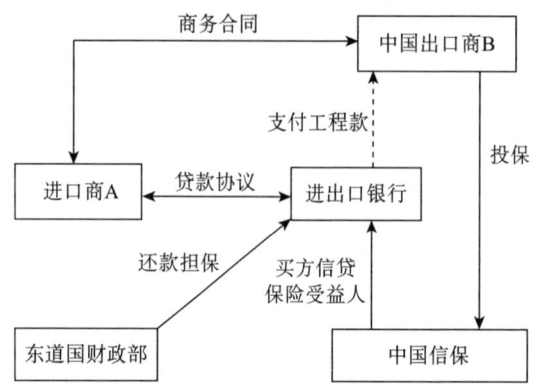

图3-4 出口买方信贷案例融资结构示意图

该项目的贷款期限为10年，包括宽限期4年、还款期6年。

3. 项目后续进展

进入还款期后，由于该国国内经济增长乏力，财政状况持续恶化，现金流严重短缺，进口商A在该项目项下开始出现还款违约。被保险人中国进出口银行就该项目项下拖欠的本金及利息提起索赔申请，鉴于此风险事件触发保险条款第一条第一款"借款人拖欠贷款协议项下应付本金和利息"，造成了保险责任范围内的损失，且被保险人已按保险协议要求充分履行了被保险人的义务，中国信保按保险单约定的95%的赔偿比例对贷款银行进行了赔付。

三、出口卖方信贷

出口卖方信贷，是指出口国为支持本国机电产品、成套设备、对外工程承包等资本性货物和服务的出口，由出口国银行给予出口商的中长期融资便利。贷款金额最高不超过出口成本的总值减去定金和企业自筹资金，贷款币种可以是人民币，也可以是商务合同规定的外币。

（一）出口卖方信贷融资模式特点

出口卖方信贷是对外承包工程企业比较常用的信贷产品，作为海外投资企业，也可以利用此融资模式为项目筹措债务资金，其主要有如下两个方面的优势。

一是对于进口商，也就是项目投资人，主要是获得了出口商给予的延期还款，减轻了资金压力，使其在仅支付一部分预付款或定金的情况下，就可以推动整个项目的建设，而大部分延期支付的款项可以在项目完工进入运营后再偿还。

二是对于出口商，通过卖方信贷获得了项目建设资金，就能推进项目建设获得相应利润，避免了用自有资金垫资建设，而给自身造成过大的资金压力。但缺点是出口企业承担了负债，如在商务合同项下进口方还款出现困难，则会给出口企业造成很大的压力。为此，出口企业一般都要寻求中国信保出口卖方信贷的保险支持，通过承保进口方所在国、项目所在国的政治风险和进口方的商业风险，来保障自身和银行的安全。

出口卖方信贷的优势是较出口买方信贷而言的，出口卖方信贷的债权人与出口商都在国内，操作比较方便，节约了国内中资银行与境外客户就贷款协议进行条款谈判的时间成本。但如果商务合同币种为外币，而卖方信贷的币种为人民币，则会造成币种错配，存在汇率风险，此时建议企业通过银行的汇率产品进行汇率风险管理。此外，在很多项目操作中，该结构需要占用国内银行对于出口商及其集团的整体授信额度。

（二）出口卖方信贷融资条件及操作实务

出口卖方信贷的借款人是承包商，在信用保险机构提供卖方信贷保险的支持下，承包商与海外业主签订商务合同，由金融机构（既可以是中资银行，也可以是外资银行）与承包商签订贷款协议并提供贷款，贷款银行按照工程完成情况向承包商放款，贷款期限一般与商务合同规定的延期付款期限相对应，以避免期限错配。在商务合同项下，海外业主需要支付 15% 的预付款,并根据商务合同约定延付建设款项。出口卖方信贷同样需要海外业主提供担保,以便在海外业主无力支付的情况下提供保障。此外,在进口商提供的还款担保之外,承包商还要提供融资担保(资产抵质押,或者安排第三方担保),因此,项目建设企业的担保能力是主要衡量标准。当然,金融机构在审核贷款过程中,也会考察投资人的资质和能力,但硬担保需要由承包企业负担。

出口卖方信贷的出口国参与主体包括承包商(出口商)、提供贷款的银行、出口信用保险机构等角色,进口国参与主体包括项目业主(进口商)、担保人等角色,出口卖方信贷各角色关系的基本结构如图 3-5 所示。

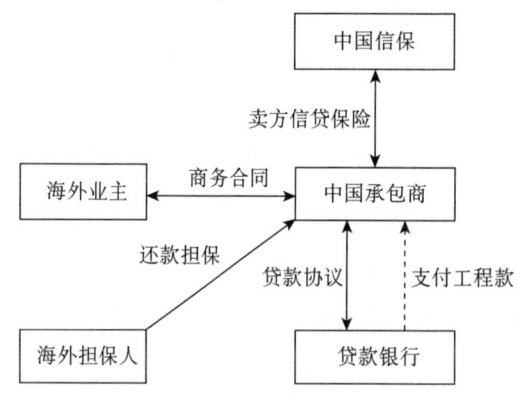

图 3-5 出口卖方信贷融资结构框图

(三) 出口卖方信贷融资案例

1. 项目背景

2013 年 1 月,我国出口企业 A 公司就其出口非洲某国电信项目,与该国电信公司 B 签署供应商融资协议,约定供应商融资金额不超过 4 亿美元。供应商融资协议适用于该项目框架商务合同(约定项目的建设范围、执行方式、定价及付款方式等),及其项下 2014 年 12 月 31 日前签署的商务子合同(针对具体建设项目进行描述并约定金额)。

2. 项目融资需求

为控制买方风险，同时便于实现商务合同项下应收款融资，A公司就该项目向中国信保投保出口卖方信贷保险。经评估，该项目的实施有利于推动该国基础设施工业化，推动非洲"三网一化"建设。该项目已获得我国驻非洲该国使馆经参处支持函和中国机电产品进出口商会支持函，项目的中国成分超过了70%。该项目具备较好的经济可行性，自身产生的经营收益能够覆盖还本付息额。同时，项目的担保措施为投保的商务子合同对应的电信设备资产抵押，抵押资产价值可覆盖承保总金额。进口商该国电信公司B为政府全资控股的电信垄断运营商，是该国最大的国有企业之一，资产实力雄厚，资产负债率不超过70%，过去三年累计盈利；B公司借鉴欧洲先进的电信运营管理经验，移动用户规模逐年稳步增长，经营收入稳步增长，盈利能力强，现金储备充足，历史项目还款记录良好；B公司市场渗透率低，未来仍具有较大发展潜力，而且B公司拥有自己的外汇账户，可以用来支持美元贷款，且伴随国际网间结算收入的增长，其外汇账户收入将会不断增加，同时，该项目的供应商融资协议已经纳入该国财政部、央行的国家外债清单，需统一进行监控、管理。因此，B公司就该项目的外汇付款来源有一定保障。

最终，中国信保在出口卖方信贷保险项下承保了商务子合同中不超过85%的延期付款的本金和全部利息。根据供应商融资协议，信用期限为120个月，其中，宽限期24个月，还款期96个月，还款期内每半年等额还款一次，利率为6个月美元"Libor + 180bp"。商业风险和政治风险的赔付比例均为90%。

在中国信保与出口商A公司签署保险合同后，中资某银行买断了供应商融资协议项下的应收款，从而帮助A公司实现了即期收汇，减轻了A企业垫资实施项目的资金压力，项目交易结构如图3-6所示。

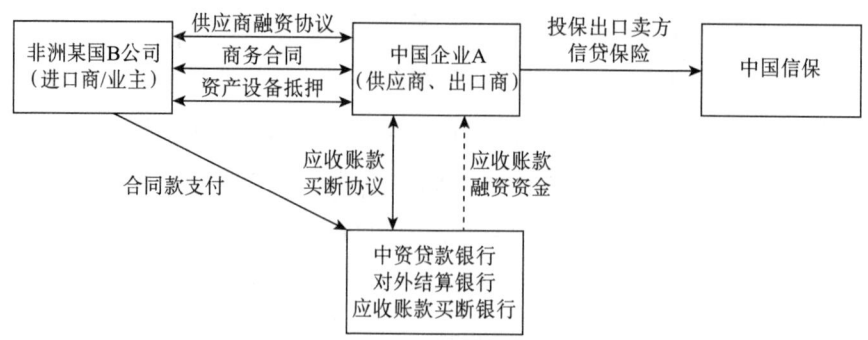

图 3-6 出口卖方信贷案例融资结构示意图

四、再融资贷款

(一) 再融资贷款融资模式特点

再融资贷款 (Mini - Perm Loan) 融资，顾名思义，其核心是在提供贷款后可以实现再融资。"Perm"是"Permanent"永久的缩写，因此，再融资贷款潜在含义是指永久融资。对于一些未建成的尚未形成商业收入的项目，由于项目无法运营获得现金流，难以判断其未来真实收入，在没有担保的情况下，金融机构通常对处于该阶段的项目提供长期贷款有顾虑。因此，再融资贷款是用在特定项目或投资开始时的贷款。一旦项目完成并开始产生收入，借款人就可以开始寻找更长期的融资解决方案。该贷款在期限结束时会附带一笔气球付款①，预期可以很容易地再融资，因为该项目建成后，贷款人可以清晰地看到这个项目是否有足够的运营现金流，这样项目获得长期融资将更有把握。再融资贷款常常用于尚未产生收益的绿地项目的过渡性融资，常用于商业地产、电站、海水淡化等便于再融资的基础设施项目。

---

① 气球贷款是借款人在还款期支付相对较低的固定月度还款额，而在贷款期满时，必须一次性偿还剩余的大额本金。这种贷款的最后一次支付通常远高于前期的月度支付，就像气球一样突然膨胀，因此得名。

依据对项目再融资失败时银行的容忍度,再融资贷款分为硬性再融资(Hard Mini-Perm)和软性再融资(Soft Mini-Perm)两种情形。硬性再融资情形是指再融资失败,导致违约事件(Even of Default)发生,银行等贷款机构可能出现加速到期、取消未放款额度、执行抵质押和股东担保、其他协议交叉违约等严重后果。软性再融资情形是指银行部分地放弃了将再融资失败认定为违约事件的权利,容忍借款人延长还款期限,该情形对投资人的吸引力更大。

结合以上分析,再融资贷款是特定条件下的融资模式,具有以下与其他融资模式不同的四个特点。

1. 融资便捷成本相对低

再融资贷款可以被认为是过渡性融资,其目的是帮助投资人快速获得项目建设资金,相比于长期贷款来说,其更加便捷,有利于投资人抓住市场机会。其部分过渡性贷款前几年仅收取利息,对于资金短缺的投资人来说更加友好。

2. 借款人和贷款人均承担较大责任

虽然再融资贷款在初期的一两年可以仅偿还利息或可变利率,但在贷款到期前,需要大量偿还贷款(气球还款),借款人如果不能获得再融资,将支付大量贷款,也面临贷款利率变高的风险。虽然一些贷款人提供无追索权的贷款,但此类贷款通常是有追索权贷款,借款人需要承担更大的还款责任。贷款机构通常会考虑项目类型,以及投资人、开发商的经验和信誉。

对于贷款人来说,提供再融资贷款同样承担了未来借款人由于项目建设或预期运营不力,无法获得项目再融资的风险。

3. 贷款相对灵活

再融资贷款是一种项目融资结构,可以在 PPP 模式①下使用,其法定期限通常设定在 7 年左右,迫使借款人在到期前进行再融资,否则借款人

---

① PPP 模式,是指公共部门与私人企业合作模式,即民间参与公共基础设施建设和公共事务管理的模式,统称为公私(民)伙伴关系(Public Private Partnership,PPP)。

将面临违约。通常来说，PPP项目有固定的长期贷款安排。

4. 软性再融资情形更具有吸引力

硬性再融资情形下贷款的优点是借款人再融资将以现行市场利率进行，而且出资人将能够以短期为基础定价，允许借款人在更短的时间内偿还前期费用。此情形的主要缺点是给所有各方（资助者、借款人和政府）带来了新的、可能不必要的违约风险。一旦违约，出资人可能会失去对管理者的控制权，不得不为项目分配更多的资金。

相比之下，软性再融资情形下贷款是一种没有违约风险的贷款结构，贷款期限仍然很长，同时有多种激励措施鼓励借款人进行再融资，且列出了出资人可用的合同补救措施，不需要额外的资金，软性再融资贷款是市场普遍青睐的模式。

（二）再融资贷款的融资条件及操作实务

再融资贷款模式的特点，即海外投资项目希望获得此类贷款的原因，一是要保证项目的经济可行性，也就是要求项目建成后有稳定的现金流，保障偿还贷款；二是项目要保证能够按期交付，这一方面是来自再融资贷款的期限要求，另一方面也是保证项目能够按期完工进入运营期，以保证后续的再融资和偿还贷款；三是借款人或担保人要有一定的实力，在硬性再融资情形下，即便项目无法正常完工并正式运营，贷款人依然可以通过追索方式要求借款人偿还贷款。

对于债权人（银行），在项目初期，银行给予一个较短的融资期限，既利用了短期融资的市场流动性，又实现了低利率报价。然后，银行结合项目建设期的时长，一般给予5~10年的中长期再融资期限（光伏可能稍短，光热和火电稍长），涵盖了"建设期+现金流培育期+再融资准备期"。与此同时，银行要求项目公司在指定时间内完成再融资；通过设置激励/惩罚机制，促使项目进入运营期后，通过再融资替换原再融资贷款，保护自身安全；在无法再融资时，银行握有利率调升、现金归集等自我保护机制，将短期融资期限可能拉长为中长期融资。以上在项目建设的不同阶段，银行通过这种分阶段报价的形式，保证了自身的灵活性和自主性。

当前，国际 PPP 项目是我国企业积极参与的海外投资项目类型，此类项目经常有政府实体和私人投资者之间为提供服务或资产而签订的长期合同。针对此类 PPP 项目，私人投资者可以安排从政府合作伙伴那里获得再融资贷款，或由政府合作伙伴担保。显然，这种结构有助于推进重要的社会目标，如经济适用房、基础设施或经济增长类项目。

五、伊斯兰融资

（一）伊斯兰融资及特点

伊斯兰融资，也被称为符合伊斯兰教法（Shariah）的金融，是一种基于伊斯兰法原则的金融体系。伊斯兰法律禁止收取利息（riba），这意味着传统的银行产品，如贷款和信用卡，不能向穆斯林提供。相反，穆斯林可以通过伊斯兰金融机构获得融资，这些机构提供符合伊斯兰教法的产品。伊斯兰融资中最常见的一种是穆达拉巴（Mudarbah），它涉及以包含利润率的价格出售商品或服务。这种类型的融资通常用于购买房产或企业。其他类型的伊斯兰融资包括租赁（Ijara）、穆达拉巴合伙和信托，这些产品旨在为穆斯林提供不收取利息的融资渠道。

目前，全球伊斯兰金融产业价值约 1.8 万亿美元，并以每年 20% 的速度增长。这种增长是由越来越多的穆斯林族群的广泛应用推动的，其他人可能会选择伊斯兰融资，因为它比传统银行产品有许多优势。例如，由于贷款不收取利息，还款往往比传统贷款要少。此外，一些伊斯兰金融产品比传统银行产品提供了更大的灵活性，这对小企业或收入来源不稳定的人很有利。

（二）伊斯兰融资在跨境投资领域的应用

近年来，伊斯兰融资在跨境投资中的应用越来越受欢迎，成为传统银行体系的替代方案。伊斯兰融资可以通过多种方式用于跨境投资，一种常见的方法是使用伊斯兰债券。伊斯兰债券类似于传统债券，但其结构符合伊斯兰教法。另一种方法是使用穆达拉巴（Mudarabah）合同。在穆达拉巴合同中，一方向另一方提供资金，后者将投资这些资金并管理最终的项目。项目的利润根据双方商定的比例在双方之间分享，而任何损失都由Rab al – Maal① 单独承担。

在伊斯兰金融的一些合作模式中，如 Mudarabah（无固定资本的合伙）和 Musharakah（合伙企业），Rab al – Maal 这一方是指那些提供资金的个人或实体，而另一方（Mudarib，在 Mudarabah 模式下；或其他合伙人，在 Musharakah 模式下）则负责管理和运营商业项目或投资，而不必提供资金或只提供部分资金。在 Mudarabah 合同中，Rab al – Maal 提供全部资金，而 Mudarib 则基于其专业知识和经验管理这些资金，二者之间的利润按事先同意的比例分配。如果项目亏损，除非亏损是由 Mudarib 的疏忽或违反合同条款造成的，否则 Rab al – Maal 将承担亏损。这种安排体现了伊斯兰金融中风险和收益共享的原则，同时遵循了伊斯兰教法（Shariah）。伊斯兰教法禁止收取固定或预测的利息，并要求财务交易必须与实际的商业交易或有形资产相关联。

利用伊斯兰融资进行跨境投资有很多好处。首先，它允许投资者避免支付贷款利息。其次，它鼓励各方分担风险，而不是将所有风险都放在一方（通常是传统贷款的情况）。再次，它允许投资者直接参与投资管理（通过穆达拉巴合同），这可以带来更好的回报。最后，它为那些可能难以获得传统融资来源的公司提供了另一种融资来源。

尽管有这些优势，但使用伊斯兰融资进行跨境投资也存在一些挑战。一是在不同的伊斯兰教法委员会之间，对于伊斯兰教法允许的交易类型缺乏标准化。这使投资者和发行人很难知道某笔交易是否符合伊斯兰教法。二是由于伊斯兰金融相对较新，缺乏专门从事这类融资的有经验的人员和机构，使企业很难找到懂得如何构建和执行伊斯兰金融交易的合作伙伴和顾问。

---

① "Rab al – Maal" 是伊斯兰金融中的一个术语，意指"资本的所有者"或"投资者"。

（三）伊斯兰融资对投资标的的要求

要使一笔融资交易被认定为伊斯兰金融，必须满足五个条件。

一是所有参与各方都必须是穆斯林，这是因为伊斯兰教禁止穆斯林参与非穆斯林的交易。

二是必须涉及商品或服务的交换，而不是金钱，这是因为伊斯兰教禁止使用货币作为交换手段。

三是不能涉及任何形式的利息，这意味着交易的任何一方都不能对作为交易一部分的任何贷款收取利息。

四是必须不包含任何赌博或机会的元素，这意味着交易的任何一方都不能利用运气或机会从交易中获利。

五是不应被用于资助任何非法活动，这意味着协议的任何一方都不能使用协议的资金来资助任何违反伊斯兰法律的行为。

在交易中，如果所有这些条件都能被满足，交易就被认为符合伊斯兰法律，可以继续进行。如果这些条件中的任何一个没有被满足，则交易就会被认为是无效的，不能继续进行。

六、项目融资

项目融资，是指利用项目的未来收益，而不是以项目投资者或发起人已有的资产和收益来担保偿还项目资本金以外的借款的一种融资方式。即项目的发起人（股东）为经营项目成立一家项目公司，以该项目公司作为借款人筹借贷款，以项目公司本身的现金流量和全部收益作为还款来源，并以项目公司的股权和资产作为贷款的担保物。

项目融资的主要优点是把原来应当由项目投资者或发起人承担的还债义务，转移到该工程项目的自身上，对于项目投资者或发起人来说实现了表外融资。从另外一个角度来看，项目的风险不是完全由项目投资者或发起人来承担，而是由投资者或发起人、参与方和各债权人（包括贷款银行、供货商、承包商等)一起共担。由于债权人承担了较大的风险,其融资成本通常较高。

项目融资方式适合特许经营权项目,一般应用于电站、收费公路、桥梁、隧道、铁路、机场、城市供水以及污水处理厂等大型基础建设项目,以及其他投资规模大、具有长期稳定预期收入的建设项目。

(一) 项目融资模式特点

与传统的股东融资方式相比较,项目融资具有项目导向、无追索或有限追索/有条件追索、风险共担、表外融资[①]等特点。

1. 项目导向

项目导向是项目融资的重要特点。项目融资是靠项目公司股权、资产和现金流作为还款保证,而不是依赖于项目投资者或发起人的资信来安排融资。项目融资是以项目公司为主体安排的融资,债权人在项目融资评价过程中关注贷款期间项目能够产生的现金流,贷款的金额、融资成本的高低,以及融资结构的设计等都是与项目的预期现金流量和资产价值直接联系在一起的。

在此模式下,投资者或发起人只要按融资银行要求使资本金足额到位,剩余建设资金可以通过目标项目的债务融资来实现。因此,投资特许经营权项目时如果采用项目融资比采用传统融资方式更合适,投资人可以节省本企业的担保资源,提升自身的投资能力和经营能力。项目导向可以依据资金需求、贷款期限、项目收益率和特许经营权生命周期来设计债务融资方案,通常可以做到比一般项目贷款期限更长。

2. 无追索权或有限追索权

追索,是指在借款人未按期偿还债务时,债权人要求以抵押项目资产以外的其他资产偿还债务的权利。债权人对项目投资者或发起人的追索形式和程度是区分项目融资或传统形式融资的重要标志。

无追索权,是指债权人对项目公司股权、资产和未来收益以外的,投

---

① 表外融资通常指的是非负债融资。

资者或发起人所拥有的资产和收益没有追索权，即投资者或发起人仅承担项目公司资本金项下的损失风险。

有限追索权，是指债权人对项目投资者、发起人或第三方的追索权仅限于项目投资者、发起人或第三方为项目提供的担保或保证，也可以是在贷款的某个特定阶段（如项目的建设期）对项目借款人进行追索，或者在一个规定的范围内（通常有明确的金额和形式的限制）对项目借款人进行追索。除上述约定情况外，无论项目出现任何问题，债权人均不能追索项目借款人除该项目公司股权、资产、预期收益以及所承诺承担的义务之外的任何形式的财产。

此处所说的无追索权和有限追索权是针对项目公司的投资者或发起人来讲的，即债权人对于项目公司来说，依然具有完全的追索权，只不过由于项目公司在建设期没有形成有效资产，或者说没有足够的资产供债权人追索。而投资者或发起人可能有足够的资产，但债权人在项目融资结构下对投资者或发起人无追索权，或仅能依据预先约定进行有限追索。

融资实践中很难实现完全无追索权的项目融资，一般常见的是有限追索权的项目融资。

3. 风险共担

成功的项目融资应该是在项目中没有任何一方单独承担起全部项目债务的风险责任，在项目各参与方之间实现令人满意和有效的项目风险分配是项目融资成功的重要标志。风险共担也是实现项目融资有限追索要求，与项目相关的各类风险，由项目投资者或发起人与项目开发相关的其他参与者和贷款人共同分担。因此，项目投资者或发起人应很好地识别和分析项目的各类风险，并确定自己、其他参与者与贷款人所能够承受的风险及可能性，再利用所有项目参与方的优势，设计出合理的和各方可接受的风险分担结构。

风险分配的基本原则是把风险分配给最适合承担该种风险的机构，例如通过长期电力销售合同分配电力需求和价格风险，通过长期原料或燃料供应合同分配供应和价格风险，通过交钥匙合同分配工程风险等。在传统融资方式中，偿还借款的风险完全由借款人独自承担。项目融资中的风险分担，要求项目投资者应该学会如何去识别和分析项目的各种风险因素，确定自己、贷款人以及其他参与者所能承受风险的最大能力和可能性，充分利用与项目有关的一切可以利用的优势，最后设计出对投资者具有最低追索权的融资结构。这对项目融资的各方签署各类协议的相关承诺和保证提出了要求，这些要求提高了项目融资各方协议的签署难度，项目融资谈判更加艰难，周期也更长。

4. 非负债型融资

通过对项目的投资结构和融资结构的设计，项目融资可帮助投资者或发起人将贷款安排成为一种非公司负债型的融资，根据项目融资风险分担原则，贷款人对项目的债务追索权主要被限制在项目公司的资产和现金流量中，项目投资者或发起人所承担的是有限责任，因此，项目融资被安排成为一种不需要记入项目投资者或发起人资产负债表的贷款形式，即项目运营形成的权益、资产和负债记入项目公司财务报表，而不记入项目投资者或发起人的财务报表，对于投资者来说实现了表外融资。

非负债型融资是项目融资财务制度方面的特点。只有把项目形成的权益、资产和负债都记入项目公司报表，股东与项目公司的财务关系才能得到清晰界定，项目的经营收益和亏损才能得到清楚的反映，才能向债权人和投资人提供准确的财务信息，才能使债权人对项目公司进行有效的监管。同时，这也是防止项目公司和股东之间违法关联交易或道德风险的必要安排。

非公司负债型融资对于项目投资者或发起人的价值巨大，使投资者有可能以有限的公司财力从事更多的投资，同时将投资的风险分散和限制在更多的项目之中。一个公司在从事超过自身资产规模的项目投资，或者同时进行几个较大的项目开发时，这种融资方式的价值就会被充分体现出来。

采取项目融资方式的项目，本质上是投资项目。当前，许多中资企业参与投资境外的大型基础设施、电力或能源项目的建设，这些项目的建设周期和投资回收周期都比较长，对于投资者而言，如果这些项目的贷款安排均采取传统的公司融资方式，贷款反映在公司的资产负债表上，企业的资产负债可能严重失衡,并且这种状况很难在短期内改善。公司将因此无法获得银行的支持而难以筹措新的资金,影响未来的发展。

5. 担保结构灵活

项目融资的框架结构由投资结构、融资结构、资金结构和担保结构组成。其中,担保结构是项目融资的重要内容,是债权人考察的重点,是项目融资还款的重要保障。从项目融资的有限追索和风险共担的特点出发不难看出,项目还款的安全性主要来自项目自身的经济强度和项目各种直接或间接的担保。这些担保可以由项目的投资者提供,也可以由与项目有直接或间接利益关系的其他方面提供。这些担保可以是直接的财务保证,如完工担保、成本超支担保、不可预见费用担保,也可以是间接的或非财务性的担保,如长期购买项目产品的协议、技术服务协议、以某种定价公式为基础的长期供货协议等。

针对不同类型的项目融资,可以结合项目的实际情况,设计出符合项目特点和债权人要求的担保结构。例如,对于垃圾处理项目,在政府购买定价上可根据原料供应实际情况,设计一定的动态价格公式,保证项目的最低收益;对于收费公路项目,政府可以通过测算最低交通流量的方式,在提供特许经营权的协议中,设置最低流量补贴机制,保障项目的最低经济效益。这些安排,都可以为项目融资提供强有力的信用担保支持,提高项目的债务承受能力,减少债权人对投资者或发起人(借款人)资信和其他资产的依赖程度。

6. 融资成本较高

与传统的融资方式比较,项目融资成本较高,组织融资所需要的时间更长。项目融资涉及面广,结构复杂,需要针对有关投资结构、资金结构、担保结构、风险分担、税收结构、资产抵押等做大量的工作,相关文件的准备也比其他融资方式要多,需要签署几十个甚至上百个法律文件,这就使项目融资需要花费更长的时间。而项目融资的成本较高主要来自两个方面:一是大量的前期工作需要聘请律师、专家和技术顾问来完成,结果使项目融资前期费用较高;二是有限追索性质,使债权人提供的资金利息要高于其他融资方式,进而导致项目融资的成本比传统融资方式高。

虽然项目融资比传统融资方式复杂、成本高、周期长,但可以达到传统融资方式实现不了的目标。一是有限追索的融资方式保证了在项目失败时,不至于危及投资者或发起人其他的资产;二是投资者或发起人可以通过项目融资的方式来解决融资问题而不增加自身的负债;三是对于一些高风险国别,项目融资可以召集更多的参与者(包括其他国家的投资者、参与方或金融机构),进而分散风险,赢得各金融机构的支持。

7. 项目融资与公司融资的比较

项目融资是由项目公司作为借款人并承担偿还贷款的义务,一般在项目建成并投入运营产生收益后履行该义务,而项目投资者或发起人并不直接承担还款义务,或仅承担有限还款义务/连带责任。

公司融资是由企业/股东自身承担还款义务和担保的融资模式,无论项目建成与否,项目建成后是否能够盈利,项目发起人/股东均需要承担还款义务。

表3-1是公司融资与项目融资的比较。

表3-1　　　　　　　　公司融资与项目融资的比较

项目	项目融资	传统公司融资
贷款对象	项目公司	项目发起人
追索性质	有限追索权或无追索权	完全追索
还款来源	项目投产后的收益及项目本身的资产	项目发起人所有资产及其收益
担保结构	担保结构复杂	单一担保结构
成本	高	低

(二) 项目融资相关条件

由于项目融资具有有限追索、融资金额高、期限长的特点,许多中资企业在境外开发项目时,希望采取项目融资的方式解决工程建设资金问题。但从项目融资的项目导向、风险分担机制和前期投入高的特点来看,利用项目融资方式解决资金问题对于企业的资质和能力是有较高要求的,因此，利用项目融资方式解决融资问题的项目，对于项目选择和企业的资质方面是有一定要求的。

1. 项目类型的选择

并非所有的项目均能通过项目融资的方式解决资金问题，结合项目融资的特点，我们可以简单分析一下项目类型的选择对完成项目融资的影响。

从债权人对项目投资者或发起人（借款人）的追索方式来看，投资者除了承诺提供正常的资本金外，不再给项目债权人提供任何其他支持的无追索权形式的项目融资。除项目的出资额外，投资者还需提供一定的承诺，且承担有限的责任，包括提供追加资本或开具履约保函等，此类有限追索形式是项目融资的主要方式。因此，对于投资者来说，操作项目融资项目，除了资本金外，还需要有一定的担保或其他能力。

项目融资的项目导向特点，对项目自身经济效益的稳定性提出了较高的要求。由于有限追索，债权人评估资金安全收回的主要参照是项目建成后的经济效益和持续稳定性，这是还本付息的基本现金流来源，因此，考察项目运营期的收入是项目的重要内容。哪类项目可以保证未来几年、十几年甚至二三十年的还款期能够有稳定的现金流来偿还贷款，这对于项目的选择尤其重要，一般的商业项目很难满足如此长时间跨度的稳定经济收入。

通过分析中资企业海外参与的项目融资案例，以"设施使用协议"为基础的项目融资、以"杠杆租赁"为基础的项目融资、以"生产支付"为基础的项目融资、BOT/BOOT模式①或PPP模式等类型的项目融资均有成功运作的案例，这些都是我们通常所说的特许经营权项目，包括垃圾处理、污水处理、收费公路、船舶、电站等。这类项目一般都属于由政府支持的基础设施项目，或者有类似"无论使用与否均需付款（Take or Pay）"性质的协议做保障的项目。因此，中资企业在开发海外绿地投资项目时，要重点关注能否实现项目融资，应该从能源开发项目、石油管道、炼油厂项目、矿藏资源开采项目、收费公路项目、电站项目、污水处理项目、通

---

① BOT模式，BOT是"建造－拥有－转让"（Build－Operate－Transfer）的缩写。BOOT模式，BOOT是"建造－拥有－租用－转让"（Build－Own－Operate－Transfer）的缩写。

信设施项目入手。

2. 企业资质要求

对于项目融资的投资人或主要参与者，其自身的项目经验和资金实力是进行项目融资的最重要因素。

国际市场经验是中资企业境外开发及判断是否适合做项目融资的重要条件，项目经验在企业开发项目前期可以客观评估项目的盈利能力，对于项目的各类风险有足够的能力进行识别和管控，在项目执行过程中可以很好地控制成本并能够按时保质完成项目建设。这些项目经验是项目投资者能力的具体体现，也是金融机构需要考察的重要条件，因为项目融资的有限追索性质，债权人对于企业的风险控制能力和项目执行能力有更加严格的要求，所以，拟进行项目融资的企业需要考察自身的能力和经验。

资金实力是项目融资顺利推进的重要保障，一方面项目融资前期需要投入大量的资源；另一方面，项目需要至少 20% 的股本金投入，这对企业的资金实力提出了较高的要求。因此，拟以项目融资解决境外绿地项目的融资，需要考虑自身的资金实力，如果有好的投资项目，在资金能力不足的情况下，可以采取联合开发的方式，即通过寻找有资金实力的合作伙伴共同出资开发，解决项目前期及后续的股本投资不足的问题。

以上仅仅是项目融资对主要投资者或者牵头方的要求，若想真正实现项目融资，金融机构对于项目各参与方的实力均需要严格的考察，因此，项目的参与者应该强强联合，给债权人信心，只有这样才有助于实现项目融资安排。

（三）项目融资案例

具体案例可以参考本书第六章第一节，巴基斯坦卡西姆港燃煤电站项目。

七、跨境担保融资

（一）跨境担保融资特点

担保，是指以债务人或第三方的信用或者特定财产来保证债务人履行债务的法律制度，是对担保人和被担保人行为的一种约束。经济活动中，担保是第三方为义务人或债务人向权利人或债权人承担保证责任。担保不同于保险，与保险的区别见表 3-2。

表 3-2　　　　　　　　　　　保险与担保的区别

项目	保险	担保
法律关系	两方、独立合同	三方、主合同/从合同
功能	风险保障为主，兼有信用增级、促进融资的功能	信用增级、促进融资
风险保障机制	大数法则，赔付后代位求偿	不适用大数法则、一事一议，靠对债务人、项目、反担保综合评估
适用法律	保险法	担保法
诚信原则	最大诚信原则	一般诚信原则
社会关系特点	是一种相对比较单纯的经济关系，保险人与被保险人不具有比较密切和直接的关联，也不需要对被保险人的品质进行全方位的考察、评价	担保人与申请人一般有较密切和直接的关联，或者要对担保申请人的品质、能力进行全方位的考察、评价
处理的风险	保险合同规定的风险情况，一般是客观风险的一部分	与债权、债务相关的一切风险，客观风险、主观因素、道德风险等

在对外承包工程领域，根据担保合同的性质，担保可以分为非融资性担保和融资性担保两类。非融资性担保是主合同不以融资为目的，担保类型为出口及工程项下的投标保函、履约保函、预付款保函、质量保函等保函类业务。融资性担保的主合同为借贷合同，包括贸易融资担保、流动资金贷款担保、项目融资、发债担保、内保外贷等。本书所讨论的融资均为跨境融资，因此本节所述担保均为跨境担保。

根据国家外汇管理局 2014 年颁布的《跨境担保外汇管理规定》（汇发〔2014〕29 号），跨境担保是指担保人向债权人书面作出的、具有法律约束力、承诺按照担保合同约定履行相关付款义务并可能产生资金跨境收付或资产所有权跨境转移等国际收支交易的担保行为。跨境担保分为内保外贷、外保内贷和其他形式跨境担保。内保外贷是指担保人注册地在境内，债务人和债权人注册地均在境外的跨境担保。外保内贷是指担保人注册地在境外，债务人和债权人注册地均在境内的跨境担保。其他形式跨境担保是指除前述内保外贷和外保内贷以外的其他跨境担保情形。

目前，具有担保业务经营资格的银行、非银行金融机构和企业可以提供融资性对外担保业务，其中，中国出口信用保险公司是唯一可以对外出具担保的保险公司。下面简单介绍中国银行和中国信保的担保产品，供读者参考。

（二）跨境担保融资产品及操作实务

我国提供跨境担保融资产品和服务的金融机构包括银行和中国信保。

1. 银行提供的跨境担保服务

具有跨境担保经营资质的银行均可以提供融资性对外担保产品和服务，以中国银行为例，中国银行应企业国内母公司的申请，可以为其境外全资附属企业或参股企业向当地金融机构融资或取得授信额度出具担保，保证境外企业履行贷款本息偿还义务或授信额度协议规定的资金偿还义务。

此担保产品主要解决境外投资企业资金不足、授信困难的问题，为"走出去"企业的海外业务发展提供融资服务。境外投资企业可以借助国内母公司的实力通过银行担保获得在当地金融机构的授信支持。

中国银行的融资性担保主要面向本行的大客户，需要具有：参与基础交易的经营资格；客户资信良好，无不良记录；已有开立保函所需的授信额度或可缴纳足额保证金；业务背景真实，符合银行业务合规审查要求；业务资料完整有效。

2. 中国信保的融资性对外担保产品

中国信保的担保业务与银行、普通担保公司相比，信用等级高，对外担保额度大，境外融资优势明显。除保函业务外，内保外贷业务更能体现信用险与担保组合的优势，是具有信保特色的担保融资。

（1）中国信保融资性担保支持的行业广泛。中国信保的担保业务优先支持符合国家政策导向,且风险平稳的行业,包括基础设施、高铁、能源、电力、电信、家电、汽车、医药等行业。对于工程机械、冶金矿业、船舶、海工、钢铁、水泥、玻璃、电解铝行业中的龙头企业的海外项目,中国信保根据情况也可以提供支持。

(2)中国信保融资性担保支持的业务类型多样。中国信保的跨境担保业务适用于对外承包工程业务的建设期融资担保、补充融资担保,也支持海外投资项目或并购项目的股权、债权融资。

中国信保的担保业务统一由各营业机构办理,对于信保内部评级高的客户无须提供反担保,可降低企业的负担和融资成本。

(3)中国信保融资性担保对企业海外业务的价值高。对于现汇项目来说,由于预付款及后续进度付款与项目的实际支出不匹配,往往会给承包商造成较大的资金垫付压力,对于此类后续资金有保障的项目,可以利用中国信保的融资性担保解决建设期资金短期问题。

对于部分信贷项目,因为项目的审批时间较长,受工期影响,企业往往在收到预付款后即开工,造成信贷资金与建设期资金支出不匹配,这样会给企业造成较大的资金压力,所以可以利用融资性担保解决建设期资金不足的问题。

(三)跨境担保融资案例

1. 银行(中国银行)提供的融资性担保案例

(1)某在京大型企业集团的香港子公司需要向当地金融机构融资1000万美元,用于日常经营周转,但因该子公司自身实力所限,无法取得当地银行授信。为此,该在京大型企业集团向中国银行总行申请为其香港子公司出具融资性对外担保,受益人为中银香港,担保子公司到期偿还中银香港的贷款本息。凭借中国银行总行的担保,中银香港为该企业香港子公司提供了1000万美元贷款,解决了企业的融资难题。

(2)A公司在新加坡实施一海外收购项目,需要在当地银行取得项目贷款。出于合理避税的考虑,A公司向中国银行申请出具融资性对外担保,担保其新加坡子公司从新加坡中行取得并购贷款,此方案比从国内直接融资减少税务成本数百万美元。

(3) B 公司在欧洲成立了全资子公司,作为 B 公司欧洲业务的制造和销售平台。为解决扩大生产和营运周转所需资金,需向当地银行融资 800 万欧元。中国银行建议以融资性对外担保方式解决上述资金问题,即 B 公司(国内母公司)向中国银行申请出具融资性保函,担保其境外子公司从当地中行融资或取得开立信用证额度,并按授信协议履行贷款偿还及资金支付义务。

2. 中国信保提供的融资性担保解决建设期资金案例

中国某地方对外承包工程企业 A,对外承包工程业务开展较好,是连续多年入选 ENR250 的企业。2013 年,A 企业通过国际工程竞标方式,获得了非洲某房建项目授标,业主支付 15% 预付款,项目其余建设资金由中资金融机构提供的出口买方信贷解决。由于工期原因,在贷款提款前,项目已经开工,而项目现有的预付款无法覆盖项目前期用于支付各类分包款、劳务费和采购费用的支出,承包商需要垫付近 3 亿元人民币的款项。A 企业境外项目较多,如果该项目垫款金额较大,势必导致流动资金紧张,企业将难以承受。因此,A 企业希望通过合适的金融工具协助解决建设期资金不足的问题。

作为大型承包企业,该项目总承包商 A 企业已经在新加坡建立了分支机构 C,结合此项目情况,拟以新加坡分支机构 C 作为融资平台,筹措项目建设期过桥资金。具体操作为,由总包商 A 企业向中国信保申请内保外贷担保融资,中国信保综合考察项目情况并评估授信,向注册在新加坡的外资银行 B 提供了跨境担保。外资银行 B 依据中国信保提供的担保,向分支机构 C 提供了贷款。担保融资额度为承包商 A 企业需要垫付的金额,担保期限至后续信贷量单结算开始放款为止。该担保融资的还款来源为该项目下买方信贷量单结算款。此项目的资金流、合同关系见图 3-7。

在分支机构 C 获得担保融资资金后,总包商 A 企业将该项融资资金分别支付给项目所在国和国内,分别支付项目前期设备采购及相关费用。至此,中国信保的融资性担保为企业解决了该项目建设期资金不足的问题。

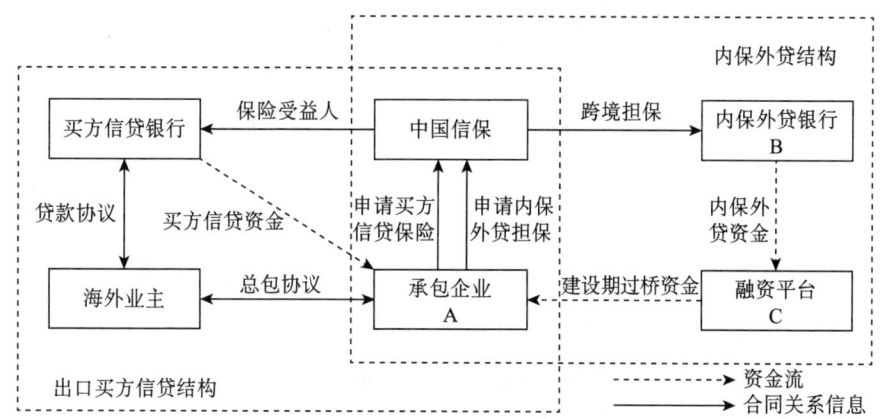

图 3-7 "出口买方信贷+内保外贷"资金及合同关系框图

此项目是出口买方信贷和担保融资结合使用的典型案例,由于后续建设期资金已经由中国信保支持的买方信贷解决,建设期资金的担保融资仅对 A 企业进行了评级。依据评级结果,中国信保提供了内保外贷担保,而 A 企业并未提供反担保,降低了其融资成本。

八、融资租赁

融资租赁与出口信贷等其他融资模式不同,因为租赁标的物的产权是在租赁公司,而不在项目公司,且出现问题时租赁公司可以回收、处理租赁物,所以,对于租赁物较为优质的融资租赁业务,在办理融资时,金融机构对企业资信和担保的要求与传统信贷相比有所降低。同时,融资租赁具有资金使用相对灵活、贷款期限长及还款周期适应租金收入等优势,中资企业在海外的设备出口、工程建设等业务,可以使用融资租赁模式来实现融资。

(一)融资租赁的融资模式特点

融资租赁是出租人根据承租人对租赁物的特定要求,出资向供货人购买租赁物,并出租给承租人使用,承租人分期向出租人支付租金的一种商业模式。在租赁期内租赁物的所有权属于出租人所有,承租人拥有租赁物的使用权。租期届满,承租人履行完租赁合同全部义务并完成租金支付后,根据出租方和承租方合同约定,租赁物归出租方或承租方所有。

除融资租赁模式以外还有经营租赁,融资租赁与经营租赁的区别在于:融资租赁其实质是转移了与资产所有权有关的全部或绝大部分风险和报酬,融资租赁以承租人占用融资成本的时间计算租金;经营租赁仅转移了该项资产的使用权,而对该项资产所有权有关的风险和报酬却没有转移,经营租赁以承租人租赁使用物件的时间计算租金。

按照租赁物操作模式,融资租赁可以分为直接租赁、售后回租、转租赁、杠杆租赁等类型。

(1)直接租赁是指承租人指定租赁物,委托出租人融资购买并交由承租人使用,承租人按期支付租金,租赁期满后承租人拥有对租赁物优先购置权的租赁行为。直接租赁是融资租赁的主要形式。

(2)售后回租是指承租人将拥有所有权的租赁物出售给出租人的同时,再租回继续使用的租赁方式。售后回租使租赁物所有人在拥有租赁物使用权的前提下回收资金,是承租人将固定资产或类似资产向流动资产转换的过程,增强长期资产价值的流动性,提高资金的使用效率。同时,售后回租也为出租人提供了有利可图的投资机会。

(3)转租赁是指承租人将自己租入的租赁物转租至最终承租人使用的租赁行为,承租人同时也是转租协议的出租人。

(4)杠杆租赁是指出租人支付租赁物总额的20%~40%,其他的资金通过以出租的租赁物或应收租金作为抵押,向金融机构贷款解决资金问题的租赁形式。杠杆租赁模式的参与者包括出租人、承租人和贷款人,租赁公司拥有出租人和借款人双重角色,既要收取租金又要偿还贷款。此模式的租赁物通常是价格昂贵的大型设备(如飞机),且政府对出租人所购租赁物有减税或免税等税收优惠政策。

(二)融资租赁模式优势

融资租赁具有使用权与所有权分离、融资与融物相结合、租金分期回收等特点。对于可以利用融资租赁模式解决资金的海外项目,其融资特点与传统信贷相比还具有如下优势。

1. 项目融资属性,租赁资产可变现

传统的出口信贷,贷款银行通常需要业主提供资产抵押或第三方提供担保,对于融资租赁来说,出租人将租赁物所有权保留及抵押登记作为主要担保措施。融资租赁是基于租赁物产生的未来现金流作为租赁项目的唯一或主要还款来源,租金直接影响承租人正常还款能力,因此,融资租赁具有项目融资的特点。承租人由于租金不足违约时,租赁物资产的价值及变现能力是出租人减损的首要手段。

2. 还款期限灵活,便于资金筹划

传统的出口信贷还款方式比较单一,借款人只能按固定时间、固定本金和利息偿还贷款。融资租赁的还款方式可以根据承租人自身的资金实力、收入情况,制定相对灵活的租金支付安排,如根据实际情况按季度、按业务淡旺季设置不同的还款计划。便于承租人合理运用资金,筹划资金安排。

此外,融资租赁的期限通常较长,一般超过三年,对于海外经营的企业来说,更长的还款期限符合企业的利益。

3. 融资比例高,风险相对较低

融资租赁的融资额度依客户资质条件和设备价值决定,对于优质的租赁物,融资金额可达租赁物价值的100%。

同时,对于出租人或承租人,与传统信贷模式相比较,一些融资租赁模式的风险相对较低。以售后回租为例,承租人一方面可以盘活存量资产,优化财务报表;另一方面,由于售后回租的租赁物资产已经基本形成,不存在建设期风险,出租人承担的风险也相对降低。

虽然融资租赁与传统的信贷相比有许多优势,但并不是所有的项目都能够利用融资租赁的模式解决资金问题。通常来说,如果租赁物是固定资产,且有发达的二手市场,则适合使用融资租赁模式进行融资。例如:

(1) 高技术高附加值的船舶及海工平台,依托国内制造特色和技术优势实现出口转移；

（2）飞机及航空类飞行器；

（3）成套设备制造，如工程机械、医疗器械、集装箱等；

（4）大型基建类工程及配套设备（类 BT），如电信、电力等。

4. 出租人风控措施

在基础设施建设领域采用融资租赁模式，由于租赁业务的规模较大，且租赁标的物通常是专门为该项目专门生产的产品或成套设备，工程的设计和施工也是专门按承租人要求建设的，一旦承租人违约，出租人很难将租赁物变现。因此，在大型工程建设项目上采用租赁融资时，出租人往往会要求承租人提供第三方担保，或由设备供应商、工程承包商等提供回购承诺，或签署回购协议。

（三）融资租赁融资案例

1. 项目基本情况

2008 年底，我国电信企业 H 公司打败了以爱立信为代表的竞争对手，成功全额中标拉丁美洲 G 国（ICE）移动通信网络项目。中标后，由于 G 国相关法律规定和行业惯例，金额超过 1 亿美元的电信项目通常以租赁方式操作，且此前与 ICE 合作的爱立信等企业也均以租赁方式操作类似项目。

经过协商，ICE 拟通过租赁方式，由中美洲经济一体化银行（CABEI）和中国 Z 银行合作，共同完成该项目的租赁与融资，以支持 H 公司完成该项目的出口。随后，H 公司作为设备供应商与 CABEI 签订销售合同，同时 CABEI 以出租人的身份与承租人 ICE 签订租赁合同，并于 H 公司完成整个通信网络交付后，由 Z 银行以无追索买断应收租金的方式全额买断 CABEI 银行租赁合同项下对 ICE 的应收租金（不含留购选择权项下权益）。买断融资到位后，CABEI 银行一次性提前偿付供应合同项下对 H 公司的债务。

根据合同，H 公司负责全部网络建设和设备供应，完成验收后，网络及设备整体所有权转移至 CABEI 银行，CABEI 银行再将该网络及设备整体租赁给 ICE 使用。

该项目是中国和 G 国建交以来最大的双边经贸项目，对巩固两国关系意义重大，受到中国使馆商务参赞处高度重视，并为该项目出具了支持函。在此基础上，Z 银行就该项目承租人支付租金面临的商业风险和政治风险向中国信保投保租赁保险，中国信保按程序审核后为该项目出具了租赁保险单，赔偿比例为 95%。

2. 项目交易结构

结合相关信息分析，项目交易结构见图 3-8。

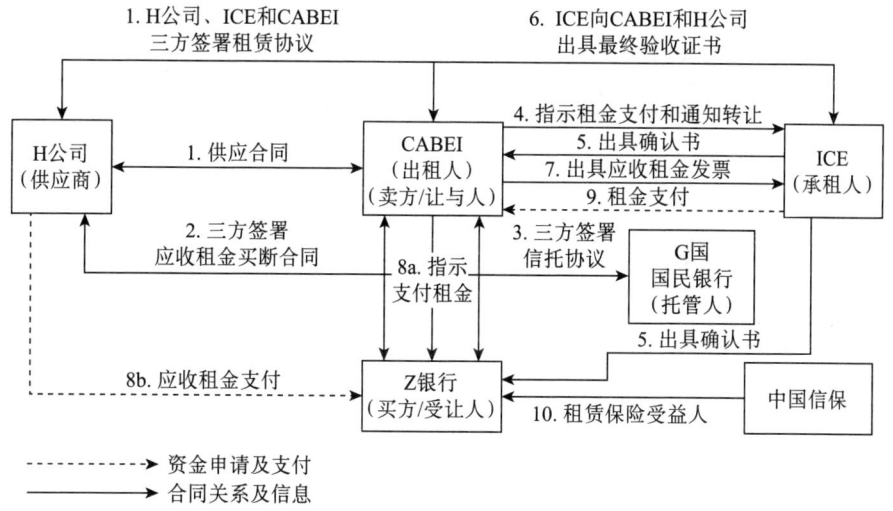

图 3-8 项目融资租赁合同及资金支付结构框图

(1) H 公司为该项目提供电信设备。H 公司与 CABEI 银行签署供应合同，H 公司、CABEI 和 ICE 三方共同签署租赁合同。

(2) H 公司、CABEI 和 Z 银行三方共同签署应收租金买断合同。

(3) CABEI、Z 银行和 G 国一个独立的第三方的信托托管人（G 国国民银行），签署信托协议，电信设备将由 CABEI 转移给信托托管人。按照信托协议，信托托管人有义务依照缔约方的指示，管理设备的所有权，允许赎回资产。赎回应由缔约方界定的具体违约事件引起。

（4）CABEI 书面通知 ICE 有关应收租金的支付，并指示 ICE 将租金支付到 Z 银行设立的租金应收款账户。

（5）ICE 给 Z 银行和 CABEI 出具确认书，确认 ICE 在租赁合同项下的租金支付义务绝对符合东道国法律，且 ICE 按照 CABEI 和 Z 银行的指示支付了租金；ICE 在租赁合同项下的权利与 Z 银行在信托协议项下的权利并存。

（6）在 H 公司完成项目的交货、安装、测试等程序后，ICE 将按照租赁合同的规定给 H 公司和 CABEI 出具"最终验收证书"，以此为标志，分别确立 H 公司对 CABEI 的供应合同项下债权、CABEI 对 ICE 的租赁合同项下债权，两项债权一一对应。

（7）出租人 CABEI 银行给承租人 ICE 出具应收租金发票。

（8）应付租金经贴现后的金额将在 CABEI 不可撤销的指示下，由 Z 银行支付给 H 公司。

（9）应付租金由承租人 ICE 支付至 Z 银行租金应收款账户。

（10）中国信保为 ICE 的租金支付义务向 Z 银行提供租赁保险。

3. 项目出租人和承租人情况

（1）出租人——CABEI 银行。CABEI 银行成立于 1960 年，由 5 个作为创始成员国的中美洲国家（包括危地马拉、萨尔瓦多、洪都拉斯、尼加拉瓜和哥斯达黎加）组成，其理事会成员由成员国总统直接任命。CABEI 银行的组成模式类似世界银行，而业务性质与中国的国家开发银行类似，具有政策性色彩，为社会公共项目、健康教育、基础设施建设等项目的投资建设提供融资。

（2）承租人——ICE。ICE 是 G 国国内唯一、垄断的全业务（包括固网、移动、互联网和数据通信）电信企业和电力企业，也是该国最大的国有企业，于 1949 年成立。ICE 集团整体财务状况较好，尤其是电信板块，盈利水平较高，负债率低，现金流状况较为健康。

4. 融资小结

（1）本项目中，Z 银行买断出租人 CABEI 银行的应收租金债权，从而实现应收租金债权从境外CABEI银行转让至境内的Z银行，Z银行以受让的租赁合同下应收租金债权向中国信保投保海外租赁保险，以规避未来应收租金面临的政治和商业风险。Z银行和中国信保合作，通过买断应收租金和为应收租金提供还款保险的方式支持了H公司的电信设备出口。

（2）本项目为典型的结构融资。通过构建适当的交易结构，肢解了项目风险，使交易各方发挥自身长处，承担起自身擅长承担或能够承担的风险。该项目所涉及的设备及安装活动，均按照国际惯例投保了商业财产及责任保险。

（3）案例中，对于租赁资产采用了信托方式，而不是抵押方式。根据信托协议，CABEI银行作为委托人将拥有所有权的电信设备委托给托管人，由其对该电信设备进行管理，且在出现承租人违约时，按照事先约定，通过公开拍卖等程序，对该电信设备进行处置，并将处置所得交予Z银行（受益人）。信托方式具有如下优势：一是让信托托管人代为持有租赁资产，并通过信托托管人来保障承租人始终平稳地占有和使用租赁物，同时也保障了出租人对租赁物的所有权。二是采取信托方式，还可实现资产隔离，即若CABEI银行发生破产，则其债权人无权追讨已采取信托方式的该电信设备。三是采取信托方式，程序简单、手续便捷，信托仅需参与各方合法签署并经适当的公证、公示，一般当日即可生效，项目正常还款结束时，也可于当日即时解除；反之，抵押不仅需要公证，还需要办理抵押登记，需要一定的时间。四是采取信托方式，资产处置更加简单、便捷，仅需依据实现的信托协议，短期内即可完成公开拍卖，获得补偿收益；而抵押方式下，如需处置资产，则必须经过法院判决等司法程序。

九、公司融资

（一）公司融资

公司融资是债务融资的重要模式之一，对于公司规模大、授信额度高、对融资效率要求高的项目，企业可以采用公司融资模式解决债务资金。公司融资需要企业提供全程全额担保，对于资信状况一般、银行授信不足的企业来说有一定的压力。此外，公司融资占用企业授信，会对公司融资的稳定性产生影响。

因此，公司融资仅限于特定企业及特定项目，通常情况下，并不推荐企业使用公司融资解决海外项目的资金问题。

（二）公司融资与出口卖方信贷的区别

虽然公司融资与出口卖方信贷融资在多数情况下都需要提供企业担保，但公司融资与出口卖方信贷在融资需求、借款人、融资方式、还款担保、还款来源、风险管理等方面存在显著差异。企业应根据自身的需求和具体经营情况进行评估和选择。

1. 融资需求

公司融资是根据企业发展需要和经营需求，自己决定的融资；出口卖方信贷是依据出口合同，出口商为进口商提供的分期付款优惠。

2. 借款人

公司融资的借款人是企业本身，对大型企业集团来讲，借款人有可能是总部，也有可能是下属企业；卖方信贷的借款人是出口合同项下的出口商。

3. 融资方式

公司融资可以通过多种途径实现，包括银行贷款、发行债券、股权融资等；卖方信贷融资是根据出口合同约定的金额、币种、支付条件、期限、利息等，由出口商向银行贷款。

4. 还款担保

公司融资的还款保证有企业资信状况、银行授信、企业资产、应收账款、库存，以及提供第三方担保等；卖方信贷的还款保证是进口商向出口商提供的还款担保（主权担保、银行担保）等，出口商投保出口卖方信贷保险。

5. 还款来源

公司融资的还款来源是经过专业机构评估并认定后的，企业营业收入和利润等，企业按融资合同归还借款本息；卖方信贷的还款来源是出口合同项下进口商的分期付款，具体条件通常在出口合同的借款条款或借款附件中约定。

6. 风险管理

公司融资的风险管理由企业自行负责，债权人认为企业自身担保资源不足时，会要求提供第三方担保；卖方信贷风险管理的主要措施是投保出口信用保险，对于 10% 的风险敞口（出口卖方信贷保险的赔付率是 90%），银行往往会要求出口商提供担保，或者由第三方担保。

（三）公司融资典型案例分析（内保外贷）[①]

A 公司是境内 C 银行在岸客户，为拓展海外市场，该公司在中国香港注册成立了 B 公司。A 公司在海外业务拓展过程中，遇到了以下三种情况：

（1）拟通过 B 公司向境外购买船舶。受资信限制，B 公司在中国香港本地无法获得融资。

（2）随着 B 公司业务的进一步运作，运营资金有较大的缺口，对银行融资需求迫切，但凭 B 公司在香港的资信等级以及所能提供的担保抵押物，很难在当地银行获得理想的融资。

（3）由于 B 公司在境外银行申请授信成本较高，而 A 公司在国内各家银行的总体授信量（信用方式）较大，存在授信额度闲置状况。

针对以上情况，银行帮助企业分别采用了三种方式的内保外贷。

第一种情况，采用以境内存单作为质押的离岸贷款方式，B 公司在 C 银行开立离岸账户，以 A 公司存单质押作为担保，C 银行在岸分行向其总行离岸业务部开立融资性保函，总行离岸业务部凭此为 B 公司提供项目贷款，并以船舶的租金收入归还贷款。

第二种情况，采用同业授信后由境内外银行共同放贷，A 公司向境内 C 银行申请开立以境外 D 银行为受益人的融资性保函，担保 B 公司在 D

[①] 宁波市商务委员会《外经贸企业融资产品50例》，http://www.nbfet.gov.cn/ztzl/view/catId/334/id/82923.html。

银行获得贷款后的本息按期归还。凭着境内 C 银行的保函，境外 D 银行以当地较为优惠的利率给 B 公司发放了融资款项。

第三种情况，采用以境内备用信用证为质押的离岸贷款方式，利用国内 A 公司的授信额度，通过境内 C 银行开立备用信用证给其境外分行，境外分行凭此备用信用证为 B 公司提供融资。

十、银团贷款

银团贷款就是指由两家或两家以上具有贷款业务资质的金融机构按相同的贷款条件、以不同的分工，共同向借款人提供的贷款。银团贷款是一种主要的国际商业信贷方式，由于银团贷款融资额大，风险分担机制又比较合理，对于一些大型融资项目，银团贷款是企业可供选择的重要融资方式之一。

当前，中资企业在海外参与的交通、石化、电力、大型成套设备等项目的规模越来越大，融资规模不断提高，贷款期限要求更长。巨额贷款仅靠一家银行的力量很难承担，况且风险也很大，为了满足贷款额度并分散风险，有意发放贷款的各家银行便组成集团，每家银行认购一定的贷款份额，由一家代理行统一发放和回收。海外投资项目债权部分的贷款具有资金规模大、风险高等特点，贷款银行出于风险考虑，可通过银团方式提供贷款。

（一）银团贷款融资结构安排

金融机构参与银团贷款，按照合同约定或各自的放款比例履行职责、享受权益和承担风险。根据职责的不同，银团中的成员角色主要包括安排行、牵头行、经理行、参加行、协调行和顾问行等，银团中的成员角色主要分为三个层次：一是安排行（牵头行）；二是经理行；三是参加行。

1. 安排行（牵头行）

安排行或牵头行是银团的组织者，一般选择有实力、有威望的大银行担任。职能是为借款人物色贷款银行,组织银团;协助借款人编制资料备忘录;聘请律师起草贷款协议和有关法律文件;负责贷款的广告宣传;安排贷款协议的签字仪式及首次提款等。安排行是指一家或一组接受客户委托筹组银团并安排贷款分销的银行,是银团贷款的组织者和安排者。通常,安排行也会包销整笔银团贷款。

2. 经理行

经理行是指在金额较大、参加行众多的银团贷款中,由牵头行根据各家银行所承诺的贷款金额和级别给予地位,是银团组团阶段承担组团任务的银行。各经理行组成银团贷款的经理团,主要负责组织评审贷款项目和组团的可行性,与牵头行讨论贷款文件,直至贷款合同签署等工作。

3. 参加行

参加行是指接受安排行邀请参加贷款银团,并按照协商确定的份额提供贷款的银行。与经理团成员的区别是:参加行只认购相对较少的贷款份额,不承担任何包销责任与其他实质性筹组工作。

除了以上角色外,还可能有代理行、协调行和顾问行等角色,负责具体承办提款、还本付息、贷后管理、为借款人提供咨询等事宜。

(二) 银团贷款融资的优点

1. 贷款金额大、期限长

中资企业海外投资和承包工程项目的融资规模,已经从千万美元发展到几十亿美元,融资规模不断扩大,融资企业也在逐渐成长。银团贷款可以满足大型项目资金需求大、期限长的特点。

2. 融资所花费的时间和精力较少

借款人与安排行商定贷款条件后,由安排行负责银团的组建。在贷款的执行阶段,借款人无须面对所有的银团成员,相关的提款、还本付息等贷款管理工作由代理行完成。

3. 银团贷款形式多样,满足项目资金需求

在同一银团贷款内,银团可根据借款人需要提供多种形式贷款,如定

期贷款、周转贷款、备用信用证额度等,同时,还可根据借款人需要,选择人民币、美元、欧元、英镑等不同的货币或货币组合。

4. 有利于借款人树立良好的市场形象

银团成功的组建是基于各参与行对借款人财务和经营情况的充分认可,借款人可以借此业务机会扩大声誉。

5. 银团贷款不同于联合贷款

银团贷款与联合贷款不同,区别见表3-3。

表3-3　　　　　　　银团贷款与联合贷款的区别

项目	银团贷款	联合贷款
银行间关系	结成统一体,通过牵头行和代理行与借款人联系	各行相互独立,分别与借款人联系
贷款评审	各银行以牵头行提供的备忘录信息为依据进行贷款决策	各行分别收集资料,多次评审
贷款合同	统一合同	每家银行均与借款人签订合同
贷款条件(利率、期限、担保方式等)	统一的条件	每家银行均与借款人分别谈判,贷款条件可能不同
发放贷款	通过代理行按照约定的比例统一划款	分别放款,派生存款分别留在各行
贷款管理	由代理行负责	各行分别管理自己的贷款部分
贷款本息回收	代理行负责按合同收本收息,并按放款比例划到各行指定账户	各行按照自己与借款人约定的还本付息计划,分别收本收息

(三) 银团贷款的成本和申请条件

1. 银团贷款的利息及费用

银团贷款通常金额大、期限长,短期3~5年,中期7~10年,长期10~20年。

银团贷款的成本由贷款利息和费用两部分组成。贷款利息根据借款人的不同情况,与出口信贷的利率相当。除利息外,银团贷款还包括其他相关费用，主要包括安排费、包销/承销费、代理费、承诺费等。

2. 银团贷款对借款人的要求

银团贷款因为自身的特点，对借款人及项目均有一定的要求。通常来说，借款人在业界具有较高知名度，其经营能力、资金实力、技术实力被大多数银行所认可。以中国银行对银团贷款的企业要求为例，主要包括：

（1）银团贷款借款人应是中华人民共和国境内依法核准登记的企业、事业法人及其他经济组织；

（2）银团贷款借款人必须符合贷款通则及中国银行授信管理政策关于借款人的各项基本条件和要求；

（3）借款人须经中国银行或其他认可的评级机构信用评级，并达到一定级别要求；

（4）借款人是经营状况和财务状况良好的大中型企业或项目公司，借款人所属行业发展前景良好，在行业中有竞争优势；

（5）借款人与中银集团建立了稳定良好的合作关系；

（6）参加他行组建的银团，安排行应是具备足够资信和业务实力的政策性银行、国有控股银行或国外银行。

第四章

海外绿地投资交易架构设计

海外投资架构是融资工作的基础,由于对外投资经验有限,企业对交易架构的设计往往有很多短板和不足,企业委托律所或会计师事务所来协助设计投资架构是通常做法。本章总结了我国企业海外投资架构的通行模式,并提出了交易架构设计框架和原则,供企业参考。

第一节 海外投资交易架构设计相关要素

投资交易架构设计是企业开展海外投资或并购业务的重要内容,投资交易架构既要满足东道国、投资母国以及第三国的各类监管要求,又要符合企业发展战略,提高效率,降低成本,同时还要实现最佳的税务筹划。此外,海外投资业务交易架构设计还是融资工作的核心工作之一。

一、海外投资交易架构设计的相关概念

海外投资交易架构目前并无严格规范的定义,结合企业对外投资业务实践,投资交易架构是指企业从其自身权益出发,对投资项目合同和财务的相关安排方式。交易架构的选择对从事跨境投资的公司来说是一个关键的决定,交易架构会对项目融资、建设、运营、投资回报及风险产生重大影响。

海外投资的交易架构设计是投资者根据企业投资目的、投资的性质和涉及的国家，综合分析合规监管、税收政策、法律环境和投资风险等因素，合理选择投资方式、投资类型、组织形式、资金投入通路、利润汇回路径的过程。交易架构设计，也是投资者达成投资预期收益的一系列操作。本节主要讨论投资方式、投资类型、资金汇出通路和利润汇回等相关概念。

（一）海外投资方式

对外投资包括直接投资和间接投资两种方式。直接投资是指投资者通过新建或并购模式向海外投资，并直接参与项目或公司的管理和经营的投资模式，投资收益是股权项下的分红和资产增值的收益；间接投资是指投资者购买另一个国家公司的股票、债券，以及提供贷款或类似资产，投资者并不直接参与被投资公司的经营，一般股票收益波动较大，债券和贷款是按约定提取收益。

海外直接投资一般包括新建投资和跨境并购两种模式。新建投资又称为绿地投资，是指投资者从零开始建设一个项目并运营，投资者从项目选择、国别选择、制订投资计划开始，进行项目决策，并进行项目建设。这一过程需要综合考虑资金的筹措，建成后如何运营等方方面面的问题。跨境并购投资是指投资者通过收购的方式获得一家已经开始运作的公司的全部或部分股权，入驻并购标的企业并运营的投资模式。跨境并购需要寻找标的、并购估值、融资、交割、整合、运营等，同时还要考虑后续退出的各方面问题。

无论是绿地投资还是跨境并购，投资者均要面临资金如何筹措、如何降低税务成本、如何规避合规风险的要求，设计合理的交易架构是解决这些问题的有效手段。

（二）海外投资实体类型

海外投资实体类型，是指投资者在海外投资实体的组织类型，通常包括全资子公司、合资公司、离岸控股公司、特殊目的公司四类。

1. 全资子公司

全资子公司是投资者在外国设立的新公司，投资者拥有新公司100%的股份，投资者能够完全控制新公司的运营。

投资全资子公司使投资者能够更好地了解当地市场和适用于其业务的法规，投资者可以更容易地向新子公司转让技术，也有助于与客户和合作伙伴建立信任，从而改善关系并增加业务机会。当然，投资全资子公司也会受一些不利因素的影响，一是由于投资者对子公司有完全的控制权，他们要承担在国外做生意的所有风险，如政治风险、社会风险和经济风险等；二是经营风险，企业运营很难保证完全成功；三是退出困难，如果子公司的表现没有达到预期，投资者要退出市场可能会很困难，而且代价高昂。因此，投资者采用全资子公司模式时，不得不面对上述风险，必须通过详细规划和尽职调查来应对这些风险。

2. 合资公司

合资企业投资模式是双方或多方投资者共同投资于一个项目，各方同意分担与投资相关的风险和回报。

合资企业投资模式有五个优点：一是合资企业模式比传统的融资安排具有更灵活的结构。各方可以调整协议，以适应项目和涉及国家的具体需要。二是合资企业模式允许各方共同承担风险。在发展中国家投资时，这是一个重要的考虑因素，因为那里的政治和经济风险往往很高。三是合资企业模式为各方提供了技术和知识转移的机制。这对发展中国家是一个重要的利好，因为它们往往缺乏发展和经营大型基础设施项目的技术和管理能力。四是跨境合资企业投资模式有助于吸引发展中国家的私营部门融资。私人投资者通常认为，与直接投资发展中国家相比，合资企业风险更小。五是合资企业模式有助于发展中国家的地方能力建设。让当地合作伙伴参与项目，可以让他们将获得宝贵的经验和技能，以便在未来的项目中运用。

合资企业投资模式也有其不足之处，具体表现在以下几个方面。第一，很难找到愿意投资发展中国家项目的合作伙伴。第二，通常存在一个很大的风险，即其中某一方有可能不履行协议规定的义务。第三，可能会有执行方面的问题，项目可能无法按时或按预算完成。第四，各方之间可能存在纠纷，也许会拖延甚至停止一个项目的进行。第五，跨境投资往往受制于各国不同的政府监管规定，因此很难预测完成投资的成本和时间表。

尽管有上述缺点，跨国合资企业投资模式仍然是一个有吸引力的为发展中国家基础设施项目融资的选择。对许多投资者来说，灵活性、风险分担、技术转让和吸引私营部门融资的优点可以掩盖它的缺点。

3. 离岸控股公司

离岸控股公司是指投资者在本国以外的司法管辖区注册公司，投资者往往基于资产保护、宽松的监管、税务筹划等原因选择设立离岸控股公司。如果投资者的母国政治或经济状况不稳定，他们的资产可能面临风险。设立离岸公司的优势之一是避税，许多司法管辖区的企业税率低于投资者所在国。这可能会导致投资者为其利润支付的税款大幅减少。此外，离岸公司通过海外控股公司进行投资，可以保护自己的资产免受本国潜在风险的影响；设立离岸控股公司还可以增加隐私，例如，在美国特拉华州等一些司法管辖区，没有关于谁拥有或控制公司的公开记录，这对那些希望对持股保密的投资者来说是有益的。

当然，投资者以离岸控股公司作为投资类型也存在一些风险。第一是监管风险。对于外国公司如何在东道国境内经营，不同的国家有不同的规定，这些规定可能突然改变，没有任何警告，这可能使投资者面临失去全部投资的风险。第二是货币风险。在外国投资时，投资者本国货币会相对于投资所在国的货币波动，如果投资者的本国货币相对于外国货币的价值下降，那么投资的价值就有下降的风险。第三与其他的投资类型一样，投资者以离岸控股公司作为投资类型，也面临东道国政府的稳定性、经济和金融市场的稳定性风险，很显然，如果一个国家经历政治动荡，它可能会对在该国的投资产生负面影响。

4. 特殊目的公司

投资者以特殊目的公司（SPV）方式在境外投资是常用的一种投资类

型，特殊目的公司可以用于各种各样的交易，包括证券化、公私合作和风险投资，解决投资者海外项目融资或资产管理。在跨境投资的背景下，特殊目的公司可以用来隔离投资者与在外国投资有关的风险，最大限度地减少各类风险对投资者的影响。

特殊目的公司作为管理跨境投资重点类型，受到越来越多跨境投资者的青睐。首先，随着全球资本市场变得更加一体化，投资者对投资外国变得更加放心。其次，特殊目的公司的使用使投资者能够利用新兴市场的机会，而不承担过多的风险。再次，与信托和控股公司等其他机构相比，特殊目的公司的使用提供了更大的透明度和问责性。最后，特殊目的公司通常比其他类型的实体更具有税收效率。

虽然使用特殊目的公司有很多好处，但在决定使用这种类型的实体之前，也应该考虑一些潜在的风险。首先，特殊目的公司的使用可能会使投资的所有权结构复杂化，使所有权权益的转移更加困难。其次，特殊目的公司在成立国和经营所在国都受到监管。这种监管环境可能很复杂，而且可能随着时间的推移而变化，因此很难预测对投资的影响。再次，建立和维护特殊目的公司可能花费巨大，并且耗时长。最后，如果法院发现一个特殊目的公司是为了欺诈或非法目的而创建的，那么法院大概率会下令解散该实体。

尽管有这些潜在的缺点，特殊目的公司的使用对许多投资者来说仍然是一个有吸引力的选择。当结构和管理得当时，特殊目的公司可以在风险管理、税收和透明度方面提供显著优势，同时，与其他类型的实体相比，特殊目的公司还可以简化所有权结构并提供更大的灵活性。

（三）资金汇出通路

我国在资本项目外汇管制尚未完全放开，根据《中华人民共和国外汇管理条例》和我国香港外汇管理等规定，中资企业海外投资向境外支付会受到外汇管理部门的监管，交易结构不同，受到的监管程度也不同，因此，交易结构影响交易资金汇出。我国企业对外投资的资金出境主要包括境外直接投资登记、内保外贷两种模式。

1. 境外直接投资模式

境外直接投资（Outward Direct Investment，ODI）登记，是指建立一个合法资金出境通道的申请审批过程。境外直接投资登记核准制度作为最传统的境内资金出境通道，已经实行多年，合规申请程序较为繁琐，但也是境内资金出境最常用的通道之一。虽然经过多次调整，境外直接投资申请程序也由大部分项目核准简化为大部分项目登记，但仍需要准备完善的资料，用以说明投资主体、资金来源、项目性质及项目周边环境的情况。

2. 内保外贷模式

内保外贷，是指境内担保人以现金或实物向银行担保，由境内银行向境外银行开出保函或备用信用证，由境外银行向境外借款人提供贷款。相对应的是，借款人所获贷款，也必须由境外借款人自行向境外银行偿还。如果境外借款人无法偿还该贷款，则境内担保人的抵押物便会被折现，用以抵偿境外借款人的欠款。虽然这种方式为境内资金提供了另一种资金出境的可能，但其带来的信用和违约风险，远高于境内资金转出境外的收益。

（四）利润汇回考量

海外投资利润汇回是跨境投资者需要重点考虑的议题。通常来说，利润汇回需要考虑东道国是否存在汇兑限制、东道国和投资母国的税务规定，以确保投资利润能够汇回国内。

二、交易架构影响因素简析

海外投资交易架构设计的不同，对投资项目的影响非常大，需要投资企业特别重视。

（一）投资标的

海外绿地投资的标的通常是指在其他国家的新建项目。新项目的投资规模、所处行业、建设周期、运营模式等均是投资人实现投资目标、获得更高投资回报的现实选择,也是投资人选择交易架构的客观条件。

如果投资规模大,项目复杂,投资企业不但需要出口大量设备,还可能需要第三国企业参与投资标的,此时交易架构设计就要考虑第三国参与对投资的影响。如果投资标的所处行业是东道国重点关注或者有部分限制的领域,投资人就要设计出满足东道国法律和监管要求的架构,因此,投资标的是交易架构设计的基础。

(二) 利益相关方

海外绿地投资涉及的主体众多,投资者本身、东道国政府/监管机构、国际组织、民间社会团体/非政府组织(NGO)和消费者等,每一个参与者都有可能对投资标的产生影响,综合各相关方对投资标的的影响设计交易架构,才可能实现最小化风险、最大化利益。

政府及监管机构是海外绿地投资的重要参与者,政府希望海外投资促进经济增长和发展,同时也担心对国内产业和工人的潜在负面影响。政府希望海外投资贡献更多的税收,但外国投资者可能通过交易架构设计来寻求避税,此外,外国投资者有可能获得能源资源或交通网络等战略性行业或基础设施的控制权,从而引起东道国政府关注外国投资对国家安全的影响。监管机构关注海外投资以安全和稳妥的方式进行,同时还要保护投资者免受欺诈和其他与海外投资相关的风险。

国际组织(或多边机构)对海外投资交易架构也有较大影响。一方面,多边协议是海外投资权益保护的重要支撑,如《关于解决国家和他国国民之间投资争端公约》(即《华盛顿公约》)和《联合国承认及执行外国仲裁裁决公约》(即《纽约公约》)(详见附录五至附录八)。如在上述公约签约国家投资出现争端,可以通过相关约定保障投资者风险,这是设计交易架构时的重要参考。另一方面,世界银行、国际货币基金组织等也对海外投资交易架构有重要影响。如世界银行的国际金融公司(IFC)可向发展中国家的私营部门项目提供资金;国际开发协会(IDA)可向各国政府提供赠款和低息贷款，用于扶贫项目；多边投资担保机构（MIGA）可提供政治风险保险；国际解决投资争端中心（ICSID）可仲裁投资者和东道国政府之间的纠纷。因此，国际组织对部分国家的投资项目支持和争端解决有较大的话语权，海外投资交易架构设计应充分了解多边机构对东道国的影响。

民间组织/非政府组织对海外投资的影响被日益关注，随着全球经济一体化的加深，跨境资本流动也在加深，这导致跨境交易的数量和规模急剧增加，也使投资者更加多样化。一些非政府组织视自己为当地社区的保护者，试图限制或停止他们认为有害的投资项目，因此，投资者在海外投资过程中，要加强与非政府组织的合作，以确保负责任地进行投资，并为所有利益相关方带来利益，而设计合理的交易架构，将有助于降低此类风险。

（三）监管环境

海外投资监管通常来自四个方面：一是投资者母国；二是投资东道国；三是多边机构；四是第三国监管。

（四）税收政策

一国的税收政策对跨境投资交易的结构有深远的影响，税收政策既可以激励外国直接投资，也可以阻止外国直接投资，因此，海外投资交易架构设计要特别关注东道国的税收政策。不同的国家有不同的规则来管理不同类型的法人实体的税收。投资前应关注东道国在税收方面是否提供国民待遇，这是外国直接投资最基本的税收政策要求。同时，海外投资还要关注东道国是否为外国投资人提供超国民待遇或相关税收优惠，这将在一定程度上增加外商投资的吸引力。例如，有些国家对海外投资的资本利得征收的税率可能高于国内投资的资本利得，投资者可能会选择将他们在本国的纳税义务降到最低的方式进行交易。

因此，企业在海外投资要非常重视东道国的税收政策，要通过合理的交易架构设计，获得相关税收优惠支持，还能够合理避免高额税负，提高项目的收益率。

（五）法律环境

法律环境是比监管环境更加宽泛的概念，是对外投资人设计交易架构的重要条件。海外投资者所在国和投资东道国的法律约束，都会对境外投资产生重大影响。例如，一些国家可能只允许外国投资者在某些类型的公司或行业项目中拥有股份，这些限制可能直接影响跨境投资交易的结构，也有一些国家要求外国投资者在获准进行投资之前，必须得到政府机构的批准。这个审批过程可能会给投资增加大量的时间和成本，影响投资决策。此外，部分国家还实行货币管制政策，限制外汇的兑换和携带。这些控制都可能会影响海外投资交易的结构和融资方式。

投资母国和东道国的法律环境是海外投资合规的重要依据，投资交易架构设计要严格遵守东道国和投资母国的法律规定，这是项目合规的重要保证，也是融资考察的重要内容。同时，对于有原产地要求的商品生产，符合相关原产地规则也非常重要。因此，企业在投资前要综合东道国、投资者母国、商品使用国等法律要求，设计交易架构，避免由于前期调研不充分，造成后续弥补困难的结果。

（六）投资风险

目前，全球政治经济形势有较大不确定性，与在国内投资相比，对外投资面临更多的不确定性，对外投资企业政治风险、安全风险、社会风险等非技术类风险要特别关注。在进行投资时，风险管理和控制都是企业重要的考虑因素，这些因素也会深刻影响投资的交易结构。

针对政治风险，海外投资企业可以引入拥有所在国政府背景的股东参与投资，在出现相关风险时，这些股东可以作为相对可靠的帮手来处理相关风险，因此，在股权结构设计过程中，海外投资企业要充分考虑当地股东参与的可能性。针对主权违约风险，在交易结构设计过程中，海外投资企业可以考虑加入世界银行等多边机构，类似多边投资担保机构或国际开发协会参与的投资项目，即便发生主权违约，后续大概率也可以获得相应的补偿。

为了避免母公司的连带责任风险，对外投资企业还可以通过控股公司或特殊目的公司来构建投资结构。控股公司和特殊目的公司可以将投资与所在国的政治、货币、主权和监管风险隔离开来，还可以提供税收优惠，并有助于为在多个国家开展业务的企业创建更高效的公司结构。

三、投资类型与交易架构的关系

（一）投资类型对交易架构提出要求

企业在海外投资时可以选用不同的投资方式和投资类型，如果以企业收益作为衡量标准，企业对交易架构会有不同的要求。

对绿地投资项目来说，如果投资类型为全资、离岸公司或特殊目的公司，投资企业获得收益所面临的风险可能不尽相同。因此，企业在选择跨境投资的交易结构时，必须权衡这些不同投资类型的风险和回报。例如，东道国政府决定将项目国有化或以一种影响其发展的方式改变相关法规等，会使投资者面临政治风险，这对于投资者来说可能难以承受。

（二）交易架构影响投资决策和实施

1. 交易架构影响融资

海外投资交易架构涉及投资标的的各参与方，不同参与方的资信状况是融资可行性分析的重要参考。交易架构设计需考虑投资标的的风险管理，而金融机构在审核贷款过程中会重点考察风险及管控措施。另外，交易架构设计还应关注法律和监管要求，这是融资合规性审核的重要内容。同时，交易架构还要充分考虑所在国税收政策，重视优惠税收、优惠政策，提高项目收益。

2. 交易架构影响税负

在为海外投资选择交易结构时要充分考虑税负影响。投资所在国别不同，不同类型的交易就可能涉及不同的税收问题。例如，债务工具的利息支付在某些国家可能要缴纳预扣税，而在另一些国家则不用缴纳。类似的是，支付给股东的股息也可能受制于国家之间的双重征税协议（意味着对同一份收入支付两次税）。因此，在为跨境投资选择特定的交易结构之前，必须考虑所有潜在的税负影响。

3. 交易架构影响利润汇回

在为跨境投资选择交易结构时，利润汇回也是需要考虑的关键因素，即投资的利润如何汇回投资者的母国。根据投资所在国别不同，汇回利润可能会受到限制（例如，货币管制可能会限制从一个国家带出的资金数量）。此外，海外投资的利润可能还需要纳税，这意味着投资者可能没有最初想象的那么多利润汇回自己的祖国。因此，在为跨境投资选择交易结构之前，要考虑交易架构的潜在影响。

第二节 海外投资交易架构设计原则

海外投资交易架构对境外投资非常重要，设计交易架构对企业海外投资业务的具体操作有非常大的影响。结合上节海外投资和并购交易架构概念及相关影响因素分析，海外投资交易架构设计应该遵循税务优化原则、监管合规原则、操作便捷原则、资本安全原则。

一、税务优化原则

海外投资可以通过三种方式实现税负优化：一是选择投资税率比本国低的国家；二是投资与本国有优惠税收协定的国家；三是利用税收延期和（或）减免机会。

（一）选择低税收国家或地区

企业在海外投资前，应该系统筹划与税负优化相关的问题，最直接的方法就是选择低税收国家或地区。在其他条件基本相同的情况下，通过比较不同国家对外国投资者的税率，很容易筛选出潜在的投资目的地。例如，如果投资者是美国公民，在加拿大投资，加拿大的企业税率几乎是美国的一半，所以，通过在税率较低的国家投资，投资人能够减少整体税收负担。

（二）税收保护协定

税收保护协定是国家间为促进相互经贸往来，在税收方面签订的避免双重征税的保护条款。投资者所在母国与投资东道国之间有税收保护协定，投资者可以通过减少股息降低利息支付的扣缴率，从而免除资本利得税，提高投资者的收益。

根据国家税务总局披露的数据，截至2022年6月底，我国已与109个国家（地区）正式签署了避免双重征税协定，其中，与105个国家（地区）的协定已生效；和香港、澳门两个特别行政区签署了税收安排；与我国台湾地区签署了税收协议，我国签订的避免双重征税协定见附录九。

此外，即便投资者所在母国与投资东道国之间没有税收保护协定，投资者也可以寻找与投资东道国签有税收保护协定的第三国，利用第三国与投资东道国的税务保护条款获得收益最大化。这就要求投资者在设计海外投资交易架构时，要充分考虑除投资母国、东道国和第三国的税务保护条款，设计充分利用各种税收保护条件的投资交易架构。利用这些税务优惠，企业可以在整体上将纳税义务降到最低水平。

（三）利用税收优惠政策

一些国家为吸引外资，还会提供一些额外的税收优惠政策，投资者可以利用如税收延期和（或）减免的机会，提高投资收益。

无论是选择低税率国家投资，还是利用资本接受国的税务优惠政策，或是税务保护条款，都可以在一定程度上提高投资者的投资收益，因此，投资者需要通过研究这些税务政策，设计合理的交易架构，充分优化税务对投资收益的影响。

二、监管合规原则

海外投资者会面临多方的监管合规要求，通常来说，境外投资会面临投资母国的监管要求、投资东道国监管环境和第三国监管，在国家和国际层面都会受到许多规章制度的制约。

（一）满足国内监管

近年来，我国海外投资快速发展，政府及相关主管部门为规范对外投资行为，陆续出台了一系列海外投资经营监管政策，我国企业应按照国家监管部门要求，合理设计投资架构。

（二）满足投资东道国监管

海外投资业务有周期长、资金规模大、东道国政府涉入深、社会责任影响大等特点，投资企业应重视东道国的合规监管要求。这些合规要求既包括行业准入监管，也包括税务相关规制，还包括外汇管理条例等，这些监管涉及不同的部门或司法管辖领域，这既是法规要求，也是对投资者自身的有效保护。东道国投资监管是海外投资人设计投资架构需要考察的最主要内容，不同国家会通过本国的相关法律或专门的外资审查制度规范外国投资，部分制度条款是外资进入东道国的硬性规定，在投资过程中，投资者要针对东道国的监管要求，合理设计交易架构。

（三）满足第三国监管

第三国监管主要是指美国或欧盟等发达国家的监管制度，这些制度也是外国直接投资需要考虑的重要内容。美国凭借其政治、经济、金融、科技等领域在全球的影响力，尤其是美元支付和结算的垄断地位，对全球跨境投资有非常大的影响。美国的《反海外腐败法》《海外制裁》等法案均具有域外管辖权，这种长臂管辖的影响需要投资企业特别关注。投资企业在设计交易架构过程中要充分调研。

（四）多边或国际监管

在国际层面，某些组织为跨境投资制定了标准。其中最重要的是经济合作与发展组织（以下简称"经合组织"，即 OECD）。经合组织制定了一套被称为"经合组织所得税示范公约"的原则，为各国在跨境投资收入征税方面提供了指导。大多数工业化国家都通过了《经济合作与发展组织公约》。

除《经济合作与发展组织公约》外，还有一些影响跨境投资的其他国际条约和公约，其中包括《公民权利和政治权利国际盟约》《经济、社会和文化权利国际盟约》《日内瓦公约》和各种联合国公约。多边机构监管或多边条约也是外国直接投资需要重视的监管内容，如世界贸易组织的《与贸易有关的投资措施协定》和经合组织的《资本流动自由化守则》，以及上文提到过的《纽约公约》《华盛顿公约》等超国家的规则和条例。这些由区域经济一体化组织（如欧盟）或全球金融机构（如国际货币基金组织）颁布的条约，为各国开放其外国直接投资所制定的有关外国直接投资关键方面的制度和规则提供了框架，也是海外投资交易架构设计的参考依据。

三、操作便捷原则

（一）便利资本流动

海外投资并购业务涉及大量资金流动，企业搭建境外多层架构后，方便利用持股平台（如香港公司和 BVI 公司等）引入外币基金。由于英属维尔京群岛（The British Virgin Islands，BVI）、中国香港等地的法律制度更灵活,方便使用优先股、认购权等金融工具,在退出过程中,可以直接通过中间层公司转让,而不是在操作层面上的转让,便于操作。BVI 和中国香港没有外汇管制,实行自由贸易政策,无须政府审批,退出投资效率高,因此,当投资企业想要退出其在海外投资时,不必直接转让项目所在国公司的股权,使用恰当的架构设计后,可以通过 BVI 公司转让其在香港公司股权的间接转股方式来实现。

(二) 便于融资操作

海外投资,尤其是一些大项目,融资资金的构成相对复杂,企业实施对外投资或并购业务通过搭建境外多层架构,可以方便地利用中间层公司,如香港公司和 BVI 公司等持股平台引入外币基金。由于这些中间层公司所在国别或地区的法律制度相对灵活,海外投资企业使用优先股、认购权等金融工具也会更加方便。

四、资本安全原则

(一) 隔离投资风险

海外投资与境内投资的环境有非常大的差异,尤其是经营风险异常复杂,政治风险、经济风险、社会风险、安全风险、监管风险都会给投资者带来挑战,而适合的交易架构是管控这些风险的有效手段,因此,设计好交易架构对规避各类投资风险至关重要。

(二) 实施股权控制

股权控制是海外投资的重要内容,企业对外投资获得投资收益的保障不仅依靠项目自身的盈利能力,还依靠对项目的控制,因此,交易架构设计要围绕投资者取得控股股东地位来考虑。

拥有一家公司的控股权有很多好处,投资者能够影响公司的发展方向,并把握公司经营的决策权,对于追求规模的投资人来说,合并财务报表相当重要。

第三节　海外绿地投资交易架构分析框架

结合前述对投资方式、投资类型、交易架构等影响因素的分析,以及海外投资交易架构设计原则,我们可以设计一个相对通用的海外投资交易框架,企业可以参考框架快速搭建海外交易架构。

一、海外投资交易架构分析框架概览

企业在海外投资经营交易过程中,进行交易架构设计是重要工作,此类工作通常由律所、会计师事务所协助企业完成。在企业中,通常是有实操经验的员工才了解相关的内容,对于实施对外投资业务比较多的企业来说,如果有一套简便易用的分析框架,将会大大提升工作效率。

通过对外投资交易案例分析、海外投资交易架构设计原则及相关影响因素,我们构建了交易架构分析矩阵,该矩阵横轴为交易架构的主要影响因素,即税务优化、监管合规、操作便捷及资本安全四个原则,矩阵纵轴为交易层级,分为顶层、中间层和业务层三层,具体如表4-1所示。海外投资交易架构分析矩阵可以帮助投资者快速搭建海外投资交易框架。

表4-1　　　　　海外投资交易架构分析矩阵

主要影响因素 交易层次	税务优化 税率低 减税政策 保护协定	监管合规 国内监管 东道国监管 第三国监管	操作便捷 资本流动 利润汇回	资本安全 隔离 股权控制 限制
顶层		√	√	√
中间层		√	√	√
业务层	√	√	√	√

二、投资主体三层架构及目的地选择

根据海外投资实体类型（全资子公司、合资公司、离岸控股公司和特殊目的公司），均可以使用交易架构矩阵分析不同层面的设计，建议从业务层开始分析，然后再分析中间层和顶层。其中，中间层只是一个临时概念，中间层可能包括多个层级。

顶层是指最终投资人，可以采用直接投资方式，如果需要对投资人或股东背景进行保护，通常会设计成离岸公司类型。离岸公司通常设在税收少、外汇管制少、法律制度比较健全的避税天堂，如英属维尔京群岛（BVI）或开曼群岛，但由于此类群岛免税或税率过低，美国和OECD国家将其列入了反避税调查名单，投资企业会受到重点监控，部分企业为规避反避税调查，通常会搭建一个中间架构。

中间层是投资主体和经营主体之间的协调机构，实体类型可以是全资子公司，中间层可以为多层架构，中间层多选择在法律税收制度健全，有税收优惠政策但不受过多监督，同时对投资人或受益人限制较少的国家或地区，如中国香港、新加坡、卢森堡、荷兰等。

业务层就是经营实体，主要考虑具体的业务模式，具体包括授权经营、联合经营、生产制造、服务提供等与业务落地具体相关的事项，也可以通过在当地设立控股公司持有实体经营主体股权。因为业务层所在的国别是由具体业务决定的，所以，针对具体投资国家，应围绕该国的法律和税收政策，规划顶层和中间层。如果中资企业在东盟投资，由于新加坡、马来西亚、越南、文莱这4个国家的股息汇回中国母公司免缴股息预提税，若无其他考虑，在这4个国家投资，不需要设立中间架构。因为缅甸与中国、中国香港未签订避免双重征税协定，所以中国企业投资缅甸通常会选择在新加坡设立中间架构。目前，柬埔寨只与中国签订了税收协定，因此，投资柬埔寨也不必通过设立中间控股公司来降低股息预提税。再比如，中资企业投资巴西时可能要面临如下情况：由于巴西就资本利得征税，根据巴西税法，税率为15%；根据巴卢双边税收协定，资本利得应在卢森堡纳税，根据卢森堡税法，在满足一定条件的情况下，资本利得在卢森堡无须纳税；根据巴西国内税法，巴西公司向股东分红无须缴纳预提税；中国香港与巴西之间无双边税务协定，根据巴西国内税法，股东分红在巴西必须缴纳25%预提税；卢瑟堡属于白名单地区，因此股东分红在巴西无须缴税。根据上述条件，如果将香港公司置于中资公司和卢森堡公司之间，则公司在未来利润汇回时，架构最优，因此，投资巴西常用架构是：中国→中国香港→卢森堡→巴西。

关于投资交易架构的设计，分析矩阵及相关建议只是提供了分析思路，具体投资业务，需要聘请律所或会计师事务所，综合分析各潜在国别的当前监管及税收政策，结合具体政策，设计符合项目要求的交易架构。

第五章

海外绿地投资项目融资可行性分析框架

在了解了海外绿地投资交易架构设计、金融政策、金融资源和融资模式的相关内容后,结合不同类型投资项目的特点,企业需要策划海外绿地投资项目融资工作的基本路径。但这些融资路径能否获得金融机构的支持,真正实现融资关闭,还需要对项目的相关条件进行分析和判断。

本章介绍海外绿地投资项目融资可行性分析框架,可以帮助企业快速判断绿地投资项目获得融资的可行性,提高融资效率,降低融资成本。

第一节 海外投资融资可行性分析框架概述

一、融资可行性分析框架的提出

当前,在全球经济低迷、地缘政治和经济形势巨变、通胀和债务问题交织的背景下,中资企业海外投资经营的难度越来越大,尤其是对外投资项目的融资面临较大的困难:一是融资工作本身难度大。企业境外经营过程中所遇到的融资问题可以说千差万别,因为项目所处的国别不同、行业不同、项目参与方不同、贷款期限不同、币种不同等，所以融资工作对企业来说无疑是困难的。而针对一些复杂的项目，即便是金融机构，因为面对的国别或行业可能是第一次遇到，对项目的业务模式可能并不了解，所以针对此类项目的融资需求，金融机构有时也难以轻松解决。二是企业融资经验不足。正如本书第一章所描述的，虽然部分企业对金融政策和金融资源有所了解，也有不少企业成功完成了部分绿地投资项目的融资，但对于大多数企业来说，在具体融资操作过程中仅凭有限的案例，仍然缺乏经验，主要表现是对海外投资项目融资运作的难度缺乏认识，前期缺乏有效的融资规划，对可能的融资路径、投资交易架构、可能参与的金融机构和相关政策等并没有完全掌握，从而造成很多投资项目在具体的融资操作过程中缺乏章法，对是否能够完成融资缺乏最基本的判断，使企业难以把控融资过程。

能否建立一个相对简单，便于企业使用和操作的融资需求分析模型，来满足企业判断海外绿地投资项目的融资可行性呢？通过分析大量的境外投资业务融资成功和失败的案例，本书建立了一个简单易行的融资可行性分析框架。

二、融资可行性分析框架的价值

融资可行性分析框架的价值是在项目前期帮助企业快速判断投资项目融资的可行性，避免企业在商务和技术谈判方面前期投入大量精力，从而造成时间及成本的浪费。

（一）提高海外投资项目融资工作决策效率

是否跟踪需要金融机构支持的融资类投资项目，对于每个企业的决策者来说，都是一个难题。企业在跟踪此类项目时，不但要做好商务和技术方面的工作，还需要做好融资方面的相关工作。

融资方面的工作包括利用和选择相关金融政策和金融资源，了解和评估项目业主为配合融资而可能要提供的相关担保条件，评估企业自身是否具备履约能力等。如果企业掌握了融资可行性分析框架，在商务和技术谈判过程中，就可以准确地收集项目的融资条件，并结合金融机构的相关要求分析相关条件，快速判断融资可行性。在此基础上，再征求专业融资顾问或金融机构的意见，如此，将大大缩短前期决策时间，创造更多的投资机会。

（二）降低海外绿地投资业务融资成本

对于需要金融机构融资支持的海外投资项目，企业往往需要与金融机构和项目相关方进行多次的接触和讨论。尤其对一些担保措施不完善的项目，企业更需要花费时间和精力来处理。另外，项目前期沟通涉及的编制专项报告、编辑文件资料、人员差旅费、时间及相关投入，将造成较大的前期成本开支。如果能够通过融资可行性框架快速做好融资类投资项目的可行性分析，则可以大大降低前期的成本投入。

（三）提高投资项目融资工作的成功率

对于需要融资的海外投资项目，投资企业基于自身的经验，能够对是否可以获得金融机构的支持作出初步判断。由于不同类型项目条件的差异，初步判断的准确性会给项目的后续工作带来巨大的影响，即初判准确是后续快速成功推动的前提。通过融资可行性分析框架的应用，可以帮助投资企业提高项目融资可行性初步研判的准确性，进而提高融资的成功率。

三、融资可行性分析框架的结构

融资可行性分析框架，是帮助企业快速分析投资项目融资是否可行的工具。如何分析项目的融资可行性，究其根本，关键还是金融机构对项目可融资性的判断。但在项目开发早期，企业通常很难获得金融机构的全面支持，因此，融资可行性分析是企业获得项目基本信息后，能够结合自身掌握的金融政策和金融资源。有了融资可行性分析，企业便能快速判断采用何种方式和路径来进行融资，并判断融资成功的概率，为后续决策作参考。

通过分析大量成功和失败的融资案例，我们总结出如图5-1所示的融资可行性分析基本框架，企业可以使用这种简单的易于理解的模型快速评估项目的融资可行性。

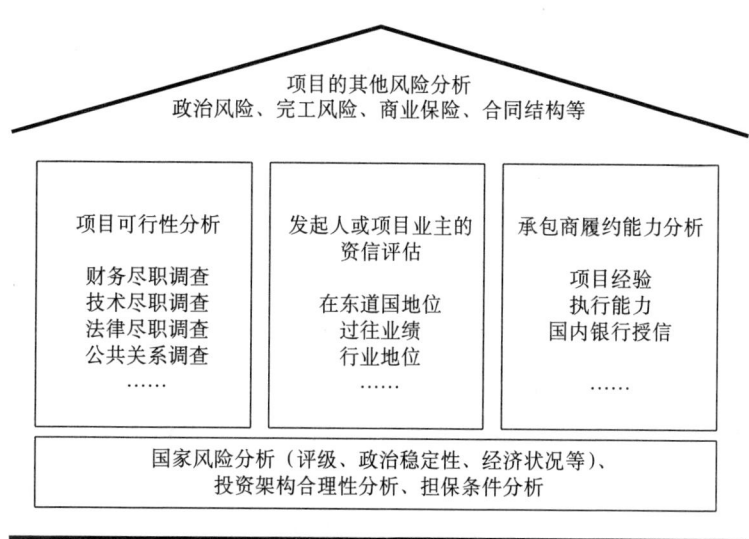

图5-1 融资可行性分析框架

融资可行性分析框架适用于海外绿地投资项目的融资可行性分析，也可以应用于对外承包工程项目的融资可行性分析。分析框架包括六个部分，即国家风险分析、投资项目可行性分析、担保条件分析、发起人或业主资信评估、承包商履约能力分析及项目的其他风险分析。

国家风险分析是融资可行性分析的关键，是融资可行性分析的前提，任何境外绿地投资的融资，均需要对项目所在国的国家风险进行深入分析，因为金融机构通常不会支持风险较高国家的投资项目。

投资架构合理性分析是海外绿地投资项目融资可行性分析的重点。绿地项目投资架构设计要综合考虑法律监管、税务筹划等信息，是融资可行性与融资成本的重要考察内容。

担保条件分析是投资项目债务融资的核心，担保是成功获得融资的充分且必要条件，且不同的金融机构对担保的要求不完全相同，因此企业在海外绿地投资项目融资过程中要特别关注债务部分融资的担保条件。

项目可行性分析是实现绿地投资项目成功融资的基础，可行性分析包括项目的合规性、经济可行性、技术可行性、是否满足环保要求等内容，这些分析是金融机构提供融资的重要参考。虽然项目投资人或业主也会提供相关的资料，但金融机构将重点审核可行性研究报告，并对报告的编制单位有一定的资质要求，因此，投资人或业主要特别重视项目可行性研究报告的编写，并遵循金融机构的相关要求。

项目发起人或业主的资信评估、承包商履约能力分析，也是金融机构关注的重点。金融机构通常会对发起人的能力加以分析，通过对发起人财报、历史业绩等的分析，了解发起人实力，进而判断投资人与项目的匹配程度；对承包商履约能力的分析，主要是金融机构考察承包企业能否如期保质完成项目建设并投入运营。

项目的其他风险，是指国家风险之外的风险，也是海外投资绿地投资项目的重点考察内容。金融机构通常会结合项目的情况对诸如法律风险、劳工风险、外汇风险、环保风险等内容进行深入分析。

除以上六个方面的分析外，投资企业还应该了解和掌握相关金融资源和政策，并熟悉相关金融机构的申报审批流程，掌握各金融机构对融资类项目审批的关键环节，只有这样才能更好地利用此框架进行融资操作。

第二节　国家风险分析

一、国家风险分析的基本内容

国家风险分析是海外绿地投资项目融资可行性分析的关键，国家风险涵盖的内容比较多，其中，政治风险和主权信用风险是影响融资的主要内容。国家风险涉及一个国家的政治、社会、宗教、外交、经济、大国关系、法律、环保等方方面面，在从事跨国经贸活动过程中，任何方面出现问题，都可能引发投资活动的损失。因此，国家风险也有这样的定义：国家风险是国际经济活动中面临的，由于受到特定的国家层面的事件影响，导致债务人不能或不愿履约而造成外国债权人损失的可能性[①]。这一定义包括两个方面的内容：一是引起风险的原因是特定的国家层面的事件，这是认识和识别国家风险的基础。国家层面事件是指政权更迭、战争爆发、重大政治经济政策调整、社会动荡、宗教冲突等。二是这些事件的发生往往会给东道国经济造成巨大的影响，造成东道国债务人（可能是政府，也可能是企业和个人）不能和不愿履约，进而影响外部投资者。

围绕本章讨论的国家风险对海外绿地投资项目融资可行性的影响，主要是从金融机构视角出发，考察在项目建设和还款周期内东道国由国家风险所引发的政治风险和经营环境变化，是否会影响债权人回收贷款。

根据前述定义，从信贷角度分析国家风险，则能够影响金融机构回收贷款的东道国特定层面的事件可能包括政权更迭、战争、暴乱、征收、汇兑限制、宗教冲突、恐怖袭击等，从而造成投资项目无法完成或运营，使投资人无力或不愿偿还贷款。这些事件与该国的主权、政治、外交、经济、社会、宗教等息息相关。

全球经济一体化让更多国家间的政治、经济、文化往来变得越来越频繁，而各国经济发展的不平衡，以及不同国家政体、民族宗教、自然禀赋、地缘因素等多种因素交织在一起，使金融机构对国家风险的考察不能单纯地从政治角度来分析，而应该从更多的维度来研判。

二、国家风险对海外绿地投资项目的影响

国家风险不同于其他风险，一旦发生，其影响非常深刻，也具有鲜明

---

① 曹荣湘. 国家风险与主权评级［M］. 北京：社会科学文献出版社. 2004：12.

的特征，主要表现在以下三个方面：一是对于信贷项目，偿付意愿在违约事件中占主要位置。对于一个国家来说，能力问题往往不是违约事件发生的真实原因，一个主权政府往往会因为政治原因而违约。二是违约事件发生很难逆转。国家风险一旦发生，由于政治地位不对等，以及违约事件的发生有一定潜在的针对性，投资人的损失很难获得有效赔偿。三是缺乏有效担保。国家风险往往体现主权国家的意志，主权本身就是预设的最终担保人，同时投资人也很难获得有效的外来担保。因此发生国家风险，外国投资者往往缺乏转嫁风险的途径。

绿地投资项目在海外遭遇国家风险，作为商业主体的企业很难承担，如果没有一定的风险识别能力和风险转移手段，企业和金融机构将可能承担巨大的损失，这是海外绿地投资项目必须重点分析国家风险的根本原因。

三、投资人识别和管控国家风险的思路

国家风险的发生有一定的偶然性，出于政治目的发生的国家风险，更不是一般的企业所能承担的。首先，在国家风险识别方面，海外投资企业缺乏相应的资源，很难判断潜在的风险。其次，在国家风险的控制方面，由于很多风险的发生是主权意志造成的，很难利用传统的风险控制策略转移和规避，会给企业减损造成较大难度。

通常情况下，海外投资企业在国家风险的识别和评估方面缺乏能力和经验。在全球化的大背景下，越来越多的机构在进行国家风险的研究和评级工作，企业也可以利用第三方机构的评估结果，协助评估项目所在国的国家风险。鉴于中国信保在国家风险研究方面有丰富的经验，其研究成果在出口信用保险承保过程中也被广泛应用，因此，海外投资企业在进行融资可行性分析时，最简单也是最直接的办法就是参考中国信保编写的《国家风险分析报告》，或者直接咨询中国信保的营业机构，以了解拟投资项目所在国家的风险评级和承保政策。

第三节　项目投资架构合理性分析

受交易目的地、税务筹划、监管环境的影响，融资交易架构设计会对投资项目的融资产生深刻影响。对于需要融资的绿地投资项目，企业在设计投资交易架构时，应充分考虑融资需求。合理的境外投资项目的投资架构可以降低监管风险，保障企业投资安全，对海外绿地投资融资有较大的影响。融资前，企业应该从监管环境、税务政策等方面分析投资架构的合理性，因此，对外投资架构也可以理解为融资架构。结合众多企业海外投资架构设计的经验，企业设立离岸主体是获得融资、降低风险的有效措施。

首先，合理的投资架构是资金从国内（或者境外中间控股公司）注入境外目标企业的运作方式。对于一个具体的海外投资项目来说，融资架构/方式可能有多种选择，而合理有效的融资架构代表企业能做到以高效率、低成本的方式获得资金注入海外运营企业，以较低成本获得资金并提高投资回报率。

其次，合理的投资架构可以提高投资项目的盈利能力，是融资可行性分析的重要参考指标。由于每个国家的税务政策并不相同，有的国家对支付股利免税，有的国家对双方签署避免双重征税协定的国家企业免税。针对不同的税务规则，投资人可以依据这些规则设计合适的投资架构，即采用直接投资模式还是采用中间架构投资模式，都会影响项目的收益率，从而影响融资的可行性。

再次，合理的投资架构必须满足监管要求，这是金融机构审核贷款的重点。海外投资的一个重要内容是要考虑目标国和投资者母国的法律和监管环境。这主要包括：了解可能对外国投资施加的任何限制，适用于将要进行投资的特定行业或部门的任何具体规则或条例；两国或多国之间达成的任何双边或多边协议。这些既是绿地投资合规性要求，也是项目融资的充分且必要条件。

此外，合理的投资架构设计可以有效应对项目潜在风险，降低投资项目风险，有助于融资落地。风险可控制是金融机构提供贷款的前提，海外绿地投资项目的风险不仅来自项目自身，还包括东道国的政治风险，如政府的稳定性、资产被没收或国有化的可能性，以及对货币可兑换性是否有限制等。因此，投资架构策划可以在一定程度上降低投资项目的风险，助力项目融资。

第四节 担保措施和能力分析

债权人之所以能够向借款人提供资金，是项目的借款人有能力按期向债权人还本付息，或者项目建成后的预期收益能够满足对债权人还本付息的要求。但海外项目风险复杂，除了项目不能按期完工或不能建成的风险外，在项目建成后的运营阶段，还涉及东道国战争、政府违约等政治风险，运营收益不能达到预期的风险等，任何风险的发生都可能造成借款人无力偿还债权人的借款。因此，提供贷款的金融机构通常需要借款人提供建设期及运营期（还款期）的还款担保，以保证项目发生风险后，债权人可以正常回收借款。项目的还款担保主要包括建设期的完工担保、超支担保（在后续结合案例详细介绍），及还款期担保。

完工担保是指项目不能如期按设计标准达到投产要求，从而无法投入运营，并且不能产生收入还本付息时，建设期担保安排可以保证贷款人在项目未建成的情况下，获得相应的还款保证。因此，建设期通常需要借款方或业主、承包商提供完工担保。

还款期担保是指项目建成投产后，在还款期内，项目受到内外部运营条件的影响（政治风险或商业风险），不能持续运营，且项目不能产生现金流时，借款人无法偿还债权人的本金和利息，则债权人为保证出现上述状况后能够收到本金和利息，要求业主或借款人提供相应的还款保证，此类保证就是还款期担保。还款期担保期限与还款期一致，此担保是能够获得融资的重要条件。

海外绿地投资项目股权部分资金通常由投资人自筹或利用自身的担保实力解决融资，而债权/债务部分资金通常由金融机构提供，这就需要相应的担保为融资提供还款保证。除项目融资外，金融机构接受的还款担保主要方式包括主权或次主权担保、金融机构担保、商业担保等。在一些项目的担保结构设计中，金融机构还会要求设置资产、权益等的抵押质押，作为担保的补充。

一、主权担保

主权担保（Sovereign Guarantee）是海外投资项目融资效率最高的担保，主权担保既有直接向债权人提供还款保障的担保模式，也有按照相关特许权协议约定，为项目结构安排中所涉及的政府支持事项提供相关的保障和担保。

如果中资企业有机会以私营投资人身份参股东道国政府项目，此类投资项目的债务融资可能获得主权担保支持，从而有利于项目获得融资。主权担保指国家以主权信用为本国债务人提供的担保，向其他国家或国际金融机构融资、借贷，如债务人无法按时履行偿付义务，将由国家财政偿付贷款的本息。由于主权担保是主权国家利用其财政收入作为还款来源，并纳入国家财政预算，资金通常有保障，可以说，主权担保是一国能够提供的最高信用级别的担保，许多项目由于有了主权担保的支持，从而获得银行贷款支持。对于主权担保项目，应重点考察债务结构（政府债务比重、主要债权人分布）、债务期限（长期债务的比率、债务还款高峰区间）、债务总额等，并结合宏观经济发展预期（外债负债率、债务率、偿债率等）、出口创汇能力以及该国进入国际资本市场的难易程度和获得国际援助的可能性等方面，综合评估一国主权债务偿还能力。此外，该国的偿债记录、国际评级及变动情况等，也是评估其还款信用的重要信息。

多数情况下，外国投资者以私营机构身份在东道国投资民生/特许权项目，可能与东道国政府签署相关协议，如对电力项目购电协议（PPA）的容量电量及价格、垃圾处理项目的最低日处理量及价格、收费公路项目的最低流量等提供相应的承诺等。按照协议约定，政府会对具体项目的收入、定价、使用量、政策和法律变化、合同终止、债务承接等合同约定的事项，提供履约保障和担保条款。这些保证通常可视为主权担保，金融机构认可此类担保效力，有助于项目获得融资。

不同国家提供主权担保的机构不尽相同，有些国家是财政部，有些国家是中央银行，也有的国家是其他代表政府举债的机构，哪些机构出具的主权担保有效，金融机构根据信贷项目实践，通常会聘请专业的律所对相应的担保机构进行法律尽职调查，以判断其是否具有主权担保的资格。

虽然主权担保对促进海外项目融资有非常大的作用，但并不是所有的主权担保均有效，比如国际货币基金组织认定的部分重债穷国（可参阅附录四"主要评级机构"），由于其国家债务较高，已经没有实质的担保能力，因此，该类国家的主权担保并无实际意义。而部分国家外汇储备有限，外汇收入较低，债务率、偿债率和负债率指标欠佳，金融机构也会认为相应的主权担保能力较低，无法提供贷款。

2020年以来，随着主权违约事件的频发和一些国家政府提供主权担保意愿的降低，未来一段时间，主权担保的发展趋势渐微。首先，出口信用机构对非经合组织国家大型项目一直要求政府提供主权担保，但20世纪80年代大批买方国家或借款国违约，后来，巴黎俱乐部重新安排双边债务，再加上减免债务及对低收入国家债务的宽容取向，都使出口信用机构支付了大量赔款，大多数机构因此遭受重大损失，影响至今。典型的如奥地利的出口信用担保机构OeKB，1950—2016年该机构经营的这66年中，仅利息减免就达到19亿欧元，由于各种原因的本金减免或放弃追偿达到37亿欧元。其次，随着私有化增加以及计划经济的弱化，越来越多的东道国政府不再愿意为项目贷款担当借款人或担保人角色，这意味着很多涉及资本性货物的项目需要通过商业融资来运作。我国企业海外绿地投资项目，除少数涉及东道国民生项目的BOT或PPP项目外，大多难以获得主权担保支持。

次主权担保（Sub-sovereign Guarantee），通常是指东道国地方政府提供担保，如州政府或市政府提供的担保，以及国家垄断企业，如国家电力公司、国家石油公司等。由于次主权担保效力明显低于主权担保，通常来说，次主权担保难以获得金融机构的认可，但有些资质较好的地方政府或国家垄断企业提供的次主权担保，仍然可以获得部分金融机构的认可。例如，中国信保曾接受部分国家的次主权担保，多边投资担保机构（MIGA）也可以接受部分世行成员国的次主权担保。

二、金融机构担保

金融机构担保是指银行或者保险公司等金融机构为海外绿地投资项目融资提供还款保证支持，由于金融机构自身的资信能力及信誉较好，债权人通常接受金融机构提供的还款担保。金融机构的担保形式包括远期信用证、备用信用证、独立保函等。企业在融资操作过程中，在无主权担保的情况下，可以优先寻找金融机构担保。

例如，部分海外项目业主在东道国拥有一定的实力，作为无法获得政府担保支持的商业项目，业主可以凭借自身的实力，获得当地金融机构的授信。这种情况下，业主可以利用本国银行提供的担保，获得外国金融机构的贷款。

对于当地担保银行的选择，如果条件允许，应选择当地排名靠前的银行或国际知名的金融机构在当地的分支机构，如花旗银行、渣打银行等。评价金融机构担保的能力，主要考察该机构的资产规模和全球排名，这些数据可以通过 BvD[①] 数据库查询，也可以向贷款金融机构咨询。

除了东道国金融机构担保外，有些业主在其他国家的资产规模比东道国的项目规模更大，在这种情况下，也可以选择第三国有能力的金融机构

---

① Burean van Dijk（简称 BvD）是欧洲著名的全球金融与企业资信分析数据库电子提供商。

提供担保，也可以作为项目的还款担保，解决融资担保问题。

三、商业担保

商业担保是指以项目发起人、项目相关方或其他第三方为金融机构贷款提供的担保方式。商业担保作为海外绿地投资项目融资担保方式的一种，逐渐被金融机构所接受，为企业寻求开拓新的融资通路提供了帮助。企业在开发海外项目过程中，也应该在第一时间了解项目业主是否有意愿提供担保，并索取相关资信信息，评估其担保实力，为后续的融资做好准备。

放贷金融机构对提供还款担保的担保人资信状况有较高的要求，通常要求企业经营业绩良好，中国国内评级在2A以上或国际评级在BB+以上，资产负债率一般不高于70%。

四、其他抵押质押担保方式

除了以上各类担保方式外，对于部分担保不足或以项目融资方式融资的贷款项目，还有以借款人或第三方担保人或项目的资产和权益进行的抵质押担保。这些抵质押担保方式，也是贷款人对借款人提出的还款保障的一些担保要求。

关于抵质押担保的相关要求，企业可以根据贷款银行的相关规定办理。

第五节 项目可行性分析

项目可行性分析是成功融资的重要工作，项目可行性分析包括项目的合规性、经济可行性、技术可行性、法律及税务尽职调查等相关内容。影响项目可行性的任何内容都会对融资产生影响，本节介绍海外绿地投资项目在融资过程中金融机构关心的项目合规性、经济可行性、技术可行性等相关内容。

一、合规性分析

合规是海外绿地投资项目获得金融机构支持的基本条件，对于需要融资的项目，企业应该从项目立项之初就开始了解项目的相关批准文件，既要满足东道国的相关合规审核，也要满足国内的相关合规审核。

东道国的合规要求，包括东道国政府的相关审批，项目公司的设立是否符合东道国法律法规要求，项目的土地使用、与项目相关的其他类审批是否符合法律要求等，这些基础性的审批文件，是投资项目合规性考察的重点。

对于海外绿地投资项目，中国国内的相关合规要求主要包括政府或相关机构的审核审批文件等。虽然海外投资已经由审批制改为报备制，但相关的报备手续及文件应该齐备，这些文件或资质是企业做好融资工作的基础。

除了投资项目本身要符合东道国和中国的相关法律法规要求外，项目各参与方还需要满足金融机构的相关资质要求，这也是投资项目获得融资的必备要件。

二、经济可行性分析

海外绿地投资项目的经济效益是获得贷款人支持的核心，是融资过程中贷款人重点考察的内容。投资人应聘请有资质的咨询机构编制项目可行性研究报告，并给出合理的项目收益率，可研报告应该包括贷款人重点审核的内容。

（一）报告编制机构资质

编制海外绿地投资项目可行性研究报告，应该选择有经验及资质的独立第三方咨询机构，如果报告是国内的咨询机构提供的，该机构应该具有甲级资质或同等资质。如果报告是外方咨询机构提供的，投资人还需要提供该机构的相应能力证明，或过往的相关案例。

（二）报告的时效要求

可行性研究报告的完成时间应不早于贷款人审核时间前两年。

（三）项目财务评价要点

项目财务评价要依据基础财务数据和假设参数来判断项目盈利能力、偿债能力、财务可持续等指标情况。此项工作是投资人项目可行性研究报告的重要内容，也是金融机构评审项目经济可行性的重要内容。

1. 基础数据及假设

基础数据和假设是财务评价的基础，通常包括以下指标。

（1）项目投资。项目工程建设投资金额、建设期利息、全额流动资金投入、项目总投资额。

（2）资金来源。根据项目总投资额梳理资金来源，一般包括：

①自有资金出资占比；

②银行贷款出资占比、利率，贷款中工程建设投资贷款额和流动资金贷款额；

③项目建设期，银行贷款和自有资金同比例注入约束条件；

④贷款周期年份（是否含宽限期）、银行贷款还本付息方式及年份。

（3）收入假设。根据投资项目的具体市场情况可确定产品市场价格，如电力投资项目的上网电价、矿业项目矿产品的当前市场价格等。再结合项目运营周期，可估算项目在运营期各年的收入。

（4）原材料成本假设。原材料成本是项目运营的基本支出，应结合原材料当前及未来市场价格，逐年预测原材料成本。例如：对于镍矿投资项目，红土矿是该项目最重要的生产原材料，投资人应根据市场供需情况估计和预测红土矿当前及项目运营期的成本；对于燃气电站，则要预测天然气在运营期的价格情况；对于光伏发电项目，则只要预测建设期光伏组件和太阳能电池板的价格即可。

（5）人员成本。应明确项目人员定额、人均工资和福利费，并估算和预测未来人员成本增长情况。

（6）维修费用。应明确项目建筑维修费占总投资中建筑工程费的比例，机器设备维修费占总投资中设备及安装费之和的比例。相关比例应符合行业惯例，并由有资质的设计单位或行业专家复核。

（7）折旧摊销。应确认项目年折旧额，其中，房屋建筑项目投运后18年内可以按照直线法折旧，确定残值率；设备投运后15年内可以按照直线法折旧，确定产值率；无形资产项目投运后10年内平均摊销。

（8）销售及其他费用。结合项目特点，要估算销售费用和其他相关的费用。

（9）营运资金假设。不同项目的营运资金假设方法不同，生产类项目的营运资金需要考虑应收账款周转天数、存货中原材料的周转天数、辅助材料及燃料的周转天数等，而对于电站类项目，则可能需要预测备品备件等的资金情况。

（10）税收假设。结合本项目特点及东道国税务法律法规，还要估算所得税率及公积金提取比例。

2. 盈利能力评价

如何判断项目的盈利能力，主要是看财务内部收益率（FIRR）、总投资收益率、项目资本金净利润率等指标。

利用项目基础财务数据和假设，结合项目的特点，计算项目运营期各年的内部收益率、总投资收益率或净现值，可以辅助盈利能力。以项目运营期为18年为例，利润指标测算如表5-1所示。

利用利润测算，可以计算项目的股本金内部收益率、股本金财务净现值和股本金投资回收期、全投资内部收益率、全投资财务净现值和全投资投资回收期，同时，也可以计算项目的净资产收益率、投资利润率和借款偿还期。

依据以上指标可以评价项目的盈利情况。

表 5-1　　　　　　　　投资项目利润指标测算

指标	第1年	第2年	第3年	第4年	第5年	……	第18年
毛利率							
息税折旧摊销前利润率							
息税前利润率							
净利润率							

3. 偿债能力评价

结合项目工程建设投资贷款额、银行贷款投运后还款期、宽限期及还款模式（如按等额本息还款），可编制逐年还本付息进度计划表（见表5-2）。

表 5-2　　　　　　还款进度计划表（以还款期为6年为例）

指标	第1年	第2年	第3年	第4年	第5年	第6年
银行贷款还款						
银行贷款利息						
流动资金贷款利息						
还本付息总计						

基于当年产生现金计算利息覆盖倍数和还款年份的偿债备付率及可偿还现金计算的利息覆盖倍数和偿债备付率这些指标，投资人可判断项目的偿债能力。

4. 财务可持续能力评价

通常，利用企业的现金流情况可研判财务可持续性。项目100%达产后，投资人可以利用基础数据和假设参数计算各年的经营活动净现金流，依据现金流充足情况，研判项目财务可持续性。表5-3列出了项目现金流的大概情况。

表 5-3　　　　　　项目现金情况（以还款期为6年为例）

指标	第1年	第2年	第3年	第4年	第5年	第6年
初始现金						
期末现金						

5. 敏感性分析

敏感性分析包括敏感性因素分析和盈亏平衡点分析。

敏感性因素分析是指对项目收益影响的关键因素，如建设投资、收入（产品市场价格等）和成本等因素的波动，对资本金内部收益率、全投资收益率、利息备付率、偿债备付率等的影响。通过敏感性因素分析，通常可以掌握影响各类收益指标的核心因素，提示投资人和融资机构关注相关影响。

盈亏平衡点分析是分析基准方案下项目运营达产后，按照达产年净利润计算的在达到盈亏平衡时销售收入的下降幅度。该下降幅度如果在预测范围内，则项目可行。

6. 小结

财务评价是根据项目产品或服务市场价格行情、原材料市场价格情况和走势预期，结合市场分析和工程方案设想，对项目进行全面的收益率测算和还贷测算。

基准方案下，如果项目全投资回报率、自有资金内部回报率，超过项目所在行业海外投资的通常收益率水平要求，项目的还款满足银行贷款的还款规定，基于可偿还现金计算的利息覆盖倍数和偿债备付率指标较好，则项目经济可行。

（四）投资项目经济可行性的融资审核要点

针对海外绿地投资项目经济可行性的审核，贷款人通常重点考察项目投资预算、资金来源分析、项目成本估算、项目收入预测、经济效益分析、相关风险分析等内容，并对经济可行性的抗风险能力进行分析，主要针对影响项目收益的主要指标进行敏感性分析。从投资人和债务人不同的角度分别考察内部收益率和偿债备付率情况后，还应对基本假设、分析方法与结论加以论证。

项目的担保方式不同，贷款人对项目经济可行性的审核也会有所差别。

对于有较强还款担保的投资项目，贷款人对可行性报告的评审更多的是合规性质的审核，但其作为支持融资的关键条件，经济可行性分析依然重要。

对于缺少有效担保的投资项目，特别是项目融资项目，贷款人会对可研报告的可靠性、真实性和客观性进行重点审核。贷款人还可能委托独立第三方对业主提供的可行性研究报告进行评估，并出具可行性研究评估报告。

三、技术可行性分析

技术可行性分析是投资项目可行性分析的重要组成部分，项目发起人或项目业主应该聘请有资质的技术公司提供项目的专业技术报告。贷款人对提供技术可行性分析的机构资质有一定的要求，如果是国内设计单位提供技术服务，则应该具有国家甲级资质，如果是国外技术公司提供技术服务，则外国技术公司应该具有同等资质。

对于技术可行性分析，债权人通常还会对工程采用的技术标准，项目采用成熟、稳定的技术等有要求。投资人应该从融资的角度考虑，尽量避免选择首次应用的创新性技术或者未经过时间检验的技术。

第六节　项目相关方资信状况及履约能力分析

项目相关方是指项目的投资人（发起人）、参与项目的承包商或运营商等，项目主要相关方的资信状况及履约能力均会对项目的融资工作产生影响。

一、发起人实力与资信状况分析

针对海外投资项目来说，发起人或业主的资信状况是融资过程中的重要考察内容，是对发起人还款能力的考察。对于资信状况的考察主要包括发起人或业主的规模、相关领域经验等，这些信息的获取一方面可以来自发起人或业主提供的资料，也可以通过第三方资信报告来获得。通过第三方资信报告，贷款人可以判断企业作为项目主体的合法性，判断企业作为项目主体的所能承担的法律责任，了解企业经营管理水平和经营稳定性，考察企业履约和抗风险能力，考察企业生产经营资质、实力等。贷款人也可以通过资信信息客观评价企业信用状况，通常会通过财务报表了解发起人的经营表现。

从融资角度分析发起人和业主的资信状况，可以了解项目规模与业主实力是否匹配、在项目中的角色或承担的义务及以往经验是否能满足项目需要这三方面情况。

无论中方投资人还是境外业主，其企业实力都是金融机构考察的重点。海外绿地投资项目的资金需求量通常较大，作为发起人，在项目启动和运营方面，需要投入大量的资金和资源，前期投入也巨大，不是一般资质的企业所能承担的。

中资海外投资企业在融资前，可以结合自身实力和项目规模进行最基本的判断，如自身的资产规模明显大于拟建项目规模，企业在项目前期已经进行实质性投入，并就项目相关工作做了非常充分的准备，这些有效的工作可以向金融机构展示自身有实力、有意愿开发项目；反之，如果投资企业对拟开发项目仅仅有初步想法，无前期的资金投入，其资产规模与拟投资项目规模有较大差距，说明投资人实力不足。从贷款人角度看，该项目缺乏融资的基础。

二、承包商履约能力分析

境外投资项目能否按时建成投产是金融机构关注的重点，这是项目产生现金流并能够如期偿还贷款的保证。因此，考察项目承包商的履约能力，是金融机构评价项目融资可行性的重要内容。承包商履约能力通常是指 EPC 总承包商承担项目建设的综合能力，通过分析总承包商的履约能力，来判断项目是否能够按时完成并达到预期设计产能，规避完工风险。这是海外绿地投资项目融资过程中，贷款人关注的要点。考察承包商的履约能力，通常包括专业经验、财务能力和项目经验。

专业经验和项目经验是承包商履约能力的重要体现，是规避项目完工风险的有力保障。虽然工程项目总包业务在项目管理方面有一定的共性，但承包商在具体项目的履约能力方面，还是要考察其自身在专业领域及在具体项目的相关经验。例如，在火电建设方面有丰富经验的总承包商，由于有较好的客户关系，拟参与某业主的化工类项目的总承包业务，虽然其拟通过聘请化工领域的专业分包商分包的方式，解决专业不足的问题，但由于专业差异较大，这种方式仍然有一定的缺陷。解决方案是可以考虑与专业领域的承包商组成联合体共同承建，或完全交由专业能力更强的企业做总包，而分包自己擅长的业务。

除专业能力外，财务能力也是考察承包商履约能力的重要内容。承包企业在海外承揽工程承包项目，通常需要提供预付款保函，部分工程可能还需要有部分前期垫款等，如果承包商的财务能力不足，则商务合同签署后，后续项目开始执行时，可能无能力出具保函，影响项目的顺利执行。

三、其他参与方资信状况与能力分析

海外绿地投资项目通常拥有多个参与方，不同参与方的资质和能力，也是金融机构审核融资可行性的要点。以境外电站投资项目为例，除了业主能力和承包商履约能力外，运营商、燃料供应商、购电方的资质和能力也同样重要。因此，在一个融资类项目中，所有参与方均会对融资产生影响。企业应该在项目前期与金融机构进行充分沟通，对各参与方的资信状况和能力有一个初步的判断，尽量选择满足金融机构要求的合作伙伴。

第七节　项目整体风险分析

海外绿地投资项目的整体风险，是指项目融资过程中涉及的政治、经济、社会、营商环境、外汇、行业、监管以及项目自身的风险。针对具体投资项目，投资人应该从实际出发，对项目的各类潜在的风险进行深入的评估，一方面是对项目的各类风险有一个准确的识别，并制订相应的管控计划；另一方面可以向贷款人充分说明项目的风险情况，证明企业已经完成了项目的风险评估。以下仅对法律风险、外汇风险和环保风险进行简单分析，更多项目风险评估的详细内容，读者可以参考《中国企业境外投资和对外承包工程风险管控及案例分析》一书。

一、法律风险分析

法律风险，是指在投资项目实施过程中，由于企业外部的法律环境发生变化，或由于包括企业自身在内的各种主体未按照法律规定或合同约定行使权利、履行义务，从而给企业造成负面损失的可能性。

法律风险涉及企业境外投资业务的各个环节，根据境外经营的不同阶段，企业所涉及的法律问题也会有所不同。对于绿地投资项目来说，项目策划阶段要重点关注投资准入和安全审查等监管环境，建设阶段需要了解东道国外资企业经营的法律环境，如许可、劳工、环保、税务、保险等相关的法律问题，项目建成后运营期间的法律问题和未来退出项目时可能遇到的法律问题等。

上述法律风险是企业"走出去"过程中无法回避且非常重要的风险，由于各国的法律体系不同、政治文化背景不同、项目所处的环境条件不同，很多法律风险的识别和评估，需要专业、有实践经验的律师结合具体项目情况才能作出客观的分析。因此，建议企业在项目初期就要聘请专业的律师团队，协助完成相关法律问题的咨询工作，这些工作是融资过程中必不可少的。有些贷款人还需要聘请独立的律师事务所就具体的问题提供针对性的法律意见，这些工作也是融资过程中的必要内容。

二、外汇风险分析

企业在海外投资过程中，投资协议及相关合同多以外币进行计价，会发生外汇收支和借贷行为。由于未及时结算成本币，通常会存在汇率波动造成收益损失的风险。在信贷或外汇资金投放期间，利率变动会影响信贷和外汇资金成本，从而造成项目收益损失的风险。虽然对于短期内汇率和利率的波动，企业可以利用一些金融工具和方法加以控制，但由于海外投资项目的运营周期短则 3~5 年，长则 5~10 年，一些投资项目的经营期长达 20~30 年，在如此大的时间跨度内，很难对汇率和利率进行有效的预测和管控。

为此，建议中资企业在开展对外投资业务时，要从项目融资的角度出发，侧重选择特许经营权项目，而且要在特许权合同/协议中争取获得"外汇支付或者外汇计价，当地货币支付"的结算条件。对于公开招标的海外投资项目，如风力发电、光伏发电项目等，这种以牺牲投资人收益为条件的长期投资项目，中资企业（特别是第三类、第四类对外投资企业）一定要谨慎参与；对于结算条件不好的项目，最好不要参与投标。从当前国际建设市场营销趋势，以及全球政治和经济环境看，通常 2~3 年就会发生较大的变化，汇率风险有可能会给对外投资企业造成颠覆性损失。

2020 年以来，全球政治经济形势发生了巨大变化，尤其是一些发展中国家受此影响更大。因此，面对多变的外汇汇率和利率，每一个海外投资企业都必须对汇率风险和利率风险采取防范措施，进行必要的外汇风险管控。

三、环保风险分析

环境保护既是东道国环保的客观要求,也是企业履行社会责任的重要内容。中国企业在"走出去"过程中应做好环境保护工作,这是树立良好企业形象,推动境外投资合作可持续发展的重要举措。

国家重视企业境外经营的环保问题,在借鉴国际经验和理念的基础上,商务部、环境保护部于 2014 年联合发布了《境外投资合作环境保护指南》,旨在鼓励我国企业在"走出去"过程中履行环保责任,及时识别、防范环境风险。该指南的主要精神是倡导企业树立环保理念,依法履行环保责任,并要求企业遵守东道国环保法规,履行环境影响评价、达标排放、环保应急管理等环保法律义务。

有鉴于此,企业在海外投资前,一定要做好相应的环境评价工作,此项工作应该建立在深入调研的基础上,委托有资质和能力的机构协助企业完成项目的环境评价。

近年来,ESG 投资与 ESG 评价在全球投资体系中已经较为成熟,部分国家和地区开始引入一系列的 ESG 披露政策,对投资者 ESG 监管逐步规范和严格。党的十八大以来,我国高度重视绿色可持续发展,要求企业履行社会责任。在高质量建设"一带一路"的大背景下,我国企业海外投资要加强 ESG 相关工作,这既是企业履行社会责任,满足国内国际关于 ESG 的监管要求,也是金融机构提供信贷支持的重要参考。

第八节 融资可行性分析框架应用

一、利用融资可行性分析框架前的准备工作

结合前述融资模式的介绍和特点分析,海外投资企业应该在决定继续

跟踪项目前做好必要的融资准备工作,在此基础上确定相应的融资路径。

(一) 及时获得各类金融支持政策

企业在海外投资过程中,应该首先结合项目特点,了解相应的金融支持政策。具体来说,就是应该与政府部门和金融机构建立通畅的渠道,安排专人负责跟踪政府和金融机构发布的各项金融支持政策,随时掌握政策动态并能够准确解读,且在海外业务开拓过程中灵活执行各种政策,这是企业做好融资工作的前提。

(二) 掌握金融产品的差异和特点

做好海外投资项目的融资工作,企业还需要掌握不同融资模式的特点和差异,这是合理选择融资模式的基础。本节主要对几类债务融资模式的差异进行分析,这些内容也可以作为融资工作中选择相应金融产品和服务的参考。

1. 出口信贷融资和普通商业信贷融资对比分析

官方支持的出口信贷是国家支持企业出口和境外经营的重要金融资源,其金额大、期限长的特点,可以弥补东道国在相关项目的资金缺口。出口信贷的贷款额度可达几亿甚至几十亿美元;贷款期限通常在两年以上,最长可达十几年。出口信贷通常与出口信用保险相结合,银行提供的出口信贷往往以信用保险为基础。出口信贷的利率或保险费率在一定程度上体现了本国政府支持本国企业出口和维持出口信贷可持续发展的意愿。在国际舞台上,为了避免各国在出口信贷领域的不公平竞争,出口信贷往往会受到一些国际惯例或规则的约束,比如部分发达国家提供的出口信贷一般要受OECD《关于官方支持的出口信贷指导原则》的约束和规范。

普通的商业信贷是银行给企业提供的信用贷款,此类贷款是银行的基础贷款业务,并无相关的特殊政策,是标准的金融市场产品,利率市场化,贷款期限通常在10年以下。对于没有担保的信用贷款来说,银行承担较大的风险。表5-4是出口信贷和商业贷款的区别。

表 5-4　　官方支持的出口信贷和普通商业贷款对比分析

项目	出口信贷	商业贷款
政策不同	对预付款比例、国产化比例、费率或利率、期限等有一定限制	相对灵活，无特殊限制
利率不同	有支持政策，利率相对较低	市场化的利率，相对较高
期限不同	最长可达 15 年或 20 年	最长不超过 10 年，一般不超过 7 年
风险不同	有信用保险支持，包括政治风险和商业风险，信用保险承担 90%～95% 的风险；买方信贷银行承担 5% 的风险，卖方信贷企业承担 10% 的风险	企业或银行需要承担 100% 的风险

2. 出口买方信贷融资和出口卖方信贷融资对比分析

出口买方信贷是出口方银行向境外借款人（进口方或进口方银行）发放的中长期贷款，用于进口商即期支付中国出口商（承包商）的商务合同款，促进中国产品、技术和服务的出口。出口买方信贷优势明显，主要体现在：对于出口方来说，可实现即期收汇，无须承担负债；对于贷款银行来说，买方信贷通常有信用保险支持（借款方提供相应的主权担保或相应的商业担保支持），降低银行信贷风险；对于进口商来说，出口买方信贷为进口商提供延付支持，解决进口商资金不足的问题；对于借款人来说，可以选择信贷条件，贷款条件公开透明。虽然出口买方信贷有诸多优点，但在信贷办理方面相对复杂，谈判周期较长。

出口卖方信贷，是指出口方银行为出口商（制造或采购）出口机电产品、成套设备和高新技术产品提供的信贷，主要解决出口商（制造或采购）出口产品或提供相关劳务的资金需求。出口卖方信贷的借贷双方均在国内，适用法律相同，无语言沟通障碍，因此谈判周期短。但对于出口方来说，出口卖方信贷会增加出口企业的负债，影响企业财务状况，对于负债率较高的企业来说，企业更难以采用出口卖方信贷的方式融资。出口卖方信贷由出口企业承担债务，如果借款币种为人民币，且商务合同通常以美元计价，在人民币贬值的情况下，企业持有延付债务可以享有汇兑收益；如果在人民币升值的情况下，企业应该通过应收账款卖断的方式，实现结汇，避免汇兑风险。由于卖断应收账款增加了财务成本，企业应该在商务合同谈判过程中，充分考虑汇率的变化，做好相关的卖断成本预估并与银行做好前期规划，避免由于前期缺乏统筹，造成成本失控。

出口买方信贷和出口卖方信贷主要在借款人、还款担保安排、付款方式、对企业财务影响、融资风险、收汇风险、保险赔付、前期工作投入、项目控制、资金投入等方面存在不同。出口买方信贷和出口卖方信贷的比较见表5-5。

表5-5　　　　　出口买方信贷和出口卖方信贷的比较

项目	出口买方信贷	出口卖方信贷
借款人	进口商、进口国银行或政府、工程项目业主	出口商、EPC承包商
担保人	进口商及其关联企业、进口国银行、财政部	进口商及委托的银行、出口商及其关联企业、承包商
贷款范围	机电产品、成套设备、高新技术、EPC工程	机电产品、成套设备、高新技术、EPC工程
货币币种	可自由兑换货币	本币为主
贷款比例	不高于商务合同额的85%，特殊情况可达90%	不高于商务合同额的85%，特殊情况可达90%
贷款期限	1~15年	1~15年
贷款利率	LIBOR/SOFR+利差	人民银行公布的利率
利息期	6个月	3个月或6个月
提款	发货，或工程付款"里程碑"节点	贷款协议生效，或工程付款"里程碑"节点
收汇	即期	远期
风险承担	由进口商承担	由出口商承担
出口信用保险	需要（赔付比例95%，银行是受益人）	选择投保（赔付比例90%，出口商是受益人）
办理程序	较复杂	较简单
业务类型	工程承包为主（支持产品出口）	工程承包为主（支持产品出口）
对出口方的影响	即期收汇，相当于现汇项目	承担负债，影响企业财务指标

3. 中长期信用保险、短期出口特险、海外投资保险对比分析

对于"走出去"开展对外经济合作的中资企业来讲，经常使用的中国信保产品有：

（1）中长期信用保险，包括出口买方信贷保险、出口卖方信贷保险、再融资保险、海外融资租赁保险。

（2）海外投资保险，包括股权保险、股东债权保险、金融机构债权保险。

（3）短期出口特险，包括特定合同保险 A 款（成本与债权保障）、特定合同保险 B 款（债权保障）、特定合同保险 C 款（出运前成本保障）。

根据多年工作实践以及作者对信用保险的理解，在这里对上述三个信用保险产品的特点做一下对比分析。

（1）投保人。

a. 中长期信用保险：投保人是 EPC 总承包商/出口商。

b. 短期出口特险：投保人是生产企业/出口商或承包商。

c. 海外投资保险：投保人是项目公司或者中方投资人（股东）。

（2）承保的风险。

a. 中长期信用保险：承保的是商业风险和政治风险。

b. 短期出口特险：承保的是商业风险和政治风险。

c. 海外投资保险：承保的是政治风险，即战争骚乱、政府征收、汇兑限制和违约风险。

（3）承保的范围。

a. 中长期信用保险：承保债权（如银行贷款）风险。

b. 短期出口特险：承保债权（如出口商或承包商的自有资金、银行贷款）风险。

c. 海外投资保险：根据投保人要求，既可以承保股权（资本金＋收益）风险，也可以承保债权（贷款本金＋利息）风险。

(4) 承保的标的文件。

a. 中长期信用保险承保的标的文件：贷款合同/协议，以及国家主权（如财政部、人民银行）、银行、企业出具的还款担保文件。

b. 短期出口特险承保的标的文件：借款协议、还款担保、信用证（远期信用证、备用信用证）。

c. 海外投资保险承保的标的文件：项目公司与所在国主权机构（如财政部、人民银行）和次主权机构（如国家电网公司、首都市政当局等）签署的特许权文件（如垃圾处理协议、污水处理协议、购电协议、政府回购协议等）。

(5) 承保的期限。

a. 中长期信用保险的承保时间：依据贷款协议和还款担保，一般期限为 10~15 年，最多可到 20 年。

b. 短期出口特险的承保时间：保单信用期为两年以内。

c. 海外投资保险的承保时间：根据投资人的要求，一般承保时间可以做到 20 年，或者更长。

(6) 出险后理赔时间。

a. 中长期信用保险的理赔时间：出险后可以较快理赔。

b. 短期出口特险的理赔时间：出险后可以较快理赔。

c. 海外投资保险的理赔时间：一旦出险，中国信保需要依据有关合同文件分清各方违约责任，所以理赔时间相对较长。

(7) 信用保险费的支付。

a. 中长期信用保险：保费是一次性支付。

b. 短期出口特险：保费是一次性支付。

c. 海外投资保险：保费是按年度支付。

这里需要说明的是，出口买方信贷项目投保中长期信用保险，通常是承包商收到合同预付款后，代项目业主一次性缴纳信用保险费。中长期信用保险的承保时间通常是 10~15 年，承包项目所在国家的国际信用评级大多在 BBB 级以下，这样信用保险费的年度收费标准会比较高，所以由承包商代业主支付保费，压力很大。承包商收到 EPC 合同预付款后，首先要支付信用保险费和项目顾问/代理费，所以手里能真正用于执行合同的钱就很少了。对于外国政府或私人投资项目，如按年度缴纳信用保险费，则存在项目业主缴费不及时或不缴费的风险，这样就会使国内提供出口信贷的银行面对失去中长期信用保险保障的风险，所以一次性缴纳中长期信用保险的保费，对于承包商来讲资金压力大，但对银行来讲是必要的风控措施。

（8）保险受益人与赔付率。

a. 中长期信用保险：出口买方信贷保险的受益人是银行，赔付率不超过 95%；出口卖方信贷的受益人是投保企业，赔付率不超过 90%。

b. 短期出口特险：通常承保的是卖方信贷，受益人是投保企业，赔付率不超过 90%。

c. 海外投资保险：赔付给银行、金融机构，不超过 95%；赔付给企业，不超过 90%。项目的风险情况不同，上述赔偿的比例也不同，需根据具体情况而定。

（9）保险额度/指标。

a. 中长期信用保险：保险额度/指标很紧张。

b. 短期出口特险：特险属于短期信用保险，保险额度/指标相对宽松。

c. 海外投资保险：保险额度/指标相对宽松。

（10）赔付和免赔情况。

a. 中长期信用保险：承保的是贷款协议及国家（主权）、金融机构、企业还款担保项下的违约责任，保单金额覆盖贷款的本息。

b. 短期出口特险：承保的是合同、银行保函、信用证项下的违约责任。

c. 海外投资保险：只承保政治风险；对商业风险引发的损失，免赔。

根据上面的对比分析，我们把出口信用保险三个产品的特点整理成一个汇总表（见表 5-6），进一步强化对出口信用保险产品的理解。

表 5-6　　　　　中长期出口信用保险和海外投资保险对比

序号	要点	中长期信用保险		海外投资保险
		出口买方信贷保险	出口卖方信贷保险	
1	投保人	承包商	承包商	项目公司、中方股东
2	承保的风险	政治和商业风险	政治和商业风险	政治风险
3	承保的范围	债权/贷款	债权/贷款	股权/资本金、债权/贷款
4	承保标的文件	贷款协议、还款担保	贷款协议、还款担保	特许权协议/合同、政府批文等
5	出具担保机构	主权机构、银行、企业	主权机构、银行、企业	主权、次主权机构、银行
6	承保的比例	不超过 EPC 合同额的 85%	不超过 EPC 合同额的 85%	不超过资本金、EPC 合同额的 85%
7	保险赔付率	不高于 95%	不高于 90%	不高于 95%
8	保单受益人	国内贷款银行	承包商	项目公司、中方股东
9	承保的期限	可做 10~15 年，最多 20 年	可做 10~15 年，最多 20 年	可做 20 年，或更长
10	保费缴纳方式	一次性缴费	一次性缴费	按年度缴费
11	受商业纠纷影响的程度	基本无影响	建设期有影响	有影响
12	免赔情况	—	建设期商业纠纷	商业风险免赔

在实际工作中，我们深刻感受到国内银行最担心的是商业纠纷对还贷的影响。通过以上对比分析，我们有了进一步的理解。

（1）中长期信用保险对债权人的保障力度最大，保单是全时段、全覆盖，即保单生效，贷款合同生效；还清贷款本息，贷款合同失效，保单责任释放；保单金额覆盖贷款的本金和利息。

（2）出口特险在工程建设期，工程没有达到付款"里程碑"节点要求前，如承包商与项目业主发生商业纠纷，影响工程款结算，进而影响承包商归还银行贷款的话，中国信保免赔。

（3）海外投资保险只承保政治风险，在工程建设期和项目还贷期发生商业纠纷，从而影响归还银行贷款的话，中国信保是免赔的。

综上所述，在绿地项目债务融资的实际工作中，国内提供信贷银行更倾向于信用主体使用并投保中长期信用保险，这就对工作团队提出了更高要求。

（三）债务部分融资金融资源的选择次序

对于投资项目的债务融资，企业应该在金融支持政策的基础上，结合金融产品的差异和特点，按照一定的次序来选择金融资源。

1. 优先尝试获得政策性银行的信贷支持

本书所指的政策性银行和开发性金融机构，是指中国进出口银行和国家开发银行[①]，其中中国进出口银行的优惠贷款、优惠买方信贷（两优贷款）是中国支持东道国发展的具有援助性质的贷款。通常情况下，企业所承揽的项目如果能够获得两优贷款支持，东道国政府都会提供担保，资金均有保证。而国家开发银行的资源换贷款、"一带一路"专项贷款和其他出口信贷产品，只要符合相关的国家政策，资金也有保证。以上的政策性和开发性银行的具有政策性职能的贷款，与商业银行提供的出口信贷相比，优势更加明显。因此，建议企业在项目开发初期，就要深入分析项目的特点，优先尝试政策性和开发性银行的信贷产品。

当然，政策性和开发性银行贷款，有的贷款额度较小，有的对项目的具体内容有较高的要求，办理流程也相对复杂。因此，企业应该加强同政策性和开发性银行的沟通和交流，及时了解相关信贷政策。

2. 争取获得政府双边贷款协议支持的融资

政府贷款通常是指由一国政府向另一国政府提供的借款。这种双边政府层面签署贷款协议下的借款，一般具有利率低、期限长、条件较优惠等特点。此类贷款对于借款国来说，可以通过合理利用政府贷款开发本国资源，发展生产，提高技术水平。对于中国企业来说，更容易获得该类贷款项下的项目，增强出口能力和企业在国际市场上的竞争力。因此，如果企业能够获得上述贷款项下的建设项目，项目资金将有充分的保障。

---

① 2015 年，国家开发银行定位为开发性金融机构。

3. 努力获得中国信保支持的出口信贷资金

中国信保是国内唯一的政策性保险机构，中长期出口信用保险和海外投资保险是支持中国企业海外投资和对外承包工程的重要金融产品。其提供的出口信用保险或海外投资保险是商业银行在很多项目上提供出口信贷的必要条件，因此，获得中国信保的支持，是企业海外投资和对外承包工程获得信贷支持和规避风险的重要条件。

除了中长期出口信用保险和海外投资保险外，中国信保的特险产品在承包工程、电信、船舶和成套机电设备出口方面也可以提供便捷的融资功能，同样是企业获得融资的重要工具。

4. 通过国内或国际基金的支持促进融资

为支持和鼓励中国企业对外投资，中国先后成立了中非发展基金、中非产能合作基金、中国葡语国家基金、中拉产能合作基金、丝路基金等面向海外的基金，同时，在海外也有很多专注于特定领域的各类基金。无论是国内基金还是国外基金，它们对投资国别及项目的选择通常有一套完整的程序。企业在海外投资或承包工程过程中，如果这些基金参与了项目的投资，那么在为项目解决部分资金的同时，这些基金将影响和带动其他金融机构参与项目，进而促进项目的融资。

5. 利用国际金融机构贷款支持的融资

世界银行、亚洲基础设施投资银行（AIIB）、亚洲开发银行（ADB）、非洲开发银行（AfDB）等机构，均有针对东道国的金融支持政策，企业在获得潜在的项目信息后，可以利用国际金融机构的资金，完成相关的融资工作。

此外，企业还要利用好世行多边担保机构（MIGA）、亚洲开发银行、非洲贸易保险机构、美洲开发银行等国际金融机构，以及发达国家的官方出口信用保险机构（ECA）的支持，作为中国信保的重要补充。

二、利用融资可行性分析框架的步骤

融资可行性分析是做好海外绿地投资项目融资工作的核心环节。利用本章提供的融资可行性分析框架，可对绿地投资项目与融资相关的各类要点进行深入分析。另外，企业应了解相关国别的金融支持政策和国家风险、项目可行性、担保能力等关键信息，这是后续选择金融资源、设计融资方案的重要依据。

第一，研判国家风险。企业要分析在东道国投资是否存在颠覆性风险，尤其是中国信保不承保的国别，说明该国风险更高。如果融资是从国内获得，则此类项目融资难以开展；但如果融资资金从第三国、国际性或者多边金融机构获得，则需要考察资金来源方对该国风险的评价。

第二，考察项目的可行性。重点分析项目的必要性、合规性、技术和经济可行性，尤其要对项目的经济可行性进行深入分析，经济性是获得融资的基础。

第三，分析项目投资架构的合理性。企业尤其要关注投资的合规性、税务优化和资本安全。

第四，匹配融资模式和产品。匹配合适的融资模式和金融产品，是融资可行性分析的关键环节。依据股权融资和债权融资模式及特点，结合各金融机构相关政策和产品，可搭建符合各方诉求的融资结构。

本书所推荐的融资可行性分析框架，结合了金融机构的信贷审批制度，可帮助企业快速鉴别项目融资的大致可行性，降低企业前期的成本。后续，企业还要密切与金融机构保持联系，适时与相关金融机构进行沟通，避免对融资可行性的误判。

三、基于融资的海外绿地投资项目开发建议

具体来说，海外绿地投资项目融资工作需要从如下四方面进行。

（一）重视市场调研，认识国别融资差异

企业在不同收入国家投资，资金来源有较大的差异。对于中高收入国家，由于其经济和金融发展水平较高，本地金融资源往往能够满足部分资

金需求。对于欠发达国家，通常需要国际或第三国金融资源提供融资支持。因此，企业在进入不同国别开展投资业务前，应首先调研本地金融资源，了解其信贷政策，调研本地市场相关融资成功案例。在此基础上，与本地金融机构设计项目投融资方案，这将大大拓宽企业的融资渠道。

（二）把握行业差异，投资绿色民生项目

当前，绿色和可持续发展是全球议题。联合国相关报告显示，光伏、风电等可再生能源项目可获得投资人和各类金融资源的青睐，因此，在项目选择上，企业应更多关注新能源项目，这类项目通常更能获得金融资源的支持。此外，与国家经济民生密切相关的项目也受到了各方的重视，如水务、垃圾处理、交通领域的民生项目，更容易获得政策和资金支持。

（三）善于利用多边及区域金融资源

多边及区域金融资源是国际基础设施建设资金的重要来源，多边机构在提供资金支持的同时，也是区域或行业发展的风向标，对商业资金具有一定的拉动作用。企业在拓展海外项目的过程中，应密切关注东道国与多边机构的合作动态，利用中资企业在基础设施建设领域的经验和优势，抓住机会，利用多边金融资源拓展市场。

（四）重视挖掘全球 ECA 机构[①]融资资源至关重要

ECA 机构作为跨境投资和国际工程市场的关键金融支持工具，在近年的国际政治经济形势变化下，对国际承包工程市场产生了显著影响。因此，企业需密切关注 ECA 机构的最新政策动态。在海外融资项目中，企业应灵活调整其海外项目开发策略，以确保与 ECA 机构政策的高度一致性，实现企业与政策性金融机构的有效联动。这样做不仅能够加强企业的市场应对能力，还能更好地适应海外投资和承包工程市场的不断变化。

---

① ECA（Export Credit Agency）机构是指官方出口信用保险机构，通常是国有及公有的机构，支持本国企业在国际市场上的利益。

第六章

海外绿地投资项目融资案例

在过去几年的工作中,我们接触了众多寻求通过对外投资拉动承包工程业务的中资承包企业,并提供了融资咨询服务。这些企业采用的投资模式多样,包括独立开发、收购业主部分或全部股权,以及按股权比例支付对价或溢价支付前期开发费用等方式。参与的企业类型广泛,既包括大型央企,也涵盖民营企业,涉及多种行业,如电力、公路、水务等公用事业领域,以及油气、矿产等资源类项目。

在提供咨询服务的过程中,我们注意到许多承包企业在运用资本投入获取工程建设合同的业务模式上尚显生疏。这导致了前期投入时间长、工作路径不明确、成效不显著的问题。对于这些承包企业参与的股权投资类融资项目,关键在于如何有效识别和分析项目的融资可行性,以及如何与原业主/项目开发商进行有效的股权及对价谈判。这不仅是承包企业业务转型升级的新挑战,也是我们认为有必要与企业共同探讨的议题。分享这类项目开发过程中的关键注意事项,有助于提高股权投资类融资项目的开发成功率,并降低前期的开发成本。

绿地投资、特许权项目已成为中资企业在海外投资的一种重要模式。自"一带一路"倡议提出以来,中国企业把握住了这一机遇,有效利用各种资源,成功地建设并运营了诸多海外绿地投资项目。这些项目从初期策划、融资方案实施、融资关闭,到最终建成并投入运营,每一步都历经了艰苦的努力和挑战。

本章将依托融资可行性分析框架，专注于分享海外绿地投资项目的融资经验与实践。本章有针对性地选取了当前热点国家和地区对外投资项目的融资、小额参股投资项目的融资、"预付款＋建设期延付＋再融资"项目的风控和融资、出口买方信贷项目采用"转贷"方式融资等典型案例。这些案例中的项目包括作者在做咨询工作时亲自服务和参与操作的项目。值得注意的是，虽然部分案例中的项目业主并非中资企业，但从投资者的角度来看，这些项目的经验对中国企业在海外进行绿地投资仍具有重要的参考价值。

第一节 投资中巴经济走廊项目融资案例[①]

一、项目概况

巴基斯坦面临电力供应短缺的问题，这严重制约了其经济发展。当时，巴基斯坦的火电机组主要依赖燃气和燃油，其占发电总量的90%以上，而低成本的煤电占比不足1%。为解决电力紧缺问题，巴基斯坦政府采取了一系列措施，包括增加对电力行业的投资、鼓励实行私有化改革，同时积极引进私人电力项目。

在这样的背景下，中国某电力公司（以下简称中国公司）与卡塔尔 B 公司计划共同投资，在巴基斯坦的卡西姆港工业区建设 2×660 兆瓦的燃煤发电厂及其配套设施。这个项目不仅是中巴经济走廊早期建设项目的一部分，而且是优先实施的项目之一。

项目选址在卡西姆港 PQA 工业园区内，总投资约 20 亿美元，其中资本金约为 5 亿美元。投资主体为中国公司旗下的海外投资有限公司（以下

[①] 项目信息均来自公开媒体。

简称 A 公司）及卡塔尔 B 公司。2013 年 11 月，双方签署了项目开发协议备忘录，并成立了合资公司，其中 A 公司持股 51%，B 公司持股 49%。A 公司全面负责项目的建设和运营。

项目采用"建造—拥有—运营"（BOO）模式，并实行 EPC 总承包，涵盖勘察设计、设备采购和安装、土建施工、联调联试、试运行、培训及工艺转交等环节。预计建设期为 36 个月，自 2015 年 6 月至 2018 年 6 月，商业运行期为 30 年，期满后有可能申请继续运营。

项目所需燃煤主要从印度尼西亚和澳大利亚进口，通过海上运输送至电厂。项目还采用了海水二次循环冷却方案，电厂循环冷却水取自卡西姆湾，生产和生活用水则通过海水淡化处理获取。电厂通过两个 500 千伏线路连接至 Matiari 500 千伏变电站，以缓解卡拉奇地区的电力紧张状况，并为中北部地区提供电力。

卡西姆港燃煤电站项目采用中国技术标准，环保方面则遵循巴基斯坦和世界银行的标准，同时满足巴基斯坦对消防和电力接入的要求。

二、项目融资可行性简析

（一）国别风险和担保

根据中国信用出口保险公司对国家风险水平和主权信用风险水平的评估，巴基斯坦的国家风险水平中等偏高，未来风险展望为负面，主权信用风险水平中等偏高。考虑到近年来巴基斯坦积极推行改革以打击腐败，提高监管质量，且中巴关系一直向好发展，因此，总体看项目风险不高，金融机构可以接受。该项目由巴基斯坦政府提供主权担保，担保能力可接受。

如果此项目无法通过无追索的项目融资的方式解决资金问题，则银行贷款部分通常需要业主提供相应的还款担保。如果是全额担保模式，根据项目公司的股权结构，以及同比例担保的原则，A 公司需要提供约 8 亿美元的担保，B 公司需要提供约 7.6 亿美元的担保。

(二) 项目的可行性

1. 项目合规性

关于项目的合规性，自 2013 年起，A 公司与卡塔尔 B 公司便已签署了项目开发的协议备忘录，组成了项目公司。巴基斯坦水电部私人电力基础设施委员会 PPIB 也为该项目提供了必要的注册支持。到了 2014 年，项目公司进一步与 PQA 工业园的管理单位签订了为期 50 年的征租谅解备忘录（MOU），同时获得了信德省环保局的环评批复。

在 2015 年，项目公司取得了巴基斯坦国家电力监督局（NEPRA）发出的发电许可和电价批复，以及巴基斯坦私人电力和基础设施建设委员会（PPIB）签发的支持函。此外，项目公司还与巴基斯坦国家输配电公司（NTDC）签署了购电协议（PPA），与巴基斯坦私人电力和基础设施建设委员会签订了实施协议，并与卡西姆港务局达成了土地租赁与码头服务协议。同时，该项目也获得了商务部的"境外企业投资证书"和发改委的"项目备案通知书"。由此可见，该项目的合规性已经得到了充分的认可和支持，确保了其能正规合法地开展开发工作。

2. 经济可行性

卡西姆电站将提高巴基斯坦燃煤火电装机比例，能改善巴基斯坦的电源结构，降低总体电力成本。

结合项目基本信息，项目的股东结构、股东出资额及融资担保额度等基本数据如表 6-1 所示。

表 6-1 项目股权结构变化及出资担保情况（项目总造价约 21 亿美元）

项目	现有股权结构
股东结构	A 公司：51% B 公司：49%
股东出资额	总造价的 25.42%，即 53000 万美元： A 公司：约 2.7 亿美元 B 公司：约 2.6 亿美元

续表

项目	现有股权结构
债权部分	总造价的约75%，即约15.5亿美元
融资担保	（若不能实现真正意义的项目融资，则业主需要提供相应的担保） A公司：约7.9亿美元 B公司：约7.6亿美元

关于项目的经济可行性，依据当时信息分析，该项目经济效益较好，中国进出口银行愿意为其提供贷款，且巴基斯坦政府同意为购电协议（PPA）提供主权担保。中国进出口银行与项目公司签署了"融资框架协议"，中国进出口银行于2015年12月24日完成首笔美元贷款的发放，项目融资结构见图6-1。

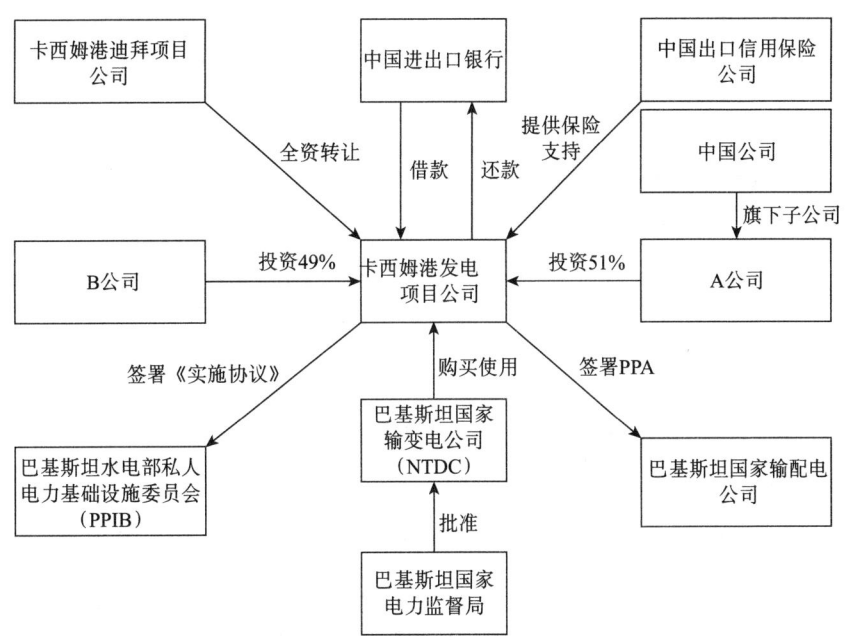

图6-1 卡西姆港燃煤电站项目融资信用结构示意图

3. 项目社会效益

2015年4月20日，在中巴两国领导人的见证下，中巴双方签署了项目实施协议和购电协议。两台机组于2018年全部实现商业运行，年均上网发电量90亿度，能够满足巴基斯坦当地400万户家庭用电需求，缓解了巴基斯坦电力短缺，对巴基斯坦在电力能源结构调整、降低发电成本、缓解供需矛盾、促进基础设施建设和经济发展、改善民生等方面产生了深远影响。

（三）业主资信状况

项目业主分别为A公司和卡塔尔B公司，这两家企业均为大型能源投资和建设企业，此类项目经验丰富，资信状况良好。

（四）承包商履约能力

参与此项目的A公司有过同类燃煤电站项目的施工经验，履约能力满足项目需求。

（五）项目相关风险及应对措施

1. 巴基斯坦政治风险

巴基斯坦的执政党更迭频繁，政府的政策有不连续的可能，这对电力行业政策和计划会产生较大影响。发生战争、动乱、政变、恐怖袭击等不确定事件使项目施工被迫中止、延期、电厂被迫停止运营、被当地政府征用或国有化等风险确实存在，这些是该项目需关注的重大风险。

A公司积极与当地政府、中国驻巴使馆和经参处保持良好顺畅的沟通渠道，及时了解、掌握所在国的政治动向，建立了危机预警机制，并事先制订了应急预案。作为安全防范的重点设施，A公司应充分考虑电厂和生活区的相关安防措施，安防设施按高标准配置，建设、运营期间开展经常性的安保演练，长期聘请高素质安保公司，甚至申请派驻警察或军队保护，投保人身、财产意外险和政治险等，并根据当地形势的发展和变化，进一步研究应采取的措施及其对投资、进度、安全和稳定运营的影响，加强动态风险分析和管理。为应对政治风险发生后造成损失，A公司通过购买了中国信保海外投资保险等方式，这在一定程度上转移了由汇兑限制、政府征收或国有化、战争及政治暴乱、政府违约等造成的风险。

2. 电费延迟支付风险

巴基斯坦政府存在拖欠发电企业电费的情况，因此项目存在较大的电费延迟支付风险。这也是电力投资企业在当前巴基斯坦电力市场面临的主要问题，为应对电费拖欠问题，规避电费拖欠风险，A公司采取了如下具体措施。

（1）中巴两国政府签署的关于中巴经济走廊能源类项目协议中规定：巴方同意为中巴经济走廊项目开立电费支付准备金账户，并按期将每月不少于电费22%的资金转入该账户，以保证本协议所列项目自发电之日起产生的电费能够足额支付。

（2）根据上述条款，可以保证卡西姆项目拥有维持日常基本运维的收入，从而保障项目的正常运营。

（3）经过多轮磋商，中国信保同意在卡西姆项目海外投资保险中明确，若发生电费延付，则视为政府违约，相应赔付比例为95%，从而为项目的顺利实施提供了坚实的保障。

3. 汇兑风险

公司在项目的不同时期都会面临汇兑风险，在项目建设期面临美元兑人民币可能贬值的风险，这样则会增加设备、工程的实际价格，最终增加以美元计量的工程造价；在还贷期面临美元兑当地货币可能升值的风险；在分红回报时面临美元贬值的风险。巴基斯坦目前外汇储备有限，而该项目的电费收入采用卢比支付，如果外汇额度不足，很可能造成美元汇兑风险。

为应对汇兑可能产生的影响，A公司在国内金融机构的大力支持下，综合运用规避、分散、转移等风险管理手段，从国家政策及合同约定入手，进行汇率及汇兑风险管理。

（1）中巴经济走廊能源类项目协议中规定：如果巴基斯坦国内具有资质的商业银行无法向公司提供项目交易所需的所有外汇，则每年通过巴基斯坦国家银行提供。同时，巴方承诺启动建立为电厂收入提供快速汇兑的机制。据此,从国家政策层面建立健全了项目的汇兑机制。

(2) 坚持美元为结算币种,当地货币为支付币种,采取支付日实时汇率进行兑换,控制当地货币贬值的风险。同时,运用美元贷款,保证收入与投入均为美元,规避币种不同导致的风险。

(3) 坚持建设期融资要以美元在第三国留存。建设期资本金以美元在巴基斯坦留存,规避兑换损失。

(4) 与融资银行、监管银行等中资银行形成战略合作,确保运营期收到的当地货币及时兑换,按时支付,减少当地货币的存量。

(5) 对运营期必须在巴基斯坦留存的当地货币,与多家银行探讨循环远期购汇业务,保证充足的购汇额度和有效的价格锁定机制,同时对运营期应收账款予以卖断,及时回收资金,归还贷款。

4. 燃料供应风险

此项目计划近期采用印度尼西亚煤掺烧南非或澳大利亚优质煤,中远期煤源主要以印度尼西亚煤为主,存在一定燃料供应与价格风险。

为保证燃料供应,企业持续跟踪印度尼西亚等煤炭供应市场,选定可靠的煤炭供应商签订中长期供煤合同,同时制订利用巴基斯坦本国煤掺烧南非或澳大利亚优质煤作为中长期煤源的可替代方案,降低燃料供应风险。

5. 环境保护风险

电站建设过程中不可避免地会产生滩涂场地的回填和航道疏浚的废弃物,会影响周边较为脆弱的海洋生态系统及动植物,如电站厂区的红树林需移植,在一定程度上会影响该物种的数量;空气污染物排放、粉煤灰堆场和煤场会对空气质量和项目所在区域造成一定的环境影响。

项目建设前期,企业聘请知名环评公司制订了切实可行的环境保护计划,依法依规开展环保工作,严格执行巴基斯坦和世行标准,最终实现经济效益和环境效益的双赢。

6. 新冠疫情风险

该项目投运不久,全球暴发新冠疫情,中国和巴基斯坦均遭到疫情的严重影响，疫情给职工健康安全带来极大风险。

在此期间，企业严格服从中国和巴基斯坦政府部门、业主、联合体关于疫情防控的相关规定和指令，根据疫情发展的不同阶段，采取针对性的科学防控措施，制订应急预案，备足防疫物资，始终把职工的生命安全和身体健康放在第一位，将疫情对项目的影响降到最低。

三、项目融资工作推进思路

（一）融资可行性基本研判

卡西姆燃煤电站是中巴经济走廊大型基础设施建设项目，得到了两国政府的高度重视。在推动项目融资落地过程中，投资方、两国政府、承包商、金融机构密切配合，充分发挥政府资源，把握"一带一路"建设的发展契机，尤其是中巴经济走廊能源项目两国政府间的合作框架，推动了项目落地实施。

利用融资可行性分析框架，卡西姆燃煤电站的国别风险不高，项目技术、经济性可行，投资人资信良好，承包商履约能力也比较强，同时，相关风险可控，基于此，得出项目融资可行的结论。

（二）充分调研中巴经济走廊及促进政策

中巴经济走廊于 2013 年启动建设；2015 年，中巴两国政府签署了逾 50 项合作协议，确定了以中巴经济走廊建设为中心，瓜达尔港建设、能源设施建设、基础设施建设、产业合作为四大重点的 "1 + 4" 合作布局，中巴经济走廊建设和巴基斯坦发展驶入快车道。

此后短短数年，一批项目开工、建成、投入运行，为巴基斯坦强筋健骨。随着萨希瓦尔、卡西姆港、胡布燃煤电站以"中国速度"建成投入商运，巴基斯坦电力紧缺局面从 2017 年开始大幅改善；卡洛特水电站、大沃风电项目、巴哈瓦尔普尔光伏电站等一批可再生能源项目丰富了巴基斯坦能源结构；塔尔煤田一和二区块煤电一体化项目投入商运，助力巴基斯坦能源燃料自给自足。

（三）获得两国政府支持

作为列入中巴经济走廊能源项目清单的项目，卡西姆燃煤电站项目得到了两国政府的大力支持。一是中国和巴基斯坦政府签署了多项协议，为项目的实施提供了法律和政策支持；二是两国政府为项目提供了财政支持，为项目的顺利实施提供了资金保障；三是两国政府在关税等税收方面给予了优惠政策和减免措施，进一步促进了项目的实施；四是两国政府还在人员培训、技术转移等方面相互支持和合作，为项目的长期运营和管理提供了保障。

（四）按投资项目工作程序做好基础工作

承包工程业务和投资类业务有较大差别，投资主体和总包业务主体存在利益冲突，对参股投资类项目来说，企业要按照投资项目的工作程序做好前期的尽职调查工作。

一是技术尽职调查。如果此项目未能如期开发，除了项目资金和业主资信问题外，企业还需要考虑是否在技术方面存在相关问题，如地质条件不好、前期勘探工作不足等，均可能严重影响项目的建设成本。

二是法律尽职调查，包括项目股东的相关背景、业主 A 和 B 的债务债权关系、项目土地归属、是否有土地纠纷、是否还有征地拆迁工作、开发权合规性等。例如，在本项目中，项目公司于 2015 年获得了巴基斯坦国家电力监督局（NEPRA）签发的发电许可和电价批复、巴基斯坦私人电力和基础设施建设委员会（PPIB）签发的支持函；项目公司与巴基斯坦国家输配电公司（NTDC）签署了购电协议（PPA），与 PPIB 签署了实施协议，与卡西姆港务局签署了土地租赁与码头服务协议；项目获得了我国商务部出具的"境外企业投资证书"，获得了我国发改委出具的"项目备案通知书"等，保证了项目建设的合规性。

三是财务尽职调查，包括项目前期资金投入情况，业主 A 和 B 的股权分配原则及投入，项目建设期和运营期的税务策划等。在本项目中，股东可以依据可研报告的收益率来评价项目的经济可行性，如 A 公司和 B 公司确定了按照同比例投资和收益的原则。

四、项目融资工作小结

本项目中，中国公司是国有大型电力建设集团，A 公司是集团的海外投资平台，集团公司经济实力强大，在国际著名评估机构的信用评级为"A"，这为实施对外投资奠定了良好基础。在巴基斯坦卡西姆港燃煤电站项目的债务融资工作中，A 公司的主要亮点如下：

一是 A 公司作为项目公司的控股股东，中国公司在工作资源方面给予大力支持，项目公司作为信用主体在中国信保和融资银行的系统里属于优质客户。

二是对于列入"中巴经济走廊能源合作项目"清单上的投资项目，中国信保的支持力度很大，中资企业可以通过投保海外投资保险（股权部分）和中长期信用保险（债权部分）为项目融资增信，即：

（1）列入清单项目的股权投资部分可以在中国信保投保"海外投资保险"，承保因战争和暴乱、汇兑限制、征收和政府违约给股权投资造成的损失，赔付率为 95%。

（2）对于项目的债权部分，可以投保中国信保的中长期"出口买方信贷保险"，政治风险的赔付率是 95%，商业风险的赔付率是 65%。

（3）商业保险 35% 的风险敞口需要投资人/信用主体按融资银行的要求提供保证措施。

三是本项目在建设期由中国公司提供了完工担保和超支担保（有限追索）；进入运营期后，中国公司的担保责任得以释放，以项目公司的股权、已形成的资产和收益作为还款保证，实现了真正意义的项目融资。

第二节 孟加拉国达卡机场高架路项目融资案例

一、项目概况

（一）基本信息

孟加拉国内部政治较为稳定，经济发展迅速，政府也积极发展基础设施建设，本部分讲述的项目是孟加拉国实施的第一个道路BOT项目，会在当地产生巨大的示范效应，对"一带一路"倡议起到积极推动作用。该项目为新建项目，连接达卡国际机场和市区。

项目主体是新建一条从主城区到机场的高架路，与吉大港路相连接，主线长约20公里，匝道长约27公里。该项目主线采用设计速度为80公里/小时的双向4车道快速路标准，支线/匝道曲线段设计速度为50公里/小时，直线段设计速度为70公里/小时，主线桥梁总宽度约20米，连接支线总宽度约18米，匝道宽约9米。桥梁设计汽车荷载等级采用后轴轴载为145kN的重型汽车进行计算。路线设计主要采用孟加拉国和AASHTO标准，结构设计及施工参考AASHTO、BS、EN、ASTM等标准和规范。项目完成后，将有效改善港航货运、机场、上下班、购物等交通出行状况，提升交通运输效率，减缓交通拥堵，具有重要的经济和社会效益。

（二）融资需求

该项目采用BOT模式（计划建设期为2020—2023年），特许经营期共25年，含3.5年建设期。项目总投资包括EPC成本、非EPC成本及融资成本，合计为12.63亿美元，其中，项目资本金出资约4亿美元（含股东出资约2.5亿美元和政府补贴约1.53亿美元），其余近9亿美元使用中资银行的贷款。

项目业主方为达卡第一高架路有限公司（以下简称"项目公司"），股东单位为泰国意大利泰公司（以下简称"A 公司"）、中国 B 公司和中国 C 公司。

二、项目融资可行性简析

（一）国别风险和担保

据 2022 年中国信保对国家风险评级和主权信用风险水平的评估，孟加拉国的国家风险水平中等偏高，未来风险展望为负面；主权信用风险水平中等，未来风险展望为负面。考虑到哈西娜政府执政基础稳固，政府持续致力于推动国内经济建设，积极创造良好的发展环境，通过积极的外交活动拓展国际合作渠道，并有望在 2024 年大选后继续保持执政地位，因此总体看风险不高，金融机构可以接受。

本项目为商业项目，从现有获得的信息看，在融资过程中，孟加拉国政府补贴 1.53 亿美元，中国进出口银行和中国工商银行提供 8.61 亿美元贷款。这两家银行的资信调查表明其担保能力可接受。

（二）孟加拉国的经济概况

自 2020 年以来，孟加拉国的经济发展显示出对全球经济冲击的韧性。2020 年，孟加拉国的国内生产总值（GDP）增长了 3.4%，这使其成为新冠疫情期间少数几个实现增长的亚洲经济体之一。根据世界银行的报道，孟加拉国从疫情中强势复苏，但由于俄乌冲突引发的全球大宗商品价格上涨，其增长面临新的阻力。

孟加拉国经济的一大支柱是其非常活跃的国内消费市场，国内消费占 GDP 的近 70%，并且由于中产阶层和富裕人群的增长，这一市场正在迅速扩大。到 2030 年，这一富裕消费群体人数可能超过 3400 万，约占孟加拉国总人口的15%。孟加拉国的数字经济正在迅速扩张。从2008年到现在，孟加拉国的移动电话用户数已超过1.8亿，使其成为全球第九大移动市场，同时覆盖互联网服务的人口从1%增长到约占国家总人口的90%。

孟加拉国的初创企业领域在过去十年吸引了超过8.8亿美元的资金，其中，约90%的投资来自国外，创造了超过150万个就业岗位。在此期间，孟加拉国的移动金融服务初创企业bKash成为该国第一个独角兽企业，SoftBank在2021年11月收购了其20%的股份。政府通过设立总额为1亿美元的风险投资基金"Startup Bangladesh"来促进初创企业的发展。

此外，根据联合国贸易和发展会议的数据，2021年来自跨国公司的对孟加拉国的外国直接投资（FDI）增长了近13%，达到29亿美元，2022年也保持了大致相同的水平，即使在全球经济增长放缓和衰退担忧的背景下，孟加拉国的外国直接投资也保持了增长。

尽管孟加拉国面临资本流动性有限、外汇风险和通货膨胀压力等的持续挑战，但政府和中央银行正在采取措施稳定局势，并考虑实施监管改革以改善商业环境。

（三）项目的可行性

达卡机场高架快速路项目于2010年由孟加拉国交通部所属桥梁管理局进行公开招标，经内阁经济委员会批准并通过法律审查后，在2011年1月，桥梁管理局与A公司签署特许权协议，以PPP公私合营模式实施该项目。

关于项目的经济可行性，从现有信息分析，该项目经济效益较好，原因有三个：一是孟加拉国的政府已经意识到基础设施建设的重要性，2021年将基础设施投资占GDP的比重从2%提高至6%，还承诺在建设期、运营期分别给予3次可行性缺口补贴，6次补贴共约3亿美元，并给予最低车流量保证。二是本项目位于达卡市核心区域，连接达卡国际机场和吉大港，沿线经过CBD、商业和行政中心，处于达卡市交通出行最为集中的南北走廊内。本项目完成后，将有效改善港航货运、机场、上下班、购物等交通出行状况，提升交通运输效率，减缓交通拥堵，具有重要的经济和社会效益。三是近几年孟加拉国内部政治较为稳定，经济发展迅速，目前孟加拉国的政府正积极发展基础设施建设，本项目是孟加拉国实施的第一个道路 BOT 项目，在当地将产生巨大的示范效应，对"一带一路"倡议起到积极推动作用，并符合中国对孟加拉国投资的政策导向。

如果此项目无法通过无追索的项目融资方式解决资金，则对银行贷款的债权部分，还需要业主提供相应的债权部分贷款的担保。如果是全额担保模式，根据表 6 – 2 中中资企业参股后的股权结构，三家业主需要按照同比例担保的原则提供担保。具体担保比例和金额由三家公司再确定。

中资企业 B 公司和 C 公司作为后进入者，在与原业主 A 公司签订股东框架协议后，在此项目中分别持股 34% 和 15%，对应的股权资金投入共计约 1.22 亿美元。同时，中方作为 49% 股权的持有者，还要对 8.61 亿美元的贷款资金同比例承担融资责任（贷款或提供担保），用以构成该项目的总成本。因此，中资企业的投资收益率应参考同类或相关项目经验，并结合承包项目利润，进行重新评估。

（四）业主资信状况

结合项目基本信息，我们先列出股东结构变化前后股东出资额及融资担保额度基本数据，原业主为 A 公司，中资企业为 B 公司和 C 公司，具体数据见表 6 – 2。

表 6 – 2　项目股权结构变化及出资担保情况（项目总造价 12.63 亿美元）

项目	现有股权结构	出让股权后结构（现有条件）
股东结构	A 公司：100%	A 公司：51% B 公司：34% C 公司：15%
股东出资额	A 公司：未知	A 公司：1.27 亿美元 B 公司：0.85 亿美元 C 公司：0.37 亿美元 （孟加拉国的政府在融资阶段补贴 1.53 亿美元）
债权部分	未知	总造价的 68.2%；8.61 亿美元

续表

项目	现有股权结构	出让股权后结构（现有条件）
融资担保	（若不能实现真正意义的项目融资，则业主需要提供相应的担保） 未知	（若不能实现真正意义的项目融资，则业主需要提供相应的担保） 项目公司股东按持股比例出具担保

表6-2清晰地反映了在A公司愿意出让49%股权的情况下，两家中资公司B公司和C公司作为股东的出资额情况。其中，股东出资额是对业主的最基本要求，假设此项目可以按照"项目融资"（无追索）模式融资，股东出资是充分且必要条件。

A公司是一家泰国建筑公司，在泰国国内工程建设行业中占据坚实的市场地位，有大量的项目储备。公司业务涵盖广泛的土木工程工作，包括建筑、工业厂房、管道、铁路、高速公路、机场、海港、发电厂、水电站和矿山等。公司还持有一些投资项目处于开发和建设阶段，如泰国的钾盐矿、缅甸的特别经济区项目、老挝的铝土矿、莫桑比克的铁路和港口特许权项目等，这给公司造成了债务和财务费用压力。虽然A公司在传统业务上具有竞争优势，但它的财务状况受到高负债水平的限制，这可能也是出让股权与中资企业合作的主要原因。根据TRIS Rating的评估，A公司的评级和其高级无抵押债务评级均为"BBB-"，展望稳定。

B公司是一家大型综合对外经济合作企业，成立于1984年，是国内某省国有高速集团的全资子公司，也是该省重要的对外交流合作窗口，是涉外经营权和对外经营资质齐全的综合性外经企业集团。B公司的业务范围包括国际承包工程、对外经济技术合作、境外投资、人力资源合作与交流、留学服务、对外劳务等，有较强的海外业务经验，总体实力较强。

C公司是一家在全球范围内开展广泛业务的大型工程公司，其业务涉及众多领域和地区。在国际上参与了一系列合作项目，在以色列、印度尼西亚、伊朗、孟加拉国、巴基斯坦、尼日利亚、格鲁吉亚、乌干达、斯里兰卡、阿尔及利亚、洪都拉斯和突尼斯等国家,中标并完成了多个重要项目,在全球工程建设领域中占有重要地位。

(五) 项目合规性

我们可以通过达卡机场高架快速路项目的前期开发工作了解该项目的合规情况。下面介绍 B 公司和 C 公司入股该项目并希望以此获得项目总承包业务的具体工作里程碑和谈判成果。

2010 年,孟加拉国桥梁管理局(以下简称"BBA")以 BOT 模式对该项目进行了公开招标。

2010 年 11 月,A 公司被确定为中标单位;2011 年 1 月,孟加拉国经过内阁经济委员会批准并通过法律审查后,签署了特许权协议。

2011 年 3 月 15 日,A 公司在孟加拉国注册成立项目公司,即达卡第一高架路有限公司。

2013 年,经孟加拉国内阁经济委员会批准后,对特许经营权协议进行了修改和变更,并重新签订特许经营权协议。根据修订的特许经营权协议,项目总投资约 13 亿美元,特许经营时间为 25 年,含建设期 3.5 年。孟加拉国政府在建设期、运营期分别给予 3 次可行性缺口补贴,6 次补贴共约 3 亿美元,并给予最低车流量保证。

2017 年 6 月初,B 公司联合 C 公司团队前往达卡进行现场考察并对该项目的 EPC 成本进行核算,同时聘请中国某交通科学研究院对车流量进行复核。

2017 年 7 月,A 公司与 B 公司、C 公司签订了股东框架协议,约定三方在项目公司的持股比为 51∶34∶15。B 公司和 C 公司为一致行动人(已签订一致行动人协议)。A 公司与 B 公司、C 公司共同承担项目的 EPC 工作,运营维护期间,由三方股东成立运维公司对项目路进行收费。

孟加拉国达卡机场高架快速路项目总投资 12.63 亿美元,被列入"一带一路"重大项目清单,当时是中国企业海外运作规模最大的 PPP 类交通基础设施项目之一,融资协议纳入 2019 年"一带一路"合作高峰论坛成果，也是 2019 年进出口银行签署贷款协议的 10 个重点海外项目之一。

2020 年 1 月，由 B 公司主导投资、建设和运营的达卡机场高架快速路项目开工建设。

（六）承包商履约能力

参与此项目的中资企业 B 公司和 C 公司在海外有过同类项目的施工经验，属于主业经营，履约能力满足项目需求。

B 公司的母公司是一家主营业务为道桥建设的大型企业集团，该集团是地方国有资本投资公司和世界 500 强企业，注册资本 459 亿元，资产总额突破 1.5 万亿元。在当时，该集团运营管理的高速公路有 8745 公里；拥有 6 家上市公司；企业信用评级国内为 AAA 级，国际是 A 级。

B 公司作为集团实施"走出去"战略的国际化平台，始终以推动集团各主业板块"走出去"为己任，积极参与境外基础设施项目的投资、建设和运营。经过两年的创新实践，公司业务组织体系逐步形成了"5 个区域公司 + 10 个专业公司"的战略布局。

（七）项目相关风险

中资企业在孟加拉国有同类项目的实施经验，风控体系完备，总体看项目建设风险可控。

根据以上融资可行性分析，本项目是否融资可行的难点是项目业主 A 公司的资信状况，这也是该项目很长时间没有开始施工的症结所在。

三、项目融资工作推进思路

（一）融资可行性基本研判

通过融资可行性分析不难看出，孟加拉国国别风险不高。项目采用特许经营模式是比较典型的机场高速公路运营方式，很多国家的机场高速公路项目都取得了较好的收益。如北京机场高速运营以来，得益于中国经济的高速发展，以及北京作为中国首都的特殊地理位置，其客流快速增长，取得了较好的经济效益。达卡作为孟加拉国的首都，将得益于前述经济的韧性和发展潜力，在国际交往日益增多的情况下，项目的经济效益将得到保障，从经济可行性方面来看具备融资条件。

项目成功融资的关键是做好对开发商 A 公司的资信调查，合理安排担保，满足金融机构要求。

（二）按投资项目工作程序做好基础工作

1. 技术尽职调查

本项目中，孟加拉国的环保政策、动植物保护法规是否会给项目建设造成影响，以及项目施工和运营过程中的噪声问题是否会给项目建设造成影响等，是技术尽职调查中需要重点关注的问题。

2. 法律尽职调查

一是项目原股东的相关背景，原业主 A 公司和孟加拉国政府的债务债权关系；

二是项目土地归属，是否有土地纠纷，是否还有征地工作、开发权合规性等，这些都是重要的调查内容；

三是本项目中建设用地的移交情况是否能够根据特许权协议顺利进行，征地拆迁工作是否能够顺利进行以及项目临时用地是否由相关部门妥善解决等，这些都是法律尽职调查中亟待明确的问题。

3. 财务尽职调查

该项调查包括项目前期资金投入情况，原业主 A 公司和孟加拉国政府的股权分配及孟加拉国政府的财政状况是否能支持项目未来的资金投入等。

（三）充分调查开发商资金实力

对于参股投资类融资项目，原项目开发商、项目公司控股股东 A 公司资金实力是研判融资可行性的关键。从可行性分析中关于 A 公司的资信状况来看，近年来其财务状况受债务水平的限制，导致其融资受限。原业主 A 公司与中资企业 B 公司和 C 公司签订股东框架协议后，将三方股权比例约定为 51∶34∶15。A 公司出让 49% 的股权后，两家大型中资企业入股，改变了股权结构，尤其是两家中资企业还将承担 EPC 总承包工作，有效提升了项目建设期的抗风险能力。这大大缓解项目的融资压力，使项目的融资条件得到优化。

（四）项目债务融资情况

B 公司作为达卡机场高架快速路项目的投资建设主导方，牵头负责项目的融资、建设和运营管理。B 公司为保时、保质完成融资和项目建设任务，从合同、工程、财务、综合等多个部门抽调了一支政治素质优、综合能力强、业务水平高的人员组成工作团队。

团队与包括四大国有商业银行在内的多家国内外金融机构进行沟通，经过艰难的谈判，最终与中国进出口银行和中国工商银行组成的银团达成合作意向，后续经过与中国信保及合作方的几十轮磋商会谈，各方最终达成合作共识并确立合作关系。

根据银团的要求，项目公司投资人针对融资采取的具体措施有：

1. 该项目的融资由三家股东提供担保，在借款人不能正常还本付息时，三方担保人将按照股权比例提供还款的流动性支持。

2. 在 A 公司无力提供还款支持或无力承担其股权项下出资义务时，将启动股权转换和担保比例调整机制。

3. 中国信保通过海外投资保险中承保违约险的方式保证公路项目特许权协议的执行，同时也通过承保三项基本政治险保障了东道国风险，确保项目还款的安全。

孟加拉国达卡机场高架快速路 PPP 项目债务融资的信用结构见图 6-2。

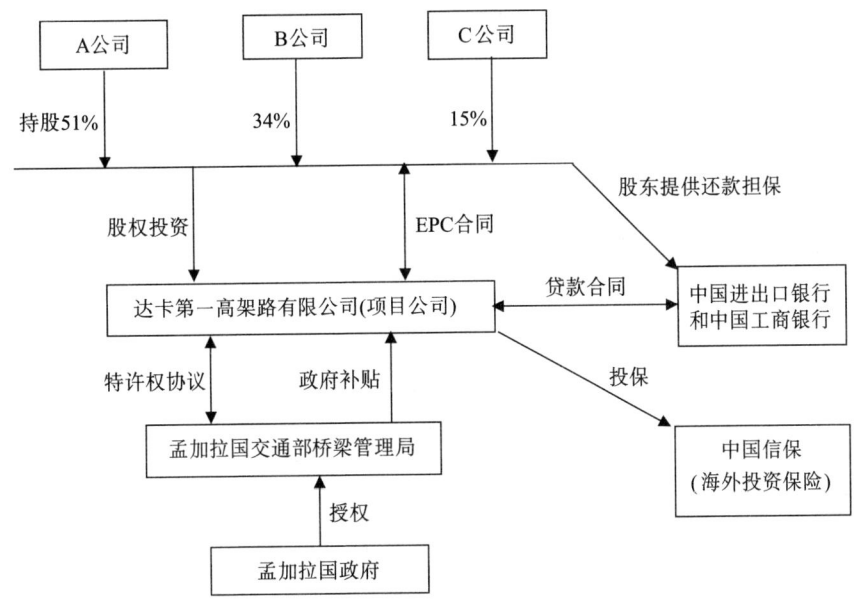

图 6-2　达卡机场高架快速路项目融资信用结构示意图

2019年4月25日,在第二届"一带一路"国际合作高峰论坛期间,中国进出口银行和中国工商银行组成的银团与项目公司签署贷款协议,向孟加拉国达卡机场高架快速路项目建设提供8.61亿美元的融资支持。

2020年2月25日,中泰两国企业投资的孟加拉国达卡机场高架快速路项目在达卡举行协议签署仪式。仪式上,孟加拉国交通部桥梁管理局与项目公司,以及银团(中国进出口银行和中国工商银行)代理行花旗银行签署直接协议和政府可行性补贴协议。

2020年4月2日,孟加拉国达卡机场高架快速路项目收到银团通知,项目顺利放款,第一笔放款金额为3.9亿元人民币。

四、项目融资工作小结

(一) 尽职调查的彻底性

通过市场、技术、法律和财务尽职调查,项目团队确保了对项目的经济、技术可行性及所有潜在风险有充分的了解，并制订了相应的解决方案。这为项目的顺利进行和融资成功打下了坚实的基础。

第一是经济与市场潜力。孟加拉国展现出了强劲的经济增长和市场活力，特别是在疫情期间的韧性以及数字经济的快速扩张。国内消费市场活跃，中产阶级的增长预示着未来交通需求的增加。此外，移动电话用户数和互联网覆盖率的增长表明了国民对基础设施改善的迫切需求和支付能力。

第二是政府支持与政策环境。孟加拉国政府对基础设施的投资承诺，以及对本项目的直接财政补贴和最低车流量保证，为项目提供了坚实的政策支持和财务保障。政府的积极外交和经济建设活动，以及对"一带一路"倡议的支持，为项目的国际合作和资金筹集创造了有利条件。

第三是项目设计和规划的合规性。项目的规划和设计遵循了孟加拉国和国际的标准，确保了合规性，减少了法律和运营风险。特许权协议的签署和修订，以及内阁经济委员会的批准，进一步增强了项目的合法性和可信度。

第四是风险评估与管理。项目团队对国别风险、项目风险以及业主资信状况进行了全面评估，并制定了相应的风险管理措施。这包括对A公司财务状况的深入了解，以及对B公司和C公司履约能力的确认。

第五是项目的社会和经济影响。项目预计显著提升交通运输效率，减缓当地交通拥堵情况，对当地经济发展和社会福祉产生积极影响。这种正面的社会和经济效应是吸引投资和融资的重要因素。

通过以上扎实的尽职调查，为后续融资工作提供了坚实的基础。

（二）融资结构的优化

通过引入中资企业B公司和C公司作为股东，项目公司不仅获得了必要的资本金支持，还改善了项目的股权结构和资信状况。股东的多样性和实力增强了项目的抗风险能力，并为后续的贷款和资金筹集提供了保障。

（三）为金融机构建立信心

孟加拉国政府的财政补贴给金融机构提供贷款建立了信心，这些贷款和补贴为项目的实施提供了必要的资金支持。

综合以上分析，孟加拉国达卡机场高架路项目之所以能够获得融资，主要得益于其坚实的经济基础、政府的有力支持、合规的项目规划、优化的融资结构、全面的风险评估、金融机构的信心以及项目本身的社会经济价值。这些因素共同构成了项目融资成功的基础，并为项目的顺利实施和未来的运营打下了良好的基础。

第三节　"预付款+建设期延付+再融资"模式典型案例

一、项目概况

（一）基本信息

越南富安华会光伏发电项目位于越南富安省富华县华会镇，在胡志明市的东北部，是越南首批新能源示范项目。厂区建设用地面积约为256公顷，建设规模为257兆瓦，配套建设一座220千伏升压站，总投资额为4.995万亿越南盾。工程设计要求采用ACI（美标）和IEC（国际电工）标准，业主工程师为国际咨询公司POYRY。项目建成后，将有效缓解当地用电紧张局面，促进越南中部山区经济发展。

（二）市场机会

随着越南经济增长和城市化水平的不断提高，对电力的需求持续上升。2016—2017年，越南政府相继发布能源发展规划和光伏发电补贴政策，规划到2020年实现光伏装机容量850兆瓦，2025年实现光伏装机容量4GW，2030年达到12GW。

2017年上半年，越南政府发布第11/2017/QD－TTg号决定（即"第11号决定"），其中规定光伏发电补贴为越南盾VND2086/千瓦时（FIT，折算成美元大约为9.35美分/千瓦时），政策生效期为2017年6月1日至2019年6月30日。受该优惠电价政策的刺激，自2018年起，众多海外投资者、承包商纷纷进入越南光伏市场。

2018年8月16日，泰国BG公司与项目开发商——越南TT集团正式签署了越南富安华会257兆瓦光伏发电项目的股权交易协议及双方合作协议；重组后的项目公司，泰国BG公司持有80%的股权，开发商越南TT集团持有20%的股权。

（三）融资需求

2018年8月25日，中国一家大型能源建设集团下属A公司作为总承包商与越南光伏发电项目的投资人泰国BG公司、越南TT集团和项目公司正式签署EPC总承包合同。合同要求本项目在2019年6月30日前投入商业运行。

项目业主从规避建设期风险，借助承包商资源的角度出发，采用"EPC＋融资"模式与总承包商A公司合作，即工程建设和项目融资的操作为：预付款/资本金＋信用证/建设期延期付款＋取得商业运行证书/再融资到位。此融资方案要求EPC总承包商负责解决在建设期合同预付款以外的建设融资，项目建成并投入商业运行（COD）后12个月内业主支付剩余的合同款。

二、融资可行性分析

海外项目融资可行性分析是基于现有的金融政策和资源，围绕项目的国别风险、担保及能力、项目可行性、业主资信和承包商履约能力五个维度，帮助企业研判融资相关条件，进而分析融资是否可行。

（一）国别风险分析

1. 国家风险与主权信用

根据中国信保 2019 年度《国家风险分析报告》披露的信息，项目所在地越南当时的国家风险评级为 6（6/9）级，国家风险展望为稳定；越南主权信用风险评级为 BB（5/9）级，主权信用风险展望为稳定。控股股东所在国，泰国的国家风险评级为 4（4/9）级，国家风险展望为稳定；泰国主权信用评级为 BBB（4/9）级，主权信用风险展望为正面。

2. 国家政治经济状况

越南国家的政治环境稳定，执政党重视自身建设，执政能力强；随着经济发展就业率较高，收入矛盾较低，社会总体稳定；越南奉行独立、自主、多样化的外交政策，与周边国家、世界大国及中国保持较好的关系，中国和东道国两国政治互信不断提高。

越南是近年来经济发展较快的东盟国家，也是全球经济发展最快的国家之一；由于国内需求不断增长，出口导向型制造企业、农业及旅游业持续向好发展，为经济增长提供了强劲动力。从结构上来看，受益于消费市场发展迅速、消费者信心强劲等因素，内需成为近年来东道国经济发展的重要动力。同时，由于外资流入显著增加、持续的公共投资和信贷增长，固定资产投资也成为推动越南经济发展的重要因素。

根据中国信保 2019 年《国家风险分析报告》披露的数据，来分析一下越南国家主要宏观经济数据（见表 6-3）。

表 6-3　　越南 2016—2019 年主要宏观经济数据

项目	2016 年	2017 年	2018 年	2019 年
国家 GDP（亿美元）	2014.2	2204.8	2405.0	2609.0
实际 GDP 增长率（%）	6.2	6.8	7.1	6.9
通货膨胀率（%）	2.7	3.5	3.5	3.1

续表

项目	2016 年	2017 年	2018 年	2019 年
商品出口（亿美元）	1766.3	2141.4	2407.0	2534.8
商品进口（亿美元）	1626.2	2026.4	2305.2	2452.2
经常账户余额（亿美元）	82.4	61.2	44.5	30.0
国际储备（亿美元）	369.1	495.0	544.9	599.4
外债总额（亿美元）	856.4	1040.8	1147.1	1203.0
偿债率（%）	3.6	5.6	3.8	4.2
外债负债率（%）	42.5	47.2	47.7	46.1
债务率（%）	42.5	43.1	42.5	42.3

通过以上数据可以看出，在 2018 年项目开发阶段，越南的经济情况良好，特别是外债负债率、债务率、偿债率等主要宏观经济数据都处于良好的运行区间。总体来看，越南的政治经济风险不高，满足融资对国别风险的基本要求。

（二）项目可行性

项目经济可行是融资的必要条件。越南电力需求旺盛，市场发展前景广阔。根据东道国《2011—2020 年电力发展规划及 2030 年远景目标》，2020 年电力装机总功率会超过 60GW，2030 年总装机须达到 135GW，是 2018 年的近三倍，市场前景广阔。由于电源建设规模巨大，电力行业的资金缺口较大，政府积极吸引社会资本参与投资，国外投资者及私营部门将在未来电力行业的新增投资中扮演重要角色。

作为新能源项目，东道国政府支持光伏发电产业发展，项目公司获得了东道国政府项目建设、环保等相关建设许可。东道国电力公司与项目公司签署了有竞争力的购电协议，主要条件是运营期 20 年，电价 9.35 美分/千瓦时。控股股东作为泰国大型企业集团，其电力板块以光伏电站为主，聘请了有经验的设计单位为项目编制可研报告，以及国际知名机构为其评审。总体来说，项目的合规性、经济可行性和技术可行性均满足融资要求。

(三) 业主资信状况

项目公司股东结构、控股股东的实力、同类项目业绩、案例等是项目融资可行性分析的重要内容。项目开发商越南 TT 集团在完成全部项目审批手续后，引入有实力的投资人泰国 BG 公司，泰国 BG 公司通过子公司 BG Renewable Power 2 Limited 持有项目公司 80% 的股权。

泰国 BG 公司成立于 1993 年，是泰国 Small Power Producer（SPP）项目的开发商，主要业务范围涵盖燃气电站、太阳能光伏项目的开发、建设、运营。截至 2018 年底，BG 公司在泰国和国外共运营 36 个发电站，包括 18 个太阳能发电厂、15 个热电厂、2 个水电站和 1 个柴油发电站，总装机规模为 2056 兆瓦。BG 公司始终积极扩大国内外的投资机会，2022 年的目标是实现发电总装机规模 5000 兆瓦。

鉴于泰国 BG 公司在发展清洁能源方面取得的优异成绩，从 2017 年起亚洲开发银行在投资、发行绿色债券和贷款等方面给予 BG 公司强大支持。2018 年 2 月，亚洲开发银行为 BG 公司提供 2.35 亿美元贷款，支持可再生能源和分布式发电项目。与此同时，BG 公司积极扩大东南亚地区的可再生能源和分布式发电的规模，除了泰国地区外，还投资开发柬埔寨、印度尼西亚、老挝、缅甸、菲律宾和越南等国市场。

越南 TT 集团成立于 2012 年，在越南从事清洁能源投资业务。该公司在三个已运营的太阳能发电项目上拥有权益装机 357 兆瓦，还建设了风力发电和屋顶太阳能项目。

（四）担保及能力分析

担保能力是融资的基础条件。从项目基础信息分析，该项目的担保可以来自三个方面：一是项目业主；二是项目自身（建成后形成的资产和预期收益）；三是第三方（银行的远期信用证）增信。

1. 业主担保

通过分析及调取的业主资信报告，项目公司控股股东泰国 BG 公司实力较强,具备一定的担保能力。在项目前期开发阶段,BG 公司与亚洲开发银行、泰国盘古银行、LEAP 私人基础设施基金等机构联络,积极落实项目再融资(中长期贷款),为在建设期给承包商开出信用证奠定了基础。

项目公司小股东越南 TT 集团担保实力不足,但作为本土开发商,在当地拥有良好的社会关系资源。本项目完善、合规的政府审批文件,以及与越南国家电力公司签署的特许权合同/协议(PPA)等,为后续融资提供了有力支持。

2. 项目担保

本项目的前期工作扎实,即政府审批文件规范,特许权合同/协议条件优惠,再加上项目建设条件好、效益好,合作方实力雄厚(咨询工程师、总承包商、设备供应商、施工单位)等,所以对金融机构来讲,本项目具有可融资性。

泰国 BG 公司作为新能源发电领域成熟的投资商,在项目开发、投融资策划、工程建设和运营管理方面积累了丰富经验。BG 公司提出了"预付款+建设期延期付款+再融资"的融资方案,很好地解决了外国私人投资项目在属地担保资源不足的问题。在利用总承包商的资质、业绩、团队、工程保函等为项目融资增信的同时,还使项目投资人和提供中长期贷款银行成功规避了工程建设期风险,实现了以项目公司的股权、资产、预期收益作为还款保证,做到了真正意义的项目融资。

3. 银行担保

首先,在泰国 BG 公司的积极努力下,项目公司成功解决了项目的再融资问题(信用证还款来源),即由盘古银行牵头的几家商业银行为本项目提供了 1.488 亿美元银团贷款,亚洲开发银行提供了 2790 万美元贷款,LEAP 基金提供 930 万美元贷款。以上再融资的落地,为项目建设期给 EPC 总承包商开具银行信用证奠定了基础。

其次,本项目 EPC 总承包合同的支付方式为"预付款+远期信用证";泰国 BG 公司委托的开证银行是泰国盘古银行。2018 年,盘古银行在全球排名 1000 位以内,资产规模 600 亿美元左右,资信评级为 BBB。中国信保、国内融资银行接受盘古银行开出的信用证。

(五) 承包商履约能力

本项目的 EPC 总承包商 A 公司,是一家国有大型能源建设集团的全资子公司,A 公司成立于 1958 年,具有:电力工程勘察综合甲级资质;电力行业、电子通信广电行业(通信铁塔)、建筑行业(建筑工程)、市政行业(热力工程)、环境工程(大气污染防治工程、固体废物处理处置工程)专项等设计甲级资质;电力、岩土、建筑、生态建设和环境工程咨询甲级资质;电力工程监理甲级等国家级工程资质。

截至 2019 年,A 公司作为工程咨询企业,已设计完成国内外发电项目总容量 80000 余兆瓦,其中新能源发电约 13000 兆瓦;累计完成国内变电工程总容量近 100000 兆伏安,国内输电线路总长度 2.8 万公里。近年来,A 公司入选 ENR 工程设计企业 60 强,是全国勘察设计行业创新型优秀企业、全国勘察设计和工程咨询行业总承包百强企业、中国勘察设计单位工程项目管理 50 强企业;获得并保持"中国电力规划协会企业信用评价 AAA""中国机电产品进出口商会信用评价 AAA""全国电力行业卓越绩效标杆评价 AAAA"企业等称号。

本项目的主要分包商,如设备、材料供应商,施工企业等,均为国内同行业的知名企业。由以上资料看,本项目的总承包商和主要分包商的资质、业绩、企业综合实力和履约能力等,均能满足本工程项目的要求。

(六) 项目风险分析

本项目所处国别市场环境相对较好,越南政治稳定,法律体系较完善、经济发展较快,电力市场需求大于供给,EVN 的支付能力也可以信任。本项目的风险主要聚焦在工程建设期,一旦项目建成投产并取得 EVN 颁发的商业运行许可(COD),则对投资人和金融机构来讲,最大的风险责任就释放了。

1. 投资人风险

我们讲的投资人包括股权投资人（项目业主）和债权投资人（金融机构）。在投保信用保险的同时，海外绿地项目的投资人，还应当注重管控商业风险。如果本项目在2019年6月30日之前没有取得EVN颁发的商业运行许可，那么PPA项下的一些优惠条件将失效，如9.35美分/千瓦时的电价等，由此引发以下四方面问题：

（1）电价下降会直接影响项目的收益率，投资人可能会重新评估项目的可行性；

（2）由于项目收入下降，还贷能力降低，提供再融资的金融机构会要求修改贷款合同，甚至终止合同；

（3）如果清洁能源发电项目的工程未按期竣工，而影响项目取得商业运行许可证书，且由此造成再融资/中长期贷款不到位，则股权投资人有可能会与承包商陷入诉讼或仲裁状态；

（4）如果项目投入商业运行以后，在12个月内没能完全达到设计指标，或者EVN没有按PPA规定付费，则还会引起上面的问题。

2. 承包商风险

总承包商风险主要是履行EPC合同，同时解决好建设期的流动资金贷款（建设期卖方信贷）。承包商日常工作的风险点通常聚焦在商业纠纷，具体应关注以下六方面：

（1）对项目审批文件、特许权文件、土地文件等进行必要的尽职调查，避免由于项目业主文件不合规而影响工程建设进度和融资。

（2）在工程建设中，按合同约定确保技术、质量、工期、验收等工作顺利进行。

（3）做好现场工作日志，有问题及时发函备案，与咨询工程师保持良好沟通，及时取得完成工作的证据。

（4）根据本项目的交易模式，承包商投保了中国信保的特定合同保险，即特险，但特险对于承包商来讲是存在隐患的，即特险保证的是"结果"，不保证"过程"。也就是说，由于商业纠纷而不能取得EVN颁发的商业运行许可（COD）的话，承包商的责任就一直不能释放，项目业主可以不付款，中国信保也不会给予赔偿。

（5）承包商在做建设期流动资金贷款/建设期卖贷时，应首先与贷款银行进行充分沟通，将工程项目的专业特点与银行风控措施有机地结合起来。一旦发生工程拖期，国内融资银行就能够为贷款展期（延长宽限期），即只还利息，暂不用还本金。

（6）因为工程建设期流动资金的借款人是承包商，所以还应当关注建设期资金利息和企业自身的负债率。

三、项目融资工作推进相关思路

（一）融资可行性研判

投资基础产业项目，股权投资人团队的核心工作是如何解决项目债务融资。按中国信保筛查项目的初期标准"三选二"，我们对本项目的融资可行性作出判断。

1. 项目条件

从融资角度看，富安华会257兆瓦光伏发电项目具有以下优势：

（1）本项目如果在2019年6月30日以前投入商业运行，即可获得9.35美分/千瓦时的电价，这样，项目的收益率会很好，偿债覆盖率也能满足融资银行的要求。

（2）与火电站、水电站相比，光伏发电站的技术系统简单，设备和材料占建设费用的比重较高，工程建设周期短，建设期风险管控难度不大。

（3）项目业主选用国际技术标准和国际著名的咨询工程师，同时选择有实力且业绩良好的总承包商、设备供应商和A级施工企业，可以保证工程建设的技术、质量和工期，工程建设期风险可控。

（4）项目所在地越南，国家政局稳定，近几年经济稳步持续发展，

EVN 是越南最有实力、资信状况最好的企业之一，这些为项目的工程建设和运营提供了良好的环境。

2. 项目业主资信

前面已经对项目投资人做了介绍，控股股东 BG 公司是泰国新能源发电、分布式能源行业的龙头企业。泰国 BG 公司的资信状况得到了亚洲开发银行、盘古银行等大型金融机构的认可。

3. 担保质量

本项目的融资分两个阶段：第一阶段是建设期融资；第二阶段是项目投入商业运行以后，需要中长期贷款融资。

（1）第一阶段融资。项目公司是通过 EPC 总承包合同的支付方式实现的，即采用"预付款＋远期信用证"，开证银行是泰国盘古银行，中国信保、国内融资银行、承包商接受这家银行的信用证；信用主体泰国 BG 公司的资信状况得到了中国信保的认可，使本项目建设期融资的风险被特险覆盖。

（2）第二阶段融资。项目已建成投产，并形成稳定的上网电量，经过 12 个月的商业运行，可证明 EVN 的支付符合 PPA 要求；对于提供再融资/中长期贷款的金融机构来讲，满足了以项目公司的股权、资产、收益作为还款保证的条件，再融资到位。

综上所述，该项目的融资策划很好地协调了各合作方资源，有效地分配了各个阶段的风险并给予管控，项目具有很强的可融资性。

（二）识别并确认项目类型

从投资人角度看，新能源发电项目的收益率一般都比较低，所以融资的关键是落实中长期贷款（再融资）。泰国 BG 公司依靠自己的实力、商誉、行业地位、团队优势等，再加上承包商的增信，成功解决了项目的中长期贷款。

解决了再融资这个问题，也就有了远期信用证的资金来源，就可以实现 EPC 合同采用"预付款＋远期信用证"的支付方案，为承包商在建设期提供融资打下良好基础。

对于承包商 A 公司来讲，这是一个"EPC + 建设期融资"项目，属于"EPC + F"模式的一种，即工程建设期的流动资金贷款需要承包商解决，也就是说这是"建设期卖方信贷"项目。对于此类融资项目，承包商特别需要关注的是如何解决企业负债率问题。

（三）匹配融资模式及产品

先从国别风险、担保能力、项目可行性、业主资信和承包商履约能力五个方面对融资可行性进行分析，然后从现有的担保条件和实施能力看，项目具备融资可行性。对于大型央企承包商来讲，在国内商业银行做建设期流动资金贷款，没有问题，需要解决的问题：一是如何规避收汇风险；二是如何在合同期内管控汇率风险；三是如何控制企业负债率的增加。

依据项目融资可研报告、尽职调查报告、业主和开证银行的资信状况等资料，参考融资银行（接证银行）和中国信保意见，A 公司通过投保中国信保的特险规避了开证银行拒付的风险；通过应收账款买断/福费廷方式，锁定汇率并解决了企业负债率升高的问题。

1. 特险融资模式

本项目的投资人是按股权比例出资，即项目公司资本金和建设贷款按股权比例到位。本项目 EPC 总承包合同的预付款比例为 10%，延期付款部分为 90%，其中进度款为 85%，质保金为 5%。

延期付款部分的 80%（合同额的 72%），泰国 BG 公司委托盘古银行开具远期信用证作为支付保证；剩余 20%（合同额的 18%）的款项，由于越南 TT 集团靠自身实力无法开具银行信用证或提供有效担保，最终由泰国 BG 公司提供了企业担保，解决了 20% 延期付款（TT 付款）的支付保证问题。

（1）中国信保的短期出口信用保险。中国信保的短期出口信用保险产品，一般情况下是保障信用期限在一年以内的出口收汇风险，即对中国企业出口的货物或服务（包括承包工程），以信用证（L/C）、非信用证方式支付的合同款，提供应收账款收汇风险保障。承保的风险包括以下方面。

a. 商业风险：买方破产或无力偿付债务；买方拖欠货款；买方拒绝接受货物；开证行破产、停业或被接管；单证相符、单单相符时开证行拖欠或在远期信用项下拒绝承兑。

b. 政治风险：买方或开证行所在国家、地区禁止或限制买方或开证行向被保险人支付货款或信用证款项；禁止买方购买的货物进口或撤销已颁布发给买方的进口许可证；发生战争、内战或者暴动，导致买方无法履行合同或开证行不能履行信用证项下的付款义务；买方或开证行付款须经过第三国颁布延期付款令。

（2）特定合同保险/出口特险（特险）。短期出口信用保险的特定合同保险/出口特险（特险），是承担因政治风险或商业风险导致的商务合同项下应收款债权和成本投入损失的短期出口信用保险产品。商务合同信用期限不超过2年，重点支持我国成套设备与机电产品出口、对外工程承包等行业。

特险承保的商业风险包括：买方破产、买方拖欠、买方拒收；买方违反商务合同约定，致商务合同提前终止或无法履行；买方根据商务合同便利终止条款终止商务合同，且未按商务合同约定对被保险人的成本损失（不含应收款损失）进行补偿。

（3）本项目投保特险。因为泰国BG公司资信状况满足了中国信保对信用主体的要求，所以中国信保的特险覆盖了EPC合同额90%的应收账款收汇风险（承包商建设期融资），即72%的远期信用证付款（金融机构担保）和18%的TT付款（企业担保）。

2. 福费廷融资模式

本项目EPC总承包合同的工程进度款结算方式如下：

（1）承包商收到10%的预付款，EPC合同生效；

（2）工程进度款按工作里程碑进行结算，由承包商提交结算文件，咨询工程师和业主审批；

（3）对于信用证部分，承包商依据合同通过银行提交信用证议付单据，盘古银行确认没有不符点后，承包商责任释放（银行确认债权）；

（4）对于 TT 付款部分，结算文件获咨询工程师和业主批准，债权确立；

（5）项目建成投产并取得 EVN 的商业运行许可证后 12 个月内，业主支付 90% 合同款。

从上述支付方式可以看出，承包商从第一笔流动资金贷款到位，到最终收到业主 90% 的合同款，需要差不多近 2 年的时间。如此看来，承包商不但需要管控收汇风险，还要承受汇率风险和企业负债率增加的压力。总承包商 A 公司在中国信保的支持下，与商业银行合作，采用应收账款买断/福费廷方式很好地解决了上述问题。

福费廷（Forfaiting）又称票据买断或包买，是指出口商所在的银行或金融机构，对出口商的远期债权（远期/延期付款信用证、远期商业本票、远期银行本票、远期汇票等）进行无追索权的贴现，使出口商得以提前取得现汇的一种出口融资方式。换言之，福费廷业务是针对远期信用证项下的应收账款做无追索权的买断业务，而且可提前收汇，既可以解决企业负债问题，又可以提前锁定汇率，规避汇率风险。

目前，在国际工程市场，国际贸易的支付方式被广泛用于"建设期 + 账期"在两年以内的工程项目，如光伏发电项目、风力发电项目等。但在国内商业银行办理福费廷业务很难做到"无追索"，通常国内银行会要求承包商提供完工担保，或者回购承诺，也就是"有条件追索"或"有追索"。

3. 建设期收汇安排

正常情况下，中国信保特险产品预付款比例一般不低于合同额的 15%，融资部分一般不超过 EPC 合同额的 85%；本项目的合同预付款为 10%，延期付款部分为 90%。

考虑到该项目是当时越南光伏发电工程单体建设规模最大的项目，又是越南首批新能源示范项目，且该项目还具有以下特点：

（1）属于绿色环保项目，对支持环境改善、减缓气候变化、减少二氧化碳排放意义重大；

（2）该项目合作方资信情况良好，风险被合理分散，担保条件完备，有银行参与增信；

（3）项目所在国家（越南），以及控股投资人和开证银行所在国家（泰国）的国别风险都属于可接受的范围；

（4）该项目具有良好的经济效益和社会效益，项目的偿债备付率、内部收益率较好。

鉴于上述诸多有利因素，中国信保对该项目给予了大力支持，特险承保范围放宽到了90%的延付部分，覆盖了72%的信用证付款和18%的TT付款。这为承包商建设期做流动资金贷款和福费廷融资创造了条件。

A公司工作团队在深入了解业主需求、合作方资信状况等信息后，精准甄别与项目契合度最高的融资方案。综合评价各大银行的业务经验、审单周期、费率等情况，在2018年10月，与渣打银行合作实施的越南富安华会257兆瓦光伏项目融资方案正式确立，并实现了项目融资关闭。工程款实际结算情况是：

（1）本项目融资的全流程：10%预付款+远期信用证+特定合同保险+建设期流贷/卖贷+工程进度款结算+福费廷+商业运行许可（COD）+12个月商业运行+再融资到位+90%合同款支付。

（2）本项目的融资还有一个特点，就是泰国BG公司为项目公司的建设期融资提供了第三方担保。具体措施是：在90%延期支付的款项中，有72%是委托盘古银行开出远期信用证，提供银行担保；18%是BG公司出具支付担保，对TT付款提供企业担保。承包商应用中国信保的"五选二"规则，为"银行担保"和"企业担保"项下的建设期融资，成功投保了中国信保的出口特险，实现了90%延期付款的"保单融资"。本项目融资结构见图6-3。

（3）富安华会257兆瓦光伏发电项目在2018年11月中旬开工建设，2019年5月下旬首次并网成功；6月上旬实现电站全容量并网，6月中旬取得了越南电力公司（EVN）签发的商业运行证书（COD），项目正式进入商业运行。

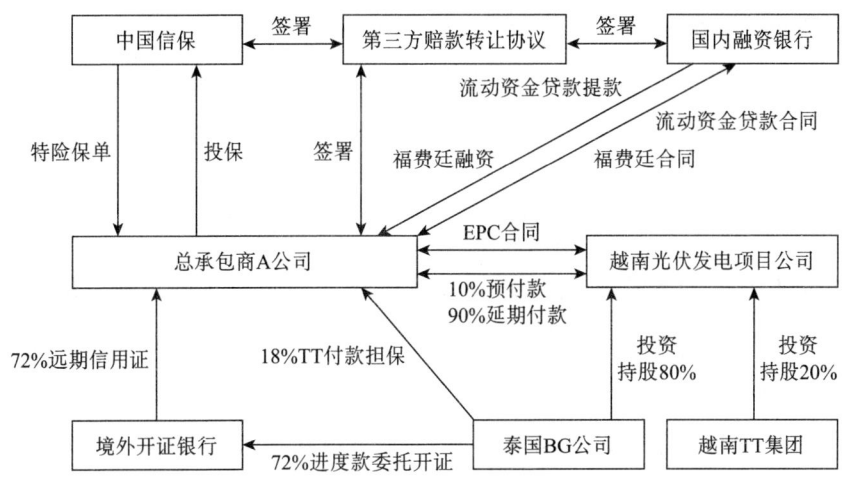

图 6-3　项目融资信用结构示意图

（4）EPC合同规定的工作"里程碑"全部完成，A公司在每个"里程碑"通过咨询工程师、项目业主和开证银行（信用证议付没有不符点）确认债权后，在渣打银行完成了工程进度款的福费廷业务，实现了表外融资。

2018年11月18日，富安华会光伏发电项目融资案例，在"2018渣打银行财资管理论坛"上，凭借其卓越的灵活性和创新性，荣获"最创新贸易融资方案"奖。

（四）信用证关键点分析

当前，海外私人投资基础设施项目的业主，从规避建设期风险的角度考虑，或者由于投资人实力不够，建设期无法为融资提供足额反担保，那么"预付款+信用证"模式，或者"建设期延付+再融资"模式被广泛采用。

1. "EPC+F"模式的发展

通过对上述案例的分析可以看出，EPC合同采用"预付款+信用证"支付方式，对于承包商来讲是在建设期为业主提供融资，属于"EPC+F"项目，但融资性质是卖方信贷。如何应对这一市场变化，需要冷静分析、区别对待。具体分析如下：

（1）正常的出口卖方信贷项目，其承包商的融资覆盖整个建设期和还贷期，通常贷款期限10年左右，需要投保中国信保的"中长期信用保险/出口卖方信贷保险"。

（2）"预付款+信用证"支付方式要求承包商在建设期自行解决流动资金贷款，项目建成并通过验收后，业主支付全部合同款。准确地讲，承包商为项目业主提供了建设期卖方信贷，需要投保中国信保的"特定合同保险"。

（3）建设期承包商融资项目适合于信用期在2年以内、出口设备和材料占比高（发运即可确立债权）的工程项目，如光伏发电、风力发电、垃圾发电、污水处理、供水、生物质发电、燃气电站和燃油电站等。

2. 项目前期开发应关注的问题

在国际市场开发过程中，如遇到"预付款+信用证"支付方式的项目，在前期工作中除了要注意项目的技术、质量、工期、效益外，还要关注以下问题：

（1）关注项目公司的股东结构，以及控股股东/大股东的实力（主要反映近三年的财务报表）、同类项目业绩和案例等。

（2）项目所在国家或控股股东国家的经济规模、资信评级；当地银行的资产规模、全球排名、资信评级等是否可以支撑本项目的融资需求（如开出信用证、还款担保函、落实项目再融资等）。

（3）开具信用证/完工支付保函的境外金融机构，应能够得到中国信保和国内融资银行的认可，具备投保特险及做应收账款买断/福费廷的可行性。

（4）由于海外私人投资项目逐渐增多，当前国际建设市场出现了新动态，即国际贸易支付方式被应用到了工程承包领域，我们需要注意：

a. 贸易项目产品单一，出口商对技术、质量、工期容易控制，所以合同价格中往往包括流动资金贷款的财务费用；

b. 工程建设项目的复杂性以及其对技术、质量、工期和验收的把握难度远远高于进出口贸易项目。建议承包商就确立债权、进度款结算、建设期融资条件等，与业主协商形成一个专门文件，并作为 EPC 合同的附件。

3. 备用信用证与远期信用证

目前，在采用"预付款 + 信用证"支付方式的工程项目中，大部分是"预付款 + 备用信用证"，这与富安华会光伏发电项目的"预付款 + 远期信用证"相比，存在很大弊端。远期信用证与备用信用证的主要区别是：

（1）信用证（Letter of Credit，L/C）是一种银行开立的有条件的承诺付款的书面文件，即期信用证和远期信用证的区别就是以不同的付款期限来划分，远期信用证的账期通常在 1 年以内。

（2）新能源项目中通常存在"1 年工期 + 1 年账期"，远期信用证属于跟单信用证，承包商的进度款结算可通过银行交单议付，开证银行确认没有不符点以后即可做福费廷（银行确认债权），并能够做到无追索或有限追索。

（3）备用信用证（Stand by Letter of Credit，SBLC）又称担保信用证，是指不以清偿商品交易价款为目的，而以贷款/融资或担保债务偿还为目的所开立的信用证。它是集担保、融资、支付及相关服务为一体的多功能金融产品，可以替代银行保函。

（4）备用信用证属于还款担保，在承包商按合同完成全部工作并取得合同约定文件后，如果业主不支付合同款，则承包商可以在备用信用证项下要求银行付款，此时开证银行要代业主向承包商付款。

（5）如果承包商没有按合同完成全部工作，或者没有取得合同约定的验收文件（项目业主/企业确认债权），承包商将无法在备用信用证项下索取工程款。

（6）鉴于上面的情况，在备用信用证项下做福费廷时，国内银行往往要求承包商提供完工担保，或者签署完工保证协议。这样的应收账款买断就是有追索或者有条件追索。

从以上分析可以看出，在本项目的前期工作中，A 公司成功协调了各方资源，在项目的风险识别、风险策划、风险分配、风险管控方面做了大量工作，赢得了中国信保和融资银行的支持。"10% 预付款 + 72% 远期信用证 + 18% TT 付款担保 + 特定合同保险 + 福费廷"，应该是当时条件下开发工作能取得的最佳成果。

（五）项目开发和实施工作里程碑

由于出口特险的最终审批权在中国信保的董事会，这样可以大大节省在项目前期开发过程中金融机构的审批时间，也就是说，采用"预付款 + 信用证"模式操作"EPC + F"项目，承包商有机会做成：项目当年开发、当年签约、合同当年生效。越南富安华会 275 兆瓦光伏发电项目工作里程碑如下：

2018 年 3 月，A 公司获得泰国 BG 公司拟投资越南富安华会光伏发电项目的信息，随即开展前期跟踪开发工作。

2018 年 5 月 18 日，泰国 BG 公司就越南富安华会 275 兆瓦光伏发电项目与 A 公司签署了谅解备忘录（MOU）。

2018 年 8 月 16 日，泰国 BG 公司完成对越南富安华会光伏发电工程项目公司的重组，泰国 BG 公司持有项目公司 80% 的股权，开发商越南 TT 集团持有 20% 的股权。

2018 年 8 月 25 日，A 公司与泰国 BG 公司、越南 TT 集团和项目公司正式签署 EPC 总承包合同。

2018 年 10 月，总承包商经过深度调研和论证，在中国信保的支持下，与一家国内的外资银行（渣打银行）确定了融资方案及合作关系。

2018 年 11 月 17 日，富安华会光伏发电项目正式开工建设。

2019 年 5 月 25 日，光伏发电站首次并网成功。

2019 年 6 月 10 日，电站实现全容量并网。

2019 年 6 月 13 日，取得越南国家电力公司签发的商业运行证书（COD），项目正式进入商业运行阶段。

至此，EPC 合同规定的工作"里程碑"全部完成，A 公司通过渣打银行办理了各工作阶段的信用证议付，并通过福费廷完成了无追索的表外融资。

四、项目融资工作小结

（一）贸易支付方式被应用于工程项目

面对三年疫情带来的负面影响，以及当前错综复杂的国际环境，中资企业普遍反映：一是海外工程市场国家项目（主权担保）越来越少，私人投资项目越来越多；二是承包商面临国际市场开发难、项目融资难、合同生效难的困难局面。

对于私人投资的基础设施项目而言，EPC 合同采用"预付款 + 信用证"支付方式，在风险分配和解决中长期融资方面具有独到的优势，所以在工程建设领域被逐渐接受并呈现不断发展的趋势。具体分析如下：

（1）国际贸易项目采用信用证支付，出口商依据合同提供信用证议付文件，如出厂试验报告、合格证、发票、提单、商检证明等，开证银行确认没有不符点以后，银行付款；在信用证议付单据中最关键的文件是提单，因为它控制了货权。

（2）对于工程项目来讲，项目业主的验收报告、电网公司的商业运行许可就相当于提单，这对项目业主和开证银行来讲，建设期风险可控。

（3）对于开信用证并提供中长期贷款的银行来讲，如在建设期直接提供中长期贷款，投资人给予的保障是"项目公司股权 + 项目未来形成的资产 + 项目的预期收益"，而在项目建成并投入商业运行（COD）以后 12 个月内再融资到位（贷款合同生效），银行面对的融资保证条件是"项目公司股权 + 项目有效资产 + 项目稳定收益"。

（4）对于履约能力强的承包企业来讲，EPC 合同的支付条件为"预付款 + 远期信用证/备用信用证"或者"预付款 + 完工支付保函"，开信用证/保函银行如果能被中国信保接受，承包商都是可以考虑的。

（5）承包商需要关注的问题一是"预付款+远期信用证"，每一个工作里程碑的结算要通过银行确立债权。由金融机构确立债权，可以保证债权清晰独立，对后续做福费廷业务以及在中国信保获得理赔有帮助。二是"预付款+备用信用证/完工支付保函"，每一个工作里程碑的结算是由项目业主确认债权，确立债权的信用主体是企业，这对中国信保和银行的信心是有影响的。直接的后果是应收账款买断业务很难被做成无追索的。

（二）信用保险与额外风险

1. 信用保险产品贴近企业需求

中国信保很支持企业开展"预付款+信用证"模式的总承包业务，目前"特定合同保险"的应收账款信用期限不超过2年，风险期（建设期/2+应收账款账期）不超过4年，即"2+2"。这样，清洁能源发电项目（如光伏发电、风力发电、燃气发电项目等）、环保项目（如垃圾处理、污水处理项目等）、建筑类项目（如商业中心、酒店、公寓、医院、学校项目等）都可以操作。

借助中国信保的信用保险，成功办理好应收账款买断业务，对承包企业规避收汇风险、管控汇率风险、降低企业负债率很有帮助。

2. 关注额外风险

依据工作经验，作者提示：出口特险产品对于商业风险来讲，侧重于保"结果"，对过程风险的保障力度不够；也就是前面提及的合同履约期内的商业纠纷可能会给承包商带来收汇风险。承包商按EPC合同约定达到工程款结算条件，如发生业主不付款或开证行拒付等情况，中国信保会给予赔付。如果在合同执行过程中，承包商与业主发生商业纠纷，但一直没有达到合同约定的工程款结算条件，中国信保不会启动理赔工作。

由于商业纠纷而影响工程项目的里程碑结算，以及项目竣工验收，对承包商来讲后果是非常严重的。因为建设期卖方信贷的财务费用是由承包商负担，如不能很好地处理商业纠纷，福费廷业务不能做。在常规工作成本增加的同时，还会再叠加建设期贷款利息，那么承包商就有可能面临亏损的风险。

（三）对中国企业开展对外投资的启示

近些年，中国承包企业向"投融建营一体化"转型，实施对外投资，以投资带动承包，以投资拉动产品出口，但效果并不明显。究其原因，工程设计院所、装备制造厂和施工单位等实体企业，在开展海外绿地工程项目投资业务时，如果不能做成真正意义的项目融资（以项目股权、资产、收益作为项目融资的还款保证），则投资无法拉动对外工程承包和产品销售，也很难通过企业内部评审，即使投资了一两个项目，也没有可持续性。

中国信保的"海外投资保险"只承保政治风险，即战争骚乱、征收、汇兑限制和违约风险，对由商业风险引发的损失，中国信保是免赔的。我们以新能源发电项目为例，分析中资企业实施对外投资的情况。

（1）中资企业对外投资项目利用出口信贷，在宽限期内，如果项目公司自有资金不足，没有按时支付银行贷款利息（宽限期只还利息，不还本金），则此种情况中国信保免赔。

（2）EPC总承包商或业主的原因，造成工程项目没有按期建成投产，宽限期后进入还本付息阶段，项目公司无法归还银行当期贷款本息，此种情况中国信保免赔。

（3）运行管理者的原因，出现如运营期操作不当造成事故停机、抢修拖延、备品备件供应不及时等问题，造成发电厂没有上网电量，此种情况电网公司没有支付责任，中国信保免赔。

（4）太阳能发电、风力发电、水力发电等项目中，由于原料供应出现问题（风、光、水资源供应不足）而影响上网电量，此种情况电网公司没有支付责任，中国信保免赔。

（5）项目公司或开户银行（通常是设立电费收入账户银行）的原因，

所以没能按时、足额支付当期还款本息，此种情况造成的贷款逾期罚款、财务费用增加等，中国信保免赔。

通过以上分析得出的结论是：

（1）中国信保的"中长期信用保险"承保的是贷款协议和还款担保文件项下的贷款本息，而且是全时段、全覆盖。

（2）"海外投资保险"承保的违约风险，覆盖的是特许权文件项下的支付责任，与项目公司归还贷款的本息没有直接挂钩。

（3）基于上述情况，对外投资企业在国内银行融资，通常会被要求提供第三方担保。对于前面提到的第三类、第四类中资企业来讲，如融资需要提供母公司/第三方担保的话，就很难通过企业内部的风险评审。

综上所述，中方企业实施对外投资和融资，仅依靠项目所在国政府批文、特许经营权文件、土地权证、海外投资保险保单等，在国内商业银行办理中长期贷款，很难做成真正意义的项目融资。

作者认为，对于海外私人投资项目而言，在目标项目所在地银行融资（信用证、保函、贷款等），投资人有机会做成真正意义的项目融资。而"预付款+建设期延付+再融资"模式采用两阶段融资，很好地解决了外国投资人在当地担保资源不足的问题，值得中国对外投资企业借鉴、尝试。

（四）项目属地融资工作方向

1. 市场策划

我们知道信用主体有四种情况，即主权信誉、金融机构信誉、企业信誉和自然人信誉。对于海外私人投资绿地项目的债务融资而言，取得主权担保还款很难；中国信保提出的"三选二"和"五选二"，为金融机构担保和企业担保给出了基本条件。

考虑到融资可行性、融资成本和融资工作周期等问题，作者建议对外投资企业要努力取得项目所在国家银行/金融机构的支持（提供贷款或担保）。由于各个国家的经济发展水平不同，当地金融机构的资信状况、经济实力能否支撑我们投资项目的债务融资规模是关键。

中资企业转型做对外投资，开发的重点往往在项目的收益率上。由于项目所在国家的资信情况不好、经济规模小、国家债务已达天花板，尽管项目收益率指标很好，但融资关闭仍会很困难。下面以东南亚部分国家和当地头部银行的情况为例进行说明（见表6-4）。

表6-4　东南亚国家主权信用评级和GDP与当地头部银行信用评级和资产规模情况分析

国家	主权评级	国家GDP（亿美元）	银行	标普	穆迪	惠誉	资产规模（亿美元）
新加坡	AAA 标普 穆迪	3623.0	星展银行	AA-	Aa1	AA-	5547
			大华银行	AA-	Aa1	AA-	3168
马来西亚	A- 标普	4287.1	马来西亚银行	A-	A2	BBB	2004
			联昌国际银行	A-	A3	BBB-	1410
印度尼西亚	BBB 标普	12881.0	印度尼西亚人民银行	BBB	Baa1	BBB	1183
			曼迪利银行	BBB	Baa1	BBB-	996
泰国	BBB+ 标普 BBB+ 惠誉	4434.0	盘古银行	BBB+	Baa1	BBB	1246
			开泰银行	BBB	Baa1	BBB	1197
菲律宾	BBB+ 标普 Baa2 穆迪	3690.0	菲律宾金融银行BDO		Baa2	BBB-	720
			菲律宾首都银行		Baa2	BBB-	497
越南	Ba2 穆迪 BB+ 惠誉	2899.0	越南工商银行		Ba2	BB+	740
			越南外贸银行	BB	Ba2	BB+	737
柬埔寨	B2 穆迪	220.0	爱喜利达银行	B+	—	—	90
			嘉华银行			—	76
老挝	Caa2 穆迪	147.0	老挝公共对外贸易银行				54
			老挝越南银行				9.3
缅甸	—	642.4	缅甸农业银行				
			Kanbawza银行				

注：表中数据来自机构官网和公共渠道；国家"实际GDP"数据来源于中国信保《国家风险分析报告》；表格空白处表示查不到数据。

从表 6-5 的数据可以看出，通常，一个国家的资信状况、经济实力（GDP 规模）等与当地头部商业银行的信用评级、资产规模之间是成正比例的关系。为此，我们在开发绿地投资项目时，应首先了解项目所在国家的经济总量、信用评级等，利用这些数据，可以初步判断该国家金融机构的实力；再进一步了解当地银行的资产规模、信用评级、全球排名等，这样就可以初步分析预判在项目属地融资的可行性。

2. 属地融资的工作方向

中资企业"向投融建营一体化"转型，开展对外投融资业务的工作方向是：

（1）首先要对相关大洲和区域，以及关注的国别市场进行调研、规划、资源整合，分析研判相关国家和地区的银行/金融机构是否能够支撑我们的投资和融资规模。

（2）通过对绿地项目债务融资可行性进行分析，确定开发的目标/国别市场，并制订出相应开发规划/计划。

（3）然后按照市场开发规划/计划，设立开展对外投融资业务的区域管理中心，对重点国别市场进行开发并选择好的投资项目。

（4）投融资的区域管理中心与工程建设的区域管理中心不同：

a. 以工程建设管理为主的区域管理中心，通常是贴近并辐射周边在建工程项目，工作的重点是确保在建工程的技术、质量和工期；市场开发中更重要的是关注现汇项目。

b. 以市场开发和投融资业务为主的区域管理中心，建议选择设在目标区域内经济相对发达的国家，培育和协调的工作资源是：国际组织和政府机构、开发性金融机构、欧美及宗主国银行、大型企业集团（潜在投资人）和国际财团驻当地的机构、所在国家本土大型银行，以及国际著名咨询机构等。这些资源可帮助投资人解决绿地项目的债务融资问题。

（5）在承包商实施对外投资或协助境外私人投资项目融资时，其团队工作的核心是努力做成真正意义上的项目融资。

(五) 对"预付款+建设期延付+再融资"模式的思考

我们仍以在越南投资清洁能源发电项目为例，假设中资企业作为项目公司的控股投资人与当地开发商合作，争取在越南当地头部银行（例如越南外贸银行，该银行的资信评级、资产规模和全球排名等都在中国信保可接受的范围内）解决项目的再融资/中长期贷款问题。

据资料介绍：越南外贸股份商业银行（Vietcombank）成立于1963年，最初是越南唯一的提供国际清算服务的国有商业银行。凭借这一强大的优势，外贸银行与102个国家和地区的1316家银行建立了代理关系，在合作方面拥有近60年的经验。已经为近2700家大型外资企业，提供了从建立阶段到业务稳定运营的全面的银行服务。

越南外贸银行的总资产约为800亿美元，拥有630家分支机构、约2.3万名职员。越南外贸银行于2009年在胡志明证券交易所（HOSE）上市；越南外贸银行的信用评级与越南国家评级一致。截至2022年12月，越南外贸银行的国际信用评级情况见表6-5。

表6-5　　　　　　三大评级机构对越南外贸银行的评级

机构	标普	穆迪	惠誉
评级	BB	Ba2	BB
展望	积极	稳定	稳定

1. 安排再融资/中长期贷款

中资企业在越南本土的担保资源不足，建设期就需要贷款及强担保，操作很困难。这方面，越南外贸银行有操作项目融资的成功案例，可帮助中资企业解决问题。中资企业采用"预付款+建设期延付+再融资"模式，在投资规模适当的情况下，有机会在越南当地银行取得中长期贷款。

首先，建议项目公司将所有的政府批准文件、特许权合同/协议、与合作方的合同/协议、土地证/租赁协议、可研报告、尽职调查报告，以及投资人的资信文件（财务报表）等提交给当地的大银行，并按银行要求签署、提交项目公司股东会决议等文件，以此获得银行对本项目中长期贷款的支持（见图 6-4）。

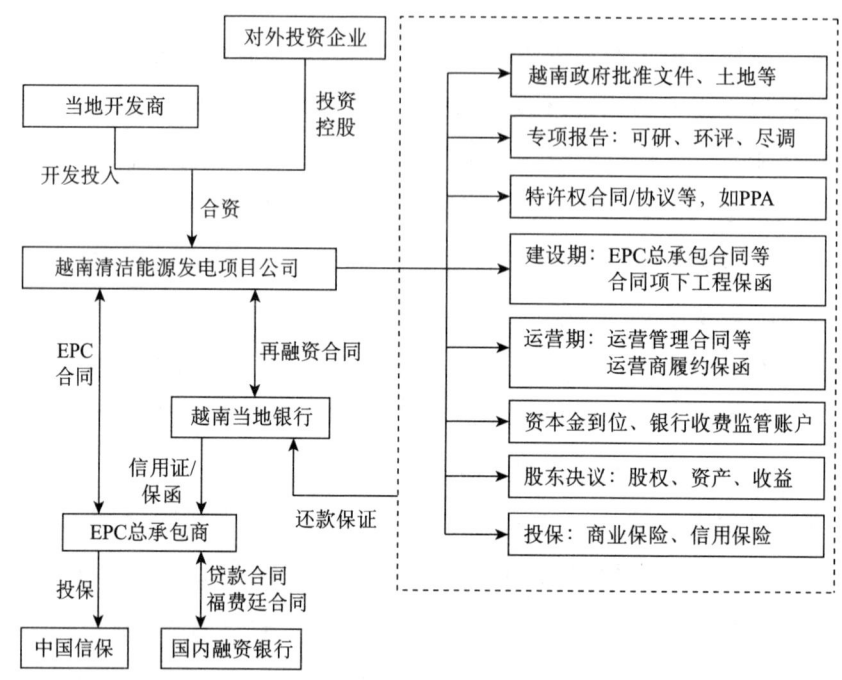

图 6-4 境外办理银行"中长期融资+信用证"的信用结构框图

2. 落实承包商建设期融资

如果项目公司能成功与当地头部银行签署带有生效条件的中长期贷款合同，即项目建成投产并取得越南电力公司（EVN）颁发的商业运行许可证后，12个月内贷款合同生效并提款。以上工作为建设期融资奠定了基础。

（1）项目公司与总承包商签署 EPC 总承包合同，合同支付方式为"预付款+建设期延期付款/信用证+再融资"。

（2）由于项目公司与当地银行的贷款合同与承包商没有直接关系，承包商用业主的境外贷款合同说明资金来源，到国内办理建设期融资很困难。

（3）项目公司基于中长期贷款合同、EPC 总承包合同及工程保函，委托当地银行为总承包商开出信用证（远期信用证或备用信用证）；远期信用证议付条件或备用信用证兑付条件，可在 EPC 合同的延期付款/借款附件中明确。

(4) 再融资/中长期贷款合同的生效条件与信用证的付款节点一致，信用证项下的付款资金来源于再融资到位。

(5) 中资企业进行对外投资，投资人和承包商是一家，项目公司是否需要开信用证由自己决定。

3. 建设期融资的信用结构

参考越南富安华会项目案例，如中资企业投资越南清洁能源项目，可以考虑以下融资信用结构（见图 6-5）。

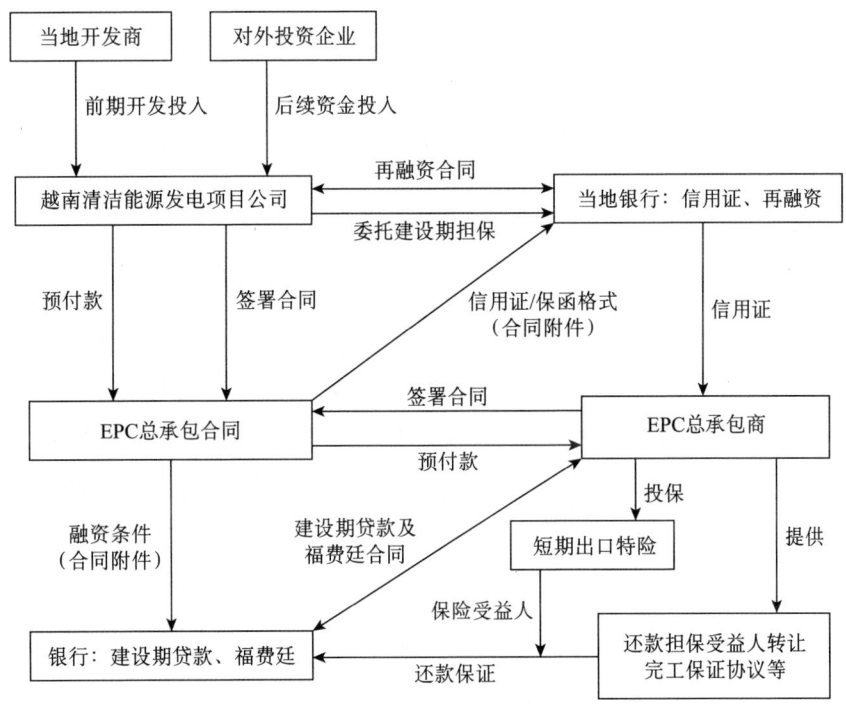

图 6-5 "预付款 + 信用证 + 再融资"模式融资结构示意图

图 6-5 是分两阶段的融资方案。进入商业运营期，外资银行通常不要求投资人为中长期贷款提供第三方担保，所以能够做到项目融资。即便如此，还是建议中方投资人注意以下三点：

(1) 建设期仍要投保"海外投资保险"或"特定合同保险"，重点是规避政治风险，如战争骚乱、颜色革命、政府征收等风险。

（2）运营期的中长期融资在境外银行解决，建议中资企业还是要投保"海外投资保险"，主要承保股权/资本金和投资收益的风险。

（3）项目公司在境外使用当地外资银行的中长期贷款，这种情况中国信保不会提供信用保险保障，具体如何处置，要根据贷款银行的要求办理。

第四节　以 BOOT、PPP 模式实施对外投资典型案例

一、项目概况

（一）基础信息

甘再水电站工程项目位于柬埔寨西南部大象山区的甘再河干流之上，位于首都金边西南方向 150 公里的贡布省，距离省会贡布市 15 公里，项目所在地交通状况良好。甘再水电站是一个常规的中型水电站项目，水库为多年调节运行模式，总库容 6.813 亿立方米；大坝为碾压混凝土重力坝，坝长 593 米，高 114 米，坝顶宽度 6 米。水力发电系统规模如下：

（1）主厂房（PH1）：3×60 兆瓦立式混流水轮发电机组；

（2）副厂房（PH2）：4×2.5 兆瓦灯泡式水轮发电机组；

（3）第三厂房（PH3）：1×3.2 兆瓦卧式混流水轮发电机组；

（4）230 千伏开关站；

（5）230 千伏双回路输电线路 10 公里。

电站总装机容量为 193.2 兆瓦，年平均发电量为 4.98 亿千瓦时；本项目采用 PPP 模式实施，建设期为 4 年，运营期为 40 年，总投资额为 2.805 亿美元。

（二）市场机会

柬埔寨国土面积 18.1 万平方公里，人口约 1600 万，90% 以上的居民

信奉佛教。经过连年战乱之后，当时柬埔寨处于相对稳定的发展时期，但从电力供应来看，柬埔寨电力供应无法满足本国基本电力需求，除首都金边外，电力供应主要限于大城市和主要省城，农村无电力供应、依靠燃油灯或电瓶照明度日的状况仍较普遍，全国仅60.3%的村庄，约42.7%的居民有电可用。甘再水电站建成后，可满足柬埔寨贡布省和茶胶省全部电力需求，以及首都金边白天40%、夜间100%的电力供应，极大地缓解了柬埔寨国内电力紧张局面，为当地经济发展提供巨大支撑。该工程还有效调节了流域内季节性旱涝问题，提高了下游防洪能力，保证下游农田的水利灌溉，减少水土流失，保护生态平衡，改善当地鱼类及野生动物的栖息环境。

（三）融资需求

2004年初，柬埔寨王国工业矿产与能源部（MIME）代表柬政府，公布按法律规定的程序进行甘再水电站BOT项目（Kamchay Hydroelectric BOT Project）的国际招标，要求开发商成立专门的项目公司以BOT方式开发、建设和运营本项目。

2004年3月，中国一家国有大型电力建设集团所属的国际工程公司（以下简称"A国际公司"）正式向柬埔寨王国工业矿产与能源部递交项目资格审查文件。甘再水电站BOT项目共有5家公司/投资人通过本项目的资审，分别是：

(1) 中国一家大型电力建设集团所属的A国际公司；

(2) 中国电力技术进出口公司与中国国电集团公司联合体；

(3) 广西投资集团有限公司；

(4) 日本三井公司（Mitsui & Co. Ltd）；

(5) 加拿大Experco International公司。

2004年6月，MIME代表柬政府，按法律程序发布甘再水电站项目国际公开招标公告，合同模式为建设、拥有、运营、移交（本项目招标文件里的名称是BOT项目，实际情况是BOOT项目）。

2005年1月，A国际公司向招标单位提交了甘再水电站投资项目的全套投标文件。当天，柬埔寨工业矿产与能源部部长、柬埔寨评标委员会成员，以及参加投标的各公司代表参加了开标活动。经过柬埔寨甘再水电站项目评标委员会评定：A国际公司的技术指标最优，商务标融资结构基本合理，于是决定邀请A国际公司直接进行合同谈判。

2005年3月，A国际公司收到柬方项目评标委员会的"直接进行合同谈判的邀请函"，A国际公司赴金边进行投资合同主要条款谈判工作，最终确定了设计优化方案和电价等条款。

基于上述前期工作，接下来A国际公司团队工作的核心是努力取得条件优越的项目特许权合同/协议，以及政府相关批准文件等，以此取得金融机构（中国信保、银行等）的支持，解决本项目的债务融资（中长期贷款）。

二、融资可行性分析

（一）国别风险分析

1. 国家风险与主权信用

（1）根据中国信保编著的《国家风险分析报告（2006）》披露的信息，甘再水电站项目所在地柬埔寨当时的国家风险评级为8（8/9）级，国家风险显著。

《国家风险分析报告（2006）》对柬埔寨的总体风险评估为：柬埔寨的政治制度有待完善，对国家上层建筑的保障力度不足，政府更替甚至武装夺权的可能性并不能完全排除，剧烈的政局动荡冲击经济、社会的可能性不可忽视。尽管当时柬埔寨政局处于历史最稳定时期，但柬埔寨国内外不稳定因素较多，尤其是执政党与反对党之间关系紧张，政治风险水平较高。

2. 国家政治经济状况

2004年7月25日，经国会批准，柬埔寨组成了以洪森为首相的新一届政府。2005—2006 年（本项目开发阶段），正值第三次国会大选产生的政府的执政中期，国内政局相对比较稳定。当时，柬埔寨底子薄、人口多，长期战乱对资源损毁又比较严重，人们的生活水平比较困难。

当时柬埔寨的产业结构仍过度依赖农业，工业发展落后，且门类单一。一段时期内，柬埔寨的经济发展还必须依靠国际援助的推动，西方发达国家及世界银行、国际货币基金组织等国际金融机构在促进发展、创造就业、改进社会公平、提高政府施政效率等方面给柬埔寨提供了持续不断的援助。但柬埔寨经济发展中的不确定性突出，困难巨大。

《国家风险分析报告（2006）》披露的当时柬埔寨国家宏观经济数据（部分）如表 6-6 所示。

表 6-6　　　　柬埔寨 2002—2006 年主要经济数据

项目	2002 年	2003 年	2004 年	2005 年	2006 年
国家 GDP（亿美元）	40.9	43.6	48.9	54.0	56.0
人均 GDP（美元）	308.0	322.0	354.0	382.0	386.0
实际 GDP 增长率（%）	5.2	7.1	7.7	6.0	4.5
通货膨胀率（%）	3.2	1.2	3.8	5.8	3.9
商品出口（亿美元）	17.6	20.3	24.8	28.2	29.1
商品进口（亿美元）	23.2	25.6	31.9	35.9	38.5
经常账户余额（亿美元）	-1.3	-1.6	-2.4	-1.7	-3.1
国际储备（亿美元）	7.8	8.2	9.4	9.6	10.0
外债总额（亿美元）	26.3	28.7	31.1	32.8	—
偿债率（%）	3.0	3.4	2.9	1.9	
汇率（瑞尔/美元）	3912.08	3973.33	4016.25	4090.00	4174.00

2002—2006 年，柬埔寨的商品进出口都呈现持续增长态势，但商品进口总额一直高于出口总额，再加上当时非典型性肺炎疫情对旅游业的影响，柬埔寨经常账户下持续赤字，国际收支只能依靠官方转移支付和外国直接投资来平衡。

当时柬埔寨的外债情况低于同等发展水平国家的普遍程度，但外债规模基本可控。因为柬埔寨的外债大多是长期（1999 年统计平均期限为 39

年）低息的，加上援助和赠与成分的外债比例高达 80%，所以债务问题尚不构成经济增长的压力。截至 2005 年，柬埔寨外债总额 32.8 亿美元，占 GDP 的 59%，偿债率下降至 1.9%。这些都提升了外国投资者的信心。

（二）项目可行性

1. 投资环境

甘再水电工程是 20 世纪 60 年代由苏联 S. J. Jouk 水电公司提出并开展规划和设计的，后因战火连绵一直被搁置。柬埔寨属于电力短缺国家，但却有着丰富的水利资源。21 世纪初，柬埔寨王国颁布实施了私有化电力法，鼓励和推动独立发电商以私有化方式开发柬埔寨水电资源。

甘再水电站项目得到中柬两国政府高度重视，两国总理出席了甘再水电站 BOT 项目备忘录签署仪式，又亲自为该项目象征性开工举行了揭牌仪式。

2. 经济可行性

（1）基础数据测算

a. 本项目固定资产投资的 72%（约 2 亿美元）从银行贷款，贷款期限 15 年（含 4 年宽限期），贷款利率及各项费率合计按年化 7% 测算；

b. 项目进入商业运行的前 9 年为免税期，其后征收 20% 的所得税；

c. 前 9 年电价为 8.35 美分/度，中间 6 年电价为 8.696 美分/度，后 25 年电价为 7.72 美分/度，平均电价为 8.008 美分/度；

d. 柬埔寨电力公司承诺购买所有发电量，超出定额电量部分按照 5 美分/度的电价购买（即超出年平均 4.98 亿度之外的额外电量以 7.8 美分/度的 65% 的电价水平购买）。

（2）项目经济效益指标预测

a. 本项目全部投资的财务内部收益率达到 9.551%，大于贷款利率 6%，也大于全部投资基准收益率 8%；全投资财务净现值 3652 万美元，远大于零。

b. 投资回收期 12.3 年（不含 4 年建设期），资本金利润率 11.08%，资本金财务净现值 1121 万美元。

c. 按资本金现金流计算，本项目资本金财务内部收益率达 11.884%，大于资本金基准收益率 10%。

计算结果表明：借款偿还期和营运成本的变化对全部投资和资本金的内部收益率影响不大，但固定资产投资的增加对内部收益率影响较大。鉴于在确定合同价格时已经考虑了土建工程增加（9.5%）和机电设备涨价（10%）因素，本项目具有一定的抗风险能力。

（三）业主资信状况

A 国际公司所属的大型电力建设集团是国资委管理的、跨国经营的综合性大型企业，是中国规模最大、最具实力的水利水电建设企业，拥有国家施工总承包特级企业资质、对外工程承包经营权、进出口贸易权、AAA 级信用等级。当时集团公司注册资本金 40 亿元，2008 年，集团公司资产总额突破 700 亿元，营业收入已达 600 亿元；在"中国企业 500 强"中排名第 84 位，在全球最大 225 家国际工程承包商（ENR）排名第 50 位。

2005 年，A 国际公司以 BOT 方式中标 2.8 亿美元的柬埔寨甘再水电站项目，这是集团公司第一个海外投资建设的大型水电站项目，实现了对外投资领域的重大突破。随后，A 国际公司相继签订了老挝南俄 5 水电站项目 BOT 开发备忘录、南欧 8 水电站项目的开发备忘录、老挝南槛 2 水电站项目合作协议、中泰缅三方合作投资开发萨尔温江哈吉水电站（装机 100 万千瓦）项目备忘录等投资开发文件。

A 国际公司在集团公司的大力支持下，凭借优异的国外经营业绩，获得商务部、中国对外贸易经济合作企业协会、中国外贸企业信用体系专家评审委员会、中国对外承包工程商会授予的多种荣誉奖项。集团公司已成为中国政府所属"中国拉美经济技术合作小组"成员单位、中国对外承包工程商会常务理事单位、中国机电产品进出口商会电工产品分会副会长单位；集团公司还是中国涉外金融机构的优质大型客户，同时也是其他大型商业银行竞相争夺的重要集团客户。集团公司国际经营的发展得到了党和国家领导的关注、关怀，得到了国资委等国家部委的大力支持。

（四）项目合规性

从柬埔寨甘再水电站投资项目的工作里程碑，可以看出 A 国际公司前期工作扎实，确保了投资开发的所有工作成果合规、有效。主要工作成果如下：

（1）A 国际公司按 MIME 要求编制项目资格审查文件，并通过资格审查。

（2）MIME 代表柬政府，按法律程序发布甘再水电站项目国际公开招标公告，合同模式为 BOT（应该是 BOOT）；A 国际公司购买甘再水电站项目标书文件。

（3）A 国际公司组建投标工作团队，负责编制投标文件，并参加了标前会，并根据工作需要，组织设计院和施工单位组成项目考察调研工作组，对甘再水电站项目进行现场考察，收集到了大量项目资料。

（4）组织编制投标文件，做尽职调查，并与合作方一起进行多轮设计和施工的技术专家论证，最终得以完成投标文件的编制工作。

（5）取得中国出口信用保险公司出具的"海外投资保险兴趣函"。

（6）取得中国进出口银行出具的"贷款兴趣函"。

（7）国家发改委出具了同意参加甘再水电站 BOT 项目投标的"批准函"。

（8）商务部出具了同意参加甘再水电站 BOT 项目投标的"批准函"。

（9）中国驻柬埔寨大使馆经济商务参赞处、中国对外承包工程商会分别批准了 A 国际公司参加甘再水电站 BOT 项目投标的申请。

（10）2005 年 1 月，A 国际公司向招标单位提交了全套甘再水电站 BOT 项目投标文件。

（11）2005 年 3 月，A 国际公司收到柬方项目评标委员会的"直接进行合同谈判邀请函"；A 国际公司将投标情况和开标结果分别向中国驻柬埔寨大使馆和经商处、对外承包商会、商务部、中国信保、中国进出口银行和国家发改委作了书面汇报。

（12）2006年2月，柬埔寨甘再水电站BOT项目"实施协议"（IA）、"售电协议"（PPA）、"土地租赁协议"（LA）的签字仪式在柬埔寨首都金边隆重举行；中柬两国总理见证了该仪式。

（13）2006年4月，A国际公司出全资在柬埔寨注册项目公司，即Sinohydro Kamchay Hydroelectric Project Company，注册资本100万美元，有效期99年。项目公司注册完毕后，立即向柬政府申请各类许可，同时在国内向中国进出口银行寻求资金支持，向发改委、商务部提交项目报批文件，向国家外汇管理局申请批准外汇账户，与中国信保商谈投保海外投资保险等。

（14）2006年5月，国家外汇管理局北京外汇管理部向A国际公司出具了"开立境外外汇账户的批复"，同意A国际公司在Malayan Banking Bhd.（Maybank）Phnom Penh Branch Cambodia开立美元专用账户。

（15）2006年8月，商务部向A国际公司的上级集团颁发了"中国企业境外机构批准证书"，同意集团公司在柬埔寨设立境外机构。

（16）2006年10月，国家发改委向集团公司出具了"关于集团公司投资柬埔寨甘再水电站项目核准的批复"，同意集团公司所属A国际公司在柬埔寨贡布省以BOT方式独资建设经营甘再水电站项目。

（五）承包商履约能力

柬埔寨甘再水电站项目EPC总承包商是A国际公司，项目前期开发、工程建设、运营管理均为国内知名企业，合同/协议履约有保障，具体情况如下：

（1）股权结构。A国际公司持有项目公司100%股权。

（2）融资方式。融资银行为中国进出口银行，为本项目提供出口买方信贷2.02亿美元（占总投资72%），期限15年，含宽限期4年。

（3）保险方案。

a. 信用保险：中国出口信用保险公司提供的"海外投资保险"覆盖购电合同、实施协议、土地租赁协议；

b. 商业保险：柬埔寨亚洲保险公司出单（中国人保再保险80%、慕尼黑再保险承保20%），承保建安工程一切险、人员意外伤害险、第三方责任险、运输险等。

（4）中介机构。律师团队为中国某律师事务所、柬埔寨某律师事务所。

（5）总承包商。EPC总承包商为A国际公司。

（6）设计单位。甘再水电站工程设计单位是集团公司所属的水电勘测设计研究院（以下简称"B设计分包"）。

（7）采购分包。成套设备和材料的采购分包商是A国际公司保障部（以下简称"C采购分包"）。

（8）施工分包。甘再水电站工程施工分包为集团公司下属水电工程局（以下简称"D施工分包"）。

（9）运营单位。甘再水电站的运营管理是A国际公司、集团公司下属水电工程局（以下简称"E运营分包"）。

（10）合作方合同关系如图6-6所示。

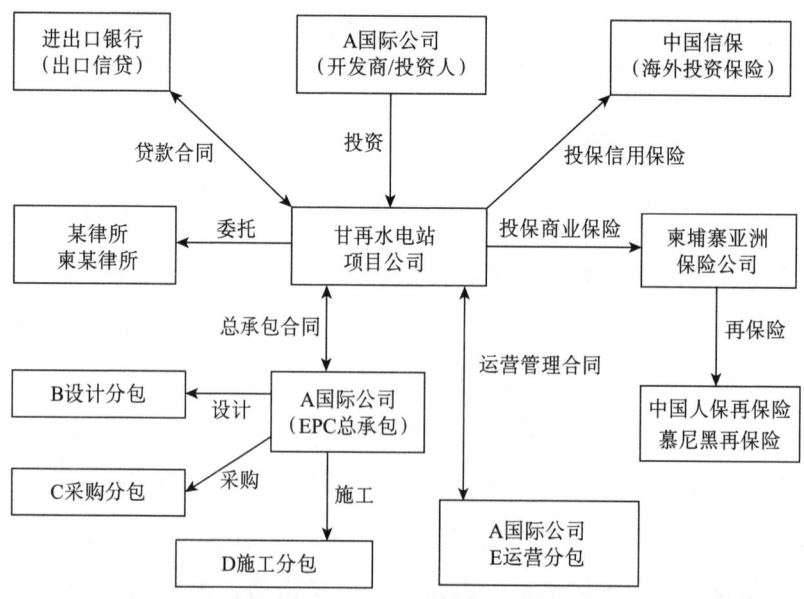

图6-6　柬埔寨甘再水电站项目合作方及合同关系示意图

(六) 项目相关风险

(1) 国家政治风险。柬埔寨是东盟成员国，中柬关系良好稳固；柬埔寨政局、政府日趋稳定，经济政策趋向温和，积极推动经济自由化政策。中国信保愿意承保"海外投资保险"。

(2) 政府征收风险。柬埔寨法律规定保护外商投资，承诺不对其进行征收或国有化。中国信保的"海外投资保险"覆盖政府征收风险。

(3) 违约风险。在双方签署的"购电协议"和"项目开发协议"中，明确其承诺的特许经营期、购买电量、电费支付、水资源许可等，由柬埔寨政府提供主权担保。中国信保的"海外投资保险"覆盖违约风险。

(4) 税收和法律等政策风险。柬埔寨政府已颁布并实施了BOT法、投资法、税法、公司法、电力法、银行法等，基本明确和保障了海外投资人的利益。适用于本项目的税法和法律变更定义明确、责任清晰，在项目的合同/协议谈判时已明确。

(5) 战争等不可抗力。柬埔寨主权担保承诺在发生战争等不可抗力情况时，政府收购项目资产。

(6) 汇率风险。本项目购电协议（PPA）规定，80%的电费直接用美元支付，20%的电费用当地币支付。20%的当地币收入，可基本满足日常电站运行管理部分的支出，外汇部分可以用于还贷等外汇支出。

(7) 排雷风险。柬埔寨政府承诺负责项目所在区域的排雷工作，并承担费用。

(8) 移民风险。甘再水电站所在区域基本不涉及移民问题。

(9) 征地风险。项目所在区域土地大部分是国有部分，由柬埔寨政府免费提供，少量私人土地需要柬埔寨政府配合征收，但费用封顶。

(10) 环保风险。柬埔寨政府已完成环评报告，由柬方负责取得环保许可；没有特殊的环保要求。

(11) 设备材料价格风险。设备材料采购考虑了10%的不可预见费用，同时设备材料的出口退税也作为机电设备涨价的备用金。

（12）来水不足风险。甘再水电站存在来水不足的风险。在购电合同中双方约定，对于降雨不足导致的电量减少，柬埔寨国家电力公司（EDC）保证在商业运行期内每年按照付不议（Take or Pay）的原则购买4.98亿度基本电量，对于因降雨不足造成的电量不足将由双方协商并记录，并从今后年度超额电量中冲减。故在电站建成并达到设计标准的前提下，水资源量不足风险可以分摊在今后年度内并用超额电量冲减，这样约定对购售电双方都较为公平。

三、项目融资工作推进相关思路

（一）融资可行性基本研判

甘再水电站项目是中资企业早期海外电力项目投资的典范，项目的起源是大湄公河次区域部长级会议讨论的一个促进该区域电力发展的规划。通过融资可行性分析框架，我们可以很容易地判断，项目的国别风险相对较低，可提供主权担保，投保信用保险，项目业主和承包商实力强，项目经济和技术可行，其他风险可控，各方面均无明显短板，因此，融资可行。

（二）甘再水电站项目债务融资银行方案

甘再水电站项目的投资结构采用了BOOT形式的公司制组织结构。该项目总投资2.805亿美元，A国际公司出资8055万美元（股本金），占总投资额的28%；进出口银行贷款不超过2.02亿美元，占总投资额的72%。在甘再项目2.805亿美元的总投资中，含固定资产投资2.4亿美元，建设期利息0.4亿美元；股本金与债务融资比为28∶72。

根据发改委批准，本项目股本金部分（8050万美元）由国家开发银行提供3.2亿元人民币（约合4000万美元）软贷款，其余由A国际公司以自有资金出资；债务部分由进出口银行提供 2 亿美元的出口信贷，期限 15 年（含建设期 4 年）。

经测算，本项目全部投资的财务内部收益率达到 9.551%，大于贷款利率 6%，也大于全部投资基准收益率 8%；按资本金现金流计算，本项目资本金财务内部收益率达 11.884%，大于资本金基准收益率 10%。

中国进出口银行给出两个融资方案，即出口买方信贷（项目公司借款）、卖方信贷（承包商借款）；最终本项目采用了买方信贷融资方案，主要条件：

（1）借款人：甘再水电站项目公司；

（2）贷款币种：美元；

（3）贷款金额：总投资的 72%，即 2.02 亿美元；

（4）贷款期限：15 年（含 4 年宽限期）；

（5）贷款利息：6 个月 Libor + Margin，宽限期、还贷期（每半年还一次）采用不同利差；

（6）完工担保：在项目建设期，项目公司股东的母公司（集团公司）提供还本付息担保；

（7）超支担保：项目公司股东及股东母公司。

（三）还款保证及其他支持性安排

A 国际公司在甘再水电项目的购售电合同、实施协议、主权担保协议、土地租赁协议等文件的谈判中，特许权合同/协议的核心条款达到了项目融资要求。

1. 购电协议（PPA）核心内容

（1）以 BOT 方式建设和运营该项目，商业运营期为 40 年；

（2）根据约定的电价，按月向甘再项目公司支付电费；

（3）电费支付，美元的比例为 80%，当地币瑞尔的比例为 20%；

（4）采用照付不议的原则，每年向甘再项目公司购买 4.98 亿千瓦时的基本电量。

2. 实施协议（IA）核心内容

（1）给予开发商在整个协议期间享有场地、水资源的全部权利和特许；

（2）提供柬埔寨政府的支付担保，即柬埔寨经济和财政部（DMF）对柬埔寨国家电力公司（EDC）向甘再项目公司支付电费提供担保；

（3）如果国家法律发生变化，由此给甘再项目公司造成的损失，由柬埔寨国家电力公司承担。

3. 主权担保协议核心内容

（1）柬埔寨财政部代表柬埔寨政府出具担保，如果根据实施协议和购电合同，柬埔寨国家电力公司未能向甘再项目公司支付电费，柬埔寨财政部将给予支付。

（2）如甘再项目公司遇到政治不可抗力，而不能再运营该项目时，根据实施协议和购电合同的有关条款，柬埔寨财政部将保证根据协议规定的价格，回购该项目。

4. 土地租赁协议核心条款

（1）柬埔寨政府把土地无障碍地租赁给甘再项目公司使用，土地按"现状"移交给甘再项目公司，并在生效之日起保证甘再项目公司免受与所租赁土地有关的路权、通行权、收费、告诫、许可、留置及其他权利，和其他任何第三方权利的干扰和阻碍。

（2）在整个租赁期间内征收的共用土地租赁租金应是名义租金，费用不超过2万美元。

5. 金融机构要求

特许经营权项目债务融资是一个艰苦复杂的工作，相关金融机构根据甘再水电站项目的实际情况，对A国际公司提出了还款保证要求，具体保证措施如下：

（1）运营期提供项目资产抵押；

（2）设立托管账户，托管账户质押；

（3）在电力购买合同上设置质押；

（4）在特许经营协议上设置质押；

（5）柬埔寨政府提供还款保证；

（6）借款人股权质押；

（7）投保信用保险，即海外投资保险；

（8）投保商业保险，建设期、运营期（职业责任险、财产一切险、机器设备故障险、由于机器设备故障引发的商业中断险、公众责任险等）；

（9）提供其他担保和支持性安排。

（四）选择代理行与设立监管账户

中国进出口银行对选择当地代理行很重视，先后对柬埔寨的 5 家银行进行了考察、调研，分别是：

（1）Maybank 柬埔寨（Maybank Cambodia，总部在马来西亚）；

（2）柬埔寨大众银行（Cambodian Public Bank，总部在马来西亚）；

（3）柬埔寨澳新银行（ANZ Royal，总部在澳大利亚）；

（4）加华银行（Canadia Bank，总部在柬埔寨）；

（5）柬埔寨 ACLEDA Bank（总部在柬埔寨）。

经过对比分析、研判后，中国进出口银行决定选择柬埔寨澳新银行（ANZ）为甘再水电站工程项目的代理行。

设立监管账户，根据中国进出口银行的要求，甘再项目公司需要在柬埔寨 ANZ 银行开立贷款控制账户（用于发放贷款的注入、卖电收入的注入）、营运账户、大修账户、储备账户，并与 ANZ 银行签署了账户托管协议。

（五）项目债务融资信用保证结构/实施方案

经过艰苦曲折的前期工作，甘再项目公司提供了多达 14 个抵押担保合同，并且设置了物权担保、项目权益转让、股东支持等多层次的担保措施，既充分保证投资商、承包商的权益，又在很大程度上消除了银行的疑虑，坚定了银行的贷款信心。

本项目的融资担保结构由以下几部分组成：

（1）"项目合同质押协议"，项目公司将其对外签署的项目合同项下的权益，包括"特许权协议""购电费用担保协议""EPC 总承包合同""购电协议""电网调度合同""设备运行、管理、维修合同"等，转让、质押给进出口银行。

（2）"股权质押协议"。

（3）"土地权益及厂房抵押协议"。

（4）"机器设备抵押协议"。

（5）"账户质押协议"，甘再项目公司在柬埔寨 ANZ 银行（代理行）开立的若干账户的权益，全部质押给进出口银行。

（6）"账户托管协议"。

（7）"保险转让和抵押担保协议"，甘再项目公司将其与本项目有关的所有保险合同（信用保险、商业保险）项下的权益，全部转让、质押给进出口银行。

（8）"股东支持协议"，即项目公司股东承诺如下：

①按期缴纳项目公司注册资本；

②股权处置限制；

③成本超支保证：股东承诺如发生超支情况，将立即按照项目公司章程的规定无条件地向项目公司提供项目超支融资；

④完工担保：股东承诺对贷款合同项下的贷款承担连带保证的完工担保责任；

⑤为了加强担保强度，由项目公司股东的母公司（集团公司）出具承诺函，承诺若 A 国际公司的担保支持不足时，由集团公司提供担保支持。柬埔寨甘再水电站项目债务融资信用保证结构如图 6-7 所示。

（六）项目前期开发工作主要成果

1. 项目开发阶段取得的主要工作成果

经过两轮艰苦谈判并形成会议纪要后，2005 年 4 月 27 日，柬工业矿

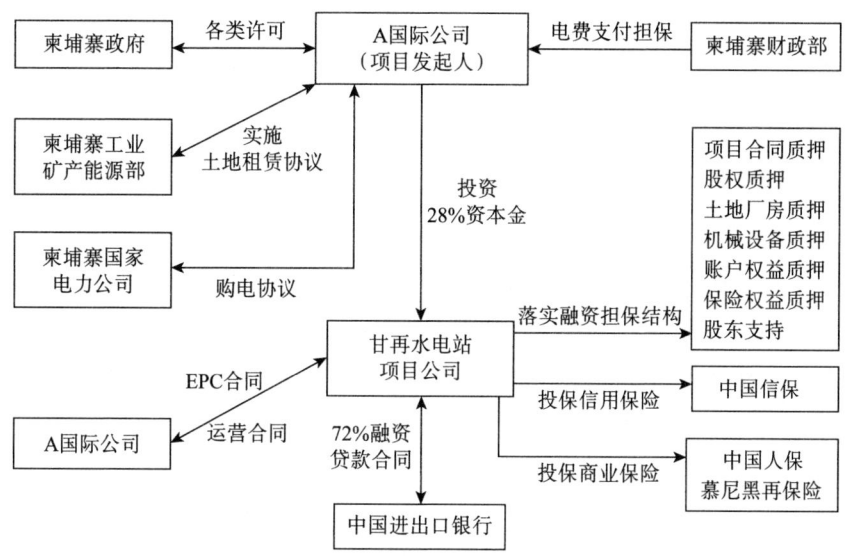

图 6-7 柬埔寨甘再水电站项目债务融资信用保证结构示意图

产能源部向 A 国际公司正式颁发了中标通知书。A 国际公司在甘再水电站项目前期开发工作中，取得的主要成果有：

（1）特许经营期限由 30 年调整到 44 年，其中建设工期 4 年，商业运营期 40 年。

（2）优化技术方案，总装机从 180 兆瓦增加到 193.2 兆瓦，增加了发电量及电价谈判空间。

（3）最后确定的工程总投资为 280545412 美元。

（4）为甘再水电站争取到的优惠政策：项目建成并投入运营后，前 9 年为免税期，免企业所得税。

（5）柬方同意了前高后低的电价结构，保证项目有充足的现金流，确保还贷资金，即：

　　a. 第一阶段 9 年，电价是 8.35 美分/千瓦时；

　　b. 运营的中间阶段 6 年，电价为 8.696 美分/千瓦时；

　　c. 运营期的最后部分是 25 年，电价为 7.72 美分/千瓦时；

d. 整个 40 年商业运营期的平均电价为 8.008 美分/千瓦时。

（6）柬方保证年最小购电量为 100% 的年平均发电量，即 4.98 亿千瓦时；年发电量超出 4.98 亿千瓦时的额外电量，柬埔寨国家电力公司（EDC）以 65% 的电价水平购买。

（7）电费的 80% 用美元支付（按当时汇率），20% 用当地货币支付（用于支付项目公司管理费）。

（8）柬埔寨政府同意为购电合同（PPA）项下的支付提供主权担保。

2. 项目债务融资工作情况里程碑

（1）2005 年 1 月，中国进出口银行为 A 国际公司出具了项目贷款"兴趣函"。

（2）2006 年 4 月，中国进出口银行为甘再水电站项目出具了有限追索项目融资的方案以及贷款意向书。

（3）2006 年 10 月，由中国进出口银行、中国信保、A 国际公司、专业机构等组成的尽职调查小组赴柬埔寨进行实地调查。

（4）中国进出口银行和 A 国际公司就柬埔寨甘再水电站项目有关合同/协议进行商谈。商谈内容主要是关于项目的重点问题以及对主要项目合同的修改问题，涉及投保、离岸账户的设置、抵押登记、还贷储备金等问题。经过数轮谈判，最终双方就贷款协议和相关保险、担保协议达成了一致意见，并正式签署了贷款协议和担保协议。

（5）2007 年 8 月，甘再水电站项目公司与中国进出口银行签署"借款合同"。

（6）2007 年 12 月，中国出口信用保险公司为甘再水电站项目出具了海外投资保险的保单。

（7）2008 年 1 月，甘再水电站项目公司与中国进出口银行签署了合同权益质押及担保协议等，实现融资关闭。

（8）2008 年 1 月 31 日，中国进出口银行将第一笔项目借款汇入甘再项目公司账户，为现场施工的顺利实施提供了资金保障，标志着甘再项目融资工作正式完成。

四、项目融资工作小结

(一) 甘再水电站项目获得的荣誉

柬埔寨甘再水电站投资项目在当时受到社会的极大关注，A 国际公司在国内外获得了一系列的荣誉或嘉奖。主要有：

(1) 本甘再水电站项目是柬埔寨政府推出的首个国际（引进外资）竞标 BOT 项目；

(2) 甘再水电站是柬埔寨国内首个投产运营的大型水电站项目；

(3) 甘再水电站被柬埔寨首相洪森誉为柬埔寨的"三峡工程"；

(4) 甘再水电站工程获得柬埔寨政府颁发的"最优秀工程奖"；

(5) 甘再水电站工程获 2010 年度柬埔寨王国贡布省最优秀工程奖；

(6) 甘再水电站工程项目，是中国水电首个境外 BOT 水电站项目；

(7) 甘再水电站工程获集团公司 2011 年度"优质工程奖"；

(8) 甘再水电站工程获集团公司 2013 年度"科技进步二等奖"；

(9) 甘再水电站工程是当时中国企业在海外投资建设的最大水电站项目；

(10) 甘再水电站工程在 2013 年 12 月获中国建设工程（境外工程）最高奖——鲁班奖；

(11) 清华大学出版《中国对外投资项目案例分析：中国进出口银行海外投资项目精选》，甘再水电站作为 7 个精选案例之一入选；

(12) 机械工业出版社《"一带一路"大实践——中国工程企业"走出去"经验与教训》作为首个成功案例收录；

(13) 香港凤凰卫视《龙行天下》节目组以甘再水电站项目作为中国企业"走出去"的成功范例为主题拍摄专题纪录片；

(14) 中国中央电视台以"'走出去'，痛苦还是幸福"为题，对中国境外项目进行专题报道，把甘再水电站建设项目作为典型案例，已成为柬埔寨能源矿产部、柬埔寨国家电力公司的一个示范教育展示窗口。

（二）有限追索与第三方担保

1. 项目融资与第三方担保

综上所述，A 国际公司投资柬埔寨甘再水电站 BOOT 项目，从项目开发、前期工作、投融资业务、合同管理、建设管理到运营管理，都是中国企业对外投资项目的典范，属于"教科书级的作品"，值得中资企业学习、借鉴。

甘再水电站 BOOT 项目的债务融资情况为：甘再水电站项目公司作为借款人，投保了中国信保的海外投资保险，中国进出口银行为其提供了出口买方信贷，"股东支持协议"提供了建设期完工担保和超支担保，集团公司对归还贷款给出了承诺（属于连带责任担保）。

由以上情况可以看出，甘再水电站项目的债务融资属于有限追索。

2. 股东支持协议

在"股东支持协议"中，项目公司股东的承诺如下：

（1）按期缴纳项目公司注册资本；

（2）股权处置限制；

（3）成本超支保证，即股东承诺，如发生超支情况，将立即按照项目公司章程规定无条件地向项目公司提供项目超支融资；

（4）完工担保：股东承诺对贷款合同项下贷款承担连带保证的完工担保责任；

（5）为了加强担保强度，由股东的母公司出具承诺函，承诺若担保支持不足时，由集团公司提供担保支持。

五、对海外投资项目融资的几点思考

前面介绍过，中国实施对外投资的企业有四种，前两种是主营业务为投资的工作平台，大集团提供相应的担保、支持、承诺等是有可能的。但

在当前，主营业务为设计、装备制造、工程建设的中资企业，在实施投融建营一体化业务过程中，由上级大集团为海外投资项目提供担保函、支持函、承诺函是非常困难的。

（一）积极探索利用项目所在地金融资源

大型企业集团下属的二、三级实体企业（主营业务是工程咨询、设备制造、工程施工），以对外投资带动工程总承包，以及以对外投资拉动产品销售的，要破解上述难题，可以尝试在项目所在地的金融机构解决融资，即在当地银行办理项目贷款，或为项目融资提供还款担保（银行保函、信用证）。

在前面的案例中，作者针对外国私人投资项目的债务融资，给出了在属地银行融资的建议，目的是要做成真正意义的项目融资（以项目公司的股权、资产、收益作为还款保证），并指出了实现属地融资/境外融资的工作方向。

对中资企业来讲，在实施对外投资业务时，应将项目的政府批文、特许权文件（协议、合同等）、土地、项目公司资本金、EPC合同等工作资源提供给当地银行，探讨融资的可能性。

由于中资企业在当地的担保资源不足，不能覆盖建设风险，项目公司直接办理资本金以外的融资很困难。但在当地银行申请为投资项目的融资提供还款担保函或者信用证还是有希望的，特别是EPC总承包商在资质、业绩、实力、管理团队等方面的实力突出的话，通过承包商的增信是有机会取得当地银行的"还款保函"或"信用证"。

如果对外投资企业尝试取得当地银行的"还款保函"或"信用证"成功，意味着项目债务融资的信用条件发生了变化，在无须提供第三方担保的情况下，满足国内金融机构（投保中国信保的中长期信用保险和特定合同保险）对投资项目的融资担保条件。

1. 满足中长期信用保险承保条件

投资企业将政府批文、特许权文件、土地、资本金、EPC合同等文件提供给项目所在地银行，以争取获得当地银行对项目融资的还款担保，即 EPC 合同的支付方式为"预付款+还款保函"，并投保中国信保的"中长期信用保险"（覆盖宽限期/建设期+还贷期的贷款本息）。

2. 满足特定合同保险承保条件

项目公司与所在地银行洽谈贷款合同，因为中方投资人在当地的担保资源不足，所以可考虑在贷款合同中设定生效条件，即项目建成并投入商业运行后贷款合同生效（通常是取得 COD 证书 12 个月内）并提款，这就是"预付款+信用证+再融资"模式，此种情况下，承包商可以投保"出口特险"。

综上所述，根据作者的工作实践，中资企业对外投资绿地项目，如能够在当地银行取得"还款保函"或"信用证"（远期信用证、备用信用证），那么在投保中国信保的出口信用保险时，由"海外投资保险"转换成了"中长期信用保险"或者"出口特险"，这样实施的话，对外投资的中资企业就有机会避免提供第三方担保。

（二）利用现有资源加强国家风险研判

通过对第六章第三节"'预付款+建设期延付+再融资'模式典型案例分析"和本节"以 BOOT、PPP 模式实施对外投资典型案例分析"，可以举一反三，进一步加深对海外绿地项目融资的认识，对海外绿地投资项目属地金融资源的使用给予高度重视。如何落实属地银行融资（还款保函，或信用证），重点是要通过市场调研、策划，判断项目所在地国家的金融机构（银行、保险公司、基金等）是否能支撑起项目的投融资规模，并能够获得中国信保和国内商业银行的认可。

1. 国别系统风险及投融资环境

分析柬埔寨主要宏观经济数据，可以对该国的投融资环境、违约风险、还款意愿及还款能力有一个初步判断。

根据中国信保《国家风险分析报告》2023 年披露的信息，分析柬埔寨宏观经济数据（见表 6-7、表 6-8）。

表 6-7　　　　　　　　　柬埔寨国家主要经济数据

年度	实际 GDP（亿美元）	GDP 增速（%）	财政收入占（%）	财政支出占（%）	公共债务占（%）	商品出口（亿美元）	商品进口（亿美元）
2019	209.0	7.1	24.8	22.6	28.0	149.9	222.4
2020	203.0	-3.1	21.6	25.5	31.3	185.2	210.7
2021	209.0	3.1	21.6	28.6	35.2	194.7	307.3
2022	220.0	5.1	22.7	27.1	36.6	237.3	343.0
2023	231.0	5.3	22.4	27.0	38.0	258.2	358.7

表 6-8　　　　　　　　　柬埔寨国家外汇及外债情况

年度	年均汇率（本币/美元）	年末汇率（本币/美元）	国际储备（亿美元）	外债总额（亿美元）	外债负债率（%）	债务率（%）	偿债率（%）
2019	4061.2	4084.0	187.6	153.4	56.6	65.8	6.5
2020	4092.8	4076.5	213.3	175.7	67.9	79.0	7.0
2021	4098.7	4113.5	202.6	200.2	74.3	91.5	10.0
2022	4101.9	4115.0	198.9	196.5	66.5	72.2	9.3
2023	4105.9	4096.5	218.8	210.4	65.2	66.3	7.9

我们结合上面的案例，对表 6-7、表 6-8 中的数据进行梳理，可分析柬埔寨国家的系统风险情况，判断属地融资的可行性。

（1）柬埔寨的 GDP 规模不大，排名前两位的当地银行的信用评级和资产规模无法支撑上亿美元大型基础设施项目的融资，所以中国信保对其保函或信用证不一定承保，国内商业银行也不一定接受。

（2）从柬埔寨近 5 年的政府财政收入与支出可以看出，2020—2023 年政府财政出现了赤字。

（3）柬埔寨的公共债务控制得很好，占 GDP 的比例处于优秀水平。

（4）近 5 年柬埔寨的外贸进出口都处于逆差状态。

（5）柬埔寨货币兑美元的汇率比较稳定，5 年仅贬值 2% 左右。

（6）柬埔寨的外汇储备与外债总额处于一个很安全的水平。

（7）外债负债率是国家当年的外债余额与 GDP 之比，柬埔寨的外债负债率处于及格偏低水平，因为对公共债务和外债（包括私人投资项目要做外债登记）国家都负有直接或间接责任，所以合在一起考虑还是有压力的。

（8）债务率是国家当年的"外债余额"与当年"出口创汇等外汇收入"之比，通常不能超过100%。柬埔寨政府控制得很好。

（9）偿债率是国家当年需要"偿还的外债余额"与"出口创汇等外汇收入"之比，通常不能超过20%，发展中国家可以放宽到25%。柬埔寨政府管理得也很好。

从上述分析可以看出，A国际公司从2004年3月份提交资格审查文件，到2008年1月份实现融资关闭，甘再水电站投资项目整个前期开发工作规范严谨，对柬埔寨国家的政局稳定、经济发展、风险识别、风险策划、风险管理等的分析预判都是准确、正确和有效的。2005—2007年是前期开发工作的关键阶段，将柬埔寨2006年与2023年的经济数据对照可知，项目尽职调查，以及专业机构出具的柬埔寨国家经济和国别风险分析报告等，对A国际公司投资甘再水电站项目的决策提供了重要支持。

2. 国家基础数据收集与风险分析

下面以大家熟悉的部分东南国家为例，依据中国信保《国家风险分析报告》近5年的经济数据，初步分析绿地项目所在国家的系统风险，以及在属地银行融资的可行性，同时提出海外市场开发和构建区域总部的初步建议。

（1）马来西亚、印度尼西亚、泰国、老挝的主要经济数据与外汇外债情况见表6-9至表6-16①。

表6-9   马来西亚的主要经济数据

年度	GDP（亿美元）	人均GDP（美元）	财政收入占（%）	财政支出占（%）	公共债务占（%）	商品出口（亿美元）	商品进口（亿美元）
2019	4050.0	11132.1	17.5	20.9	52.4	1972.7	1671.5
2020	3825.9	10160.8	15.9	22.1	62.0	1860.6	1532.3
2021	3944.2	11109.3	15.1	21.5	63.4	2357.3	1946.0
2022	4287.1	11971.9	16.5	21.7	60.1	2779.7	2415.1
2023	4437.9	12530.8	15.5	20.7	62.5	2793.0	2443.9

---

① 数据来自中国信保的《国家风险分析报告》（2023）。

表 6-10　　　　　　　　马来西亚的外汇外债情况

年度	年均汇率 (本币/美元)	年末汇率 (本币/美元)	国际储备 (亿美元)	外债总额 (亿美元)	外债负债率 (%)	债务率 (%)	偿债率 (%)
2019	4.1	4.1	1036.1	2310.1	63.3	90.3	5.2
2020	4.2	4.0	1076.4	2387.6	70.8	107.3	6.0
2021	4.1	4.2	1168.9	2586.1	69.3	91.7	4.9
2022	4.4	4.4	1146.5	2686.6	66.1	81.0	3.7
2023	4.4	4.4	1184.9	2721.9	63.3	81.9	6.1

表 6-11　　　　　　　　印度尼西亚的主要经济数据

年度	实际GDP (亿美元)	人均GDP (美元)	财政收入 占(%)	财政支出 占(%)	公共债务 占(%)	商品出口 (亿美元)	商品进口 (亿美元)
2019	12041.0	4218.4	12.4	14.6	36.3	1684.6	1649.5
2020	11798.0	3958.3	10.7	16.8	44.3	1634.0	1351.0
2021	12231.0	4395.9	11.9	16.4	48.0	2328.4	1890.3
2022	12881.0	4848.1	13.4	15.8	49.0	2925.5	2298.7
2023	13488.0	5052.5	11.7	14.6	46.8	2941.9	2347.2

表 6-12　　　　　　　　印度尼西亚的外汇外债情况

年度	年均汇率 (本币/美元)	年末汇率 (本币/美元)	国际储备 (亿美元)	外债总额 (亿美元)	外债负债率 (%)	债务率 (%)	偿债率 (%)
2019	14147.7	13901.0	1291.8	4021.1	35.9	183.5	37.3
2020	14582.2	14105.0	1359.0	4170.5	39.4	215.8	34.9
2021	14308.1	14269.0	1449.1	4164.7	35.1	158.3	27.8
2022	14849.9	15731.0	1372.3	3968.4	30.1	119.2	19.4
2023	15266.4	15154.3	1455.5	4143.0	29.9	120.1	18.9

表 6-13　　　　　　　　泰国的主要经济数据

年度	名义GDP (亿美元)	人均GDP (美元)	财政收入占 (%)	财政支出 占(%)	公共债务 占(%)	商品出口 (亿美元)	商品进口 (亿美元)
2018	4429.0	7297.8	15.8	18.3	41.7	2511.1	2278.2
2019	4524.8	7815.0	15.2	17.1	41.2	2427.0	2159.8
2020	4239.0	7162.1	14.8	21.6	52.0	2269.8	1961.3

续表

年度	名义GDP（亿美元）	人均GDP（美元）	财政收入占（%）	财政支出占（%）	公共债务占（%）	商品出口（亿美元）	商品进口（亿美元）
2021	4309.0	7232.1	14.6	20.1	59.6	2784.8	2382.8
2022	4434.0	7079.3	16.1	20.9	62.6	3262.0	3201.1

表6-14　　　　泰国的外汇外债情况

年度	年均汇率（本币/美元）	年末汇率（本币/美元）	国际储备（亿美元）	外债总额（亿美元）	外债负债率（%）	债务率（%）	偿债率（%）
2018	32.3	32.4	2056.4	1724.9	34.0	50.0	5.4
2019	31.0	30.2	2243.3	1797.7	33.0	52.4	7.9
2020	31.3	30.0	2581.3	2041.5	40.8	73.1	6.0
2021	32.0	33.4	2460.0	2240.4	44.3	69.7	11.1
2022	34.3	34.2	2399.5	2353.7	47.4	59.4	9.5

表6-15　　　　老挝的主要经济数据

年度	实际GDP（亿美元）	人均GDP（美元）	财政收入占（%）	财政支出占（%）	公共债务占（%）	商品出口（亿美元）	商品进口（亿美元）
2018	126.0	2569.1	16.6	20.8	—	54.1	63.1
2019	133.0	2635.8	15.7	18.5	—	58.1	62.7
2020	134.0	2629.7	12.6	18.1	—	61.1	53.7
2021	139.0	2568.9	12.1	18.1	—	75.5	66.2
2022	147.0	2142.5	12.6	17.4	—	76.7	71.9

表6-16　　　　老挝的外汇外债情况

年度	年均汇率（本币/美元）	年末汇率（本币/美元）	国际储备（亿美元）	外债总额（亿美元）	外债负债率（%）	债务率（%）	偿债率（%）
2018	8401.3	8530.0	9.8	153.8	84.8	229.4	13.0
2019	8679.4	8861.0	11.0	167.0	88.4	226.4	6.9
2020	9045.8	9274.0	14.2	171.6	89.7	253.3	15.3
2021	9697.9	11041.0	15.1	175.0	92.3	213.5	18.7
2022	12375.0	11096.7	15.8	174.5	108.9	203.4	12.3

(2) 综合分析。在进行海外绿地项目投资前，工作团队和开发企业在做内部的投资项目评价和评审时可以参考中国信保《国家风险分析报告》中披露的马来西亚、印度尼西亚、泰国、柬埔寨和老挝的宏观经济数据。具体分析如下：

a. 根据目标国家的国内生产总值（GDP）和国际信用评级，可以对当地排名前三位银行的资产规模、信用评级有一个初步分析，对属地融资的可行性进行预判，即相对于拟投资项目的规模，判断当地金融机构（银行、保险公司等）的实力是否能够支撑项目融资。

b. 人均GDP反映一个国家的经济实力、发展水平和富裕程度。世界银行集团下属的国际开发协会（IDA），旨在帮助世界最贫穷的国家，当前有70多个国家符合援助条件，这些国家的金融机构大多无法支撑基础设施项目的融资。为此，建议属地融资的工作方向：一是寻求多边金融机构的支持；二是外资银行在当地的分支机构。

c. "公共债务占GDP比重"与"外债负债率"这两个指标在评审中要统筹考虑，不能分别简单地按一般惯例分析，因为在"外债负债率"指标中含有公共债务（含担保）、私人非主权担保债务和短期债务。外国人投资的项目都在政府做了外债登记，投资项目收入兑换外汇出境是政府的责任。由此看来，"公共债务占GDP比重"与"外债负债率"这两个指标叠加后，我们所关注的国家很可能存在债务违约风险。

d. 分析"财政收入占GDP比重""财政支出占GDP比重"和"商品出口""商品进口"数据时，如投资目的国的财政连年赤字，外贸进出口连年逆差，那么对于投资人来讲，也要面对债务违约风险。

e. 在企业内部评审时，经常会有领导和专家问到投资目的国的汇率风险问题，中国信保的《国家风险分析报告》有近5年的"年均汇率"和"年末汇率"，如果想了解更长时间的汇率变化情况，可以查询以前年度的报告。如工作团队能了解近10年投资目的国的汇率变化情况，就会对目标国的汇率风险有一个清晰的判断。

f. 通过对投资目的国的国际储备/外汇储备、外债总额、外债负债率、债务率、偿债率等数据的分析，我们可以对投资目的国的外债违约风险作出预判，根据不同金融机构的风险喜好，对项目债务融资的可行性和工作方向作出预判、预案。

（3）研判投资风险（以在老挝、柬埔寨投资为例）。近几年，在老挝投资水电站的中国企业几乎都要面临老挝国家电力公司的债务违约，即没有按PPA约定的时间、金额支付电费，而且是持续拖延支付，相当一部分欠账已经超过1年。通过对老挝国家经济数据的梳理、分析，可以看出老挝的经济情况并不好，出现债务违约风险的概率很高，属于典型的有偿债意愿没有还债能力。由此可以得出结论，在前期开发工作中积极收集国家、行业、产业的信息和数据，对系统风险的预防是相当有效的。

老挝的经济相对落后，主权机构、次主权机构、金融机构（银行、保险公司）的规模小，且国际信用评级低（甚至没有评级），对外国人投资项目的债务融资无法提供有力支撑，所以绝大部分中资企业在老挝投资绿地项目的融资都是股东融资，即投资人为项目的债务融资提供了第三方担保（投资人母公司担保、国内资产抵押担保、占用国内银行授信额度等），而且担保覆盖整个建设期和还贷期的本息。在这种情况下，一旦特许权合同/协议项下的支付出现违约，就会把还贷风险传递到母公司。

依据作者的实际工作经历，在评价海外投资目的国家的系统风险时，应重点参考：

a. 中国信保编制的《国家风险分析报告》，内容包括两部分，即"全球投资风险分析、行业风险分析和企业破产风险分析"和"重点国家风险分析"。

b. 商务部国际贸易经济合作研究院、商务部对外投资和经济合作司、中国驻当地大使馆经济商务编制的《对外投资合作国别（地区）指南》。

c. 商务部、国家统计局、国家外汇管理局联合编写的《中国对外直接投资统计公报》。

上述报告都是按年度出版，内容和数据不断更新。在对海外投资项目的评价过程中，企业可以借助国家权威机构的报告，做好风险识别、风险策划、风险控制、风险转移、风险管理工作。对于经济相对落后国家投资基础设施的项目，权威机构的报告可以帮助企业对国别系统风险作出正确的判断和决策。

柬埔寨的各项宏观经济数据较好，但是国家小，国家的经济总量有限，所以本土头部银行的资本规模也不大。老挝、柬埔寨的 GDP 都在 200 亿美元左右，但由于经济数据反映出的问题不同，中资企业对其投资面临的风险完全不同。在柬埔寨选择好项目、控制好投资规模，按中国信保"小而美"的条件操作是可行的。

3. 基于融资视角的市场开发策略

近些年，随着"走出去"的企业越来越多，经营规模越来越大，中资企业设立区域管理总部的需求凸显。通常情况是，中资企业在已有业务、工程项目或已经进入的国别市场设立区域市场总部，进行"深耕"。

（1）如果立足已有市场资源、工作资源、在手执行项目，主要跟踪开发现汇项目、政府项目、国际组织项目等，那么在熟悉的国家设立区域管理总部是可以的，例如在柬埔寨、老挝有在建工程项目，在执行项目的过程中继续开发并深耕市场。

（2）如果企业考虑在某一国家建立区域开发总部，除了开发现汇项目、政府项目、国际组织项目外，还要开发私人投资项目、融资项目市场，并且利用区位优势辐射周边国家的话，就要先进行市场调研和规划，然后选择符合条件的国家设立区域开发总部。

（3）开展绿地项目对外投融资业务，首先要在目标区域内选择经济相对发达、金融机构实力强、交通便利、市场活跃的国家。在东南亚地区，新加坡、马来西亚、泰国、印度尼西亚、菲律宾都具备这样的条件，重要的是按企业需求和所掌控资源情况选择设立区域开发总部。

（4）在前面的汇总表中可以看出，马来西亚、泰国、印度尼西亚的经济规模、银行规模、市场规模等都具备中资企业深耕的条件，而且辐射周边国家市场，在属地银行融资可行。相比较而言，马来西亚、泰国的经济数据更好一些，国别风险更低一些。而印度尼西亚国家的债务率、偿债率指标已经超标，中资企业在印度尼西亚做投资开发时，对收益率低的基础设施项目要慎重。

第五节　牙买加高速公路 BOT 项目投融资及再融资案例

一、项目概况

（一）基础信息

牙买加西北海岸是世界著名的旅游区，经济发展良好，与首都金斯敦之间南北通道的交通压力不断增加，现有公路不能满足通行需求，制约了经济发展。牙买加政府于 1999 年启动了"Highway 2000 项目"（以下简称"H2K 项目"）规划，将其作为政府致力于提升国家基础设施和振兴经济的一项长期计划，旨在通过建造安全、高效连接全国主要城市的公路轴线，满足国内快速增长的交通需求，为在金斯敦与牙买加主要人口集中的城市之间提供安全快速通道，促进沿线土地和旅游资源开发。

南北高速公路全长 66.13 公里，起点位于 Caymanas Economic Zone，终点为 Mammee Bay，纵贯中部山区，连接南北海岸，项目总投资 7.34 亿美元。H2K 项目采用双向 4 车道标准建设，设计时速 80 千米/小时（部分山区路段 60 千米/小时），其中，路基土石方 917 万立方米，桥梁 17 座（主线桥 597 米/9 座、天桥 248 米/8 座）。涵洞通道 159 道。设 1 个管理养护中心、6 个收费站和 1 个服务区。

作为牙买加政府规划重点建设的南北交通干线，H2K 高速公路南北线的建成打通了连接牙买加南北海岸的"大动脉"，将行车时间从原来的近 2 个多小时缩短至 45 分钟，为人员流动和物资运输提供了便利，有助于岛内资源重新配置与开发利用，促进经济协调发展。

（二）市场机会

牙买加地处加勒比海核心位置，扼守船只出入巴拿马运河的必经航道，是国际海运体系中的重要节点。然而，牙买加国家经济体量较小、政府能力有限，岛内基础设施建设的步伐非常缓慢。长期以来，唯一的一条山区公路成了沟通牙买加首都金斯敦至著名旅游城市奥乔里奥斯之间的通道，不到 70 公里的路程驱车行驶需要 2 个多小时，交通不畅制约着牙买加中部地区的经济发展。建设这条沟通南北的交通动脉是牙买加政府和民众半个世纪的梦想。

牙买加修建这条 H2K 项目的设想始于 1966 年，各届政府聘请国际知名基建企业先后开展过 5 次可行性调研，但最终都因施工难度大、投入成本高而搁浅。一直到 21 世纪，才由国际知名的法国布依格公司（Bouygues Construction）进行该路段的设计工作，2009 年中，该公司已经完成了道路的大部分设计，但此时布依格公司却认为该路段 Mount Rosser 山脉的地质条件太差，山体极不稳定，存在潜在的滑坡风险。要解决地质问题，需增加大量投入，而牙政府受财政预算限制无法提供大量资金支持，该法国公司于是退出项目。

2009 年底，中国一家国有大型交通建设企业集团开始跟踪牙买加 H2K 项目。该公司经过深入调研，联合国际著名的 AECOM 集团、国内设计研究院和知名地质专家对该项目反复论证，认为 Mount Rosser 山脉的潜在滑坡体并不明显，可用技术手段降低相关风险。经全面评估风险后，这家大型国有交通建设集团决定投资该项目，具体由集团下属的 A 工程公司、B 国际公司、C 工程公司、D 工程公司和 E 设计公司共同实施对外投资，并由 A 工程公司牵头实施 H2K 南北高速公路项目的工程建设。

（三）融资需求

牙买加 H2K 高速公路南北线项目，是牙买加历史上规模最大的交通运输类项目，这个项目也是中资企业首个境外投资的 BOT（应该是

BOOT）公路项目。该项目南起西班牙城，北至旅游城市奥乔里奥斯，全长66.163公里，总投资7.34亿美元。

H2K项目的资金需求是：项目公司资本金由上述五家企业按持股比例出资，建设贷款需要在BOOT/PPP特许权模式下由国内商业银行融资解决。

二、融资可行性分析

（一）国别风险分析

1. 国家风险与主权信用

2012年12月，牙买加南北高速公路有限公司与A工程公司签订了EPC总承包合同，开始开工建设H2K项目。根据中国信保2012年出版的《国家风险分析报告》的信息，牙买加的国家风险参考评级为：6（6/9）级，国家风险水平中等偏高，未来风险展望为正面；牙买加的主权信用风险评级为CCC（7/9）级，主权信用风险水平较高，未来风险展望为稳定。

2. 国家政治经济状况

牙买加是加勒比海其中的一个岛国，人口279万人，国土面积1.1万平方公里。牙买加原本是印第安人居住地，后来变成了西班牙人的殖民地，之后又被英国占领，1962年8月6日牙买加宣布独立，目前是英联邦成员国之一。

根据中国驻牙买加经商处发表的《牙买加2012年经济形势和2013年经济展望》披露的数据，可以看出项目开发阶段的牙买加经济形势很严峻。

（1）当时牙买加GDP为7299亿牙元（约合78.5亿美元），同比下降0.3%。其中，矿业、建筑业、运输和仓储业明显下滑，农林渔业、酒店餐饮业和金融保险服务业成为拉动经济增长的主要动力。银行存款利率为2.10%，同比下降0.34%，商业贷款利率为18.44%，同比增长0.41%；

牙买加 CPI 为 8%，同比增长 2%，2012 年牙买加平均通货膨胀率为 6.9%，同比下降 0.6%；受生产成本上涨和牙元贬值的影响，牙买加矿业和采石业 PPI 同比增长 5.3%，制造业同比增长 4.7%，因此，当时牙元持续贬值，截至年底，美元兑牙元汇率为 1:92.98，贬值 6.9%。

（2）截至 2012 年底，牙买加外汇储备为 11.256 亿美元，同比减少 8.405 亿美元，仅可维持 13.2 周商品和服务进口；侨汇收入 20.37 亿美元，对外汇款 2.674 亿美元，净收益 17.696 亿美元，同比增长 0.126 亿美元，美国为牙买加侨汇最大来源国，其余大部分来自加拿大和英国；牙买加的经常项目赤字 19 亿美元，同比减少 2.21 亿美元，占 GDP 的比重为 12.6%；2012 年，通过实施紧缩财政政策，牙买加实现 5.3% 的基本盈余，实际财政支出比预期减少 99 亿牙元，财政收入为 3010 亿牙元。

（3）当时牙买加劳动力人口为 108.69 万，失业率高达 13.7%，同比增长 0.9%，其中青年失业率高达 34%。

（4）2012 年，牙买加出口 17.098 亿美元，同比增长 5.4%，进口 65.949 亿美元，同比增长 2.4%。贸易赤字 48.851 亿美元，同比增长 6810 万美元；牙买加公共债务为 17628 亿牙元（约合 189.6 亿美元），占 GDP 的 130.4%，其中内债和外债分别占 GDP 的 73.6% 和 56.8%。

（二）项目可行性

1. 投资环境

2012 年，牙买加人民民族党在大选后重新执政，为扭转经济高负债、低增长的局面，牙买加政府就中期贷款工具与 IMF 重启谈判，旨在通过改革，实现经济高增长和可持续发展。

为应对上述挑战，牙买加政府依据国家远景 2030，制定了经济增长刺激战略和中期经济社会发展框架（2012—2015 年），并结合中期贷款工具明确了未来经济发展目标和优先领域，即通过改革降低债务水平，减少财政赤字，改善营商环境，实现经济可持续增长。

经过近一年的努力，2013 年 4 月 30 日，IMF 董事会批准了向牙买加提供为期 4 年、总额为 9.58 亿美元的中期贷款工具（Extended Fund Facility，EFF）。同时，世界银行和美洲开发银行将各向牙买加提供至少 5.1 亿美元的贷款额度。EFF 的签署既为牙买加经济计划提供了有力保障，又为外国投资和援助注入了新的动力，虽然 EFF 的实施面临许多困难，短期内牙买加经济呈现快速增长的可能性不大，但从中长期来看，若牙买加政府始终坚定改革决心，认真履行 EFF 承诺，其经济有望实现企稳回升及可持续增长。

2. 经济可行性

牙买加经济总量相对小，政府财政实力相对较弱，而且当时牙买加的汽车保有量为 100 万~120 万辆，仅靠收取通行费用还贷困难。对于 H2K 项目来说，让牙买加政府提供足额担保存在很大困难。经沟通，牙买加政府表示无力就此项目提供全额的财政或其他担保。

考虑到牙买加经济体量和市场规模，投资该项目需要中资企业在确保公路项目收益以外，给出其他增加收益的解决方案。从获得信息看，投资商获得了公路附属区域 5 平方公里土地的开发权，这对补充投资收益有一定帮助。

（三）业主资信状况

牙买加采用英国法律体系，法律法制比较健全。牙买加高速公路授权经营主要依据是《收费公路法》。高速公路特许经营协议提交牙买加交通部审核通过，内阁批准后生效。

本项目代表牙买加政府与中方签署 H2K 高速公路南北线项目特许经营权合同的是牙买加国家公路运营及建设有限公司（NROCC），由于牙买加国家经济总量不大，信用评级很低，所以 NROCC 代表国家与中方投资企业签约，其资信状况堪忧。

（四）项目合规性

从牙买加 H2K 高速公路南北线项目前期工作里程碑可以看出，该项目得到了中国、牙买加两国政府的大力支持。

2012年6月21日,由牙买加国家公路运营及建设有限公司代表牙买加政府与牙买加南北高速公路有限公司(项目公司),就牙买加南北高速公路工程项目的建设和运营正式签订了特许权协议。

2012年11月,国家发改委对A工程公司、B国际公司、C工程公司、D工程公司、E设计公司这五家企业投资建设牙买加南北高速公路BOT项目给予核准。

2012年12月21日,牙买加南北高速公路有限公司与A工程公司牵头的由五家中国企业组成的联合体签订了EPC总承包合同。

2013年1月28日,工程正式开工建设。

2013年8月27日,项目公司与国家开发银行签署贷款合同,并实现融资关闭。

2014年8月6日,中段完工开始试运营。

2016年3月23日完工,并举行了全线通车典礼;3月24日0:00开始全线收费运营;按照特许权协议,运营期为50年。

牙买加南北高速公路项目建成后,促进了该地区快速健康发展,物资运输和旅客数量等均有增加,也间接带动了该地区的就业和经济发展,该项目获得了牙买加政府的认可。

对此,牙买加总理辛普森-米勒表示,中国企业帮助牙买加政府和民众架起沟通南北交通动脉的"世纪之梦"。中国驻牙买加大使董晓军说,南北高速公路见证了中牙两国人民友谊,是两国关系史上的里程碑。

米勒总理衷心感谢中国政府对牙买加的帮助和支持,高度称赞南北高速公路对牙买加的重要意义,认为其不仅方便了居民出行,更重要的是为牙买加培育了新的经济增长点,必将为推动牙买加经济社会发展发挥重要作用。

(五)承包商履约能力

投资牙买加H2K高速公路南北线项目的国有大型企业集团是世界最

大的港口设计建设公司、世界最大的公路与桥梁设计建设公司、世界最大的疏浚公司、世界最大的集装箱起重机制造公司、世界最大的海上石油钻井平台设计公司；是亚洲最大的国际工程承包公司、中国最大的高速公路投资商。

集团拥有 60 多家全资、控股子公司，相关业务已有一百多年历史，产品和服务遍及全球 150 多个国家，通过几代员工的持续努力，建设了一大批代表世界、代表时代最高水平的交通基础设施，为客户提供了成熟完备的服务，形成了全球领先的技术体系。

集团所属 A 工程公司等五家企业都是交通领域的著名企业，在工程设计、设备材料采购、工程施工方面具有很高的专业水平和工作能力，并拥有良好业绩。

（六）项目相关风险

1. 信用风险与政治风险

因政权变更导致国家解体或新任政府不承认以往的债务和协议，可能影响项目资产的安全。

2. 市场与运营风险

a. 车流量和收费标准达不到预期标准；

b. 项目公司运营管理不善、管理成本增加等；

c. 自然灾害等不可抗力事件等对项目运营造成影响。

3. 利率及汇率风险

项目的贷款期限较长，贷款的利率及汇率变化难以预测，如发生不利变化将对项目造成一定影响。

4. 完工风险（完工前）

a. 本项目地质条件比预想的复杂；

b. 牙买加本地分包公司施工缓慢；

c. 政府征地拆迁工作进度较慢，存在征地不连续等问题。

5. 技术标准

牙买加南北高速公路项目在特许权协议中没有明确采用中国标准，而是采用了美国标准和英国标准，并掺杂一些不成体系的牙买加当地标准。中国公司对欧美标准的不适应，以及不成体系的当地标准给中国公司带来的混乱感，都会给项目实施带来不利影响。

三、项目融资工作推进相关思路

（一）融资可行性基本研判

旅游业是牙买加经济支柱之一，2012年，赴牙买加旅游人数超过330万，同比增长7.4%。其中，游轮游客134万人，同比增长17%，过夜游客198万人，同比增长1.8%。2012年，旅游业创汇20.465亿美元，同比增长1.9%，创造直接就业岗位76450个。

牙买加总理米勒高度称赞H2K项目对牙买加的重要意义，认为其不仅方便了居民出行，更重要的是为牙培育了新的经济增长点，为推动牙买加经济社会发展发挥了重要作用。

通过融资可行性分析框架，我们判断牙买加国别风险相对较低，代表政府签署特许权协议的机构资信状况一般，项目业主和承包商实力强，项目技术可行，但限于牙买加当地人口和旅游市场规模，项目建成后车流量预测数据能否满足项目经济性要求存在不确定性，项目收益需要在特许权协议中提出附加条件来提高，其他风险可控，项目融资有一定难度，可能需要投资商提供额外担保。

（二）项目债务融资情况

1. 项目投资人

国有大型企业集团所属A工程公司、B国际公司、C工程公司、D工程公司、E设计公司共同出资，在巴巴多斯注册成立加勒比基础设施投资有限公司。

2. 项目公司

2011年9月13日,加勒比基础设施投资有限公司全资设立牙买加南北高速公路有限公司,作为实施H2K项目的项目公司。项目公司初期注册资本金50万美元,具体负责项目的开发、投融资、建设和运营。

3. 特许权协议

牙买加国有公司,即牙买加高速公路运营及建设有限公司代表政府与项目公司签署牙买加H2K高速公路南北线项目的特许权协议。H2K项目的基础信息见表6-17。

表6-17　牙买加H2K南北高速公路项目基础信息

序号	栏目	内容
1	项目名称	牙买加H2K高速公路南北线
2	项目意义	牙买加历史上最大的交通运输类项目 最大的中国与牙买加经济合作项目 A工程公司等五家企业在牙买加投资的首个基础设施项目 中资企业在海外投资的首个高速公路PPP项目
3	项目类别	交通运输——高速公路建设
4	建设内容	连接西班牙城和牙买加旅游中心奥乔里奥斯的高速公路南北线 公路全长66.163公里,双向4车道,设计时速80公里
5	总投资额	7.34亿美元
6	运作方式	BOOT
7	合作期限	建设期3年,运营期50年

4. 总承包合同

牙买加南北高速公路有限公司(项目公司)与A工程公司签署EPC总承包合同,合同金额为5.4亿美元。

5. 项目融资

中国国家开发银行为牙买加南北高速项目提供了银行贷款。2013年8月,项目公司与国家开发银行签署贷款协议。根据长期贷款协议,项目资本金约 1.5 亿美元，贷款额度为 4.255 亿美元和 2 亿元人民币，贷款期限为 20 年，其中，宽限期 3 年（含建设期），贷款利率为 6 个月 Libor +460BP。

项目债务融资的还款保证有：项目公司的股权、资产、收益质押；增信措施有：项目公司股东及母公司提供连带责任担保（如建设期内提供完工担保），设立偿债准备金账户，牙买加政府给予项目优惠政策项下的收益优先还贷等。

6. 项目优惠政策

牙买加政府对 H2K 项目的主要优惠措施见表 6 – 18。

表 6 – 18　　　　牙买加 H2K 南北高速公路项目主要优惠措施

序号	栏目		优惠措施内容
1	特许经营权		50 年运营
			承诺提供较为优惠的收费标准和定价机制
			约定项目唯一性：双方约定，除非本项目交通量已饱和，牙买加方不可建设新的存在竞争性的公路、铁路、轻轨或升级任何现存道路
2	土地开发收益权		划拨公路沿线 5 平方公里经营性土地，由项目公司自主开发，开发所得收益归项目公司所有
3	税收优惠	所得税	运营期前 20 年对牙买加南北高速公路有限公司的所得税实行零税率
		一般消费税	运营期的过路费实行零税率
			运营期前 25 年对投资人、承包商及分包商等实行零税率或退税政策优惠
		关税	从特许经营协议生效日至运营期的第 25 年止，对投资人、承包商及分包商进口与项目有关的施工设备、运输工具（小汽车除外）、材料等实行零关税
		资本利得税	牙买加南北高速公路公司作为巴巴多斯公司的全资子公司，在向巴巴多斯公司分红时不用缴纳资本利得税
		其他	印花税、利息的预提税、不动产税、财产转让税均免除

（三）项目债务融资信用保证结构（见图 6-8）

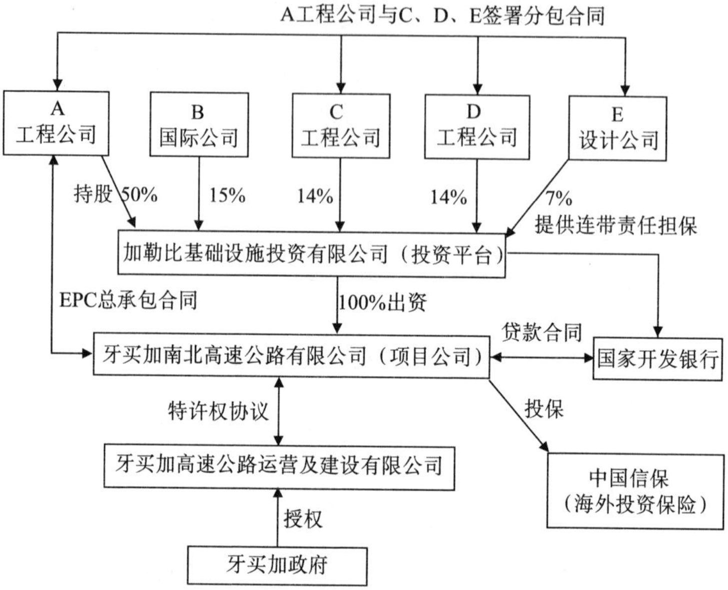

图 6-8　牙买加 H2K 南北高速公路项目债务融资信用结构示意图

（四）项目再融资与债务重组

2021 年下半年以来，美联储加息预期和加息行动使境外美元贷款基础利率大幅上升，牙买加南北高速公路项目项下存量贷款的利息费用显著增加，A 工程公司启动了存量贷款再融资招标。

2022 年，中国信保携手德意志银行（牵头行）、西班牙桑坦德银行、西班牙 BBVA 银行、新加坡星展银行组成的银团，积极参加 A 工程公司的再融资招标。综合考虑项目预计现金流和美联储潜在加息周期，投标团队为项目定制了 5 年期、一次性还款的低成本内保外贷方案，进一步增强了项目应对疫情和国际金融市场变化的能力，显著改善了项目投资收益。

2022 年 8 月 12 日，在中国信保融资担保支持下，项目公司与银团签署再融资法律文件，并完成了银团提款。此次再融资金额 4.1574 亿美元，融资期限 5 年，提款资金用于偿还 H2K 项目项下的存量贷款。至此，项目公司的债务重组工作完成。

牙买加南北高速公路项目再融资，是中国信保担保业务历史上承保的单一最大内保外贷项目。海外投资项目是中国信保担保业务的重点支持领域。中国信保通过内保外贷与海外投资保险联动，既帮助客户节约了财务费用，也帮助项目规避了海外政治风险。内保外贷融资信用结构见图6-9。

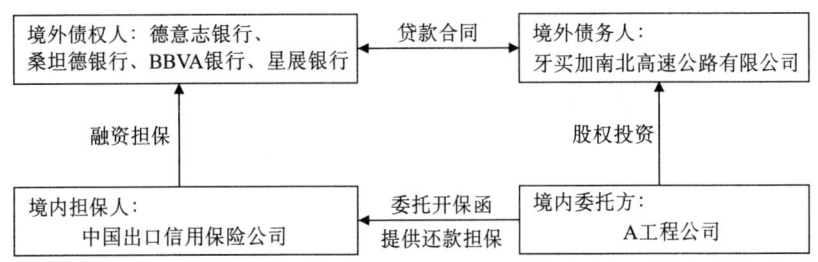

图6-9 内保外贷再融资信用结构示意图

为实现上述交易，中国信保经过尽职调查，给予A工程公司综合授信。同时，考虑到牙买加H2K项目的还贷能力，贷款5年到期前，债务人可以根据还款情况与债权人协商续贷，中国信保提供融资担保。

四、项目融资工作小结

（一）争取优惠政策

从以上对牙买加H2K项目案例分析看，这个项目的收益情况并不乐观，为此，项目公司在谈判特许权协议时争取到了必要的优惠政策，主要有：

（1）特许经营权有效期为项目建成投入运行后，运营期50年，并承诺提供较为优惠的收费标准和定价机制。

（2）牙买加政府同意划拨H2K项目公路沿线5平方公里经营性土地，由项目公司自主开发酒店、商业中心、公寓和别墅等，开发所得收益归项目公司所有。

(3) 获得政府给予的税收优惠政策等。

通过努力，争取到的以上优惠大大提高了项目公司的盈利能力，也为后续的项目再融资奠定了基础。

(二) 项目再融资

A 工程公司面对美联储不断加息、项目公司原有中长期融资的财务费用不断攀升的情况，在中国信保的支持下，通过内保外贷，成功实现了项目的再融资。通过债务重组，用低成本资金替换原有的高成本融资，大大降低了项目公司的财务费用，这是本项目的最大亮点，值得实施对外投资的中资企业借鉴。

第六节　以收购股权或增资方式进入项目公司方案分析

中国企业的对外经济合作业务，从早期传统的劳务、分包模式向 EPC、EPC + F 模式转变；近年又进一步发展到结合 EPC 与股权投资、BOOT（建设—拥有—运营—转让）和 PPP（公私伙伴关系）模式，越来越多的企业开始运用自身的资金优势来推动承包业务，使中国的对外承包工程业务从单纯的成本优势转向资本、技术和管理的综合优势。

尽管传统承包企业在技术和管理方面积累了丰富经验，且其优势正逐步增强，但在如何运用资本优势，通过投资、并购及小比例参股模式拓展海外业务方面，仍面临诸多挑战。这些挑战主要源于投资理念、经营环境等方面，目前，还有许多急需解决的问题。中国企业在国际市场上的发展和转型，不仅体现在业务模式的多样化上，还体现在对这些复杂问题的深入理解和有效应对上。

对于承包企业的参股投资类融资项目，如何识别和分析项目的融资可行性，如何与原有业主谈判股权及对价，这是承包企业业务转型升级的新课题，我们认为有必要与企业共同探讨，分享一些此类项目开发过程中需要注意的问题，以提高参股投资类融资项目开发的成功率，降低前期的开发成本。下面我们从某中资企业参股投资东南亚水电项目案例入手分析。

一、项目概况

（一）基础信息

菲律宾 Agus-Ⅲ水电站工程位于菲律宾南部棉兰老岛伊利甘和马拉维之间，工程建于 Agus 河上，是 Agus 河规划的七个梯级电站中的第三级，也是规划中唯一未开发建设的水电站，其余六个已经建成投产。

Agus 河的源头是 Lanao 湖，该自然湖泊的水位高程为 700.0 米。Agus 河是该湖的唯一出口，长 36 公里，向北流向大海。Agus Ⅲ水电站工程位于 Lanao 湖下游 10 公里处，介于已经建好的 Agus Ⅱ水电站和 Agus Ⅳ水电站之间。大坝位于 Agus Ⅱ水电站尾水渠下游 1.5 公里处，厂房靠近 Agus Ⅳ水电站水库上游。

菲律宾在 20 世纪 60 年代中期构思了 Agus 河水电开发的总体方案。Agus Ⅲ水电站的可行性研究报告于 1976 年完成并出版。建议的布置为：一座 55 米高的土石坝、1.5 公里长的引水隧洞、地下厂房、2 公里长的尾水渠；可开发的水头为 155 米，总装机容量为 225 兆瓦。

1998 年，一家加拿大咨询公司对 Agus Ⅲ水电站可研报告进行了校核和修订，给出的工程投资预算约为 4.7 亿美元，其中，EPC 部分的建造成本约为 3.5 亿美元，土地成本约 3500 万美元，前期开发费用约 7200 万美元，税费等约 1500 万美元。

（二）融资需求

菲律宾 MENCO 公司（以下简称"项目公司"）拥有 Agus Ⅲ水电站工程项目的开发权及土地所有权。菲律宾 CNGESI 公司（以下简称"业主

A")作为项目主要投资人,已与项目公司原始股东(原省长,以下简称"业主 B")就合作开发 Agus Ⅲ 水电站项目达成一致,即业主 A 支付给业主 B 项目 2000 万美元,取得项目公司 80% 股权,业主 B 仍持有项目公司 20% 的股权。

当时,为筹集 Agus Ⅲ 水电站项目建设资金,尽快启动此工程项目,业主 A 作价 3000 万美元,出让其持有的 80% 股份中的 60% 部分(即项目公司 48% 的股份),引入有实力的投资人解决项目公司的资本金出资问题。菲律宾当地银行愿意在电站建成后提供中长期贷款。

中资企业 C 获得该项目信息后,拟入股该项目,并希望以此获得项目的总承包业务。企业 C 该做好哪些相应的准备呢?就业主开出的条件,下一步应谈什么?怎么谈?(注:为便于理解,本案例假设业主 B 满足所有与融资相关的要求,仅分析业主 A 的相关情况)

二、项目融资可行性简析

(一)国别风险和担保

中国信保出版编著的《国家风险分析报告》评级显示,项目所在国国家风险为 6 级,风险中等,总体来看风险不高,金融机构可以接受。

该水电站为商业项目,从现有获得的信息看,项目建成后当地银行愿意提供中长期贷款,并就此承诺愿意向建设期贷款银行提供相应的承诺函或担保函,通过对该银行的资信调查,其担保能力可接受。

(二)项目的可行性

1. 主要技术数据

菲律宾 Agus Ⅲ 水电站工程的主要技术数据如下:

(1)水库:正常蓄水位 524 米;最低发电水位 520 米;正常蓄水位库容 620 万立方米。

（2）大坝：坝型为碾压混凝土重力坝 RCC；最大高度 61.5 米；坝顶高程 526.5 米，坝长 215 米。

（3）引水隧洞：隧洞长 3290 米，直径 6.6 米；压力钢管长 710 米，直径 6.4 米；总长度 4000 米。

（4）发电系统：额定水头 156.4 米；设计引用流量 154 立方米/秒；总装机容量 225 兆瓦；3 台 75 兆瓦立式混流式水轮发电机组；输电线路 138 千伏。

（5）建设工期：52 个月。

2. 售电合同

当时，关于 Agus Ⅲ 水电站项目的售电合同（PSA 和 PPA）尚在谈判中，该项目售电拟有两种方式。

（1）第一种方式为：电能卖给当地配电机构 DU，需要参与竞标，预计 DU 接受的价格为 3.5 比索/千瓦时（约 0.426 元/千瓦时），有效期 15 年。一般情况下，保证接收的最低容量为签约容量的 80%。

（2）第二种方式为：取得 FIT（全称 Fit–in–Tariff）许可证，上网电价为 5.9 比索/千瓦时（约 0.718 元/千瓦时），有效期 20 年，FIT 为菲国政府对新能源板块的鼓励政策。

（3）拿到 FIT 许可证后，与 PEMC（Philippine Electric Market Corporation，政府机构）签约，同时要和电网 NGCP 签署协议（Connection Agreement），保证线路容量可用，并确认是否需要升级附近变电设施。

（4）原 FIT 许可证已于两年前过期，需待项目确认开发后向政府申请，重新审批。

（5）项目公司同意负责办理本项目的所有特许权文件。

3. 项目收益

（1）业主 A 确认本项目的总投资额为 5 亿美元，项目公司资本金占总投资的 30%，即 1.5 亿美元；中长期贷款占 70%，即 3.5 亿美元。

（2）Agus Ⅲ 水电站项目多年平均发电量 11.91 亿度，年满负荷运行时间近 5300 小时。

(3) 根据业主 A 的工作结论，Agus Ⅲ 水电站项目内部收益率（IRR）在 17% 左右。

综合以上 Agus Ⅲ 水电站项目的各项数据，可以看出本项目具有很强的可融资性。

（三）业主资信状况

业主的资信状况是一个相对概念，业主的主营业务与项目的相关性、资信能力与项目规模直接相关。当然，业主实力越强，越有利于项目的推动。

通过对中国信保提供的该项目业主资信报告分析，该项目的业主 A 的资产状况一般，与该项目的投资规模不匹配，其主营业务也与项目关联性不大。我们可以初步判断，现有项目业主运作此项目有一定的难度，这也是业主 A 同意出让股权的重要原因。至于自然人股东业主 B，同样缺乏开发此项目必备的资金实力和经验（这里仅分析业主 A）。

点评：围绕业主业务能力和资金实力的研判，是融资可行性分析的重要的内容。

（四）承包商履约能力

参与此项目的中资企业 C 有过同类水电站项目的施工经验，属于主业经营，履约能力满足项目需求。

（五）项目相关风险

中资企业 C 在该国有同类项目的实施经验，风控体系完备，总体看项目建设风险可控。

根据以上融资可行性分析，本项目是否融资可行的难点是项目业主的资信状况，这也是该内河流域梯级电站仅剩下 Agus Ⅲ 仍然没有开发的症结所在。

三、项目融资推进相关工作思路

(一) 融资可行性基本研判

利用融资可行性分析框架,本项目的国别风险不高,项目技术和经济可行,相关风险可控,但投资人资信能力不足是导致项目融资缺乏可行性的关键原因。为此,本项目引入有实力的投资人作为大股东,这是解决项目融资的关键。

(二) 项目股权结构及投资效益分析

既然找到了本项目融资的难点,后续企业就该开展有效工作,把握谈判要点,设置谈判底线,快速研判项目能否继续推进。结合以上分析,资金及担保能力是本项目的要点。

1. 通过股权结构分析资金需求

结合项目基本信息,我们先列了出股东结构变化前后股东出资额及融资担保额度基本数据,其中,原项目开发商为业主 A 和业主 B,中资企业为业主 C,具体数据见表 6-19。

表 6-19 项目股权结构变化及出资担保情况(项目总造价 5 亿美元)

项目	现有股权结构	出让股权后结构(现有条件)
股东结构	业主 A:修造厂 80% 业主 B:原省长 20%	业主 A:32% 业主 B:20% 业主 C:48%
股东出资额	按照项目融资股权投入 30% 计算:15000 万美元。其中,业主 A 出资 12000 万美元;业主 B 出资 3000 万美元	按照项目融资股权投入 30% 计算:15000 万美元。其中,业主 A 出资 4800 万美元(仍需 1800 万美元额外资金);业主 B 出资 3000 万美元;业主 C 出资 7200 万美元
债权部分	总造价的 70%,即 35000 万美元	总造价的 70%,即 35000 万美元

续表

项目	现有股权结构	出让股权后结构（现有条件）
融资担保	若不能实现真正意义的项目融资，则业主需要提供相应的担保 业主A：28000万美元 业主B：7000万美元	若不能实现真正意义的项目融资，则业主需要提供相应的担保 业主A：11200万美元 业主B：7000万美元 业主C：16800万美元

表6-19清晰地反映了业主A愿意出让60%股权的情况下，股东出资额及潜在担保额的变化情况。其中，股东出资额是对业主的最基本要求，即假设此项目可以按照"项目融资"（无追索）模式融资的情况下，股东出资是充分且必要条件。按照出让股份后的股权分配格局，业主A在获得3000万美元股权转让资金的情况下，仍需要再出资1800万美元；业主B需要出资3000万美元；拟引入的投资人业主C（中资企业）需要出资7200万美元，如果将业主A给出的股权转让报价计算在内，业主C为股权合计出资10200万美元。

2. 通过债务融资分析担保能力要求

如果此项目无法通过无追索项目融资的方式解决资金问题，则在办理银行贷款时还需要业主按持股比例提供相应的还款担保。如果是全额担保模式，按照表6-19中中资企业参股后的股权结构及同比例担保的原则，业主A需要提供11200万美元的担保，业主B需要提供7000万美元的担保，业主C需要提供16800万美元的担保。

3. 通过实际投入分析项目收益率

依据原始股东可研报告的收益率、其他同流域电站运营情况以及当地银行愿意贷款等因素，可以判断此项目经济效益较好。中资企业C作为后进入者，在收购原业主A持有股份的60%后，在此项目公司中拥有48%的股权，对应的后续资本金投入为7200万美元。同时，作为收购股份的后进入者，如接受业主A的股权转让报价，其初始投入还应计算为购买股权支付的3000万美元，因此，中资企业的投资收益率肯定要低于初始可研报告的收益率。企业应参考同类或相关项目经验，并结合拿到项目

EPC 承包权后的项目利润，重新评估投资收益率。

（三）按投资项目工作程序做好基础工作

承包工程业务和投资类业务有较大差别，投资主体和总包业务主体还存在利益冲突，对于参股投资类项目，企业要按照投资项目的工作程序做好前期的尽职调查工作。

一是技术尽职调查。此项目未能如期开发，除了我们前期分析的业主资信能力问题，在技术方面也可能存在相关问题，如地质条件、水文条件不好，或者前期勘探工作不足等，均可能严重影响项目的建设成本。

二是法律尽职调查，如项目原股东的相关背景，原业主 A 和业主 B 的债务债权关系；项目土地归属、是否有土地纠纷、是否还有征地工作、开发权合规性等。

三是财务尽职调查，如项目前期资金投入情况，原业主 A 和业主 B 股权分配原则及投入情况等。

由于尽职调查工作需要投入大量成本，在项目前期，我们建议先从业主的资信调查和其投资意愿入手，并以此作为决定后续工作方向的基础。至于投入较高的技术和法律尽职调查，可以逐步进行，必要时结合以下分析及时停止投资，降低不必要的成本投入。

（四）充分调查原股东资金实力

对于参股投资类融资项目，原股东资金实力是研判融资可行性的关键。了解业主的资金实力，可以通过资信调查和现场调研等方式。

资信报告是最简单便捷的业主资信能力调查手段。资信报告通常包括企业注册信息、企业沿革、经营状况、财务信息、银行信息、诉讼情况、抵质押情况等。企业在实地考察项目之前，通过资信调查报告，可以了解业主的基本情况、资金实力等基本信息，初步研判业主资信能力。

现场调查是了解业主资信能力的最直接的手段。在采用资信调查报告了解业主的相关背景后，对于资信报告中无法明确的内容，可以通过现场调查进行补充。

对业主资信能力强弱的判断是一个相对的概念，要结合资信报告和现场调查的情况，以及项目的规模进行综合研判。即使业主经营状况及财务指标较好，但如果其资产规模与项目规模有较大差距，其资金能力也不能满足项目资本金投入和担保要求，也就是说，对于特定项目进行投资，业主资金能力可能依然不足。

（五）各类可能性的谈判条件

掌握了业主的资金实力，再与业主沟通其在此项目上的意愿，就基本掌握了谈判的条件和底线。此类项目业主的意愿通常有两种：一是前期工作投入占有股权，后续不再出资；二是出售部分股权，后续按比例出资和提供担保。第二种情况还要结合对业主资金实力的调查，判断其按比例出资和提供担保的能力，在此基础上，结合其能力和意愿落实相关工作。

1. 原业主出售部分股权，有能力按比例出资和提供担保情况

原业主有能力且有意愿按股权比例出资和提供债权担保，是较为理想的状态，中资企业只要做好收购股权的估值，测算内部收益率是否满足企业要求，与原股东做好股权转让谈判即可。

在咨询服务过程中，我们发现，很多业主拥有项目的开发权，却没有资金做项目的后续开发，即便部分原始业主有相关产业且经营状况较好，也不愿意在新项目上投入太多资金，完全寄希望于中资企业，此类项目需要中资企业做好相应的研判。

2. 原业主出售部分股权，无能力按比例出资和提供担保情况

对于原业主有资金，但无能力按比例出资和提供担保的情况，我们要进一步了解原业主能够提供的最大出资额和担保额，并根据其最大出资额和担保额计算原业主可能获得的最大股份。谈判时，中资企业要向业主提出股权比例建议，或者提出其引入其他股东的要求。

本案例中，原业主 A 提出出让 48% 的股权作价 3000 万美元的设想，是根据后续的资信调查和现场考察提出的，即业主 A 对后续的补充出资

1800万美元和提供相应的担保有一定的难度。因此，中资企业应结合其资金实力与原业主探讨调整其股权比例的可能，而不是当前32%（业主A）、20%（业主B）和48%（中资企业C）的股权比例，这是此项目继续谈判的前提。

3. 原业主以前期工作占有股权，后期不再投入

此类情况是原业主仅有项目开发权，希望通过出让项目获得利益，并继续持部分股份。此类情况中，如果原业主不放弃高持股比例的要求，中资企业应选择放弃。

还以本项目为例，如果原业主A根本没有资金，则原业主A提出的3000万美元出让其持有的48%股份的计算方式，从本质上就难以成立。在这种情况下，谈判前，中资企业需要对收购该项目全部或绝大部分股权的情况进行必要的评估，并要求原始股东提供项目前期开发费用审计或评估报告。基于上述工作，中资企业在评估投资收益率符合要求的前提下，可以与业主A探讨收购其绝大部分股份的可能性。

4. 明确项目资金投入是否满足企业收益率要求

中资企业在收购相关股权过程中，对以上三种可能性均应重点分析实际投入及收益率是否满足企业要求，以此来判断是否推动项目。

四、承包企业参股投资类项目开发融资建议

本项目是当前一些企业通过收购开发商股权参与承包工程项目投资的典型案例。越来越多的中资企业通过收购开发商股权的形式获得投资项目的开发权，此类项目该如何操作，在这里作者结合平时的咨询工作提出如下建议。

（一）承包企业要按照融资思维考察项目

国际工程承包与海外投资在经营理念上有较大的差异，承包工程企业往往为了获得EPC承包合同，愿意以小比例参股的形式参与项目的投资。

我们通过此案例分析发现，企业在开发此类项目过程中，需要早期判断参股投资类项目的融资可行性。虽然部分项目的经济性看起来较好，但由于项目控股股东或第一大股东的资信和实力难以满足融资需求，可能会使项目融资迟迟不能关闭，给投资人带来的问题是前期跟踪时间长、投入大，久拖不决，浪费人力和资金。

（二）重视融资类项目的股权设计

股权结构是绿地项目获得融资的基础，金融机构更愿意为股东实力强的项目提供支持。本案例中，Agus 河流域其余的梯级电站均已经开发并网发电，仅余 Agus Ⅲ 电站未能开工，且当地银行还愿意为此项目建成后提供中长期贷款。分析下来，项目迟迟未能开工的主要原因就是业主实力不足。中资企业在开发类似项目过程中，要重点考察项目原业主的资金实力，尽快明确谈判思路和方案，为原业主设置谈判底线，对于不愿意接受底线的业主，应放弃跟踪，节约时间和资金。

（三）科学研判设置商务条件

通常，原业主希望在引入新投资人时获得更高的溢价回报，尽可能占有更多的股份，中资企业应科学判断原业主的前期投入及相关条件是否符合融资的客观要求。此项目中 48% 的股权作价 3000 万美元出让，与原业主 A 的前期工作投入、工作价值、后续投入能力以及业主 C 的投资收益率等并不匹配。在商务谈判过程中，中资企业应结合自身在项目中的实际收益率、股权投入资金、股权收购成本、担保条件等，计算各种情况下自身与原业主资金投入及相应的权益，并提出可行的建议方案。

（四）明确股权并购类项目开发的工作思路

近年来，股权并购项目的机会增多。清晰地理解工作流程和资金投入的顺序对于提升项目推进效率、降低前期开发成本尤为关键。

在处理投资并购类项目时，许多企业为了更精准地评估项目可行性，常常在项目初期投入大量人力和资金进行尽职调查和可行性研究。以此项目为例，关于是否在前期投入大量人力和资金，作者认为需要慎重决策。根据项目的基础信息，企业可以初步判断项目的可行性和商务谈判的大致框架，无须立即聘请知名第三方机构进行大规模尽职调查（如技术、法律、财务的尽职调查）等。

根据以往的工作经验，作者认为，中资企业在开展海外绿地项目的开发、投资和融资业务时，前期工作大致可分为三个阶段，即签署谅解备忘录、签署框架协议/合作协议、签署投资合同/合资合同。对这三个工作阶段的具体建议是：

1. 签署谅解备忘录（MOU）

开发海外投资项目，第一阶段的工作是与项目的开发商签署谅解备忘录，并启动前期工作。具体应完成以下工作。

（1）对目标项目做初步尽职调查并出具尽职调查报告，即市场/行业尽职调查、技术尽职调查（可研报告）、法律尽职调查、税务/财务尽职调查、合作方资信调查等。

（2）为降低初期开发成本，可以要求项目开发商/原始股东委托当地的律所出具一份律师函，说明在该国投资同类型项目的政府审批程序、特许权文件办理程序等，同时说明目前开发商已取得的批文和文件，还需要办理哪些文件，并附上已有的项目批文或批文清单等。

（3）在律师函中需要说明开发商在当地银行办理项目融资的情况，即项目公司在当地银行申请贷款的审批程序、需要提供的文件清单、目前开发商已办理到哪一步了、已提交的文件及还需要准备的文件。

（4）依据工作团队的现场考察报告、当地律所正式的律师函（附开发商已完成的项目批文和资料）等，中资企业可进行本项目的预评审/立项评审。

（5）如预评审的结论是负面的，中资企业可以暂停或终止对目标项目的跟踪开发。

上述操作的初衷是在保证工作质量的前提下，节省中方投资人的前期投入，即通过开发商委托当地律师提供项目资料，起到对资料进行初步审核的作用，确保了文件的真实性。以当地律师函替代中资企业委托第三方做初步尽职调查，节省了开发初期的工作成本。

2. 签署框架协议/合作协议

如企业内部预评审/立项评审的结论是正面的话，工作团队将落实以下工作：

（1）与开发商/原始股东洽谈并签署投资框架协议/合作协议，明确合作原则及下一步工作安排。

（2）工作团队应将初步尽职调查和预评审会中反映的问题，在协议中要求开发商澄清并整改，即包括并不限于完善政府文件，以及受让方对自身工作进行改进和提供便利条件等。

（3）在开发商/原始股东做好改进工作后，中资企业将正式委托第三方机构做补充尽职调查，对整改工作进行验证。这里需要提示：中资企业聘请的设计院/工程咨询、律所、会计师事务所等应该是中国信保、国内贷款银行认可的机构。

（4）如果补充"尽职调查报告"的结论是正面的，则工作团队应以尽职调查报告作为支撑文件，编制投资项目"商业计划书"并提交企业走内部审批流程（风险评审、投资评审等）。

3. 签署投资合同/合资合同

（1）项目通过企业内部风险评估和投资审批流程后，工作团队将根据评审会决议，负责对外洽谈并草签相关投资合同/协议文件。

（2）对外草签的投资项目合同/协议，要按管理制度走企业内部合同评审和审批流程。

（3）公司授权代表对外正式签署相关合同文件。同时，企业可通过在早期设定商务谈判的底线来决定是否继续重点推进项目。

这样的策略不仅更高效，而且能有效降低前期开发的成本。

（五）借助咨询机构协助研判可行性

融资类项目牵扯的参与方较多，对组织协调能力、融资经验、相关条件要求较高，并不是所有的企业都有能力做好，尤其是刚刚开展投资类业务的承包企业。因此，建议企业聘请有经验的融资顾问协助做好融资前期的相关工作。

目前，国内提供此类服务的金融机构较多，如中国信保资信评估中心与中咨公司联合推出了"2+1"顾问服务，与中国工商银行专项融资部联合推出的海外项目融资"总协调人服务"，均可以为企业提供海外项目的融资顾问服务。

五、项目融资工作小结

（一）中资企业 C 的退出

菲律宾 Agus Ⅲ 水电站项目原始股东做引入有实力投资人的工作已经有很长时间了。作者认为，由于原业主 A、业主 B 忽略了绿地项目的特点，只想着通过溢价转让项目公司股权，获得开发工作和后期资本金增资的资金，这对于新投资人来讲很难接受。

对于基础设施投资项目来讲，整个生命周大致可分为三个工作阶段，即项目开发阶段/开发商工作、项目建设阶段、项目运营阶段。海外绿地投资项目让外国私人投资者为前期开发工作出资，承担项目开发工作风险，如果开发过程中出现颠覆性的问题，使工程项目无法启动甚至不能进行时，新投资人会面临亏损风险。

Agus Ⅲ 水电站项目各方面情况良好，又是 7 个梯级电站唯一没有建设的，所以工程建设条件优良。该电站年满负荷运行时间超过 5000 小时，属于优质资源。但开发商工作仍存在很大风险隐患。

一是项目公司需要补办政府电价补贴（FIT 许可证）手续；

二是在 Agus Ⅲ 水电站工程拟征用的土地中，有 80 公顷的土地目前不在项目公司手上，而这部分土地分属于几十家业主，征地工作难度很大。

由此可见，以上两个问题会带来时间风险，长期拖延可能出现颠覆性的问题。如在开发阶段通过购买股权成为项目公司的股东，就要直接承担开发期风险，随着时间的推移，投资人可能会面临严重亏损。

基于业主 A 给出的交易模式、股权兑价，再加上开发期风险以及建设期投入等，中资企业 C 退出该项目的合作是可以理解的。

（二）后续引入投资人情况

原业主 A 是一家机械加工企业，可以生产水电站的金属结构等部件，与中国的电力企业有业务合作。对于菲律宾 Agus Ⅲ 水电站项目，原业主 A 一直努力推动引入投资人的工作。2018—2020 年，因工作原因，作者参加并了解一家大型国有企业针对 Agus Ⅲ 水电站项目做的前期工作。

1. 中资企业 D 介入

2018 年 5 月，一家国有大型电力承包企业（以下简称"中资企业 D"）应业主 A 邀请，赴菲律宾 Agus Ⅲ 水电站现场考察并收集项目资料。工作小组成员还包括一家国有大型水利电力勘测设计院（以下简称"设计院"）和一家大型国有水电施工企业（以下简称"施工企业"）的专业人员。工作小组针对加拿大咨询公司的修订版可研报告进行评估论证，考察结束后，由设计院正式编写了《菲律宾 AGUS－Ⅲ 水电站工程可行性研究评估报告》。

中国甲级设计院对之前"Agus Ⅲ 水电站工程可行性研究"成果的评估结论是正面的，例如对电站装机容量的评价意见是："可研报告中，Agus Ⅲ 水电站总装机容量为 225 兆瓦，单机装机容量 75 兆瓦，额定水头 156.8 米，额定流量 52.3 米^3/秒，多年平均发电量 1193 百万千瓦时。本次初步复合结果是，在不考虑沿程水量损失的前提下，电站多年平均发电量 1127 百万千瓦时（装机利用小时数 5009 小时），与可研报告成果基本一致，本阶段维持可研报告装机规模不变。"

2. 项目融资方案

在对菲律宾 Agus Ⅲ 水电站工程项目进行初步评价后，中资企业 D 决定继续跟踪开发该项目。2018 年 9 月，中资企业 D 公司的商务和投融资团队赴菲律宾,与项目公司和原股东洽谈投融资及EPC总承包合作。

在原业主A的安排下,中资企业D的工作小组分别拜访了菲律宾金融银行(BDO)、菲律宾发展银行(DBP)、菲律宾中华银行(RCBC)、工商银行马尼拉分行筹备组、项目公司创始股东(原省长)等,就本项目的合作方案、股权结构、资本金出资和建设贷款等问题与各方进行了深度交流与沟通。

原业主A为了落实项目融资,聘请了一位当地已退休的银行行长作为融资顾问,联络并安排中方团队与菲律宾排名前10位的银行进行会议沟通。经过深度交流,当地银行都接受了"预付款+信用证/SBLC+再融资"的融资方案,详见图6-10。

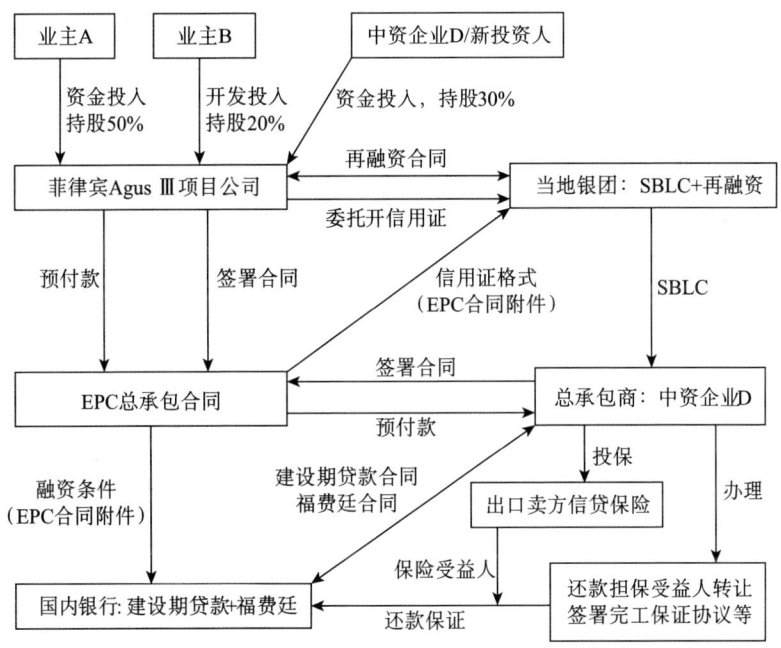

图6-10 菲律宾Agus Ⅲ水电站项目建设期融资信用结构示意图

(1)在前面的案例分析中,我们对投资海外绿地项目分两阶段解决项目债务融资进行了详细介绍。在本项目中,由于原始股东实力不足,中资企业D在当地也缺少担保资源,所以项目公司直接在菲律宾当地银行取得中长期贷款，或者中长期贷款的还款担保很困难。

（2）菲律宾当地银行很了解 Agus Ⅲ 水电站项目的情况，有兴趣为该项目提供中长期贷款，经过深度沟通，同意了分两阶段融资的方案，即：

a. 项目公司资本金为总投资的 30%，建设期开具总投资额 70% 的备用信用证（SBLC）给 EPC 总承包商；

b. 项目建成并投入商业运行后，当地银行提供总投资额 70% 的中长期贷款；

c. 由于本项目贷款金额较大，菲律宾银行需要组织银团贷款来解决项目融资；

d. 因为项目建设期近 5 年，菲律宾当地银行的意见是提供 5 年期的备用信用证作为承包商提供建设期融资的还款担保。

（3）由于 Agus Ⅲ 水电站建设工期是 52 个月，甚至更长，中资企业 D 与国内商业银行沟通的意见是：总承包商将投保中国信保的"出口卖方信贷保险"，宽限期为 5 年，贷款到期后一次性还清。

（4）国内商业银行要求总承包商、中国信保三方签署协议，将业主还款担保/备用信用证的受益人、中国信保出口卖方信贷保险的保单受益人转让给银行。

（5）鉴于本项目建设期融资规模较大，国内商业银行要求本项目的主机制造厂、施工企业要选择大型国有企业，总承包商联合主机制造厂和施工单位一起，依据 EPC 总承包合同的验收条款，与银行签署"完工保证协议"。

3. 与开发商的合作建议

中方商务团队在菲律宾期间围绕 Agus Ⅲ 水电站项目进行考察、调研，并与各方进行沟通、洽谈，团队得出的结论是正面的，建议继续跟踪开发该项目。中资企业 D 及合作伙伴考虑到该项目的历史情况以及后续工作存在不确定性等问题，给出的合作意见如下：

（1）中方团队的意见是"小额参股 + EPC 总承包"的合作方案最佳，即：

a. 菲律宾国家情况较好，当地银行/银团的综合实力能够对项目融资给予支持，本项目分建设期和运营期两阶段融资的方案各方已接受；

b. 项目投入商业运行后，项目公司股东和承包商的担保责任释放，还款保证是项目公司股权、资产和收益；

c. 鉴于上述情况，中方可以考虑以"小额参股+EPC总承包"的方式参与投资，中方在项目公司的持股比例为20%~30%；

d. 如中资企业D引入合作投资人，共同持有项目公司20%~30%的股权，自己持有10%~15%股权的话，那么就可以做到总承包利润覆盖中方资本金出资；

e. 本项目进入运营期，菲律宾银团的再融资/中长期贷款到位，项目公司股东和承包商责任释放，属于无追索的项目融资；

f. 通过以上分析，Agus Ⅲ水电站项目投资人按资本金的金额在项目公司的持股比例出资，股东仅承担资本金的风险。

（2）考虑到当时项目公司前期开发工作尚未完成，在水电站征地、购电合同等方面仍存在很大变数，所以中方不同意业主A提出的先收购项目公司股权，再按股权比例各方资本金足额到位的合作方案。

（3）中方给出的合作方案是按工作里程碑增资进入项目公司，即：

a. 业主A和业主B负责按菲律宾的法律完成项目的全部开发工作，重点是项目用地和购电合同；

b. 项目公司的前期开发投入要请当地银行认可的第三方机构，进行审计、评估，以此确定原始股东的实际出资情况（列入30%的资本金出资），并为后续谈判股权兑价奠定基础；

c. 项目公司抓紧与当地银行联系，落实本项目的中长期贷款和备用信用证，中资企业D将给予协助；

d. 本项目的融资规模较大，目前的项目公司、大股东作为信用主体，不能满足银行的要求，还需要引入有实力的投资人做大股东，中资企业D会给予协助；

e. 中方资金注入项目公司的比例、具体金额、时间节点等，将与上述工作完成情况挂钩,具体在投资协议或合资合同中明确。

(4) 当前项目的难点问题是80公顷土地的征用,尽管几十家土地业主大部分是业主B(原省长)的家族成员,但由于数量庞大,诉求和期望值不同,时间风险极大。

(5) 中资企业D及合作伙伴的意见是,待项目公司原股东落实征地工作后,中方再启动投资开发的实质性工作。

(6) 在看过中资企业D提交的项目资料后,中国信保为本项目出具了"承保兴趣函"、工商银行为本项目出具了"贷款兴趣函"。

第七节 提升投资人资信水平实现 IPP 项目融资关闭案例

一、项目概况

菲律宾马利万斯 2×300 兆瓦燃煤电站项目位于菲律宾吕宋岛的巴塔安半岛马利万斯港口附近,是当时菲律宾能源部批准的吕宋岛唯一的开发项目。该项目对于缓解菲律宾的电力短缺,促进菲律宾的经济发展具有不可替代的作用。

该工程主要包括运煤码头(煤从印度尼西亚采购)、发电站、开关站及输电线路等;项目总投资10亿美元。电厂安装2台1097吨/时亚临界锅炉和2台亚临界、一次中间再热、单轴、双缸、双排气、凝汽式汽轮机;发电机组频率为60赫兹,通过230千伏气体绝缘变电站(Gas Insulated Substation, GIS)送入菲律宾国家电网。

2009年5月签署的EPC总承包合同,要求第一台机组工期为35个月,全部投入商业运行38个月。该项目是当时中国在海外承揽的第一个60赫兹、单机容量为300兆瓦等级的燃煤发电机组EPC总承包项目,是第一个采用项目融资结构的 EPC 项目,也是当时中菲两国之间签署的合同金额最大的项目。

二、项目融资可行性分析

(一) 国别风险和担保

2009 年,菲律宾政府面临国内外的压力,政府的稳定性受到了挑战,菲律宾国家风险处于中等偏上的水平。外交方面,尽管内部冲突给其国际形象造成一定负面影响,但菲律宾积极参与东南亚地区的政治经济活动,与邻国和国际社会保持了相对稳定的关系。同时,尽管受全球金融危机的影响,菲律宾的经济在 2009 年依然保持了增长,只是增速有所放缓。主要增长动力包括海外菲律宾人的汇款、服务业(特别是外包服务业)和制造业。菲律宾在国际三大评估机构的资信评级为 BBB。中国信保《国家风险分析报告》给出的国家参考评级为 7(7/9)级,主要宏观经济数据如表 6-20 所示。

表 6-20　　　　　　菲律宾 2008—2012 年主要经济数据

项目	2008 年	2009 年	2010 年	2011 年	2012 年
国家 GDP(亿美元)	1742.0	1683.3	1995.9	2247.7	2513.0
人均 GDP(美元)	1810	1720	2000	2210	2420
实际 GDP 增长率(%)	4.2	1.1	7.6	3.9	5.4
通货膨胀率(%)	9.3	3.2	4.1	4.7	3.4
商品出口(亿美元)	482.5	376.1	507.5	472.3	515.5
商品进口(亿美元)	611.4	464.5	617.1	626.8	659.4
经常账户余额(亿美元)	36.3	93.6	89.2	70.8	93.6
国际储备(亿美元)	375.5	442.4	623.7	753.0	838.8
外债总额(亿美元)	650.0	631.2	723.4	722.2	689.7
偿债率(%)	14.8	13.3	13.9	11.8	10.5
汇率(1 美元兑换比索)	44.32	47.68	45.11	43.31	42.59

从上述数据看,菲律宾作为发展中国家,当时的经济数据是良好的,这为引入新的投资人和金融机构建立了信心。

(二)项目可行性

作为菲律宾能源部批准的吕宋岛唯一的开发项目,马里万斯电站在缓解当地电力供应紧张状况、促进经济社会发展方面具有重要意义。这表明项目有明确的市场需求和政策支持。

合规性方面,马里万斯项目符合菲律宾的发展战略和基础设施建设规划,特别是在满足国内日益增长的能源需求方面。该项目从立项开始,就通过了必要的法律和行政审查程序、主要利益相关方的合同签署,确保了合规性和运营许可,融资关闭的必要条件均已完成。

经济可行性方面,菲律宾政府认识到基础设施建设的重要性,并在相关政策中体现了对电力行业的支持。虽然没有具体的可行性缺口补贴,但项目在政府层面得到了认可。同时,马里万斯电站战略位置优势明显,能有效满足菲律宾中部地区的电力需求,提高区域的能源安全和经济效益,这是该项目获得金融机构支持的重要条件。最为重要的是,马里万斯项目的股权和债务融资资金结构安排,显示出了稳健的财务表现,是后续实现项目融资的关键。

总体来说,马里万斯 2×300 兆瓦燃煤电站项目的合规性和经济可行性支持其作为菲律宾电力基础设施重要组成部分,项目的成功实施将对区域经济和能源安全产生积极影响。

(三)业主资信状况

1. 菲律宾能源电力公司

菲律宾能源电力公司(Power Partners Ltd. Co.)是一家发电项目及相关设施开发、运营的电力企业,自 20 世纪 90 年代以来一直活跃于电力领域。20 世纪 90 年代初,菲律宾能源电力公司在菲律宾吕宋岛以项目融资方式成功开发了装机容量为 2×250 兆瓦的奎松燃煤电站,该电站已于

2000 年建成发电。奎松电站是菲律宾第一个基于私有购电商资信成功进行融资的独立电站项目，足以证明菲律宾能源电力公司在电力领域经验丰富。

2005 年，菲律宾能源电力公司发起了马里万斯燃煤项目，由 GNPower Mariveles Coal Plant Ltd. Co.（GMCP）运营，这是一个为建设、拥有和运营该项目而成立的特殊目的实体。

2014 年 6 月，GNPower 对所有权结构进行了重组，菲律宾能源电力公司由拥有并控制的 GNPower Holdings GP 公司变成唯一的一般合伙人。此时，菲律宾能源电力公司持有马里万斯项目 5% 的股权。

2. 赛斯全球电力公司

赛斯全球电力公司（Sithe Global Power）是一家总部位于纽约的国际电力发展公司，专注于电力发电设施的建设、收购和运营。该公司始创于 1968 年，最初名为 Sithe Energies, Inc.，现已成为美国最大的电力生产商之一。赛斯全球电力公司在 9 个国家开发了超过 50 个电厂项目，总投资超过 50 亿美元。该公司的项目组合包括燃煤和水力发电设施，总发电能力约 5000 兆瓦。2005 年，黑石集团的子公司 Blackstone 资本合伙人从 Reservoir 资本集团购得赛斯全球电力公司 80% 的股份，后者保留了 20% 的股权。

赛斯全球电力公司作为黑石集团的一个分支，参与了菲律宾 GNPower 马里万斯燃煤电厂的开发，占马里万斯电站 65% 的股份。2010 年 1 月，项目实现融资关闭；2010 年 4 月，EPC 合同生效，项目正式开工建设；2015 年 9 月，项目业主签发了最终验收证书（FCC），电站正式移交并进入商业运行。

赛斯全球电力公司于 2016 年 12 月以 12 亿美元的价格将其在 GN Power 马里万斯燃煤电厂有限公司和 GNPower Dinginin 有限公司的股权出售给 Aboitiz Power Corp. 的子公司 Therma Power Inc。

3. 丹汉姆基金公司

丹汉姆基金公司（Denham Capital）是一家私募股权公司，总部位于美国波士顿，成立于 2004 年。该基金管理的资金超过 43 亿美元，其能源投资团队在电力行业有超过 20 年的投资经验，参与投资的电站总装机容量达 20000 兆瓦，涵盖 17 个国家。该基金专注于投资能源资源、采矿和可持续基础设施领域。Denham 资本的投资重点是投资和提供全球能源转型的关键组成部分，包括金属和矿物、基础设施和清洁能源发电资产，这些都是推动绿色经济发展的必要条件。公司将其行业背景和投资经验结合起来，为其投资组合和公司合作伙伴提供独到的洞察意见，使其能够在整个投资周期中充当有益的财务和战略合作伙伴。除了波士顿总部外，Denham 资本在全球还有多个办公室，包括休斯敦、泽西城、珀斯和伦敦。Denham 资本在马里万斯项目公司的持股比例为 30%。

总的来看，马里万斯电站的股东资金实力雄厚，尤其在项目融资方面具有丰富的经验。

（四）总承包商履约能力

中国 A 公司是一家集科、工、贸于一体的综合性国有工程承包与设备成套公司，主要承办国内外火力发电、水力发电、输变电、各行业供配电、环境工程、市政公用、工业与民用建筑、建筑智能化等大型总承包项目，已连续数年被美国工程新闻记录（ENR）杂志列入全球国际工程承包商 225 强。该公司拥有国家授予的多项国家级最高资质证书，并具有丰富的国际合作经验，与世界上 60 多个国家和地区建立了经济和贸易往来关系，承建项目主要涉及印度尼西亚、菲律宾、泰国、越南和老挝等十多个国家。

2009 年 2 月 6 日，中国 A 公司与 GN Power 公司签署菲律宾马利万斯 2×300 兆瓦电站项目 EPC 总承包合同，合同金额 5.8 亿美元。该项目是当时菲律宾能源部批准的吕宋岛唯一的开发项目。项目建成后，将有效缓解菲律宾电力供应紧张状况，对促进当地经济社会发展具有重要意义。马利万斯电站项目资金来源为投资人的股本金及银行贷款，银行贷款拟由菲律宾当地银行和中国的商业银行（或政策性银行的商业贷款）提供。

(五) 项目相关风险

1. 政治风险

鉴于 2009 年菲律宾存在内部冲突问题，项目可能面临政治不稳定性的影响。政府政策或领导层的变化可能影响项目的监管环境和运营连续性。从中资承包企业视角出发，政治风险严重影响企业的收益，从融资角度分析，中资金融机构面临贷款无法收回的风险，因此，应通过购买信用保险规避此类风险。

2. 经济风险

2008 年，全球金融危机爆发，虽然从菲律宾经济数据来看，其表现出一定的韧性，但依然可能会影响电力需求，因此，经济波动可能会影响项目的盈利能力和投资回报。因此，从投资人的视角分析，需要重点关注经济波动对项目的影响，做好收益的敏感性分析，尤其要考察项目未来各年现金流的情况，确保能够覆盖还本付息。

3. 技术和运营风险

作为一项大型基础设施项目，马里万斯电站在建设和运营阶段面临各种固有风险。这些风险包括但不限于技术挑战、成本超支以及实现运营效率方面的潜在延误。事实上，项目在实施过程中，特别是在电站试运行阶段，确实遇到了技术问题。由于发电机组频率为 60 赫兹，与中国现行的 50 赫兹标准存在差异，在安装过程中出现了细微偏差，导致谐振现象的出现，进而造成了工期的延误。这样的技术问题不仅触发了合同违约条款，还导致中资施工企业面临索赔。从投资人的角度看，项目因技术问题导致的无法按期发电从而造成的损失通常由总包企业承担。这种情况强调了项目风险管理的重要性，特别是在技术方面的风险。从承包企业的角度看，发生此类技术风险也促使企业反思其前期技术尽职调查、合同签署以及项目执行过程中的可能出现的各种纰漏。总体而言，这种情况凸显了在大型基础设施项目中，对技术细节充分考虑和风险管理的重要性。

4. 环境和社会风险

由于燃煤电厂的排放问题，项目必须遵守菲律宾严格的环境法规和标准。投资者需要密切关注环境保护要求的变化，并确保项目在运行过程中遵循所有相关法律，以减少对环境的负面影响。此外，项目对当地社区的社会影响也不容忽视。项目的实施应充分考虑到对周边居民生活的影响，包括噪声、空气质量和水资源的管理。有效地处理这些社会问题，不仅是义务，也是确保项目长期成功和社区支持的关键。因此，开展社区参与和沟通活动，了解和解决社区关切问题，对于项目的顺利进行和可持续发展至关重要。

5. 市场风险

由于能源市场的供需关系不断变化，可能会对项目的市场可行性产生影响。例如，能源需求的波动、来自其他能源来源（如可再生能源）的竞争压力，以及能源政策的变动，都可能直接影响电力市场的行情和需求。因此，投资人需要密切关注菲律宾电力市场的动态，以及任何可能影响市场需求和价格的因素。只有通过对这些关键市场动态的持续监测和分析，投资人才能有效地评估项目的长期盈利能力，并制定相应的应对策略，以确保投资的稳健回报。

三、项目融资工作推进思路

（一）融资可行性基本研判

根据融资可行性分析框架，我们可以得出以下结论：首先，菲律宾政治环境相对稳定，国家的电力改革深入，为独立电力生产商（IPP）电站建设提供了良好的政策环境。其次，作为一个发展中的国家，菲律宾的经济发展势头良好，这进一步推高了对电力供应的需求。此外，马里万斯电站的投资者在当地电力市场拥有多年的经验和一定的实力，电站的前期各种准备工作充分，各项尽职调查工作确保了项目的技术可行性和良好的预期收益。

重组后的项目公司股东实力强大,在金融机构方面,该项目获得了银行和保险公司的认可,显示出融资条件良好。中资银行的支持表明项目具有财务吸引力,且风险可控。综合这些因素,中资企业可以认为马里万斯电站项目的融资是基本可行的。

(二)融资工作基础文件

2001年五六月份,菲律宾的《电力行业改革法案》(简称《2001年法案》)生效。由此,菲律宾电力行业主要存在以下几类发电企业。

(1)菲律宾国家电力公司独资的发电企业;

(2)国家电力公司和独立发电商合资的发电企业;

(3)配电商所拥有的发电企业;

(4)独立发电商企业。

独立发电商(Independent Power Plants,IPP),是国际项目融资市场电力行业常见的一种电站建设、经营和融资模式。一般而言,融资模式可以分为信用融资(Credit – Based Finance)、资产融资(Asset – Based Finance)和项目融资(Project Finance)。具体讲是:

(1)一家公司通过自身信用发债,属于信用融资;

(2)提供有市场价值的某项资产作为抵押,属于资产融资;

(3)基于一个能产生未来现金流的项目,则属于项目融资。

现实中的融资行为往往同时具备信用、资产和项目融资的特点,但侧重点各不相同。在菲律宾,本项目是一个典型独立发电商(IPP)项目,只能按项目融资操作。

GNPower拥有一个强大、专业的销售团队,他们通过谈判和协商与高质量的客户,即私营配电公司(Private Distri – Bution Utility)和电力合作社(Electricity Cooperative),签署了若干不同的售电合同。这些售电合同都是照付不议合同,不受负荷调度、燃料、货币、运输和其他成本风险的影响。这些售电合同是非常重要的资产,也是所有电力交易谈判中最耗时的部分。

2006年7月，在团队的努力下共签署了二十多份PPA合同，确定了76%的发电量即525兆瓦通过购电合同（PPA）销售，剩余的75兆瓦通过电力现货市场（WESM）销售。如此多的高质量购电合同，即使有个别购买方违约也不会危及整个项目，可使潜在的投资者和贷款银行放心。

（三）工作里程碑

（1）1999年，项目发起人开始策划并启动投资前期工作。

（2）2005年底，项目公司团队到位，已落实项目厂址（土地）和大部分政府文件。

（3）2006年上半年，经过激烈的竞标，项目公司与一家中国承包商达成协议，EPC总承包合同金额4.8亿美元。该承包商提供了期限为9年、固定利率为6.5%的出口卖方信贷。

（4）2006年7月，项目公司已签署了二十多份PPA合同，有76%的发电量（525兆瓦容量）通过PPA合同销售，剩余24%的发电量通过电力交易市场销售。

（5）2006年10月，项目公司聘请摩根大通担任股权融资顾问，开始着手引入战略投资人的工作。

（6）2008年5月，项目公司与三家美国企业签署了股权投资文件，重组后的项目公司股权结构是菲律宾开发商持有23%的股权，美国三家企业持有77%的股权。

接下来意外发生了，由于次贷危机和人民币升值，承包商要求总承包合同价上调50%，达到7.25亿美元；贷款利息增加200个基点，达到8.5%，如此变化影响了投资人信心。

（7）2009年2月，项目重新招标，中国A公司中标并与项目公司签署合同，EPC总承包合同价格为5.8亿美元。

（8）总承包商在近一年的时间里协助项目业主融资，成功地在中国国家开发银行获得了出口买方信贷支持。最终项目资金落实情况是：项目公司股本金为 2.8 亿美元，债务融资为 7.2 亿美元；债务融资有两部分：

a. 菲律宾 BDO Unibank（BDO）牵头的当地银团，提供了 2.27 亿美元贷款；

b. 中国国家开发银行（即国开行）提供了 15 年期 4.93 亿美元的买方信贷。

（9）中国 A 公司协助项目业主融资，代项目公司投保了中国信保的"出口买方信贷保险"，保险受益人为国开行，其中政治风险赔付率为 95%，商业风险赔付率是 60%；项目主要投资人赛德电力公司为 40% 的商业风险敞口提供了担保。

（10）2010 年 1 月，项目业主与国家开发银行签署贷款协议，中国信保出具了"出口买方信贷保险单"。至此，中国金融机构支持的第一笔海外"项目融资"业务落地，并实现融资关闭。

（11）2010 年 4 月，EPC 合同生效，项目正式开工建设。

（12）2013 年 8 月，电站两台机组通过了连续 720 个小时的可靠性试运行。

（13）2015 年 9 月，承包商中国 A 公司取得项目业主签发的最终验收证书（FCC），电站正式移交并进入商业运行。

四、项目融资工作小结

（一）出口卖方信贷保险融资

因为境外绿地项目由外国私人投资，中国承包商以"出口卖方信贷"模式融资，很难实现融资关闭。具体原因是外国人投资项目无法匹配中国信保的产品，即：

（1）通过前面对中国信保产品的对比分析，我们知道：外国私人投资项目中，如果项目公司或投资人无法提供有效还款担保的话，就不能投保中国信保的中长期保险，或者出口特险。

（2）中国信保的"海外投资保险"的投保人是中方投资的项目公司或中方股东。如中国企业不参与项目投资，外国人是无法投保"海外投资保险"的。

（3）1999—2006年，马里万斯项目的前期开发工作做得很好，政府批准文件完备，购电合同（PPA）条款严格按照国际标准落实，具有可融资性。但没有中国企业参与投资，中国信保不受理。

（4）从上述分析可以看出，2006年通过竞标取得马里万斯项目EPC总承包合同的中国公司只能以"出口卖方信贷"方式为业主融资。这是菲律宾开发商作为投资人进行的项目融资，属于第一次融资。

（5）在无法投保中国信保的出口信用保险的情况下，贷款银行一定会要求承包商提供强担保（第三方连带责任担保），这样将无法通过企业的内部风险评估和审批流程。所以重组前的马里万斯项目公司很难实现融资关闭。

（6）通过以上分析，我们建议承包商在国际市场开发过程中，遇到外国私人投资项目以"特许权文件"作为还款保证的，前期跟踪开发和投入要慎重。

（二）出口买方信贷保险融资

（1）2008年5月，项目公司与三家美国企业签署了股权投资文件，重组后的项目公司股权结构是菲律宾开发商持有23%的股权，美国三家企业持有77%的股权。这时项目公司和大股东作为信用主体，经济实力和信用评级均满足了中国信保的要求。

（2）在中国A公司的协助下，中国信保和国家开发银行对马里万斯项目给予了大力支持，该项目的第二阶段融资采用了"出口买方信贷"模式，即：

a. 项目公司和投资人的资信文件、政府对项目的批准文件、与私营配电公司和电力合作社签署的购电合同（PPA）和土地文件等，获得了中国信保、国家开发银行的认可。

b. 项目公司作为借款人，直接与国家开发银行签署出口买方信贷合同，贷款金额 4.93 亿美元，期限为 15 年。

c. 中国 A 公司作为 EPC 总承包商代业主投保"出口买方信贷保险"，受益人是国家开发银行，其中政治风险赔付率为 95%，商业风险赔付率是 60%。

d. 马里万斯项目主要投资人赛德电力公司为 40% 的商业风险敞口提供了担保。

（3）海外绿地项目利用出口买方信贷解决项目融资，对承包商来讲就是现汇项目。

（4）马里万斯项目公司重组后，股东结构得到优化，项目公司和主要投资人作为信用主体满足了中国信保的"五选二"要求，中国 A 公司抓住这一契机，协助促成项目第二次融资采用了"出口买方信贷"方案。

（5）从这个案例我们得到启发，承包商在开发海外私人投资项目时，如果还款保证文件是针对贷款的本金和利息，则适合利用中长期信用保险，国内外信用主体均可以投保；如果还款保证文件是"特许权文件/合同"及对特许权文件的主权担保或银行担保，则适合投保海外投资保险，投保人只能是中国企业或中资企业投资的项目公司。

第八节　投资人资信状况不佳影响项目融资关闭案例

一、项目概况

斯里兰卡"糖厂＋甘蔗渣发电"项目位于斯里兰卡乌沃省比比莱镇以北约 15 公里处，乌沃省是斯里兰卡东南部内陆省份。本项目规划精制糖加工厂一座，设计生产规模为日产 4000 吨精制糖，原料主要是当地的甘蔗，同时规划"12 兆瓦＋18 兆瓦"生物质发电站，燃料为当地盛产的柳根（Gliricidia）和制糖后的甘蔗渣。

项目公司是 Bibile Sugar Industries Ltd，该公司成立于 2006 年，是一家私营企业，主营业务为糖的生产和制备。项目实控业主为新加坡 Gezelle Ventures 有限公司（以下简称"GV 公司"），该公司拥有项目公司 89% 的股权，当地开发商 IMS Holdings 公司（以下简称"IMS H 公司"）拥有 10% 的股权，乌沃省政府拥有 1% 的股权。

项目业主规划在乌沃省比比莱镇以北约 15 公里处，先申请 149 公顷的土地用于种植甘蔗并建立糖厂（土地为长期租赁），作为示范项目，如果成功，省政府承诺会给 3000 公顷土地供其推广。因甘蔗存在种植周期，且糖厂需要大量电力供应，故业主先期规划第一期工程投资 6000 万美元，建设"12 兆瓦+18 兆瓦"生物质电厂，燃料采用柳根（Gliricidia）。

2018 年 7 月，国内一家大型电力投资集团下属的环保工程集团（以下简称"A 公司"）获得该项目信息，并以 EPC 总承包商的身份开始跟踪开发该项目。

二、项目融资可行性

（一）国别风险和担保

斯里兰卡是印度洋岛国，2018 年总人口为 2144.4 万人，人均 GDP 为 4214.2 美元，根据世界银行的划分，斯里兰卡属于中低收入国家。从中长期上看，斯里兰卡经济发展仍保持相对稳定，但存在增长动力不足等问题。同时，恐怖袭击事件在一定程度上影响了斯里兰卡的旅游业，国家经济发展不确定性显著增加。

根据中国信保 2019 年《国家风险分析报告》披露的信息，斯里兰卡的国家风险评级为 6（6/9）级，国家风险水平中等偏高，未来风险展望为稳定；主权信用风险评级为 CC（8/9）级，主权风险水平很高，未来风险展望为稳定。根据中国信保 2018 年、2019 年、2020 年《国家风险分析报告》披露的斯里兰卡主要经济数据，可以对当年斯里兰卡国家系统风险作出基本判断（见表 6-21、表 6-22）。

表 6-21　　　　　　　　　斯里兰卡主要经济数据

年度	实际 GDP（亿美元）	人均 GDP（美元）	财政收入占（%）	财政支出占（%）	公共债务占（%）	商品出口（亿美元）	商品进口（亿美元）
2014	793.6	3848.5	11.6	17.3	71.3	111.3	194.2
2015	806.0	3891.3	13.3	20.9	77.7	105.5	189.3
2016	817.9	3932.4	14.2	19.6	78.8	103.1	191.8
2017	873.6	4184.4	13.8	19.3	77.4	113.6	209.8
2018	882.9	4214.2	13.5	18.8	79.9	118.8	223.1
2019	874.9	3743.0	12.6	19.4	86.8	119.4	199.4

表 6-22　　　　　　　　　斯里兰卡外汇外债情况

年度	年均汇率（本币/美元）	年末汇率（本币/美元）	国际储备（亿美元）	外债总额（亿美元）	外债负债率（%）	债务率（%）	偿债率（%）
2014	130.6	131.0	82.1	422.6	53.3	176.6	26.6
2015	135.9	144.1	73.0	439.3	54.5	182.5	14.2
2016	145.6	149.8	60.2	466.5	56.6	187.8	13.4
2017	152.4	152.9	79.6	507.6	58.1	191.9	15.9
2018	162.5	182.7	69.2	526.3	59.5	191.0	26.8
2019	178.7	181.6	76.5	553.7	65.9	209.8	31.8

从上述情况分析，斯里兰卡的系统风险较高，具体情况是：

（1）斯里兰卡的财政长期处于赤字状态；

（2）外贸进出口持续逆差；

（3）公共债务和外债负债综合情况堪忧；

（4）本项目大力跟踪开发是在 2018—2019 年期间，当时斯里兰卡的汇率持续贬值，从 2014 年到 2019 年，6 年时间里平均汇率贬值了 36.8%；

（5）债务率、偿债率的情况堪忧，斯里兰卡存在债务违约的风险。

由此看来，由斯里兰卡国家主权、次主权担保的项目（包括特许权投资项目），存在很高的国别风险。2018 年前后，中国信保对斯里兰卡基础设施投融资项目持慎重态度，一事一议，需要做尽职调查。这里建议：一是如中资企业做中长期投资项目的话，需要慎重；二是如果是外国私人投资项目，承包商协助业主融资（EPC+F）的话，可以继续跟踪开发。

（二）项目的可行性

1. 项目经济可行性

斯里兰卡"糖厂+甘蔗渣发电"项目的第一期工程是建设"12兆瓦+18兆瓦"生物质电厂，投资规模为6000万美元。项目业主提出的资金筹措方案为：项目公司自筹总投资20%的资本金（主要用于EPC合同预付款），剩余80%的建设资金希望利用中国商业银行的出口信贷。

2018年7月，A公司开始收集项目的相关资料，在业主提供的项目融资可行性分析中，给出的燃料柳根（Gliricidia）采购成本是100元人民币/吨，上网电价是0.13美元/千瓦时。A公司委托国内一家新能源甲级设计院（以下简称"B设计院"）对项目的可行性进行了审核，得出的结论是正面的。

2. 项目合规情况

本项目业主方面的主要合作方是：项目公司为Bibile Suger工业公司；项目开发商是斯里兰卡IMS H公司，负责项目前期开发，办理了政府审批和特许权文件，持有项目公司10%的股权；主要投资人为新加坡GV公司，负责筹措项目资本金，解决项目建设贷款，持有项目公司90%的股权（包括代地方政府持有1%的股权）。

中方合作企业主要有：A公司为本项目的EPC总承包商；B设计院是设计分包；一家国有大型电力建设集团所属企业（以下简称"C公司"）作为施工分包；一家有对外投资业绩和经验的企业（以下简称"D公司"）作为项目的融资顾问。

本项目的相关资料由A公司牵头梳理、分析、汇总并形成专题报告后，取得了：

（1）项目在商务部、承包商会备案；

（2）取得了中国信保的承保兴趣函；

（3）取得了工商银行的贷款兴趣函。

3. 项目社会效益

长期以来，电力供给一直是斯里兰卡重大民生问题，存在电费价格较高和电力供应不足等问题。2014年，随着中国企业承建的普特拉姆燃煤电站建成投产，斯里兰卡电价下调了25%，上述问题得到一定缓解。尽管如此，其整体电力供应仍无法有效满足用电需求。

截至2019年底，斯里兰卡总装机容量4217兆瓦。全国70.9%的电厂归锡兰电力局（Ceylon Electricity Board，CEB）所有，私人企业拥有剩余29.1%的电力资源，后者生产的电量由CEB购买后再统一在全国范围分配。

根据CEB公布的数据，斯里兰卡2019年全年发电量为15922千兆瓦时，较2018年增长3.6%。年发电量占比情况是：

（1）火力发电占65.17%，其中燃煤发电占33.67%，燃油发电占31.5%；

（2）水力发电占30.1%；

（3）可再生能源发电占4.71%（风能、太阳能、生物能）。

火力发电是斯里兰卡主要发电方式。由于柴油、重油要依赖进口，发电成本高，且直接受国际市场油价波动的影响；燃煤电站发电成本低一些，但进口需要大量外汇。近年来，世界石油、煤炭价格不断上扬，尤其是2018年以来，油价大幅度飙升，导致斯里兰卡发电成本大幅上涨，售电价格不断攀升。为使企业的生产和人民的生活免受电价太大的冲击，斯里兰卡政府不得不拿出巨额补贴，以平抑电价。

近些年，受自然气候变化的影响，水电发电稳定性较差。虽然斯里兰卡水电站的发电量占全国总发电量的30.1%，但受全球气候变化异常的影响，不少分布在山区的小水电站因水量不足而不能正常运转，发电减少，收入降低，维护费用增加。

生物质发电属于可再生能源，原料供应在斯里兰卡本土解决，可以为斯里兰卡节省宝贵的外汇。生物质电厂技术成熟、运行稳定，在保证原料供应的情况下，可以做到年满负荷运行7000小时以上。鼓励农民种植甘蔗，用甘蔗榨糖（斯里兰卡的食用糖依赖进口），再利用糖厂的下脚料甘蔗渣发电，这是一个典型的循环经济的好项目，得到了当地政府的大力支持。

（三）业主资信状况

新加坡GV公司持有项目公司90%的股权，该公司已在澳大利亚投资并运营一座50兆瓦的生物质发电厂，该电厂已经运营10年以上。作为项目公司的控股股东，GV公司将负责落实整个建设期的资本金和融资。为此，GV公司聘请斯里兰卡国家开发银行的投行业务部作为业主的融资顾问。据GV公司介绍，斯里兰卡国家开发银行投行业务部在南亚地区很有名气，近两年的合同额、营业收入均排在同行首位。

斯里兰卡IMS Holdings公司（以下简称"IH公司"）是当地的一家私营企业，持有项目公司10%的股权。作为本项目的开发商，在当地有丰富的政府关系和人脉资源。

（四）承包商履约能力

当时A公司作为大集团的科技环保、装备制造、工程总承包的工作平台，在火力发电、水力发电、可再生能源发电（包括生物质发电）领域拥有雄厚的技术、管理和经济实力、诸多优质产品和工程案例，这些都得到了项目业主和斯里兰卡银行的赞许。

三、项目融资推进相关工作思路

（一）融资可行性基本研判

斯里兰卡"糖厂+甘蔗渣发电"项目属于低碳环保、循环经济项目，得到了两国政府主管部门的高度重视。在推动项目开发和融资落地过程中，A 公司得到了中国驻斯里兰卡使馆、商务部、商会、中国信保、工商银行等的支持和帮助。

利用融资可行性分析框架，虽然斯里兰卡国别风险较高，但当地头部银行的信用评级、资产规模、全球排名情况，对于本项目的融资规模来讲可以接受。另外，本项目的技术方案可行、经济效益良好，能够带动中国机电产品和材料出口；投资人没有不良记录，承包商履约能力比较强，在中国信保的支持下，相关风险可控。基于此，项目融资可行。

（二）融资难点问题及解决方案

1. 前期工作里程碑

（1）2018 年 7 月，A 公司通过 C 公司介绍开始介入该项目，初期重点工作是收集项目资料，了解项目的政府审批和特许权文件落实情况；调研 EPC 的商务、技术、质量、工期和验收标准等情况；了解项目的资本金/预付款和融资的解决方案。

（2）2018 年 8 月，A 公司第一次邀请业主来公司进行项目交流，就项目具体情况及融资模式进行沟通；D 公司作为融资顾问应邀参加了会议。会上新加坡 GV 公司介绍了项目情况。

a. 本项目已获得斯里兰卡政府批准，与锡兰电力公司（CEB）就购电合同（PPA）的谈判正在进行中；

b. 与项目业主接触的有三家中国承包商及印度西门子公司，希望 EPC 总承包商能够帮助解决项目建设贷款（EPC+F）；

c. 项目公司能够给承包商提供的还款保证是：项目公司的 20% 资本金足额到位，项目公司股权，资产和 PPA 项下的预期收益；

d. 印度西门子公司已同意上述融资条件，只是 GV 公司的股东都是华人，所以他们更希望与中国承包商合作。

针对项目业主介绍的情况，D 公司询问 A 公司是否有兴趣参与该项目的投资。A 公司领导明确表示，该项目他们不投资，只做 EPC。D 公司代表根据这一情况，针对外方提出的融资方案，给出的反馈意见是：

a. 斯里兰卡"糖厂+甘蔗渣发电"项目是一个典型的外国私人投资的绿地 BOOT 项目；

b. 中资企业开展对外投融资业务，按规定需要投保中国信保的"出口信用保险"，此项目现有条件适合投保中国信保的海外投资保险；

c. 尽管此项目各方面情况很好，而且业主讲 PPA 有可能取得主权担保，但由于中资企业不参与投资，该项目无法投保中国信保的海外投资保险（前面介绍过，海外投资保险的投保人为中方投资人/中方股东，或者中资企业投资的项目公司）；

d. 因为不能投保出口信用保险，所以仅凭上面的条件，A 公司无法为该项目提供融资支持，GV 公司现在提出的融资方案很难落地；

e. 鉴于上述情况，要求业主为项目融资提供还款担保，考虑到斯里兰卡国家情况和项目情况，建议主权担保或当地银行担保都可以。

项目业主听了 D 公司的意见后表示：他们如果能提供还款担保就直接贷款了，没有必要找中国承包商帮助融资；如果在中国不能解决融资的话，他们就只能与印度西门子公司合作了；希望中方及 A 公司能认真考虑他们的方案。

在业主发表意见后，D 公司代表作出了进一步解释。

a. 项目公司与 CEB 签署的购电合同即使有斯里兰卡的主权担保，也很难说服中国商业银行提供融资，因为斯里兰卡国家主权和次主权机构的国际信用评级不高，再加上 PPA 收入只能代表项目公司有还款来源，与归还银行贷款没有直接挂钩，如果项目公司运营出现问题，或者 CEB 支付电费不及时，或者出现政治风险等，都会影响贷款的归还；

b. 以上情况，再加上斯里兰卡 PPA 的电费支付是"当地币计价，当地币支付"，没有中国信保的信用保险增信，中国商业银行是不会提供贷款的；

c. 在业主目前的融资方案下，中国承包商只能做全流程（宽限期+还贷期）的卖方信贷，而且需要安排第三方为贷款提供全额还款担保

（全时段、全覆盖贷款的本息），这种情况 A 公司的审批流程很难通过；

　　d. 鉴于上述情况，不但 A 公司做不了，另外两家中国公司也做不了；

　　e. 以目前项目公司和股东的状况，没有金融机构出具的还款担保，以及出口信用保险的增信，对于国际融资来讲，印度西门子公司也很难与之合作。

（3）2018 年 9 月，B 设计院来到 A 公司进行了项目技术交流，并根据已收集到的项目资料对外方的技术方案进行审核，并核算了建设成本等。

（4）2018 年 10 月至 11 月，A 公司、D 公司两次与业主开会，专题沟通项目的融资方案。经过深度沟通交流，A 公司和项目业主对于 D 公司给出的两个融资建议方案表示认同。具体方案是：

　　a. "15% 的合同预付款 + 斯里兰卡银行 85% 的还款担保 + 宽限期利息（剩余 5% 的资本金用于支付宽限期利息）"，投保中国信保的"中长期信用保险"。

　　b. "15% 的预付款 + 85% 信用证 + 斯里兰卡银行的再融资"投保中国信保的"出口特险"。

对于上述两个融资建议方案，业主认为第二个方案更容易获得成功，但再融资部分需在斯里兰卡银行解决，财务费用会很高。第一个方案很有挑战性，如果能成功的话，希望在中国的商业银行做欧元贷款（当时欧元是负利息）。

基于上述工作基础，项目业主邀请 A 公司尽快组团队去斯里兰卡，实地考察项目并与当地头部银行直接沟通，落实本项目的融资方案。A 公司表示同意。

（5）2018 年 12 月，A 公司、C 公司和 D 公司组团去斯里兰卡实地考察，并在业主融资顾问斯里兰卡国家开发银行投资银行部的安排下，分别与斯里兰卡的锡兰银行、人民银行举行会议，专题沟通项目融资方案。

2. 融资解决方案

（1）潜在合作银行。在 A 公司团队到达斯里兰卡前，业主已与融资顾问斯里兰卡国家开发银行（National Development Bank of Sri Lanka）投资银行部详细沟通了中方提出的融资建议方案，并安排好了与锡兰商业银行（Commercial Bank of Ceylon）和斯里兰卡人民银行（People's Bank）的会议。当时 D 公司收集整理出了上述三家银行的基础资料（见表 6-23）。

表 6-23　斯里兰卡锡兰银行、人民银行、国开行信用评级和资产规模情况

机构名称	项目		2014 年	2015 年	2016 年	2017 年	2018 年 1 月至 6 月	备注
锡兰银行	资信评级	短期					B	惠誉
		长期					B	
		展望					稳定	
	总资产（亿美元）		104	112	115	131	129	
	净收入（亿美元）		1.1	1.2	1.57	1.4	—	
人民银行	资信评级	短期					—	惠誉
		长期					B	
		展望					稳定	
	总资产（亿美元）			90	96	106	114	
	净收入（亿美元）			1.05	1.2	1.34	0.633	
国家开发银行	资信评级	短期					—	惠誉
		长期					B	
		展望					稳定	
	总资产（亿美元）		21	22	23	25		
	净收入（亿美元）		0.321	0.257	0.187	0.225		

2018 年，斯里兰卡在国际著名评估机构的信用评级是 B，上述银行的资信评级与国家主权评级相同；锡兰银行和人民银行的资产规模都超过了 100 亿美元，对于本项目 4500 万～5000 万美元的融资来讲，中国信保表示可以考虑。

（2）融资建议方案。在出国前，D 公司向 A 公司提交了斯里兰卡生物质发电项目融资方案并附上了融资结构示意图（见图 6-11）。

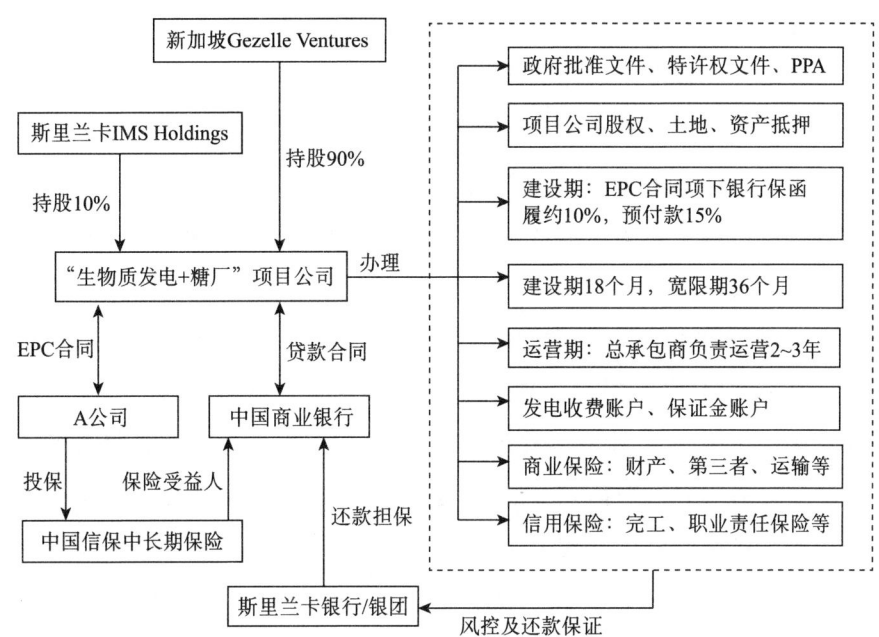

图 6-11 斯里兰卡"12 兆瓦 +18 兆瓦"生物质发电项目融资信用结构框图

到达斯里兰卡后，A 公司团队先与业主的融资顾问，即斯里兰卡国开行投资银行业务部总经理等进行了沟通，详细讲解了中方的融资方案，并回答了他们提出的诸多问题。最后各方达成一致，斯里兰卡国开行投行部总经理认为中方提出的融资方案可行。

3. 主推出口买方信贷方案

出口买方信贷方案（EPC + F），对承包商来讲就是现汇项目，所以 A 公司团队首推这个融资方案。在与锡兰银行和人民银行的沟通过程中，主要问题聚焦在建设期风险管控上。D 公司对斯里兰卡的银行提出的问题给予了详细解答，主要情况是：

（1）中方根据本项目的收益情况，建议贷款期限为 10 年，其中宽限期为 3 年，还贷期为 7 年；相应还款保函的期限也是 10 年，金额覆盖贷款的本金和利息。

（2）还款保证措施为：项目公司资本金比例由开保函银行确定，投资人按股权比例安排资本金足额到位；项目公司以股权、资产、收益作为还款保证。

（3）购电合同 PPA 项下的收费账户设在出具还款担保的银行，以便银行对项目公司的收入实施有效监管。

（4）担保银行在建设期最大的风险是项目公司无法支付宽限期利息。建议银行对项目公司的资本金比例提出要求（如 20%～30%），即资本金首先用于支付 EPC 合同 15% 的预付款，剩余部分要足额支付建设期利息，并存入项目公司在担保银行的账户中。

（5）保证工程完工，实现项目的预期收益，并确保按期归还贷款。本项目实际工期是 18 个月，建议宽限期设定为 36 个月（减少因工程拖期带来的还贷风险），这样确保项目建成投产的同时，项目公司还能在宽限期内积攒归还两笔贷款的资金。

（6）进入还贷期，项目公司按期归还第一笔贷款本息后，剩下的一笔还贷资金存入企业与银行的共管账户，作为每期还贷的保证金，确保由各种意外引发上网电量减少时，不会影响还贷。

（7）业主选择实力强大的 EPC 总承包商，可以为项目公司的融资增信。在本项目上，A 公司与项目公司签署的 EPC 总承包合同，以及合同项下的工程保函，可以对"工程完工"和"工程成本控制"起到保证作用。

（8）"预付款+信用证+再融资"的方案使银行在建设期基本没有风险，而且进入商业运行后，斯里兰卡银行通过提供中长期贷款可以获取更高的收益。

经过深度沟通，锡兰银行、人民银行对两个融资方案都表示可行，但更希望选择第二个方案，而且表示给承包商开出的是备用信用证。"预付款+SBLC+再融资"方案对银行来讲，既规避了建设期风险，又使银行利益最大化，即斯里兰卡银行在项目建设期可收取开证手续费，在还贷期可收取贷款利息。

4. A 公司中标

在斯里兰卡锡兰银行、人民银行分别表示接受中方提出的融资方案后，本项目主要投资人新加坡 GV 公司在 A 团队离开斯里兰卡前明确表示，此项目肯定与 A 公司合作，并马上准备 EPC 总承包合同。2019 年上半年，A 公司与斯里兰卡项目公司签署了 EPC 总承包合同。

四、项目融资工作小结

（一）项目后续情况

斯里兰卡项目的前期开发工作得到了中国信保和工商银行的大力支持，A 公司的工作也得到了项目公司及主要投资人新加坡 GV 公司的认可。但是，在中国信保、工商银行为本项目出具兴趣函后，业主方面的融资工作进展却不顺利。当时，中国信保希望了解斯里兰卡银行的态度，提出项目公司请锡兰银行或人民银行出具担保兴趣函，但迟迟没有得到回应。

之后，了解到斯里兰卡银行要求项目业主提供相关资料，其中项目公司经审计的三年财务报表无法提供；而作为控股股东的新加坡 GV 公司也不能按要求提供财务报表。再往上追溯，GV 公司的股东是 5 个自然人，澳大利亚 50 兆瓦生物质发电厂是属于其中两个人的，不属于 GV 公司。这样，作为信用主体，GV 公司不能满足斯里兰卡银行的要求。

从这个案例我们应当认识到，信用主体仅有资本金是不够的，还需要自身条件能满足银行要求。这也是中资企业跟踪开发的许多海外私人投资项目在签署 EPC 合同帮助业主融资后，却迟迟不能实现融资关闭的主要原因。

（二）汇率风险管控

在当前的海外电力投资领域，化石燃料发电项目大幅度减少，而水力发电项目由于投资规模大、建设周期长、设备和材料占建设投资的比重不高，对转型做"投融建营一体化"的企业来讲，选择投资大中型水电项目有难度。而在大家都看好的风力发电、光伏发电投资项目上，投资人已很难获得"容量电量"和"照付不议"的优惠条件了。为此，投资人在选择海外绿地投资项目时，特别是参与新能源投资项目的投标时，需要重视"外汇计价,当地币支付"。

表6-24是根据中国信保《国家风险分析报告》中披露的数据汇总列出的斯里兰卡、哈萨克斯坦、菲律宾、巴基斯坦四个国家在2016—2021年期间汇率波动情况。开展对外投资业务,汇率风险一直是中资企业关注的重点。

表6-24　　亚洲四国2016—2021年汇率波动情况及本币贬值/升值幅度分析

年度	斯里兰卡		哈萨克斯坦		菲律宾		巴基斯坦	
	年均汇率（本币/美元）	年末汇率（本币/美元）	年均汇率（本币/美元）	年末汇率（本币/美元）	年均汇率（本币/美元）	年末汇率（本币/美元）	年均汇率（本币/美元）	年末汇率（本币/美元）
2016	145.6	149.8	342.1	333.3	47.5	49.8	104.8	104.8
2017	152.4	152.9	326.0	331.3	50.4	49.9	105.5	110.4
2018	162.5	182.7	344.7	375.2	52.7	52.7	121.8	138.8
2019	178.7	181.6	382.7	381.6	51.8	50.7	150.0	154.9
2020	185.6	186.4	413.0	420.7	49.6	48.0	161.8	159.6
2021	198.8	200.4	425.9	431.7	49.3	50.8	162.9	176.5
2016年对比2021年本币贬值/升值幅度								
%	-36.5	-33.8	-24.5	-29.5	-3.8	-2.0	-55.4	-68.4

注：①2016年对比2021年本币贬值/升值幅度中的数据,"-"号表示贬值。
②2022年12月8日,美元兑换斯里兰卡卢比的汇率为：1美元兑换362.28卢比。

（1）发展中国家的汇率走势通常是持续贬值,上下波动的情况都很少,所以对汇率风险一定要重视。

（2）因为电力项目的营业收入通常是本币,所以PPA支付方式对管控汇率风险和项目融资很重要。

（3）斯里兰卡、哈萨克斯坦、菲律宾的电费支付方式是：当地币计价,当地币支付。这对投资人来讲,就要单独面对汇率风险。如果遭遇2022年斯里兰卡汇率断崖式贬值的情况,对投资企业来讲就是灾难了。

（4）如果项目从项目融资关闭并开工建设,到五六年后本币贬值

20%~30%，甚至更高，则投资人是无法承受的。面对"当地币计价，当地币支付"的结算方式，投资人通常的处理方法是在当地银行融资，做本币的中长期贷款。但在大部分发展中国家，当地银行本币贷款利息通常都在10%以上，甚至更高，所以靠项目本身很难支付这么高的利息。

（5）通过以上分析，投资人对在斯里兰卡、哈萨克斯坦的投资应慎重，但对菲律宾等新兴经济体国家，其汇率基本稳定，且本币/菲律宾比索的贷款利率也不高（比索利息4%左右），汇率风险可控。另外，在欧元区投资新能源发电项目，其汇率风险也是可控的。

（6）巴基斯坦的电费支付是：外汇计价，当地币支付。这样就减小了外国投资人收汇风险和压力，中资企业再投保中国信保的出口信用保险，就可以有效地管控支付风险和汇率风险。如果投资项目列入"中巴经济走廊能源合作项目"清单，企业就可以投保中国信保的"出口买方信贷保险"，保障强度和融资能力进一步提高。

综上所述，建议中资企业在第三世界国家实施对外投资，务必关注特许权合同/协议的支付方式，对于经营收入是本币的项目，一定要努力争取到"外汇支付"或"外汇计价，当地币支付"的条件，否则要考虑叫停前期开发工作。

对于近些年大量兴起的新能源投资项目的公开招标，有不少中资企业参与投标，但中标以后又被纷纷废标。主要原因就是：缺失"容量电量"、"照付不议"，如果没有"外汇计价，当地币支付"的条款，外国投资人想做成项目融资都很困难。

第九节　古巴水电站项目采用"转贷"方式融资案例

当前，在海外基础设施建设领域，政府投资项目逐步减少，私人投资项目越来越多。由于私人投资项目业主的实力良莠不齐，造成项目的债务融资得不到中国信保和国内商业银行的支持，尽管有中国承包商协助融资,但也无法实现项目融资关闭。

比较常见的情况是项目业主的财务状况满足不了金融机构的要求,出现这样的问题,业主靠本身的能力在短时间内是无法解决融资问题的。为此,采取"转贷"方式操作出口买方信贷是切实有效的解决方案,这一措施得到了国内金融机构的认可。下面我们与读者分享一个采用"转贷"方式融资的典型案例。

一、项目概况

一家大型国有企业(以下简称"A公司")在完成了我国政府援助的古巴电机厂工程项目后,又从古巴驻中国大使馆经济处获得了古巴水利资源委员会拟建设三座小水电站的信息。三个水电站分别是:位于桑克蒂斯皮里图斯省(SANCTI SPIRITUS)的 ZAZA 水电站;位于圣地亚哥省(SANTIAGO)的 PROTESTA DE BARAGUA 水电站;位于格朗玛省(GRANMA)的 BUEYCITO 水电站。三个水电站的总装机规模 6220 千瓦。这三个项目都是在省会城市现有的水库(生活用水的水源地)基础上扩建小水电站工程,以缓解当地电力紧缺的问题。

上述项目是古巴政府投资,主管单位是古巴水利资源委员会(以下简称"水利委员会")。按计划经济体制,涉外业务都有专门的外贸进出口公司负责具体实施,本项目的业主是古巴冶金机械工业外贸公司(以下简称"冶金外贸公司")。由于是在饮用水源地建设水电站,古巴政府对项目建设的技术方案、环保措施、设备和工程质量等提出了很高要求。

二、项目融资可行性简析

(一)国别风险和担保

古巴共和国位于加勒比海的西北部墨西哥湾入口处,东与海地和多米尼加隔海相望,南距牙买加 140 公里,西离墨西哥尤卡坦半岛 210 公里,北距美国佛罗里达半岛南端 217 公里。由古巴岛、青年岛等 1600 多个岛屿组成,国土面积 11 万平方公里,是西印度群岛中最大的岛国,海岸线长达 5746 公里。

本项目 A 公司在 1996 年 1 月,与古巴政府签署第一份正式合作协议;1997 年 10 月,落实项目融资方案;1999 年 12 月,实现融资关闭并开始提款(当时,由于一直等待古巴方筹措合同预付款,所以影响了相关贷款合同/协议的签署)。笔者有幸全程参与了该项目的前期开发工作,这是一个典型的利用"转贷方式"操作出口买方信贷的成功案例,对当前中资企业的融资工作很有参考价值。

根据中国信保 2005 年版《国别风险分析报告》中披露的 2000—2004 年的古巴的主要经济数据,这些数据和结论能反映出项目开发阶段古巴的国别风险情况。2002 年,古巴全国人口 1125.1 万人,其中白人占 66%,黑人占 11%,混血种人占 22%,华人占 1%。古巴主要信奉天主教、非洲教、新教和古巴教。官方语言为西班牙语。古巴的主要宏观经济数据见表 6 - 25。

表 6 - 25 古巴 2000—2004 年主要宏观经济数据汇总

项目	2000 年	2001 年	2002 年	2003 年	2004 年
GDP(亿美元)	263.88	279.37	288.19	303.41	323.70
人均 GDP(美元)	2373.20	2506.60	2579.70	2707.70	2880.00
实际 GDP 增长率(%)	6.11	2.79	1.54	2.95	3.90
通货膨胀率(%)	-2.60	-4.10	8.80	0.60	1.00
财政收入(亿美元)	149.15	150.34	161.97	172.50	195.12
财政支出(亿美元)	155.87	157.71	171.93	183.24	206.99
财政余额(亿美元)	-6.72	-7.38	-9.97	10.74	-11.87
政府公共债务(亿美元)	127.34	125.96	126.74	131.44	133.22
政府公共债务/GDP(%)	48.3	45.0	44.0	43.3	41.2
商品出口(亿美元)	16.77	16.62	14.02	16.54	21.92
商品进口(亿美元)	48.77	48.38	41.29	46.25	52.86

续表

项目	2000 年	2001 年	2002 年	2003 年	2004 年
经常账户余额（亿美元）	-8.59	6.53	-2.96	-1.56	1.46
外债总额（亿美元）	119.13	118.72	119.05	123.32	127.12
偿债率（%）	15.40	15.80	16.90	15.40	14.30
汇率（可兑换比索/美元）	1.00	1.00	1.00	1.00	1.00

古巴外贸进出口的显著特点是进口长期大于出口，历年都处于逆差状况。2004 年，对外贸易逆差达 30.9 亿美元，比上一年增长 4%。虽然古巴商品进出口贸易逆差相当大，但服务贸易有着巨额顺差。这个顺差主要来自旅游收入、劳务出口收入和侨汇收入等。随着服务项目收入的激增，2004 年古巴经常账户的赤字仅为 1.5 亿美元。

古巴的财政余额一直是赤字，仅在 2004 年有所好转，随后还是赤字状态。与其他国家不同，古巴当时还没有很多的外国投资者，所以外债总额中大部分是政府的主权债务，而且国际组织、苏联和西班牙等国家的债务大部分是援助性质的（期限长、无息或低利息），反映在偿债率指标上处于良好状态。

当时，古巴货币实行双轨制，即分为可兑换比索（peso convertible，CUC，1995 年 1 月开始流通）和古巴比索（peso cubano，CUP）；根据规定，古巴比索不能与外币自由兑换。可兑换比索可在银行或指定兑换点，按国家公布牌价与美元、欧元等货币相互兑换。当时，1 美元可兑换 1 可兑换比索；1 可兑换比索相当于 24 古巴比索。

《国家风险分析报告》对古巴国家总体风险的评估结论是：卡斯特罗自上台以来一直连任至今，古巴政局持续保持稳定，经济逐步好转，社会秩序安定，人民的基本生活得到保障，是拉美地区相对安全的国家。但由于市场经济不健全、经济结构单一、金融稳定不足，古巴经济增长动力与持续性有限。美国对古巴长期实施制裁与封锁，是古巴安定和发展的主要风险。根据古巴当时总体形势，《国家风险分析报告》认为古巴国家的参考评级为 8（8/9）级，国家风险水平显著。

综上所述，古巴水电站项目属于政府投资，对中国的出口信贷融资可提供主权担保。在当时的情况，本项目是中国企业首次利用"出口买方信贷"开发海外工程项目，A 公司积极协助古巴政府、项目业主、机械工业部、对外经济贸易部、中国人民财产保险有限公司（以下简称"中国人保"）信用保险部（当时中国信保还没有成立）、中国进出口银行（以下简称"进出口银行"）等机构做好各项工作。

（二）项目的可行性

20 世纪末，古巴还是完全的计划经济体制，国家上项目、企业生产、人民生活供给等均由各个政府部门编制计划，获得各级政府批准后实施；企业的产值、营业额、利润等都是国家的。古巴长期受美国制裁，能源、电力属于稀缺资源。利用已有的水库建设水电站，属于节能环保、综合利用的好项目。三座水电站工程主要包括引水系统、水电站主厂房、水电站副厂房、尾水系统、变电站、输电线路等。三个小水电站主要信息见表 6-26。

表 6-26　　古巴三座水电站装机规模及主机设备配置情况

栏目	ZAZA 水电站	BUEYCITO 水电站	PROTESTA DE BARAGUA 水电站	备注
项目所在地（省）	SANCTI SPIRITUS 圣斯彼得里省	GRANMA 格朗玛省	SANTIAGO 圣地亚哥省	
设计水头（米）	8.55	20.0	12.85	
流量（立方米/秒）	50.0	8.0	7.16	
装机容量（千瓦）	3500	1260	1460	总装机规模 6220 千瓦
水轮机型号	GD006-WZ-225	HLD74-WJ-85	GD007-WZ100	每个水电站 2 套水轮发电机组
发电机型号	SFW1750-36/3250	SFW630-18/1730	SFW730-14/1430	

古巴水电站工程项目的大业主是古巴水利委员会，进出口代理公司（建设合同签约方）是冶金外贸公司，项目建设需要在中国的银行融资。在 20 世纪 90 年代，本工程项目的资金规模属于比较大的，靠中国的对外援助款（当时还没有优惠买方信贷）无法解决。为此，通过协商，古巴同

意使用进出口银行的"出口买方信贷",并为贷款提供主权担保。作为利用出口买方信贷项目(EPC+F),能否投保"出口信用保险"是关键。

(三)业主资信状况

通过公共渠道查询古巴国家主权信用评级一直在 CC 和 CCC 之间徘徊。根据 2013 年版、2021 年版《对外投资合作国别(地区)指南》披露的数据,2011 年 7 月,国际评估机构穆迪对古巴的主权信用评级为 Caa1,评级前景为稳定;2019 年 9 月,国际评估机构穆迪将古巴主权债务评级调整为 Caa2,展望为稳定。

本项目前期开发工作,关键部分的工作量是在 1994—1997 年完成的。1997 年融资方案落实,由于业主筹集合同预付款遇到困难,直到 1999 年底贷款合同才生效。当时古巴的 GDP 规模是:

(1) 1997 年,GDP 为 253 亿美元,同比增加 1.39%,人均 GDP 是 2306 美元;

(2) 1998 年,GDP 是 257 亿美元,同比增加 1.46%,人均 GDP 为 2332 美元;

(3) 1999 年,GDP 为 283 亿美元,同比增加 10.21%,人均 GDP 是 2562 美元。

因常年受美国制裁,古巴政府财政紧张,而且由于古巴货币长期实行双轨制,其 GDP 的规模可能被严重高估。本项目的贷款仅提供国家主权/财政部的还款担保,力度不够,需要在中国人保的信用保险部投保"中长期保险",为项目融资增信。

(四)承包商履约能力

古巴水电站工程项目的 EPC 总承包商是 A 公司,设计单位是一家甲级水电勘测设计院(以下简称"B 设计院"),水轮发电机组的制造厂是一家大型国有企业(C 工厂),施工分包由古巴建设部负责。

A 公司当时是国家机械工业部直属企业,专门从事机电设备的进出口、国内外大中型电力工程项目的设备配套,以及海外电力工程的总承包业务。当时 A 公司在国内主要参与了白山水电站、密云抽水蓄能电站、葛洲坝水电站、三峡电站等水电工程项目的建设工作,在土耳其、菲律宾、斯里兰卡、尼泊尔、巴基斯坦、泰国、缅甸、秘鲁等二十多个国家拥有水电站成套设备出口和工程总承包的业绩。

古巴三个水电站工程在中国属于小水电项目,总承包商 A 公司、设计分包 B 设计院、主要设备生产企业 C 工厂,以及古巴建设部所属施工企业(对施工资质、业绩做了调研)均有能力胜任工作。

三、项目融资推进相关工作思路

(一)融资可行性基本研判

古巴水电站项目,当时列入了"中国-古巴政府间经济贸易混合委员会"重点推进项目,得到了两国政府主管部门的高度重视。在项目前期开发过程中,A 公司得到了中国驻古巴大使馆、机械工业部、对外经济贸易部、中国人保、进出口银行等单位的大力支持。

利用融资可行性分析框架,尽管古巴国别风险较高,但本项目在当地属于头号的民生工程,并已列入古巴国家重点项目,古巴政府愿意为融资提供国家主权担保。如果中国人保能够为本项目的融资承保"中长期保险",进出口银行是可以提供出口买方信贷的。

(二)项目融资的难点问题

(1)古巴政府财政紧张,按中国人保和进出口银行要求,应在建设合同/EPC 合同项下向 A 公司支付 15% 的预付款,古巴水利委员会和冶金外贸公司均表示有困难。

(2)古巴常年受美国制裁,当时又实行货币"双轨制",古巴的 GDP 规模可能被严重高估,仅提供主权/财政部的还款担保,风险仍然较大。

(3) 古巴冶金外贸公司是外贸窗口单位,资产规模很小,作为本工程项目的借款人,财务状况不能满足中国人保和进出口银行的要求。

(4) 古巴国民银行(Banco Nacional de Cuba,BNC)是古巴最大的商业银行,1948年12月成立;从1997年5月起,不再承担中央银行职能,而改为商业银行。古巴国民银行主要承办对国家有重大影响项目的贷款、转贷或担保业务。

(5) 中国人保希望A公司帮助做工作,引入古巴国民银行参与本项目的融资业务,为项目融资增信。

(6) 因为项目业主无力在建设合同预付款之外,再筹集资金支付信用保险费,所以中国人保要求A公司收到合同预付款后一次性代项目业主支付中长期保险的保费(10年期贷款,保费总额预计达建设合同金额的5%~6%),这对承包商实施EPC合同影响很大。

(三) 项目资本金和债务融资解决方案

1. 资本金/预付款解决方案

A公司积极联络、协调古巴驻中国大使馆、古巴水利委员会、古巴外贸部、古巴财政部、古共对外联络部(当时的古巴大使在赴任前,担任古共中央对外联络部长)、冶金外贸公司等,以及中国的机械部、外经贸部、中国人保、进出口银行等机构,最后促成:

(1) 中国人保信用保险部总经理在北京与古巴外贸部长直接谈判,最终达成一致,即:

a. 中国人保同意为古巴水电工程项目承保"中长期保险",承保金额为建设合同/EPC合同额的94%;

b. 古巴外贸部部长同意签署一份承诺函,说明古巴水电工程是一个示范项目,此次中长期保险的承保金额比例为特例,不能作为以后合作项目的参考。

(2) 中国人保和进出口银行沟通后,进出口银行同意建设合同的预付款为合同额的6%,出口买方信贷金额为合同额的94%。

2. 还款保证措施解决方案

鉴于古巴水利委员会和冶金外贸公司的总体实力较差，财务状况不能满足中国金融机构对信用主体的要求，以及古巴国家经济情况不好等不利情况，A 公司积极协助中国人保督促项目业主引入国家资源，强化还款保证措施。最终落实情况是：

（1）调整本项目出口买方信贷的信用主体，采取转贷方式，由古巴国民银行作为本项目的借款人，与进出口银行签署贷款合同；

（2）古巴国民银行将进出口银行提供的出口信贷，转贷给古巴水利资源委员会/冶金外贸公司，用于水电站工程建设；

（3）古巴财政部/外贸部为进出口银行的出口买方信贷提供还款担保；

（4）建设合同的支付方式为：6% 的预付款 + 古巴国民银行开出的 94% 的即期信用证；

（5）A 公司收到合同预付款后，代项目业主在中国人保投保"中长期保险"，以及商业保险，保险费在建设合同/EPC 合同中列支。

3. EPC 总承包合同生效条件

（1）建设合同/EPC 合同正式签署后，A 公司向古巴冶金外贸公司开出工程保函（预付款保函和履约保函）；

（2）古巴冶金外贸公司向 A 公司支付 EPC 合同额 6% 的预付款，同时委托古巴国民银行向 A 公司开出建设合同金额 94% 的即期信用证；

（3）A 公司收到合同预付款后，代项目业主向中国人保信用保险部缴纳保费（贷款期限 10 年，最高责任限额为本金加利息，保险费率 5.1%）；

（4）中长期信用保险合同/保单生效，进出口银行贷款合同生效，EPC 合同正式生效。

4. 对外工程承包贷款

（1）A 公司在协助项目业主办理出口买方信贷的同时，又依据建设合同、古巴政府的主权担保、国民银行的即期信用证，以及 A 公司的资信文件等，在进出口银行办理了建设合同额30%的流动资金贷款。

（2）这笔流动资金贷款使用的是"对外承包工程项目贷款"，政府给予了2%的贴息；因为古巴水电工程项目本身的合同文件和担保文件齐整、规范，所以进出口银行给予A公司的流动资金贷款是免担保的。

四、项目融资工作小结

（一）前期工作里程碑

在获得项目信息后，A公司首先与古巴驻华使馆的大使和经济处参赞等建立了密切的合作关系，联络进出口银行、中国人保并取得支持；随后，向机械工业部、对外经济贸易部、外交部汇报并取得支持，同时收集项目资料，委托B设计院对古巴方提供的资料进行分析和梳理，编制项目技术方案和初步设计报告等。

1996年1月27日，在古巴驻华大使馆，A公司副总经理与古巴外经贸部副部长正式签署古巴水电工程项目合作协议。

1996年2月26日，A公司行公文，向国家机械工业部，外经贸部美大司、合作司，进出口银行，中国人保正式提出为古巴电机厂扩建工程项目、古巴水电站工程项目申请使用"出口买方信贷"。

1996年6月，A公司与B设计院组成的工作组赴古巴项目现场考察，并与古巴水利委员会专家讨论设计方案。

1996年7月，A公司向机械工业部国际司，外经贸部美大司、合作司，进出口银行提交古巴水电站项目初步设计报告，并汇报现场考察及技术方案准备情况。

1996年8月，A公司和B设计院完成并向古巴水利委员会、冶金外贸公司提交了三座水电站的初步设计报告。

1996年12月2日，国家机械工业部《关于请给予古巴水电站和电机厂技术改造项目信贷支持的函》（机械部外〔1996〕961号文），批转外经贸部美大司、进出口银行和中国人保。

1996年12月24日,在古巴政府接受中方全部出口信贷条件后,中国人保正式出具了"出口信用保险承诺函"。

1997年10月16日,在古巴政府相关部门正式接受进出口银行的出口买方信贷基本条件后,进出口银行正式签发"出口买方信贷贷款意向书"。

1998年5月5日,进出口银行买方信贷部门负责人和A公司总经理率团赴古巴,进行贷款合同、建设合同的谈判,并在哈瓦那与古巴方面草签了"建设古巴三座水电站项目合同"和"出口买方信贷贷款合同"。贷款合同中明确建设合同生效的条件是:古巴预付款到账、信用保险合同生效后,贷款合同生效、建设合同生效。

1998年6月,A公司将草签的建设合同报送外经贸部科技司审查,通过审查后,获得了古巴三座水电站技术文件的出口批文。

1999年4月,中国进出口银行副行长率团一行9人赴古巴,在哈瓦那与古巴国民银行正式签署古巴水电站出口买方信贷的贷款合同。

1999年7月,A公司向古巴冶金外贸公司开出预付款保函和履约保函。

1999年11月24日,A公司收到古巴方的合同预付款,同时收到古巴方通知,要求A公司开始执行建设合同。

1999年12月24日,A公司收到古巴方开来的即期信用证;在收到古巴方合同预付款和信用证后,A公司及时向中国人保缴纳保费,信用保险合同/保单生效,贷款合同生效,建设合同正式生效并启动。

(二) 项目融资信用结构

古巴水电工程项目得到了中古两国政府和金融机构的大力支持,特别是中国人保信用保险部的鼎力支持和帮助。这个案例成功破解了预付款困难、买方信贷信用主体实力不够、流动资金占用企业授信、工程进度款结算难等方面的问题,融资信用结构见图6-12。

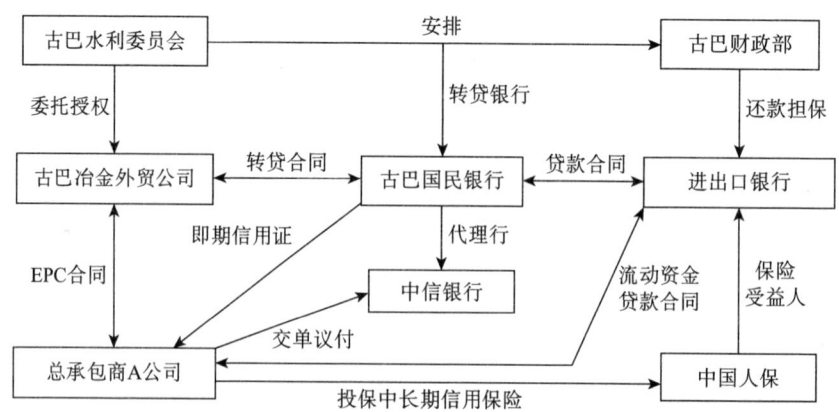

图 6-12 古巴水电站项目出口买方信贷融资结构示意图

(三) 前期工作亮点

古巴水电站工程项目的开发和融资工作过程坎坷、时间漫长、成果显著。由于古巴方面预付款的问题，在 1997 年 10 月融资方案落地后，项目所有的正式合同文本到 1999 年底才签署完毕并生效。我们查阅并梳理了当年的资料和笔记，现将当时对一些棘手问题的思考和处理情况与读者分享，希望能对实际工作中一线的工程经理、投融资经理有所启发。

1. 预付款解决方案

由于古巴项目是中资企业首次开发利用"出口买方信贷"的海外工程项目，在前期工作中得到了中国人保和进出口银行的大力支持，我们看到，融资合同的谈判和签署都是两家金融机构的管理层领导出面，也就是说，中国人保和进出口银行主导了整个项目融资业务工作。作为示范项目，中国人保同意承保金额达到建设合同（当时还不知道 EPC）额的 94%，这样帮助古巴政府减轻了预付款压力。

2. 信用主体财务状况不佳的解决方案

鉴于项目业主/信用主体的财务状况不能满足金融机构的要求，中国人保和进出口银行给出了"转贷"的解决方案，即将本项目出口买方信贷借款人，由古巴冶金外贸公司换成古巴国民银行，由古巴国民银行与进出口银行签署贷款合同，然后再将资金转贷给项目公司；同时，古巴财政部为出口信贷的还款提供担保。把古巴两家最强的机构整合在一起，作为项目融资的借款人和担保人，这在当时条件下是最优方案。

3. 通常情况下的信用证结算

本项目预付款之外的工程进度款是按里程碑向业主结算，即每一笔进度款获得业主批准后，A 公司按合同办理信用证议付。当时没有网络，工作场景如下：

（1）国际业务采用信用证结算，通常的程序是出口商将信用证议付单据提交给国内接证银行，经过银行审查（审查，但不承担责任）认为没有不符点后，用航空挂号信邮寄给境外开证银行。当时古巴交通不便，航空挂号信需要 15 天左右才能送达。

（2）开证银行收到信用证议付单据，进行审核，确认没有不符点以后付款，这样出口企业预计在 1 个月左右能收到合同款。

（3）如开证银行审查出不符点，则会原路退回全部信用证议付单据，出口商修改后再走上面的程序，这样跑下来两三个月收到合同款是常见的事。

4. 信用证结算优化解决方案

在项目前期开发期间，得知古巴国民银行近期与中信银行签署了互为代理行协议，A 公司得到消息后积极做工作，联络协调古巴国民银行、中信银行、进出口银行，建议将本项目信用证议付单据的最终审核放在中信银行，这一建议最终获得三家银行认可。

（1）A 公司每一笔工程进度款的结算单据先提交给进出口银行，进出口银行审查没有不符点后，提交给中信银行；

（2）中信银行审核议付文件没有不符点后，通知国民银行付款，国民银行给进出口银行发出提款申请；

（3）接到国民银行的提款申请后，进出口银行将工程进度结算款打入 A 公司在进出口银行的项目账户；

（4）按上述路径结算工程进度款，从 A 公司向进出口银行提交信用证议付文件起，7～10 个工作日可以收到合同款。

5. 成本控制与结算里程碑设置

由于古巴国家经济状况不好,业主来华工作的差旅费都有困难,这严重影响了前期工作效率。考虑到古巴水电站工程是两国政府重点项目,当时已列入混委会重点推进工作清单,从风控角度看,项目"脱单"的几率较低。为了加快融资工作落地,A公司承担了业主方人员访华的差旅费。为此,在建设合同的起草和谈判过程中,A公司在控制成本和工程款结算方面做了以下工作:

(1)项目开发前期为古方垫付的费用,包括技术方案和初步设计报告费用,以及信用保险费等均进入建设合同成本。

(2)古巴是计划经济体制,在工程建设行业有较完善的技术管理体系和专业技能较好的工人队伍,但毛病是工作效率低下;A公司经过考察调研,在制订了有针对性的管理措施方案后,将土建工程和大部分安装工程分包给了古巴建设部,此项属地化举措既满足了古巴方的要求,又大大降低了工程成本。

(3)考虑到在古巴实施的工程建设项目会有拖期的情况,A公司在设备发运前购买了大量的旧集装箱(当时的价格是1000~2000元/个),并要求工厂按国家出口包装标准包装设备;设备放入旧集装箱并采取必要的"三防措施"后装船发运,此项措施大大降低了现场仓储成本,保证了在安装开箱时设备状况仍保持完好。

(4)A公司主动承担起草建设合同的工作,在相互理解和支持的氛围中,古巴方同意中方对工程进度款结算里程碑的设置意见。鉴于本项目的预付款仅有6%,对于支付信用保险费、投保工程保险,以及必要的准备工作等开支来讲是远远不够的。为此,中方将设计图纸审批和移交作为第一个结算里程碑,即A公司凭设计文件的航空发运资料、提单、发票等文件,通过信用证议付第一笔进度款,金额是建设合同额的25%,这样就有效缓解了合同执行的流动资金压力。

6. 低成本的流动资金

2000年9月,中国进出口银行印发了《中国进出口银行对外承包工程项目贷款管理暂行办法》（进出银信管发〔2000〕第274号）的通知。该办法第二条和第四条规定：

"第二条 对外承包工程项目贷款是指中国进出口银行在出口卖方信贷项下对国内企业为完成在境外承揽的能带动国产设备和材料出口的承包工程项目所需资金发放的贷款。"

"第四条 凡在工商行政管理部门登记注册、具有独立法人资格，取得国家批准的对外承包经营权，具备对外承包工程专业技术资质和实力的企业，均可以向中国进出口银行申请对外承包工程项目贷款。"

当时，为了鼓励出口和对外承包，财政部、商务部对出口商/承包商开发利用出口卖方信贷的项目给予2%~3%的贴息，这类贴息贷款由进出口银行独家办理。贷款币种为人民币。

A公司团队得到消息后积极跟进，以古巴项目的名义成功办理了对外承包工程项目贷款，为企业获得了低成本的流动资金。更值得赞誉的是，依据团队在古巴项目开发阶段的高质量工作，以及合规、严谨的合同/协议文件，A公司的项目流动资金贷款获得了免担保的优惠，实现了无追索的项目融资。

附　录

附录一　多边金融机构

一、世界银行

世界银行（World Bank）是世界银行集团的简称，成员包括国际金融公司（IFC）、国际复兴开发银行（IBRD）、国际开发协会（IDA）、多边投资担保机构（MIGA）和国际投资争端解决中心（ICSID）五个成员机构组成，成立于1945年，1946年6月开始营业。各机构的共同目标是终结极度贫困和促进共享繁荣，但在实现方式上各有侧重。国际复兴开发银行主要向中等收入国家政府和信誉良好的低收入国家政府提供贷款；国际开发协会主要向最贫困国家的政府提供无息贷款（也称信贷）和赠款；国际金融公司专注于私营部门，通过投融资、动员国际金融市场资金以及为企业和政府提供咨询服务，帮助发展中国家实现可持续增长；多边投资担保机构通过向投资者和贷款方提供政治风险担保，促进发展中国家的外国直接投资，以支持经济增长、减少贫困和改善人民生活。世界银行总部设在美国首都华盛顿，有员工10000多人，在全世界有120多个办事处。狭义的世界银行，仅指国际复兴开发银行和国际开发协会。

世界银行（以下简称"世行"）是全世界发展中国家获得资金与技术援助的一个重要来源。世行向发展中国家提供低息贷款、无息贷款和赠款，用于支持对教育、卫生、公共管理、基础设施、金融和私营部门发展、农业以及环境和自然资源管理等诸多领域的投资。部分世行项目由政府、其他多边机构、商业银行、出口信贷机构和私营部门投资者联合融资。

世行也通过与双边和多边捐助机构合作建立的信托基金提供或调动资金。很多合作伙伴需要世行提供帮助，管理旨在解决跨行业、跨地区需求的计划和项目。

（一）国际复兴开发银行与国际开发协会

国际复兴开发银行成立于1944年，宗旨是与发展中国家的公共和私营部门合作减少贫困并建立共同繁荣。作为世界上最大的开发性金融机构，国际复兴开发银行可以向中等收入国家和信誉良好的低收入国家提供贷款、担保、风险管理产品和咨询服务，其中，中等收入国家占国际复兴开发银行投资组合的比重超60%。国际复兴开发银行共有189个股东，其中，前六大股东分别是美国（占总投票权的15.77%）、日本（7.41%）、中国（5.03%）、德国（4.23%）、法国和英国（各占3.91%）。其主要收入来源于股本回报和微薄的贷款利息，这些资金将用于支付世界银行的运营费用，同时每年向国际开发协会转移部分资金，剩余的部分将作为留存收入并入自身的资产负债表。凭借其在国际发展领域的多年的经验和深厚的知识储备，国际复兴开发银行向各国提供贷款、咨询和分析服务，在实现世界银行集团帮助各国取得更好发展的目标方面发挥着关键作用。

国际开发协会成立于1960年，宗旨是帮助世界上74个最贫困的国家消除极端贫困。国际开发协会作为世界银行集团最主要的贷款部门——国际复兴开发银行的补充，通过为贫困国家提供捐赠金、零利率和低息贷款以及政策建议，促进最贫困国家的经济增长，改善世界各地贫困人口的生活条件。国际开发协会的合作伙伴和借款国代表每三年召开一次会议，以补充国际开发协会的资金，并审查国际开发协会的政策。资金来源包括国际开发协会收到的捐款、世界银行集团的注资以及从资本市场筹集的资金。自成立以来，国际开发协会已获得19次定期增资。国际开发协会贷款的利息为零或者极低，还款期最长可达 30 至 40 年，其中包括 5 至 10 年的宽限期。除了贷款之外，国际开发协会还向面临债务困境的国家提供捐赠款，非优惠融资项下可提供特殊融资计划（Scale-up Windows），还为符合条件的国家提供国际复兴开发银行飞地贷款，以及各种风险管理解决方案，包括灾害应急融资。国际开发协会贷款的条件是根据受援国的债务困境风险、人均国民总收入水平和信用状况确定的。债务困境风险高的受助人可以获得 100% 的赠款，处于中等债务困境风险的受助人可以获得 50% 的赠款，而其他受助人可申请常规贷款或混合（低息贷款+赠款）贷款，期限分别为 38 年和 25 年。

国际复兴开发银行和国际开发协会提供的产品和服务均在世界银行的框架下执行。其金融产品主要分三大类型。一是投资项目融资（Investment Project Financing，IPF），其目标对象是政府，贷款资金将用于支持该国的基础设施建设，帮助该国实现减贫和可持续发展的目标。投资项目融资贷款期限一般为 5~10 年，主要支持基础设施、社区发展、农业发展和公共服务等行业和领域的资本投资、信贷受理（包括小额信贷）和机构建设。与普通商业贷款不同，投资项目融资不仅为借款国提供融资，而且是全球知识分享和技术援助的媒介，具体体现在项目筹备阶段对分析和设计工作的支持、项目执行阶段的技术支持和专业知识分享以及整个项目过程中的机构建设指导。二是发展政策融资（Development Policy Financing，DPF），其目标对象是政府或某一政府部门，其通过加强公共财政管理、改善投资环境、改善公共服务和实现经济多样化的政策和行动计划，帮助该国落实其制定的有助于减贫和可持续发展的政策。发展政策融资的资金不指定具体用途，资金使用取决于借款人的实施规划和流程，因此可以快速反映借款人当前或预期的融资需求，它可以提供迅速可提款的融资。发展政策融资的使用需符合世行的国别政策，体现形式可以是贷款、赠款或担保。三是结果计划（Program-for-Results，PforR），该贷款资金与是否能帮助政府达到某一确定结果直接挂钩，其目的是帮助各国改进和优化其发展计划的设计和实施，并通过加强机构建设和系统建设来确保这一方案能长期有效。

在确认了项目属于以上某一类型后，借款人可结合自身需求申请国际复兴开发银行的具体产品，包括：国际复兴开发银行灵活贷款（IFL），是公共部门借款人的综合融资方案，拥有最长35年的贷款期限，其利率反映了国际复兴开发银行的AAA级信用评级，还款条款具有灵活性，还可以嵌入货币和利率风险管理工具；本地币融资，如果本币贬值，借入外币可能会使客户面临债务风险，国际复兴开发银行可以为客户提供将支付的金额转换为当地货币的选项；或有融资，国际复兴开发银行可以为客户提供或有信贷额度，使客户在不利的经济事件或灾难中迅速得到其因资源短缺而需要的融资；担保增信，国际复兴开发银行可以提供信用增级方案，为项目撬动期限更长和更具成本效益的私人融资；金融风险管理产品，根据融资来源和融资条款，客户可能面临的货币、利率、再融资以及商品价格波动风险，国际复兴开发银行可以提供一系列金融产品和咨询服务，以降低这些风险；灾害风险管理产品，国际复兴开发银行可以通过支持灾害风险融资计划和提供保险解决方案，帮助公共部门客户提高对灾害的财务抵御能力。

（二）国际金融公司

国际金融公司成立于1956年，总部位于美国华盛顿，宗旨是通过促进私营部门发展来促进其发展中成员国的经济增长。国际金融公司主要为成员中的发展中国家的私营部门发展提供融资支持和咨询服务，从而为世界银行集团消除极端贫困和促进共同繁荣的双重目标作出贡献。国际金融公司力求帮助各国在经济增长、创造就业、削减贫困、国家治理、环境保护、气候变化、人力资本、基础设施和债务透明度等方面取得进步。

截至2022年，国际金融公司的全部股本由185个成员国持有，其中经济合作与发展组织（OECD）成员国持有其66.90%的表决权，主权评级AA级及以上的国家持有其约50%的股权。投票权最大的5个成员国是美国（占总投票权的19.78%）、日本（7.84%）、德国（5.01%）、英国（4.47%）和法国（4.47%）。目前国际金融公司已在超过100个国家拥有

1800 多个客户。

与大多数其他多边金融机构不同,国际金融公司不接受东道国政府对其贷款的担保。一般而言,国际金融公司贷款收取与市场相匹配的利率,同时公司的债券和股权投资也积极寻求与市场相匹配的回报率。公司的财务实力主要基于其投资组合的质量、大量实收资本和留存收益、较低的杠杆、流动资产组合的规模、多元化的收益基础和盈利能力。

国际金融公司的产品和服务较为多样,主要分为金融产品和咨询服务两大类。其中,金融产品分为债权投资(银行贷款、债券和其他固收产品)、股权投资、贸易融资、衍生品和结构化融资以及混合金融等。国际金融公司还可联合其他投资者和贷款银行合作支持项目,具体形式可体现为平行贷款(Parallel Loans)、银团参贷(Loan Participations)、部分信用担保(Partial Credit Guarantees)、证券化(Securitizations)、贷款销售(Loan Sales)、风险分担设施(Risk Sharing Facilities)、基金投资(Fund Investments)和其他危机应对措施(Other Crisis Initiatives)等方式。咨询服务方面,国际金融公司可以为发展中国家的政府、金融机构和私营企业提供一系列财务和技术咨询服务,以提高项目成功的概率。

除此之外,国际金融公司还可以向银行、租赁公司和其他金融机构提供转贷贷款,国际金融公司也可以提供长期的本地币解决方案,包括本地币计价的贷款,允许客户将外币计价的负债对冲为客户本国货币的衍生品以及使客户能够从其他来源获取当地币借款的结构性融资方案。虽然国际金融公司的贷款传统上以主要工业国家的货币计价,但国际金融公司已将增加货币和利率掉期以及远期合同等衍生品的使用以搭建本地币融资方案作为一个优先事项,以满足客户对本地币融资的需求,提高国际金融公司以当地货币筹资并在盈利的基础上进行该币种贷款的货币掉期的能力。

1. 股权投资

国际金融公司的股权投资可以提供给私营企业发展所需的初始投入和长期增长资本。国际金融公司可以直接投资于公司股权,也可通过私募股权基金进行投资。通常,国际金融公司投资于公司的股权比例在 5% ~

20%。国际金融公司的股权投资通常采用普通股或优先股的形式，发行人不得强制赎回，国际金融公司也不得向发行人强制回售。股权投资通常以投资所在国的货币计价。国际金融公司还使用看跌期权和看涨期权、利润参与工具、转股工具、认股权证和其他类型的工具来管理其股权投资。

2. 债券

国际金融公司通过无记名或记名形式发行债券和票据、证券化债务（例如资产支持证券（ABS）、抵押支持证券（MBS）和其他抵押债务）和优先股等以进行投资，并要求发行人强制赎回或国际金融公司可强制向发行人回售。

3. 担保和部分信用担保

国际金融公司的担保可以承保客户的债务和贸易付款义务相关的商业和非商业风险。国际金融公司可以提供当地币担保，但在执行担保后，客户需偿还国际金融公司相应金额的美元。部分信用担保产品是国际金融公司可以承诺全额且及时偿还相应债务，上限是与客户提前约定的金额。通常，无论客户违约的原因是什么，国际金融公司都将向债权人支付担保金额。考虑到借款人的预期现金流量和债权人对现金流量稳定性的担忧，担保金额可能会在交易期间发生变化。担保的结构可以降低客户在债务工具中违约的可能性，并在发生违约时增加回收率。

4. 混合融资

除了直接提供商业贷款外，国际金融公司还使用许多补充工具来吸引私营部门融资，如将优惠贷款（通常来自其他多边发展机构）与国际金融公司的商业贷款混合在一起。

5. 业务特点

国际金融公司的贷款业务依然占主导地位，此外，国际金融公司还通过组建和参与银团、为基金注资、提供咨询服务等形式撬动了108.31亿美元融资。

从地区来看，国际金融公司的责任余额主要集中在亚洲、拉丁美洲和加勒比地区，且亚洲和非洲业务增长较快。

从行业来看，国际金融公司的责任余额主要集中在金融和保险行业，电力和集体投资工具次之。

从币种来看，国际金融公司的贷款主要为美元贷款，欧元和人民币贷款次之。其他币种还有巴西雷亚尔、印度卢比、印尼盾、墨西哥比索、哥伦比亚比索、南非兰特、菲律宾比索等。

（三）多边投资担保机构（MIGA）

多边投资担保机构成立于1988年，宗旨是向外国私人投资者提供政治风险担保，包括征收、货币转移限制和不可兑换、违约、战争和内乱风险，并向成员国政府提供投资促进服务，加强成员国吸引外资的能力，从而推动外商直接投资流入发展中国家。作为担保业务的一部分，多边投资担保机构也帮助投资者和政府解决可能对其担保的投资项目造成不利影响的争端，防止潜在索赔要求升级，使项目得以继续。多边投资担保机构还帮助各国制定和实施吸引并保持外国直接投资的战略，并以在线服务的形式免费提供有关投资商机、商业运营环境和政治风险担保的信息。

多边投资担保机构的业务战略是符合市场需求，吸引投资者和私营部门进入不同的业务领域。

1. 其重点关注和支持的领域

（1）支持最不发达的国家，主要针对一些边缘市场，即高风险和/或低收入国家和市场。这些市场往往对外国投资有巨大的需求，却无法为外国投资者提供必要的保障。多边投资担保机构可通过其政治担保产品和服务，保障外国投资者的利益，进而支持发展中国家吸引外部资金。

（2）支持私营部门在受战乱等冲突影响，融资困难的国家进行投资。虽然经历战乱的国家在战后一般都能吸引捐助机构大量的承诺，但援助资金最终都会减少，而私营部门投资成为这些国家战后重建和经济增长的重要支撑，由于许多私人投资者对潜在的政治风险十分警惕，多边投资担保机构提供的政治风险保险就成了推动私营部门投资的关键因素，这是多边投资担保机构的另一个业务重点。

(3) 支持基础设施、采矿业及复杂的融资项目。这是发展中国家经济发展的必要条件。多边投资担保机构支持发展中国家基础设施建设，是其职能的重要体现。

(4) 支持南-南投资（发展中国家之间的投资）。发展中国家的相互投资在外国直接投资中占较大份额，但这些发展中国家私营部门的保险市场并不都很发达，国家出口信贷机构往往没有提供政治风险保险的能力和实力，多边投资担保机构通过提供相应的服务，促进了南-南投资合作。

多边投资担保机构的产品包括以下两类。

一是政治风险保险。多边投资担保机构为国际投资者在跨境投资过程中所遭遇的政治风险提供保险，以鼓励外国资本流向发展中国家，进而实现其"消除极端贫困，建设共同繁荣"的目标。多边投资担保机构提供的政治风险保险主要承保货币转移限制和不可兑换、违约、征收、战争和内乱风险，除此之外，应投资者和东道国的联合申请，可将承保范围扩大到上述风险以外的其他特点的非商业风险。多边投资担保机构始终根据东道国和投资项目的风险来确定保费。一般而言，保费是承保标的价值的1%，但可能在此标准上下浮动。多边投资担保机构的保险期限为15年（可根据项目性质延长至20年）。除非投保人违反其在多边投资担保机构合同项下的义务，多边投资担保机构不得单方终止合同。

二是担保业务（信用增级）。担保是多边投资担保机构的一项重要业务。多边投资担保机构的担保业务旨在为项目参与者提供东道国相关担保方不履行财务责任的风险，这里的担保方是指东道国主权、次主权和商业担保主体。多边投资担保机构的担保业务是企业获得金融机构贷款支持的重要且有效的途径。多边投资担保机构的担保业务承担担保方不履行担保责任的风险，对于进入东道国的承包商或投资者，虽然东道国提供了主权、次主权或其他的担保措施，但由于发展中国家相关的担保能力或资信能力不足，许多金融机构并不能依据东道国的担保提供融资。多边投资担保机构在评估相关的担保条件后，可提供额外的担保，为东道国提供的担保增信，进而满足金融机构的要求，为项目融资提供有力的支持。

2. 多边投资担保机构的作用

（1）多边投资担保机构直接提供担保促进项目获得融资。提供融资担保，是多边投资担保机构的一个主要功能，作为发展中国家吸引投资的重要工具，解决了资本输入国担保不足的问题，消除了外国投资者对投资风险的顾虑。促进了会员国间的投资流动，尤其提高了发展中国家吸引外资的能力，这是多边投资担保机构的宗旨，也是世界银行的有效补充。

（2）多边投资担保机构提供了政治风险保险，促进了外国投资。通过提供货币汇兑险、征收及类似措施险、违约险、战争和内乱险及其他非商业风险保险，多边投资担保机构鼓励外国投资者对发展中国家进行投资。多边投资担保机构提供的各类风险保障是典型的政治风险保险，是外国投资者在向投资环境较差的发展中国家投资时，顾虑最大的风险。多边投资担保机构分担了投资者难以应对的各类政治风险，很显然，其将极大地促进外国资本流入发展中国家。

（3）多边投资担保机构促进成员国之间投资。根据多边担保机构公约的规定（第23条），多边投资担保机构应为促进投资流动进行研究和开展活动，旨在改善投资环境，促进外资流向发展中国家。多边投资担保机构通过提供担保和保险，努力消除会员国间资金流向发展中国家的障碍，同时，多边投资担保机构还可以协调世界银行的其他相关机构，尤其是国际金融公司，促进项目融资。此外，多边投资担保机构还可以有效地解决投资者和东道国之间的争端。

对于本国没有官方出口信用保险机构（Export Credit Agency，ECA）机构的资本，多边投资担保机构提供的担保和保险服务可以为这些资金进入发展中国家提供保障，消除这些国家投资者对政治风险的担忧，消除资本输出国区分担保机构的弊端，进而促进资本流向发展中国家。

多边投资担保机构作为多边机构，可以更好地促进投资者与东道国之间的合作，消除隔阂和猜疑。在发生争端时，更可以直接介入缓和或转移双方的对立情绪，有利于争端的合理解决，避免投资者所在政府与东道国政府间采用外交政治解决方式。

（4）多边投资担保机构可弥补有的国家没有官方信用保险机构的不足

不同国家的官方信用保险机构通常仅支持本国企业对外开展业务，而多边投资担保机构提供的担保或保险，对合格投资者的国籍要求较为宽松，可以向不同国籍的投资者投资同一项目提供服务，这将大大提高多国籍投资者成功参与项目的可能性。

多边投资担保机构也提供再保险服务，通过向会员国的商业保险机构提供再保险服务，鼓励私营保险公司为发展中国家会员国的非商业性保险提供担保，以此促进投资流向发展中国家。

（5）多边投资担保机构可通过增值服务促进发展中国家获得投资。多边投资担保机构在提供担保和保险的同时，还向发展中国家提供吸引外资直接投资的工具、方法和技能。通过向成员国发布投资机会信息、提供技术咨询、协助制定相关政策等服务，提升会员国的能力，进而促进发展中国家获得投资。

3. 多边投资担保机构与其他出口信贷机构的区别

（1）支持的投资者范围不同。多边投资担保机构支持所有会员国成员间及非会员国投资者投资会员国的投资者，支持的投资者范围更加广泛。官方信用保险机构通常仅支持本国投资者的跨国投资。

（2）收费方式不同。多边投资担保机构的收费分为前期费用和担保或保险费用，前期费用包括申请费和审核费，保费按年收取。

（3）担保的条件不同。作为世界银行成员，多边投资担保机构受益于各成员国与世界银行间良好的合作，可以接受其他官方信用保险机构不能接受的担保条件，有利于促成项目的融资。

（4）追偿的方式不同。多边投资担保机构支持的项目在出现争端和违约时，可以利用世界银行对各成员国的影响，通过非外交渠道解决投资者与东道国的争端。部分官方信用保险机构通常利用外交渠道，促使双边政府谈判解决争端。

（四）国际投资争端解决中心

国际投资争端解决中心（ICSID）是依据《解决国家与他国国民间投

资争端公约》（以下简称《ICSID 公约》或《华盛顿公约》）而建立的世界上第一个专门解决国际投资争议的仲裁机构。该中心由超过 140 个成员国组成，旨在通过调解和仲裁方式为解决政府与外国私人投资者之间的争端提供便利。该中心的主要目的是消除非商业风险和缺乏应对解决投资争端的专业国际方法引起的障碍，避免影响私人投资的自由国际流动。它还提供国家间投资争端解决机制，并进行事实查明。

二、亚洲基础设施投资银行

亚洲基础设施投资银行（以下简称"亚投行"，即 AIIB）是一个政府间性质的亚洲区域多边开发机构，重点支持基础设施建设。亚投行成立的宗旨是促进亚洲区域的建设互联互通化和经济一体化的进程，并且加强中国及其他亚洲国家和地区的合作。亚投行总部设在北京，法定资本 1000 亿美元。2015 年 4 月 15 日，亚投行意向创始成员国全部确定，共有 57 个，其中，域内国家 37 个、域外国家 20 个。虽然亚投行接收意向创始成员国已经截止，但今后仍会继续吸收新成员加入。

亚投行组织结构清晰，分理事会、董事会、管理层三层。理事会是最高权力机构和决策机构，由所有成员国的代表组成，其根据亚投行章程授予董事会和管理层相关权力；董事会是由理事会选举出的总裁主持的，负责对日常事务的管理决策；管理层包括行长、副行长以及其他工作人员，负责亚投行日常事务的开展。亚投行在标普、穆迪和惠誉三大国际知名评级机构的评级均为最高评级 3A，其总资产相对有限。亚投行的服务对象主要是亚洲国家，为亚洲国家发展提供必要的资金，是推动亚洲共同发展与繁荣的重要力量。

作为由中国提出创建的区域性多边金融机构，亚投行的主要业务是援助亚太地区国家的基础设施建设。具体而言，亚投行的业务分为普通业务和特别业务。普通业务是指由亚投行的普通资本（包括法定股本、授权募集的资金、贷款或担保收回的资金等）提供融资的业务；特别业务是指以服务于自身为宗旨,以亚投行所接受的特别基金开展的业务。

亚投行所提供的融资类型包括主权支持贷款和非主权支持贷款。两种融资类型下的融资主体以及融资方式有所不同。主权支持贷款是指向亚投行成员国提供的贷款或由成员国担保的贷款(担保包括因政府未能履行与项目有关的特定责任或因借款人未能根据贷款付款而导致的贷款下的偿债违约),主权支持贷款的融资方式仅有直接贷款和提供担保两种方式。非主权支持贷款是指向私营企业或次主权实体(如成员国的政治或行政分支机构或公共部门实体)提供或为其利益提供的任何融资,但没有成员国向银行提供的担保或反担保和赔偿作为支持。非主权支持贷款包括直接贷款、提供担保、股权投资、证券承销等多种方式。

亚洲基础设施开发银行的成立有以下四个方面的价值。

第一,亚投行对促进亚洲国家经济发展与区域经济一体化具有重要意义。创建亚洲基础设施投资银行,通过公共部门与私人部门的合作,有效弥补了亚洲地区基础设施建设的资金缺口,推进了亚洲区域经济一体化建设。

第二,有利于扩大全球投资需求,支持世界经济复苏。

第三,有利于通过基础设施项目,推动亚洲地区经济增长,促进私营经济发展并改善就业。

第四,通过提供平台将本地区高储蓄率国家的存款直接导向基础设施建设,实现本地区内资本的有效配置,并最终促进亚洲地区金融市场的迅速发展。

三、亚洲开发银行

亚洲开发银行(以下简称"亚开行"或"亚行",Asian Development Bank,即ADB)是一个致力于促进亚洲及太平洋地区发展中成员经济和社会发展的区域性政府间金融开发机构。它虽不是联合国下属机构,但它是联合国亚洲及太平洋经济社会委员会(联合国亚太经社会)赞助建立的机构,同联合国及其区域和专门机构有密切的联系。

亚行发展历史悠久，成立宗旨是通过发展援助事业帮助亚太地区发展中成员消除贫困，促进亚太地区的经济和社会发展。21世纪以来，亚行致力于帮助成员国实现千年发展目标，同时还必须应对前所未有的病毒和自然灾害。然而，亚太区域仍然面临严峻的挑战，日益扩大的贫富差距使亚行聚焦于促进该地区包容性增长的必要性，并以可持续发展目标为重要指南。截至目前，亚行有68个成员，其中49个来自亚太地区，19个来自其他地区，中国于1986年加入亚行。按各国认股份额，日本和美国并列第一（15.60%），中国居第三位（6.44%）。按各国投票权，中国也是第三位（5.45%），日本和美国并居第一（12.78%）并拥有一票否决权。亚行组织结构清晰，最高决策机构是理事会，每个成员国都有一名代表，理事会选举12名成员组成董事会，负责监督亚行的财务报表，批准其行政预算，审查和批准所有政策文件以及所有贷款、股权和技术援助业务，管理层负责监督亚行业务、行政和相关部门的工作。

亚行享有各大评级机构的3A级债务评级，总资产规模超过3000亿美元，这表明亚行有着较多的资源投入业务，负债率为80.6%。

自1999年以来，亚行特别强调扶贫为其首要战略目标。随着新时代的发展和新问题的涌现，2018年7月底，亚行董事会批准了"2030战略"，这一新的长期战略框架阐明了亚行的广阔远景以及为响应亚洲和太平洋地区不断演变的发展需求所采取的战略举措。根据"2030战略"，亚行将把资金、知识以及合作伙伴关系结合起来，继续消除极端贫困，并将远景目标拓展为实现繁荣、包容、有适应力和可持续的亚太地区。

亚行对发展中成员的援助主要采取四种形式：贷款、股权投资、技术援助、联合融资和担保，以实现"没有贫困的亚太地区"这一终极目标。

（1）贷款。亚行所在地发放的贷款按条件划分，有硬贷款、软贷款和赠款三类。硬贷款的贷款利率为浮动利率，每半年调整一次，贷款期限为10~30年（2~7年为宽限期）；软贷款也就是优惠无息贷款，只提供给人均国民收入低于670美元（1983年的价格）且还款能力有限的会员国或地区成员，贷款期限为40年（10年为宽限期），仅有1%的手续费；

赠款用于技术援助，资金由技术援助特别基金提供，赠款额没有限制。亚行对参加联合融资和私营机构所提供的贷款还提供担保服务。担保服务可以帮助发展中成员从私营机构那里争取到优惠的贷款。

（2）股本投资。股本投资是对私营部门开展的一项业务，无须政府担保。除亚行直接经营的股本投资外，还通过发展中成员国的金融机构进行小额的股本投资。

（3）联合融资。亚行不仅自己为其发展中成员的发展提供资金，而且吸引多边、双边机构以及商业金融机构的资金，投向共同的项目。这是亚行所起的催化作用。这种做法对各方都有利。对受款国来说，不仅获得了筹资渠道，而且条件优惠于纯商业性贷款。对亚行来说，克服了资金不足的困难。对联合融资者来说，可以节省对贷款的审查费用。2021年，亚行对各国政府和私营部门的承诺总额高达228亿美元，涉及贷款、股权投资、技术援助和担保等，其中，承诺的贷款金额占比最高，高达162亿美元，赠款为3亿多美元，股权投资为2亿多美元，技术援助承诺金额也超过了2亿美元，此外，亚行的联合融资项目承诺金额达129亿美元。

四、非洲开发银行

非洲开发银行（AFDB）于1964年9月正式成立，1966年7月开始营业，1979年美、日、西德、加、法等21个非本地区国家加入，中国于1985年加入该行并成为正式成员国。非洲开发银行总部设在科特迪瓦的阿比让，2002年，因科特迪瓦政局不稳，临时搬迁至突尼斯至今。非洲开发银行是非洲最大的地区性政府间开发的金融机构，其宗旨是促进非洲地区成员的经济发展与社会进步。资金主要来自成员国的认缴，其中，非洲国家的资本额占2/3。

非洲开发银行的宗旨是为成员国经济和社会发展服务，提供资金支持；协助非洲大陆制订发展规划，协调各国的发展计划，以期达到非洲经济一体化的目标。

非洲开发银行向成员国提供贷款（包括普通贷款和特别贷款），以促进公用事业、农业、工业、交通运输、卫生和教育等领域发展。普通贷款业务包括用该行普通资本基金提供的贷款和担保贷款业务；特别贷款业务是用该行规定专门用途的特别基金开展的贷款业务。后一类贷款的条件非常优惠，不计利息，贷款期限最长可达 50 年，主要用于大型工程项目建设。此外，非洲开发银行还为开发规划或项目建设的筹资和实施提供技术援助。

五、欧洲复兴开发银行

欧洲复兴开发银行（EBRD）成立于 1991 年，由 71 个成员国、欧盟和欧洲投资银行所构成，总部位于英国伦敦，并在 34 个国家设有常驻办事处。欧洲复兴开发银行的成立是为了应对苏联解体给欧洲市场带来的影响。随着其不断发展，欧洲复兴开发银行将其原来的业务区域扩大到蒙古国（2006 年）、土耳其（2009 年）、埃及、约旦、摩洛哥、突尼斯和科索沃（2012 年）、塞浦路斯（2014 年）、希腊（2015 年）和黎巴嫩（2017 年）等国家和地区。目前在从中欧到中亚、地中海南部和东部以及西岸和加沙的近 40 个国家开展活动。

欧洲复兴开发银行的宗旨是在考虑加强民主、尊重人权、保护环境等因素下，帮助和支持东欧、中欧国家向市场经济转化，并刺激其企业的积极性，促使它们向民主政体和市场经济过渡。欧洲复兴开发银行专注于与私营部门合作，从能源部门到农业综合企业、基础设施等。在其经营业务的许多地区，例如，从摩洛哥到蒙古国，从爱沙尼亚到埃及，欧洲复兴开发银行都是最大的单一外国投资者。其主要投资目标是支持中东欧国家的私营企业以及这些国家的基础设施建设。

在经济危机背景下，欧洲复兴开发银行能够及时有效地向其他国家提供支持，促进机会平等和性别平等，以及关注绿色和数字化转型，成为其 2021—2025 年战略和资本框架的三个跨领域支柱。

欧洲复兴开发银行能够为每个客户提供量身定制的金融产品。潜在客户必须证明其拟议的项目或业务符合最低要求，才有资格被考虑参与欧洲复兴开发银行。

（1）贷款。欧洲复兴开发银行根据业务运营国在不同阶段的需求，协助东道国进行结构性经济改革，通过政策对话、技术支持等协助进行金融、司法系统改革，发展基础设施建设，振兴中小企业，提升竞争力，提高私有化程度。为促进变革，欧洲复兴开发银行鼓励公私部门共同融资，鼓励外国直接投资，从多种渠道筹集资金，为运营国提供项目所需的资金和技术合作。欧洲复兴开发银行与国际金融机构以及其他国际或国家组织密切合作，并提倡合乎环保的可持续发展。欧洲复兴开发银行对私营部门项目的融资额度是500万美元到2.5亿美元不等，通常情况下不超过5000万美元，形式为贷款或股权。较小的项目可以通过金融中介机构或通过较不发达国家的小型直接投资特别方案提供资金。其贷款结构具有高度的灵活性，可提供符合客户和项目需求的贷款资料。根据此方法确定每个贷款币种和利率公式。欧洲复兴开发银行不提供援助贷款，也不提供优惠贷款。

（2）股权投资（Equity）。欧洲复兴开发银行借助直接股权、优先股等工具每年都能将投资额提高约10亿欧元。对于股权投资，欧洲复兴开发银行每笔投资不超过项目总投资的35%，投资额在1000万欧元至2亿欧元之间。除私募股权外，还投资于公募股票，通过参与IPO前融资、首次公开募股、增资和其他公开交易，促进本地区资本市场的发展。欧洲复兴开发银行的股权参与基金（EPF）面向全球机构投资者筹集资金，并参与欧洲复兴开发银行提供资金支持项目的股权投资。为了吸引长期机构资本进入欧洲复兴开发银行所在国家的私营部门，欧洲复兴开发银行借助其股权参与基金筹集资金。股权参与基金的成立约为大型机构投资者可参与欧洲复兴开发银行所有超过1000万欧元的直接股权投资的20%~30%。股权投资使欧洲复兴开发银行能够支持私营部门公司、基础设施和银行快速发展，同时参与公司治理和改革，提升机构的竞争力。

（3）项目融资。欧洲复兴开发银行一直以来主要通过三个融资机构（TurSEFF、MidSEFF和TuREEFF）为太阳能项目提供融资，通过提供技术支持和便利的资金使用混合融资方法来产生具有可融资性的项目渠道和投资组合。与欧洲复兴开发银行一同参与投资的绿色基金的出资方包括清洁技术基金（CTF）、欧洲投资银行（EIB）和日本国际协力银行（JBIC）等。技术援助的出资者包括欧洲联盟和食典信托基金。这三种融资渠道根据其目标客户和项目规模而有所区别。

六、美洲开发银行

美洲开发银行成立于1959年12月30日，是世界上成立最早和最大的区域性、多边开发银行。总行设在华盛顿。该行是美洲国家组织的专门机构，其他地区的国家也可加入，但资金只能用于拉美国家，非拉美国家只可参加该行组织的项目投标。中国于2009年1月正式成为美洲开发银行第48个会员国，同时也是亚洲地区第四个参加该组织的国家。

美洲开发银行的宗旨是集中各成员国的力量，对拉丁美洲国家的经济、社会发展提供资金和技术援助，并单独或集体地协助拉美国家为加速经济发展和社会进步作出贡献。

美洲开发银行通过提供贷款促进拉美地区的经济发展，帮助成员国发展贸易，为各种开发计划和项目的准备、筹备和执行提供技术合作。银行的一般资金主要用于向拉美国家公、私企业提供贷款，贷款期为10~25年。特别业务基金主要用于拉美国家的经济发展优惠项目，贷款期为20~40年。银行还掌管美国、加拿大、德国、英国、挪威、瑞典、瑞士和委内瑞拉等国家的政府及梵蒂冈提供的拉美开发基金。

七、伊斯兰开发银行

伊斯兰开发银行（IsDB）是伊斯兰会议组织下的政府间金融合作机构，成立于1974年，总部位于沙特阿拉伯吉达，是伊斯兰金融领域的全球领导者，拥有3A评级，运营资产超过160亿美元，认缴资本为700亿美元。该行采取认股分配投票权的办法，主要认股的是阿拉伯国家，其中，沙特阿拉伯、利比亚、阿拉伯联合酋长国、科威特四国拥有大部分股份。伊斯兰开发银行共有 57 个成员国，分别来自亚洲、非洲、欧洲和拉丁美洲。该行的宗旨和任务是为 57 个成员国和穆斯林地区的经济和社会发展提供金融服务，对成员国企业进行股份参与，对经济和社会基础设施建设进行投资，向私人及公共部门贷款，援助非成员国的穆斯林共同体特别基金。此外，它向发展中的伊斯兰国家提供长期低利贷款，期限为 15~30 年。

伊斯兰开发银行集团主要由 IsDB – OCR（IsDB Ordinary Capital Resources）、ITFC（The International Islamic Trade Finance Corporation）、ICD（The Islamic Corporation for the Development of the Private Sector）和其他部门构成。

根据《古兰经》禁止逐利的教义，该行不办理有息借款和存款，而是通过参股方式资助发展项目，或提供只收取管理费用的无息贷款。这类贷款多用于对成员国社会经济有长远影响的基础设施项目。该行还为成员国提供技术性援助，主要是可行性研究；对工业和农业项目参股，开展设备租赁；还为出口贸易尤其是为成员国之间的贸易提供援助。此外，该行还设立特别援助账户，为非成员国的伊斯兰国家的教育提供资金支持。

八、加勒比开发银行

加勒比开发银行（CDB）是地区性、多边开发银行，1969 年 10 月，16 个加勒比国家和 2 个非本地区国家在牙买加签署协议，成立加勒比开发银行。加勒比开发银行的宗旨是促进加勒比地区成员国经济的协调增长和发展，推进经济合作及本地区的经济一体化，为本地区发展中国家提供贷款援助。

1997 年 5 月 22 日，加勒比开发银行在第 27 届理事会年会上接纳中国为其第 26 个成员。中国在该行取得了与法国、意大利、德国同等的地位，中国通过向该行特别发展基金和双边技术合作协定基金捐款，促进了中国具有比较优势的技术与经验向加勒比地区的推广，也促成了中国企业中标加勒比开发银行支持的项目。

附录二　出口信用保险机构

出口信用保险（Export Credit Insurance，ECI），也称为出口信贷保险，是各国政府为提高本国产品的国际竞争力，推动本国的出口贸易，保障出口商的收汇安全和银行的信贷安全，促进经济发展，为企业在出口、国际工程承包和对外投资等经济活动中，提供风险保障的一项政策性支持措施。

出口信用保险属于非营利性的保险业务，是政府对市场经济的一种间接调控手段和补充，是世界贸易组织（WTO）补贴和反补贴协议原则上允许的支持出口的政策手段。当前，全世界已有70多个国家和地区拥有专门的官方出口信用保险机构（Export Credit Agency，ECA），全球每年对外经济合作及进出口贸易额的10%~15%是在出口信用保险的支持下实现的。

出口信用保险诞生于19世纪末的欧洲，最早在英国和德国等地萌芽。1919年，英国建立了出口信用制度，成立了第一家官方支持的出口信贷担保机构——英国出口信用担保局（ECGD）。紧随其后，比利时于1921年成立出口信用保险局（ONDD），荷兰政府于1925年建立国家出口信用担保机制，挪威政府于1929年建立出口信用担保公司，西班牙、瑞典、美国、加拿大和法国分别于1929年、1933年、1934年、1944年和1946年相继成立了以政府为背景的出口信用保险和担保机构，专门为本国的出口和海外投资提供政策支持。

1934年，英国、德国、法国和西班牙四国的官方出口信用机构（ECA）发起成立了"国际信用保险人协会"，因注册地在瑞士伯尔尼而得名"伯尔尼协会"；20世纪90年代，该协会正式更名为"国际信用及投资保险人协会"。伯尔尼协会成员包括官方出口信用机构（ECA）、多边金融机构以及商业保险机构等不同性质的机构，现有82家正式会员和

3 家观察成员。

我国的出口信用保险是在 20 世纪 80 年代末发展起来的。1985 年 12 月，我国责成中国人民保险公司试办出口信用保险业务；1988 年 10 月，中国人民保险公司成立出口信用保险部专营此项业务，当时是以短期业务为主；1992 年，中国人保开办了中长期保险业务。1994 年，中国进出口银行成立，也开展出口信用保险业务（设立信用保险部）。

2001 年 12 月 18 日，在中国加入世贸组织（WTO）的大背景下，国务院批准成立专门的国家信用保险机构——中国出口信用保险公司（中国信保），由中国人民保险公司和中国进出口银行各自的出口信用保险业务合并而成。中国信保是我国唯一承办政策性出口信用保险业务的金融机构。据国际信用及投资保险人协会统计，2015 年以来，中国信保业务总规模连续在全球官方出口信用保险机构中排名第一。

一、多边投资担保组织

信用保证保险是以信用为保险标的的保险，是信用保险和保证保险的统称。信用保险是指由权利人发起，就义务人的信用向保险人（也就是保险公司）投保，如义务人不能偿还权利人损失时，由保险人代为赔偿的保险。保证保险是指由义务人发起，就义务人自身的信用向保险人投保，如不能补偿权利人损失时，由保险人代为偿还的保险。

目前，国际上信用保险机构大致分为三类：一是多边投资担保组织；二是官方出口信用保险机构（ECA）；三是商业信用保险机构。

多边投资担保组织/多边金融机构主要有：

（1）世行集团的多边投资担保机构（Multilateral Investment Guarantee Agency）；

（2）非洲贸易保险机构（African Trade Insurance Agency）；

（3）亚洲开发银行（Asian Development Bank）；

（4）美洲开发银行（The Inter – American Development Bank）；

(5) 阿拉伯投资担保公司（The Inter-Arab Investment Guarantee Corporation）；

(6) 伊斯兰投资和出口信用保险公司（Islamic Corporation for the Insurance of Investments and Export Credit）等。

二、官方出口信用保险机构

官方出口信用保险机构（ECA）主要由国家出资成立，为本国从事跨境投资、对外贸易的企业提供包括保险、担保以及政府贷款在内的金融支持，通常只为本国的出口商和投资者提供保险。官方支持的出口信用机构大致有以下三种类型。

第一类是由国家全部或部分所有的以银行或其他金融机构的形式设立的官方出口信用保险机构。以银行形式设立的，一般采用进出口银行的组织形式。

第二类是虽然以私营保险公司的形式设立，但代表国家从事出口信用保险业务，此类官方出口信用保险机构对财政部门或其他为本国出口提供官方支持的部门负责。

第三类官方出口信用保险机构则作为政府的代理人，代理本国政府提供出口信用保险。

（一）英国出口信用担保局（ECGD）

第一次世界大战之后，英国为了保障出口贸易以及企业的海外利益，在1919年设立了全球首家官方支持的出口信用保险机构——英国出口信用担保局（Export Credits Guarantee Department，ECGD）。自2011年11月起，英国出口信用担保局又增添运营名称——英国出口融资署（UK Export Finance，UKEF）。作为世界第一家官方出口信用机构，英国出口信用担保局首创了出口信用保险市场上的很多标准化产品、技术和保单约定，被多家出口信用机构借鉴，主要有：

(1) 1931年，考虑到承保单个交易的保险机制不可避免地会导致被保险人对风险的逆向选择，英国出口信用担保局推出了第一份综合保单，覆盖出口商的全部业务以降低逆选择风险。

(2) 1954年，英国出口信用担保局将出口信用保险的业务带入"无形出口"，即服务贸易领域，开出了第一张"服务贸易"保单。

(3) 1954年，英国出口信用担保局又将出口信用保险的保障领域从货物进出口、服务贸易拓展到国际工程领域，历史上首次为工程承包商实施海外工程项目提供担保，签发了第一张"建筑工程"保单。

(4) 20世纪60年代，英国出口信用担保局推出了出口买方信贷产品，在出口买方信贷保险项下，被保险人是提供买方信贷的放款银行，承保标的为出口买方协议项下的本金和利润，保险受益人是融资银行。

(5) 1972年，英国《海外投资和出口担保法案》（Overseas Investment and Export Guarantees Act）通过，英国出口信用担保局开始为英国企业的海外投资项目可能遭遇的战争暴乱、征收、汇兑限制等政治风险提供保障。

（二）法国科法斯

科法斯（Coface）成立于1946年，当时是一家法国国营机构，专门从事出口信用保险业务。1992年科法斯进入英国和意大利（通过Viscontea Coface）市场，开始拓展国际市场，并为集团1996年在德国（AK Coface）和奥地利（KV Coface）的公司收购铺平了道路。同年，科法斯发起建立了全球信用保险商网络国际信用联盟（Credit Alliance）。

1994年科法斯集团私有化，且继续代表法国政府处理公共担保事务。1995年国际信用联盟（Credit Alliance）扩展至信用信息领域。

1999年科法斯集团在德国成立AKCF公司，标志着集团业务扩展至保理领域。2000年科法斯集团推出评估信用服务，为集团信用信息服务新添了全球贸易债款评估保障系统。

科法斯集团的宗旨是通过帮助企业规避客户违约风险、金融风险来促进企业发展。发展至今，科法斯（Coface）与安联贸易（Allianz Trade）、安卓（Atradius）共同成为全球最大的三家商业信用保险集团，而这三家公司也几乎成为商业信用保险行业的代名词。

（三）德国裕利安宜

德国裕利安宜股份有限公司（Euler Hermes Aktiengesellschaft，以下简称"裕利安宜"）是在世界范围内的业界领先的信用保险公司，也是行业中重要的合作伙伴。裕利安宜于1917年在德国成立，自1949年以来，裕利安宜和普华永道受德国联邦政府委托经营官方出口担保项目。两机构组成的联合体由裕利安宜负责领导与管理，所收取的保费、支付的赔款以及相应的管理费等全部纳入联邦预算。后来，德国裕利安宜股份有限公司于2014年2月正式注册成立，接管与裕利安宜德国子公司有关的所有官方账户业务。

德国的信用保险分为官方出口信用保险和商业性信用保险。官方出口信用保险业务由德国联邦政府指定并授权的私营保险公司，即裕利安宜和普华永道（PWC）会计咨询公司共同承办，其中裕利安宜公司是主要承办人。除上述两个公司外，任何其他信用保险公司都不能从事官方信用保险业务。

德国裕利安宜股份有限公司是世界上第一家办理官方信用保险业务的私营保险公司。其官方出口信用保险业务的主要职责是替联邦政府执行官方出口担保计划，该计划的目的在于帮助出口商防范与出口交易有关的商业性和政治性风险，以促进德国产品的出口。德国联邦政府在承办保险的公司内无任何股份，而是采取合同制，定期与保险公司签订合同，并给予其一定的经济支持和补助。

德国裕利安宜股份有限公司的官方出口信用保险业务，主要承保其他私有商业性保险机构不能承保的业务，如政治方面的风险、购买方风险等。根据期限长短，承保种类可分为短期信用保险和中长期信用保险。根据承保业务性质，可分为商业风险和政治风险。

商业风险具体指：企业丧失偿付能力、破产；货款延期支付；推定拖欠；交货前的生产制造风险；买方信贷担保。

政治风险主要指：买方政府或法律上的行政措施、战争、暴乱、暴动导致项目贷款不能执行；汇兑方面的损失；货款充公。

（四）比利时出口信贷机构

比利时出口信贷机构（Credendo）是一家欧洲信用保险集团，成立于1939年，其业务遍及欧洲大陆，总部位于布鲁塞尔，100%归比利时政府所有。它为与国内和国际贸易交易或海外投资相关的保险、再保险、担保、保证和融资提供定制服务，保护公司、银行和保险机构免受信用和政治风险，以促进此类交易的融资。

比利时出口信贷机构是历史最悠久的信用保险公司之一。1921年，比利时经济事务部成立了Delcredere委员会，以促进比利时的出口。1935年，Delcredere委员会分离出来，成为比利时出口信贷机构（Office National du Ducroire/Nationale Delcrederedienst, ONDD）并在1939年进行了全面重组，进而该机构转变为一个由国家担保的自治公共金融机构——Credendo。到目前为止，出口信贷代理服务仍然是集团的核心业务。

近年来，比利时出口信贷机构发生了重大变化，其从一家传统的出口信用保险机构发展成为如今领导比利时出口信贷机构集团的一家国际公司。标准普尔的2A评级和300亿欧元的承保能力均突显了其稳固性。

除了传统的出口信用保险，该集团的服务还包括财务担保和直接融资。其活动主要集中在非经合组织国家。其始终努力提高运营效率，以巩固客户亲密度、通过审视整个周期来展示长远的眼光，以可持续的财务结果为目标，以客户满意度为价值观核心，在稳定中推进业务的发展。

（五）加拿大出口发展公司（EDC）

加拿大出口发展公司成立于1944年，由加拿大政府全资控股，通过国际贸易、出口促进、小企业和经济发展部（The Minister of International

Trade, Export Promotion, Small Business and Economic Development）向议会负责，致力于支持和发展加拿大出口贸易，提升加拿大贸易能力以及应对国际商机的能力，并为加拿大重点发展目标提供融资支持以及其他形式的支持。

加拿大《出口发展法》对加拿大出口发展公司因对外提供保险、再保险、补偿或保证而产生的或有负债本金总额设置了限额。加拿大出口发展公司在2021年的年报中记载，该限额为900亿加元。截至2021年12月，加拿大出口发展公司的或有负债为330亿加元。

此外，因加拿大出口发展公司发行债务工具所产生的债务属于加拿大的国家债务。《出口发展法》允许加拿大出口发展公司在其实缴资本和未分配利润（金额根据加拿大出口发展公司最新财务审计报告确定）之和的15倍以内对外负债。截至2021年12月31日，加拿大出口发展公司的对外负债限额为2894亿加元，实际负债435亿加元。

加拿大出口发展公司2021年业务概况：投融资收入15.6亿加元，净收益12.11亿加元；保险费和担保费收入2.85亿加元，净收益2.52亿加元。算上其他方面的收益及损失，加拿大出口发展公司全年净收益为22.87亿加元，全年综合收益为26.3亿加元。

加拿大出口发展公司的合作伙伴包括加拿大商业开发银行、加拿大商务专员服务（TCS）、加拿大特许专业会计师协会、eShipper、加拿大农业信贷组织、加拿大国际贸易学会（FITT）、MaRS等，这些合作伙伴的业务范围涵盖融资、咨询、会计、审计、鉴证、运输、商业培训、健康、清洁技术、金融科技等相关行业。

（六）美国海外私人投资公司（OPIC）

海外私人投资公司是美国按照1964年制定的对外援助法案设立的，其目的在于协助美国为发展中国家的私人投资提供服务。1969年，美国再次修订《对外援助法》，并成立海外私人投资公司（Overseas Private Investment Corporation，OPIC），它是联邦行政部门中的一个独立机构，不隶属于任何行政部门，承担大部分国际开发署的对外投资活动业务，现已成为主管美国私人海外投资保证和保险的专门机构。

美国海外私人投资公司于 1971 年开始运营，作为美国的海外投资保险机构，它具有公、私两方面性质：一方面，法律明文规定该公司是"在美国国务院政策指导下的一个机构"，其法定资本由国库拨款；另一方面，该公司作为法人，完全按照公司的体制和章程经营管理，即支持私人海外投资的联邦机构。在承保险别上，美国起初仅承保货币禁兑险，后来逐渐扩大到战乱险、征收险等政治风险，主要有政治风险保险、项目融资、投资基金等业务。

2018 年 10 月 5 日，美国总统特朗普正式签署《有效利用投资引领发展法案》（Better Utilization of Investments Leading to Development Act，以下简称"BUILD 法案"），在 BUILD 法案中，美国提出建立一个现代化、全新的开发性金融机构，即国际开发性金融公司（International Development Finance Corporation，IDFC）。

特朗普总统签署法案之后，美国海外私人投资公司进入过渡和转型期。在过渡期内，美国海外私人投资公司管理层预计利用 4 个月的时间向美国国会呈递重组方案，将美国海外私人投资公司的机构、人事、资产以及责任义务转移给国际开发性金融公司。在此期间，美国海外私人投资公司将继续经营其原有业务。

（七）美国进出口银行（EXIM）

美国进出口银行（The Export-Import Bank of The United States-Exim Bank）是美国联邦政府下属的官方出口信贷机构，其目的是推动美国出口，增加国民就业。其前身是 1934 年建立的华盛顿进出口银行，1945 年成为政府独立机构，1968 年改为现名，银行地址在华盛顿特区。

美国进出口银行负责向出口商提供直接贷款、保证与保险等。贷款仅限于较大规模的商品和劳务出口，对规模较小的商品和劳务出口则给予保证、保险和贴现。此外，还向外国政府、外国公司提供直接贷款、信贷保险和信贷保证。该行设有 5 人组成的董事会，由总统提名、经参议院同意任命。其支付能力包括贷款、保证、保险等，总数在 400 亿美元之内，并拥有 10 亿美元资本股票，必要时还可向财政部借入 60 亿美元的资金用于贷款。

1. 美国进出口银行的信贷支持项目

（1）流动资金担保项目，帮助美国出口商获得为参与投标、改进产品及支付外国合同定金等出口前所需的流动资金；

（2）出口信贷保险项目，为美国出口商因外国买方或债务人出于政治或商业原因不履行合同而造成的损失提供担保；

（3）中长期信贷保证项目，通过为贷款银行提供保证来帮助外国买方获得信贷；

（4）中长期贷款项目，向购买美国产品的外国买方提供买方信贷；

（5）信贷保证便利措施项目，按照规定的条件和要求，以外国银行为贷款对象，为美信贷方与其债务人之间建立以 1 年为期限的、最低便利额度为 100 万美元的一个信贷担保额度，使美国的出口方能多次销售其资本货物及服务；

（6）项目融资项目，提供以有限追索权为基础的项目融资，以支持美国出口商参与国际竞争；

（7）环保与核项目，支持出口商出口有益于环保的商品及服务或参与竞争外国环保项目；

（8）飞机融资项目，为在美制造的新、旧飞机的出口提供融资。

此外，美国进出口银行还设有"小企业项目"，为美国 1100 个小企业的出口提供融资或信贷担保。按照规定，进出口银行必须将其 10% 的资金用于支持促进美国小企业的出口。美国进出口银行不是一个援助和发展机构，而是政府创办的公司。

2. 美国进出口银行的宗旨

美国进出口银行的宗旨是促进和扶持美国货物和服务的出口。通过向购买美国货物的境外进口商提供融资便利，以抗衡和冲抵其他政府的出口信贷效应,来提高美国产品在国际市场上的竞争能力,同时填补超出私人部门融资能力的出口信贷风险的缺口,以解决美国出口商面临的融资困难。为此,美进出口银行需要做到:

(1) 向美国出口商品的购买者提供具有竞争性的、优惠的固定利率贷款;

(2) 向美国商品购买者提供信贷的商业出资人承诺还本付息的担保;

(3) 向美国出口商提供出口信贷保险,以防止外国进口商不履行信贷偿还义务的风险;

(4) 提供流动资金担保,以鼓励商业贷款者向具有出口潜力但需要资金扶持出口导向生产和境外营销的中小企业提供融资条件。

(八) 南非出口信用保险公司 (ECIC)

南非在1957年开始为出口交易提供官方支持。当时,经济事务部(现在的贸易、工业和竞争部)没有设立专门的官方出口信用保险机构,而是通过私营公司非洲信用担保保险有限公司(CGIC)提供出口贸易保险服务。

2001年7月2日,根据1957年第78号《出口信用和外国投资保险法(经修订)》(Export Credit and Foreign Investments Insurance Act 78 of 1957, as Amended)的规定,成立了南非出口信用保险公司(Export Credit Insurance Corporation of South Africa SOC LTD, ECIC),其是南非政府的官方出口信用机构。

南非信保的产品类型包括承包商保险(Contractor's Cover)、保证保险(Bond Insurance)、营运资本(Working Capital)、卖方信贷(Suppliers Credit)、买方信贷(Buyers Credit)、中小型贸易计划(Small Medium Transactions Program)、投资保险(Investment Cover)等。主要有以下四种主流保险产品。

(1) 出口信用保险(Export Credit Insurance)。出口信用保险是为南非生产的设备和服务出口提供的保险。通过向银行和供货商提供信用保险，促进出口商完成此类交易。出口信用保险承保的风险包括政治和商业风险事件造成的损失。

（2）投资保险（Investment Insurance）。投资保险的对象是希望在外国投资的南非商业实体。该保险仅承保政治风险，承保的交易类型涵盖了收购或股权出资和股东贷款。

（3）中小型贸易项目（Small & Medium Transactions）。中小型贸易项目为满足以下两类交易而制定，主要包括两种类型的出口：不超过1000万美元的小型贸易；超过1000万美元但不超过2000万美元的中型贸易。

（4）保证保险（Bond Insurance）。保证保险项目使出口企业能够与银行和其他金融机构合作，提高南非市场为出口贸易发放保证金的能力。上述履约保证金包括投标保证保险（Bid Bonds）、履约保证保险（Performance Bonds）、预付款保证保险（Advanced Payment Bonds）等。

（九）澳大利亚出口融资局

根据《1991年出口金融和保险公司法》，澳大利亚出口融资局（Export Finance Australia）于1991年11月1日成立。它是一家由澳大利亚联邦全资拥有的法定公司，是澳大利亚官方的出口信贷机构，为澳大利亚出口商提供一系列专业的融资解决方案，以帮助他们在国际上获得更好的竞争力。

澳大利亚出口融资局在促进澳大利亚的出口和利益融资方面发挥重要作用，其通过履行以下法定职能来实现特定目标，包括：

（1）提供融资，促进和鼓励澳大利亚企业出口贸易和海外基础设施发展；

（2）鼓励银行和其他金融机构为出口和海外基础设施发展提供资金；

（3）提供有关金融的信息和建议，帮助支持澳大利亚企业的出口贸易；

（4）协助其他联邦实体和企业，并为这些实体和企业提供金融和金融服务；

（5）管理与联邦资助的海外援助项目有关的付款。

澳大利亚出口融资局的主要宗旨如下：

（1）尽可能高效和可持续地提供产品和服务。力求以高效且具有成本效益的方式为客户提供高质量的服务，以确保长期生存能力。

（2）发掘成员的潜力。其人才计划侧重于支持员工学习、成长和实现成功；支持员工充分发挥潜力，并在个人和专业优先事项以及工作场所的多样性之间取得适当的平衡，在各自的角色中承担责任。

（3）在符合其主要目的的风险框架内运作。董事会监督内部事务，包括确定政策和与目标、资源相一致的风险框架，并要求员工在此框架内开展业务。

（4）坚持最佳实践环境、社会和治理标准。其致力于维护最佳实践的环境、社会和道德标准。

（5）与政府建立建设性和支持性的关系。其寻求与联邦政府和主要部门建立开放、建设性和透明的关系。定期有效的沟通更便于了解政府在贸易和投资、财政、金融、小企业和就业方面的优先事项。

（十）日本出口和投资保险组织

日本出口和投资保险组织（Nippon Export and Investment Insurance，NEXI）成立于2001年4月。成立之初，该组织是一家100%国有的行政法人，其职能是与政府一同管理日本政府设立的贸易和投资保险项目；该组织成立后，参照国际化的标准，日本出口信用保险事业以独立行政法人的组织形式运作。2017年4月，根据《贸易投资保险法》（Trade and Investment Insurance Act），该组织改制为国有全资控股公司，公司资本为1694亿日元，致力于为对外贸易中商业保险不予承保的风险提供保险服务。

该组织的业务主要分为短期业务和中长期业务。

（1）短期业务包括出口信用保险、中小企业和农林渔业出口信用保险、针对特定买家的长期订单贸易保险、简易综合出口保险、出口票据保险、进口预付款保险。

（2）中长期业务包括买方信用保险、海外联合贷款保险、海外投资保险、自然资源和能源投资及贷款保险。

（十一）印度出口信用保险有限公司

印度出口信用保险有限公司（Export Credit Guarantee Corporation of India Ltd, ECGC）为印度政府官方成立的出口信用保险公司；成立于1957年，由印度政府全资控股，在印度工商部的主持下运作，其宗旨是通过提供出口信用保险和相关服务来促进印度的出口。多年来，印度信保设计了不同的出口信贷风险保险产品，以满足印度出口商和提供出口信贷的商业银行的要求。

印度信保提供的中长期出口信用保险产品，包括适用于国际建筑工程项目的 CWP（Construction Works Policy）、为单个特定合同签发的 SRC（Specific Services Policy）及适用于以延期付款方式出口机器或设备等资本货物的 SSP（Specific Shipment Policy）等。上述出口信用保险服务均针对价值大、履行期限相对较长的出口业务，其服务期限可达 24 个月及以上。

附录三　国外商业银行

一、渣打银行

渣打银行（Standard Chartered Bank）已有170多年的历史。"Standard"这个名字来源于它最初创立的两家银行——印度、澳大利亚和中国的"特许银行（Chartered Bank）"和英属南非的"标准银行（Standard Bank）"。1969年，这两家银行与渣打银行合并，合并后的银行更名为渣打银行，分别在伦敦、中国香港和印度三地上市，是一家领先的国际银行，其总部设立于英国伦敦，业务网络遍及全球60个最有活力的市场，为来自 145 个市场的客户提供服务，在亚洲、非洲和中东等地区的业务名列前茅。该公司的部门包括企业、商业和机构银行业务，以及消费者、私人和商业银行业务。其中私人部门重点关注地区的新兴阶层和富裕阶层。

渣打网络与"一带一路"沿线市场的重合度达近 75%，在 47 个"一带一路"市场设有经营网点，多于其他任何一家银行，在其中 26 个市场运营超过百年，是最早将"一带一路"业务列为集团战略重点的国际银行之一。渣打银行的使命是利用其独特的多样性促进商业繁荣和增进人类福祉。渣打银行的文化传承和企业价值都在其品牌承诺"一心做好，始终如一（Here for Good）"中得到充分体现。作为扎根中国历史最悠久的外资银行之一，渣打银行从 1858 年在上海设立首家分行开始，在华业务从未间断。

渣打银行未来关注四个战略重点：批发网络业务、富裕客户业务、大众零售业务和可持续性。渣打银行将战略优先事项和推动因素固定在三个立场上：加速碳排放归零，承诺在 2050 年之前完成所有活动的转型，并在不减缓发展的情况下，为客户提供减少碳排放所需的建议和资金。目标是帮助为非洲 10 亿人口提供清洁能源，推动中东地区的无碳运输，使亚洲制造业脱碳；提升参与度和金融包容度，通过伙伴关系和技术，将扩大金融服务的范围和规模，以促进经济包容。其目标是改善 10 亿人及其社区的生活；重塑全球化，倡导基于透明度的全球化新模式，以建立信任，促进对话和创新；将推动新标准和创造可持续增长创新解决方案所需的资本、专业知识和理念联系起来；帮助 50 万家公司提高工作和环境标准。

企业、商业机构和银行业务部门为大型公司和机构提供服务。企业、商业和机构银行业务部门在大约 49 个市场为客户的交易银行业务、金融市场、企业融资和借贷需求提供支持。该部门的客户包括主要在亚洲、非洲和中东地区经营或投资的政府、银行、投资者以及当地的大型公司。

渣打银行提供的服务包括：

（1）项目融资贷款。根据项目现金流的情况，可提供多款长期贷款，为项目和相关的收购进行有限追索权融资——主要是以项目的预测现金流作为往后的还款来源和与项目有关的重组与再融资。

（2）财务顾问服务与项目有关的再融资或重组；财务顾问、估值和财务模型——新发展项目、收购和竞争性投标/私有化。

（3）出口信贷融资。为出口资本货物寻求出口信贷机构（ECAs）的支持，可以安排与自然资源相关的非出口型（Untied）融资。出口信贷融资利用中国出口信用保险公司和其他出口信贷机构提供的保险服务，制定中长期出口融资方案，用以支持中国企业大型出口、进口、海外EPC承包及海外投资项目。

二、汇丰银行

汇丰银行是外资银行，全称为香港上海汇丰银行有限公司（The Hongkong and Shanghai Banking Corporation Limited），中文为"香港和上海银行有限公司"，英文缩写为"HSBC"，中文简称为"汇丰"。香港上海汇丰银行有限公司为汇丰控股有限公司的全资附属公司，属于汇丰集团的创始成员以及在亚太地区的分支，也是中国香港最大的注册银行，以及中国香港三大发钞银行之一［其他两个是中国银行（香港）和渣打银行］，是全球规模最大的银行和金融服务机构之一。汇丰银行设有财富和个人银行部门（Wealth and Personal Banking）、全球银行与市场部门（Global Banking and Markets）和商业银行部门（Commercial Banking）。

汇丰银行针对企业的业务和产品主要由商业银行部门和全球银行与市场部门提供，其中，商业银行部门能够提供企业发展需求的贷款业务和进出口业务，包括全球贸易和应收账款融资在整个贸易周期内为买方和供应商提供的服务和融资，帮助有效利用营运资金，管理贸易风险并为供应链提供资金；全球流动性和现金管理使企业能够更好地控制其现金和收款，并帮助企业有效地管理流动性。汇丰银行的数字平台使客户能够在国家和货币之间进行无缝支付；银行咨询服务为商业客户提供广泛的投资银行和资本融资解决方案，包括债务、股权和咨询服务；市场和证券服务可提供信贷和利率、外汇、股票和货币市场的服务；保险及投资提供商业及财务保障、贸易保险、员工福利、企业财富管理及其他各种商业风险保险产品。

全球银行与市场部分提供的产品和服务主要包括融资咨询服务以及现金和流动性管理服务，包括：债务资本市场、股权资本市场、杠杆和收购融资、兼并与收购、项目融资和出口信贷等服务；信贷和利率、外汇、股票和货币市场的服务，贸易风险管理、财务管理以及全球流动性和现金管理；基金管理、全球托管和直接托管与清算，以及企业信托和贷款代理；可持续转型融资咨询等服务。

三、星展银行

星展银行（DBS），是新加坡最大的商业银行，成立于1968年，原为新加坡政府成立的一家发展融资机构。由于受限于新加坡本地业务规模，其在20世纪90年代末加速海外扩张，先后收购了泰国、菲律宾、印度尼西亚、中国香港和中国台湾的商业银行，并在2003年更名为星展银行。星展银行作为亚洲融资专家，先后被评为全球最佳银行、全球最佳数字银行、亚洲最安全的银行，是全球第一家同时获得三大杂志（《欧洲货币》杂志、《环球金融》杂志、《银行家》杂志）"全球最佳银行"荣誉的银行。星展银行广泛深入亚洲网络，开设了超过280个分支机构，覆盖了18个市场。

星展银行产品服务全覆盖，具体包括企业银行、公司融资、全球交易服务、股权资本市场、债权资本市场、杠杆融资、结构化融资、大宗商品、财资市场部、研究和经纪业务。

星展银行的机构银行业务为机构客户提供金融服务和产品，包括银行和非银行金融机构、与政府相关的公司、大型公司以及中小型企业；产品和服务包括从短期营运资金融资到专业贷款的全部信贷设施；同时还提供全球交易服务，例如现金管理、贸易融资、证券和信托服务；财政和市场产品；公司融资和咨询银行以及资本市场解决方案。

星展银行多年深耕项目融资，在亚洲市场项目融资方面经验丰富。同时，星展银行还积极与中资企业、出口信贷机构及多边金融机构密切合作，在能源电力、基础设施、PPP、石油石化、自然资源等领域多次担任融资牵头行和财务顾问。

四、德意志银行

德意志银行，即德意志银行股份公司，在全球范围内从事多种商业银行和投资银行业务，是德国最大的私营股份制商业银行，也是全球系统重要性银行之一，总部设在法兰克福。德意志银行1870年成立于德国柏林，1876年，德意志银行收购德意志联合银行和柏林银行协会，成为德国最大的银行。一个多世纪以来，它始终保持着在金融行业中的这一位置。

作为全球领先的ESG投融资银行，可持续发展一直是德意志银行的核心战略，也是贯穿至各个业务条线以及自身运营的重点之一。凭借在全球和亚太可持续发展重要趋势方面的专业经验和能力，德意志银行在包括中国在内的亚洲市场上完成了多笔全球示范专业化转型咨询服务，不断为中国的可持续投资和绿色经济转型作出更多贡献。

德意志银行分为三个部门进行具体运作：公司和投资银行（Corporate & Investment Bank，CIB）、私人和商业银行（Private & Commerical Bank，PCB）、德意志资产管理（Deutsche Management，DAM）。具体业务板块有企业银行、投资银行、私人银行、资产管理四项内容。

公司和投资银行（CIB）负责提供金融市场产品，如债券、股票和股票挂钩产品，交易所交易和场外衍生品、外汇、货币市场工具和结构性产品。该部门还提供商业银行业务，兼并与收购、债与股权咨询与发起以及现金管理服务，贸易融资和证券服务。投资银行发挥其在融资、咨询、固定收益和货币方面的传统优势，为企业客户提供战略建议。公司和投资银行主要进行德意志银行内部的基础设施和能源融资，主要路径为企业和投资银行通过全球信用交易，提供融资与解决方案。在交通方面的核心业务基于共同基础的动产融资，提供航空、航运和铁路资产的融资解决方案；在基础设施和能源方面的核心业务基于现金流的资金提供基础设施和能源资产的有限/非有限追索权融资。德意志银行的交通、基础设施和能源融资业务从产品、部门、区域三个方面展开，其在支持客户在资本结构的各个层面和整个风险曲线上开发和安排定制融资解决方案方面有丰富的经验。

五、荷兰银行

荷兰国际集团（Internationale Nederlanden Group，ING）是在1991年由荷兰国民人寿保险公司和荷兰邮政银行集团合并组成的综合性财政金融集团，是一家拥有强大欧洲基础的全球金融机构，通过其运营公司ING银行提供银行服务。荷兰国际集团由集团母公司（ING Groep N.V.）、ING银行（ING Bank N.V.）和其他集团实体组成。据美国财富（FORTUNES）杂志统计，以资产净值计算，荷兰国际集团位居全球500家大企业的第九位。在提供综合性金融财经业务方面（银行与保险业务）居世界第三位。

荷兰银行是一家拥有强大欧洲基础的全球性银行，其57000多名员工为40多个国家约3800万客户、企业客户和金融机构提供服务，目标是让人们在生活和商业中领先一步。产品包括大多数零售市场的储蓄、支付、投资、贷款和抵押贷款，同时为批发银行客户提供专业贷款、量身定制的企业融资、债务和股票市场解决方案、可持续融资解决方案、支付和现金管理以及贸易和财政服务。

荷兰银行是排名前十位的碳市场交易商，长期深耕碳交易市场，依托全球性客户基础和先进的碳交易经验，开展碳排放权自营业务，利润贡献度大幅提高。荷兰银行为鼓励非上市公司的减碳降耗行为，创建了"低碳加速器"基金。

荷兰银行的产品服务主要分为两部分：一方面是在零售银行业务中提供个人、中小型企业和中型企业的全方位产品服务，涵盖支付、储蓄、保险、投资和担保及无担保贷款；另一方面是在批发银行业务中为企业客户和金融机构提供专业贷款、量身定制的企业融资、可持续融资、债务和股票市场解决方案，以及支付和现金管理、贸易和财资服务等咨询服务。

六、桑坦德银行

西班牙国际银行有限公司（Santander Central Hispano S. A.），也称为桑坦德银行。桑坦德集团成立于1857年3月21日，总部位于西班牙北部的桑坦德，在美国纽约证券交易所上市。

桑坦德银行主要在英国、葡萄牙和其他欧洲国家、巴西和其他拉美国家及美国提供一系列的金融产品。公司的主要业务包括零售和批发银行业务、资产管理和保险。当前，桑坦德银行在全世界排名第九位，在欧元区排名第二位，在拉丁美洲排名第一位。桑坦德银行和毕尔巴额－比斯开银行（BBVA）总共占有西班牙国内银行市场大约40%的业务。其主要发展零售业务。

桑坦德银行的宗旨是帮助企业繁荣发展，目标是通过负责任的行为并赢得员工、客户、股东和社区的持久忠诚，成为最好的开放金融服务平台。

桑坦德银行主要产品和服务包括：

（1）全球债务融资具体包括证券化：通过基于广泛的资产（包括贸易应收账款、信用卡、消费贷款、汽车贷款和租赁、抵押贷款和不良贷款）的中短期无追索权融资，为客户提供营运资金融资、资本减免和资产负债表内外解决方案（贷款或票据购买）。杠杆融资：发行杠杆贷款、高收益债券和其他各行各业的初级债务工具，提供杠杆收购、二级和三级收购、公私交易收购、资本重组/再融资等解决方案。结构性融资：设计和实施涉及债务资本市场（即项目债券和结合机构投资者资金和银行设施的结构）以及出口信贷机构和多边机构支持的结构性融资，提供债务咨询、基础设施融资、基金融资、资产融资、债务重组等服务。银团贷款：提供循环信贷安排，定期贷款和过桥贷款，用于营运资金、再融资、资本支出、后备、一般公司目的、收购和其他事件驱动的需求，具备广泛的承销和银团交易能力，本地和跨境多币种替代方案。

（2）全球交易银行业务。具体包括以下三方面。供应链金融：通过为供应商提供融资渠道，帮助公司提高营运资金比率，同时加强与供应商的关系。出口融资：出口和代理财务团队为跨境资本支出活动提供财务解决方案和风险缓解。现金管理：通过财务和支付优化来优化用户的流动性和现金流，通过桑坦德 Nexus 可以直接访问桑坦德银行的国际网络，为不同市场的企业国债提供服务。

七、法兴银行

法国兴业银行（简称"法兴银行"，全称"法国促进工商业发展总公司"，英文"Societe Generale Group"）是法国最大的商业银行集团之一，法国银行三巨头之一。该行上市企业分别在巴黎、东京、纽约证券市场挂牌。法国兴业银行于1981年成为首批在北京设立代表处的外资银行之一，先后在北京、天津、广州、上海、武汉、杭州和哈尔滨7个城市开立了9家支行（北京、上海各两家），其中，广州和武汉均是当地第一家外资银行分行。

法国兴业银行在欧洲和国际上提供金融服务，公司分为以下三个部分。

（1）法国零售业务（French Retail Banking），法国兴业银行、北方信贷银行和 Boursorama 银行为由个人、企业、专业人士、非营利组织和地方当局组成的客户群提供服务。

(2) 国际零售银行和金融服务（International Retail Banking & Financial Services）也在非洲、中欧和东欧建立了网络。

(3) 环球银行和投资者解决方案（Global Banking and Investor Solutions），汇集了团队在企业和投资银行、证券服务和私人银行业务方面的综合技能。为大型企业、机构和投资者客户，以及管理公司和私人银行客户提供量身定制的解决方案。

环球银行和投资者解决方案（Global Banking and Investor Solutions）主要为企业客户提供资产融资、支付与现金管理、债务资本市场、设备融资、股权资本市场、出口融资、外汇、杠杆融资、兼并与收购评级咨询、应收账款与供应链金融、证券化、战略收购融资、战略股权交易以及贸易融资等服务。

附录四　主要评级机构

信用评级又称资信评级，是一种社会中介服务，即由独立的第三方资信评估机构对债务人如期足额偿还债务本息的能力和意愿进行评价，并用简单的评级符号表示其违约风险和损失的严重程度。由于信用评级的对象不同，相关评价内容和要求也有区别，主要有以下三方面。

一、资本市场评级

资本市场上的信用评估，主要针对国家、金融机构、债券及上市公司等进行信用评级，国际知名评估机构主要有三家：标准普尔公司（Standard & Poor's）、穆迪投资者服务公司（Moody's）、惠誉国际信用评级有限公司（Fitchratings）。商业市场上的信用评估，主要针对商业企业进行信用调查和评估，著名的评估机构有邓白氏公司（Dun & Bradstreet）。

二、主权信用评级

国家主权信用评级实质就是对中央政府作为债务人履行偿债责任的信用意愿与能力的一种判断,也是对一个国家的 GDP 增长趋势、国际收支情况、外汇储备、外债总量及结构、财政收支、政策实施等因素的综合分析。项目所在国政府的主权信用评级情况会直接影响政府对外提供担保及保证的效力。

三、金融机构信用评级

金融机构信用评级是对其整体资产质量、业务状况、资本与收益、融资与流动性,以及其所承担各种债务还本付息的能力和意愿进行综合评价。对于私人投资的基础设施项目,当地银行出具的保函/信用证是否被提供信贷的金融机构、承包商接受,国际著名机构的信用评级至关重要。

国际著名三大资信评估机构概况如下。

(一) 标准普尔

美国标准普尔公司(Standard & Poor's)是世界权威金融分析机构,总部位于美国纽约市,由亨利·瓦纳姆·普尔先生(Mr. Henry Varnum Poor)于 1860 年创立;标准普尔由普尔出版公司和标准统计公司于 1941 年合并而成。标准普尔的长期信用评级主要分为投资级 AAA 至 BBB;投机级为 BB 至 C 和 SD/D 级;共 9 级,信用级别由高到低。

(二) 穆迪

穆迪投资者服务公司(Moody's)是由约翰·穆迪(John Moody)在 1900 年创立,公司总部位于纽约的曼哈顿。穆迪公司曾经是邓白氏(Dun & Bradstreet)的子公司,2001 年邓白氏公司和穆迪公司两家公司分拆,分别成为独立的上市公司。穆迪公司长期信用评级划分为：Aaa 级、Aa 级、A 级、Baa 级、Ba 级、B 级、Caa 级、Ca 级和 C 级；共 8 级，信用等级标准由高到低。

（三）惠誉国际

惠誉国际信用评级有限公司（Fitchratings）是由约翰·惠誉（John K. Fitch）在 1913 年创立的，起初是一家出版公司，1924 年就开始使用 AAA 到 D 级的评级系统对工业证券进行评级。惠誉国际作为全球三大国际评级机构之一，是唯一的欧资国际评级机构，总部设在纽约和伦敦。

表示信用等级高低的符号和级别等，各评估机构略有不同，三大评估机构的信用等级符号和排序情况详见附表 1。

附表 1　　　　　　三大评级机构信用等级符号

栏目			标准普尔	穆迪	惠誉国际
信用分档数量			23	21	23
信用等级	长期	投资级	AAA/ AA+/AA/AA-/ A+/A/A-/ BBB+/BBB/BBB-	Aaa/ Aa1/Aa2/Aa3/ A1/A2/A3/ Baa1/Baa2/Baa3	AAA/ AA+/AA/AA-/ A+/A/A-/ BBB+/BBB/BBB-
		投机级	BB+/BB/BB-/ B+/B/B-/ CCC+/CCC/CCC-/ CC/C/ SD/D	Ba1/Ba2/Ba3/ B1/B2/B3/ Caa1/Caa2/Caa3/ Ca/C	BB+/BB/BB-/ B+/B/B-/ CCC+/CCC/CCC-/ CC/C/ RD/D
	短期	投资级	A-1/A-2/A-3	P-1/P-2/P-3	F1+/F1/F2/F3
		投机级	B/C/D	Non-Prime	B/C/RD/D

注：
a. 前四个级别信誉高，履约风险小，是"投资级"；第五级 BB 开始信誉逐渐降低，是"投机级"。
b. 加号"+"或减号"-"，数字"1""2""3"，表示评级在各主要级别分类中的相对强度。
c. "SD""D""RD"表示已有违约倾向，或已经违约，或申请破产。

通过附表 1 可以看出三大机构的信用等级分类大同小异,对于信用评级 BBB 及以上(投资级)机构出具担保,国内金融机构是可以接受的。对于私人投资项目,由 BB 级银行出具的保函/信用证,中国出口信用保险公司(中国信保)和国内银行会参考该银行的资产规模、全球排名、尽职调查结论等决定是否接受。项目所在国和当地银行的信用评级在 B 级及以下的话,要直接做项目的债务融资非常困难(特殊国家关系及投资人为债务融资提供第三方担保除外)。

附录五　投资者 – 国家争端解决机制

海外投资者在面对东道国时始终处于劣势地位,居于管理者地位的东道国政府经常会采取的某些行为或措施可能会严重损害海外投资者的投资利益。在与东道国产生投资争端时如何更好地维护自己的利益,是处于劣势地位的海外投资者无法回避的问题。投资者 – 国家争端解决机制(Investor – State Dispute Settlement, ISDS)就是专门解决该问题的机制,与其他风险应对机制相比,该机制在当今国际经济贸易争端解决中具有重要意义。

一、投资者 – 国家争端解决历史和现状

第二次世界大战结束后,亚非拉地区的殖民地和半殖民地国家纷纷独立,但经济普遍比较落后。为了快速发展本国经济,这些国家相继采取了诸如国有化、征收等措施,与在这些国家从事经济活动的外国投资者的利益发生冲突,便由此产生了发达国家投资者与发展中国家之间的"投资者与国家间争端解决"机制。当时的国际社会一般通过以下三种途径解决这些投资争端。

一是通过军事、政治等途径解决。这主要表现为发达国家为维护本国

投资者利益采取诸如经济制裁、外交保护,甚至武力或武力威胁的方式要求发展中国家政府解决争端,或赔偿损失。比如,经过战争取得独立的埃及于1956年决定将由法国和英国投资者所有的苏伊士运河公司收归国有,为维护本国投资者利益,英国和法国联合以色列对埃及动用武力,后虽经联合国调停战争结束,但埃及对其国有化行为支付了高达2830万英镑的赔偿金。

二是通过国际法院解决。根据《国际法院规约》相关规定,只有国家才能在国际法院进行诉讼。由于主体资格不足,投资者无法作为争端一方使用国际法院解决争端。为维护本国海外投资者利益,外国投资者的母国代为诉讼,将投资东道国诉至国际法院。这样,外国投资者与东道国之间的投资争端,就转变为国家与国家之间的争端。典型的案例是1952年国际法院对英伊石油公司案的判决,伊朗于1951年决定将英国投资者所有的英伊石油公司国有化,英国政府应本国海外投资者请求将伊朗诉至国际法院。

三是通过东道国国内司法或行政程序解决投资争端。该路径也存在较多不足,其中最突出的缺陷是东道国的争端解决程序的中立性问题。如何能保证在处理争端过程中不偏袒国家(东道国),是摆在国内争端解决程序面前的一个重要课题。

(一)《ICSID 公约》

传统争端解决方法存在许多不足,难以适应日益增多的投资争端。为促进国际私人资本的流动,增进投资者与东道国之间互信,避免投资争端解决的政治化,在世界银行的倡导下,1965年3月18日,各国在华盛顿签署了《解决国家与他国国民之间投资争端公约》(即《ICSID 公约》),也被称为《华盛顿公约》。1966年10月14日,随着作为第20个缔约国荷兰的加入,该公约正式生效。

《ICSID 公约》的序言说明了缔结该公约所考虑的各种因素:"考虑到为经济发展进行国际合作的需要和私人国际投资在这方面的作用;注意到

各缔约国和其他缔约国的国民之间可能不时发生与这种投资有关的争端；认识到虽然此种争端通常将遵守国内法律程序，但在某些情况下，采取国际解决方法可能是适当的；特别重视提供国际调解或仲裁的便利，各缔约国和其他缔约国国民如果有此要求可以将此种争端交付国际调解或仲裁；愿在国际复兴开发银行的主持下建立此种便利；认识到双方同意借助此种便利将此种争端交付调解或仲裁，构成了一种有约束力的协议，该协议特别要求对调解员的任何建议给予适当考虑，对任何仲裁裁决予以遵守。"

《ICSID 公约》的序言同时约定："不能仅仅由于缔约国批准、接受或核准本公约这一事实而不经其同意就认为该缔约国具有将任何特定的争端交付调解或仲裁的义务。"

《ICSID 公约》规定："解决国际投资争端国际中心的宗旨是依据本公约的规定为各缔约国和其他缔约国的国民之间的投资争端提供调解和仲裁的便利。"

（二）联合国国际贸易法委员会

随着世界各地经济相互依存度的日益提高，建立更完善的法律框架，以便利国际贸易和投资的重要性得到广泛承认，在此背景下，联合国大会通过 1966 年 12 月 17 日的第 2205（XXI）号决议设立了联合国国际贸易法委员会（United Nations Commission on International Trade Law, UNCITRAL），是国际贸易法领域联合国系统核心法律机构。50 多年来，该委员会是专门从事全世界商法改革并拥有广泛成员的法律机构。联合国国际贸易法委员会的主要任务是通过拟订并促进使用和采纳一些重要商法领域的立法和非立法文书，促进国际贸易法逐步统一和现代化。这些领域包括：争议解决、国际合同惯例、运输、破产、电子商务、国际支付、担保交易、采购和货物销售。这些文书经由涉及各种参与者的国际谈判达成，参与者包括贸易法委员会成员国、非成员国和受到邀请的政府间组织和非政府组织。由于该过程具有很强的包容性，这些法规得到了广泛接受，为不同法律传统和处于不同经济发展阶段的国家提供了适当的解决办法。

1976 年联合国国际贸易法委员会通过了《联合国国际贸易法委员会仲裁规则》，该规则对统一国际贸易法律作出了重要贡献。尽管《联合国国际贸易法委员会仲裁规则》是专门用来适用临时国际商事仲裁的，但是发布后很快就被一些国际仲裁机构或国际仲裁中心采用。不仅如此，后来《联合国国际贸易法委员会仲裁规则》也被用来解决投资者与国家间的投资争端，并成为 ISDS 最广泛适用仲裁规则之一。2010 年修订的《联合国国际贸易法委员会仲裁规则》是目前的最新版本。

二、投资者-国家争端解决机制（ISDS）的特征和价值

（一）ISDS 的特征

1. ISDS 主体具有特殊性

国际投资争端主体地位并不平等，投资争端一方主体是主权国家，另一方是商业主体（或私人），两者之间的关系通常是管理和被管理的关系，而投资者争端可能由地方政府或其他政府部门行为引起。而其他国际争端主体的地位一般都是平等的，如国际商事仲裁中，争端主体是平等的商事主体；WTO 争端解决的主体一般也是具有平等地位的国家或地区等。

2. ISDS 争端事项具有特殊性

外国投资者挑战的是一个主权国家的行为或措施，这些行为和措施一般涉及国家公共政策或国家在公共利益领域的规制能力。争端的实质是国家的主权行为损害（影响）了外国投资者的利益而被后者挑战。如 2000 年前后，阿根廷政府为应对本国严重的经济危机采取了一系列措施，从而影响或损害了外国投资者的利益，结果大量外国投资者将阿根廷诉至国际仲裁机构。

3. ISDS 法律基础具有复杂性和多变性

目前 ISDS 的法律基础主要分散在 3000 多个国际投资条约的争端解决条款、《ICSID 公约》和《纽约公约》以及其他一些仲裁条款中。根据

OECD 的调查，绝大多数现行双边投资条约中都有 ISDS 条款，而且这些条款无论在内容上还是细节上都存在较大差异。

（二）ISDS 的价值

一是有利于国际投资争端的和平解决，避免国家使用军事手段，避免滥用外交保护。

二是有利于维护投资者的利益，为国际投资的跨境流动提供保障，促进投资全球化，实现投资资源的全球优化配置，促进全球经济发展。

三是有利于保护投资者及其母国的利益。这一点对当下中国来说尤为重要。中国既是资本输入大国，又是资本输出大国，尤其是近几年来，中国海外投资增势明显，急需 ISDS 来保护中国海外投资者的利益，同时维护中国的国家利益。

附录六 《联合国承认及执行外国仲裁裁决公约》[①]

第一条

一、因自然人或法人间之争议而产生，且在申请承认及执行的所在国以外之国家领土内作成的仲裁裁决，其承认及执行适用本公约。被申请承认及执行的所在国认为非国内裁决者，也适用本公约。

二、"仲裁裁决"不仅包括每一案件中指定的仲裁员所作的裁决，也包括当事人提请常设仲裁机构所作的裁决。

三、任何国家于签署、批准或加入本公约时，或于本公约第十条通知扩展适用时，可以在互惠的基础上声明，本国只对另一缔约国领域内作出的仲裁裁决的承认及执行适用本公约。任何国家亦得声明，本国只对根据

[①] 《联合国承认及执行外国仲裁裁决公约》（即《纽约公约》）1958 年 6 月 10 日订于纽约。

本国法律属于商事性质的法律关系所产生的争议适用本公约，不论为契约性质与否。

第二条

一、当事人以书面协议约定将当事人间基于特定的法律关系的发生或可能发生的、可以通过仲裁解决的所有或者任何争议，不论为契约性质与否，提交仲裁时，各缔约国应承认该协议。

二、"书面协议"包括当事人所签订或在互换函电中所载明的仲裁条款和仲裁协议。

三、当事人已经达成本条意义内的协议的，如果缔约国法院受理了诉讼，那么依一方当事人的请求，法院应当令当事人将争议提交仲裁解决。但是法院查明前述协议无效、失效或不能实行者除外。

第三条

各缔约国应承认仲裁裁决具有拘束力，并且依照仲裁裁决的程序规则和下列各条所规定的条件执行。承认或执行适用本公约的仲裁裁决时，不应比承认或执行国内仲裁裁决附加更加过于苛刻的条件或收取过多的费用。

第四条

一、为获得裁决承认和执行的当事人，应在申请前条所提到的承认及执行时提供：

（甲）原裁决之正本或经正式认证的副本；

（乙）第二条所提到的协议正本或经正式认证的副本。

二、如果上述裁决或协议不是以被援引裁决的官方语言制成的，申请承认及执行裁决的当事人应提供这些文件的官方语言的译本。译本应经官方的或宣过誓的翻译员或外交或领事人员认证。

第五条

一、裁决仅在受裁决援用的一方当事人向申请承认及执行的主管机关提出证据证明有下列情形之一时，才可以根据该当事人的请求拒绝承认和执行：

（甲）第二条所提到的协议的当事人根据对其适用的法律处于某种无行为能力情形，或根据当事人约定的准据法协议无效，或未约定准据法时，依裁决的所在国法律协议无效；

（乙）作为裁决执行对象的当事人没有接获关于指派仲裁员或仲裁程序的适当通知，或由于其他情况而不能申辩的案件；

（丙）裁决涉及仲裁协议所没有提到的，或者不包括仲裁协议规定之内的争议，或者裁决含有对仲裁协议范围以外事项的裁定。但如果仲裁协议范围以内的事项可以和仲裁协议范围以外的事项分开，则裁决中关于提交仲裁事项的部分决定可以承认及执行；

（丁）仲裁庭的组成或仲裁程序与当事人间协议不符，或当事人间没有协议时同仲裁的所在国法律不符者；

（戊）裁决对当事人尚无拘束力，或裁决已经由作出裁决的国家或据其法律作出裁决的国家的有权机关撤销或者停止执行。

二、被请求承认和执行的所在国的主管机关如果查明有下列情形之一，也可以拒不承认和执行仲裁裁决：

（甲）依据该国法律，争议事项不能以仲裁解决；

（乙）承认或执行裁决违反该国公共政策。

第六条

如果已经向第五条第一项（戊）款提到的主管机关申请撤销或停止执行，受理援引裁决案件的机关如果认为适当时可以延期作出关于执行裁决的决定，可以根据请求执行裁决的当事人的申请，命令对方当事人提供适当的担保。

第七条

一、本公约的规定不影响缔约国参加的有关承认和执行仲裁裁决的多边或双边协定的效力，也不剥夺任何利害关系人在被援引裁决地所在国的法律或条约所许可的方式和范围内，可能具有的援用仲裁裁决的任何权利。

二、1923年日内瓦仲裁条款议定书及1927年日内瓦执行外国仲裁裁决公约，对于本公约的缔约国，在其受本公约拘束后，在其受拘束之范围内失效。

第八条

一、本公约在1958年12月31日以前开放，供联合国任何会员国及现在或嗣后成为联合国专门机构的或国际法院规约当事国的任何其他国家，或经联合国大会邀请的任何其他国家签署。

二、本公约须经批准，批准书应交存联合国秘书长。

第九条

一、第八条所提到的各国都可以加入本公约。

二、加入应当将加入书交存联合国秘书长处。

第十条

一、任何国家于签署、批准或加入时可以声明将本公约推广适用于由其负责国际关系的一切或任何领土。此项声明于本公约对有关国家生效时发生效力。

二、在签署、批准或加入本公约后，要作推广适用的声明，应通知联合国秘书长，自联合国秘书长收到此项通知之日后第90日起，或自本公约对有关国家生效之日起发生效力，此两日期以较迟者为准。

三、关于在签署、批准或加入时没有将本公约推广适用的领土，各有关国家应考虑可否采取必要步骤将本公约推广适用于此等领土，但因宪政关系确有必要时，须征得此等领土上政府的同意。

第十一条

对联邦制或非单一制国家适用下列规定：

（甲）关于属于联邦主管机关立法权限内的本公约条款，联邦政府的义务在此范围内与非联邦制缔约国政府的义务一样；

（乙）关于属于联邦成员或各省立法权限的本公约条款，如各联邦成员或各省依联邦宪法制度并没有采取立法行动的义务，联邦政府应尽速将这等条款附以有利的建议提请联邦成员或省主管机关注意；

（丙）本公约的联邦国家缔约国，根据任何其他缔约国提请联合国秘书长转达的请求时，应当提供关于联邦及其组成成员关于本公约任何特别规定的法律和习惯，说明以立法或采取其他行动实施此项规定的程度。

第十二条

一、本公约应自第三个国家交存批准书或加入书之日后第 90 日起生效。

二、在第三个国家交存批准书或加入书后，本公约应自各国存放批准书或加入书后第 90 日起对该国生效。

第十三条

一、任何缔约国可以书面通知联合国秘书长宣告退出本公约。退约自秘书长收到通知之日一年后生效。

二、依第十条规定提出声明或通知的国家，随时可以通知联合国秘书长声明本公约自秘书长收到通知之日一年后停止推广适用于有关领土。

三、在退约生效前已进行承认或执行程序的仲裁裁决，应继续适用本公约。

第十四条

缔约国除在本国负有适用本公约义务外，无权对其他缔约国援用本公约。

第十五条

联合国秘书长应将下列事项通知第八条所提到的国家：

（甲）依照第八条的规定签署和批准本公约；

（乙）依照第九条的规定加入本公约；

（丙）依照第一条、第十条和第十一条的规定所作出的声明和通知；

（丁）依照第十二条所规定的本公约的生效日期；

（戊）依照第十三条所规定的退约和通知。

第十六条

一、本公约应存放联合国档案处保存，其中文、英文、法文、俄文及西班牙文各本具有同等效力。

二、联合国秘书长应将经认证的本公约副本分送第八条所提到的国家。

附录七 《纽约公约》缔约国名单[①]

国家	备注	签约	批准、加入（*）、继承（§）	生效
阿富汗	(a)(c)		2004年11月30日(*)	2005年2月28日
阿尔巴尼亚			2001年6月27日(*)	2001年9月25日
阿尔及利亚	(a)(c)		1989年2月7日(*)	1989年5月8日
安道尔	(a)		2015年6月19日(*)	2015年9月17日
安哥拉			2017年3月6日(*)	2017年6月4日
安提瓜和巴布达	(a)(c)		1989年2月2日(*)	1989年5月3日
阿根廷	(a)(c)	1958年8月26日	1989年3月14日	1989年6月12日
亚美尼亚	(a)(c)		1997年12月29日(*)	1998年3月29日
澳大利亚			1975年3月26日(*)	1975年6月24日
奥地利			1961年5月2日(*)	1961年7月31日
阿塞拜疆			2000年2月29日(*)	2000年5月29日
巴哈马			2006年12月20日(*)	2007年3月20日
巴林	(a)(c)		1988年4月6日(*)	1988年7月5日
孟加拉国			1992年5月6日(*)	1992年8月4日
巴巴多斯	(a)(c)		1993年3月16日(*)	1993年6月14日
白俄罗斯	(b)	1958年12月29日	1960年11月15日	1961年2月13日
比利时	(a)	1958年6月10日	1975年8月18日	1975年11月16日
伯利兹	(i)		2021年3月15日(*)	2021年6月13日
贝宁			1974年5月16日(*)	1974年8月14日
不丹	(a)(c)		2014年9月25日(*)	2014年12月24日
玻利维亚多民族国			1995年4月28日(*)	1995年7月27日
波斯尼亚和黑塞哥维那	(a)(c)(i)		1993年9月1日(§)	1992年3月6日
博茨瓦纳	(a)(c)		1971年12月20日(*)	1972年3月19日

[①] 统计时间截至2023年12月。

续表

国家	备注	签约	批准、加入（*）、继承（§）	生效
巴西			2002年6月7日(*)	2002年9月5日
文莱达鲁萨兰国	(a)		1996年7月25日(*)	1996年10月23日
保加利亚	(a)(b)	1958年12月17日	1961年10月10日	1962年1月8日
布基纳法索			1987年3月23日(*)	1987年6月21日
布隆迪	(c)		2014年6月23日(*)	2014年9月21日
佛得角			2018年3月22日(*)	2018年6月20日
柬埔寨			1960年1月5日(*)	1960年4月4日
喀麦隆			1988年2月19日(*)	1988年5月19日
加拿大	(d)		1986年5月12日(*)	1986年8月10日
中非共和国	(a)(c)		1962年10月15日(*)	1963年1月13日
智利			1975年9月4日(*)	1975年12月3日
中国	(a)(c)(h)		1987年1月22日(*)	1987年4月22日
哥伦比亚			1979年9月25日(*)	1979年12月24日
科摩罗			2015年4月28日(*)	2015年7月27日
库克群岛			2009年1月12日(*)	2009年4月12日
哥斯达黎加		1958年6月10日	1987年10月26日	1988年1月24日
科特迪瓦			1991年2月1日(*)	1991年5月2日
克罗地亚	(a)(c)(i)		1993年7月26日(§)	1991年10月8日
古巴	(a)(c)		1974年12月30日(*)	1975年3月30日
塞浦路斯	(a)(c)		1980年12月29日(*)	1981年3月29日
捷克	(a)(b)		1993年9月30日(§)	1993年1月1日
刚果民主共和国			2014年11月5日(*)	2015年2月3日
丹麦	(a)(c)(f)		1972年12月22日(*)	1973年3月22日
吉布提	(a)(c)		1983年6月14日(§)	1977年6月27日
多米尼加			1988年10月28日(*)	1989年1月26日
多米尼加共和国			2002年4月11日(*)	2002年7月10日
厄瓜多尔	(a)(c)	1958年12月17日	1962年1月3日	1962年4月3日
埃及			1959年3月9日(*)	1959年6月7日
萨尔瓦多		1958年6月10日	1998年2月26日	1998年5月27日

续表

国家	备注	签约	批准、加入（*）、继承（§）	生效
爱沙尼亚			1993年8月30日（*）	1993年11月28日
埃塞俄比亚	(a)(c)(i)		2020年8月24日（*）	2020年11月22日
斐济			2010年9月27日（*）	2010年12月26日
芬兰		1958年11月25日	1962年1月19日	1962年4月19日
法国	(a)	1958年11月25日	1959年6月26日	1959年9月24日
加蓬			2006年12月15日（*）	2007年3月15日
格鲁吉亚			1994年6月2日（*）	1994年8月31日
德国		1958年6月10日	1961年6月30日	1961年9月28日
加纳			1968年4月9日（*）	1968年7月8日
希腊	(a)(c)		1962年7月16日（*）	1962年10月14日
危地马拉	(a)(c)		1984年3月21日（*）	1984年6月19日
几内亚			1991年1月23日（*）	1991年4月23日
圭亚那			2014年9月25日（*）	2014年12月24日
海地			1983年12月5日（*）	1984年3月4日
教廷	(a)(c)		1975年5月14日（*）	1975年8月12日
洪都拉斯	(a)(c)		2000年10月3日（*）	2001年1月1日
匈牙利	(a)(c)		1962年3月5日（*）	1962年6月3日
冰岛			2002年1月24日（*）	2002年4月24日
印度	(a)(c)	1958年6月10日	1960年7月13日	1960年10月11日
印度尼西亚	(a)(c)		1981年10月7日（*）	1982年1月5日
伊朗伊斯兰共和国	(a)(c)		2001年10月15日（*）	2002年1月13日
伊拉克	(a)(c)(i)		2021年11月11日（*）	2022年2月9日
爱尔兰	(a)		1981年5月12日（*）	1981年8月10日
以色列		1958年6月10日	1959年1月5日	1959年6月7日
意大利			1969年1月31日（*）	1969年5月1日
牙买加	(a)(c)		2002年7月10日（*）	2002年10月8日
日本	(a)		1961年6月20日（*）	1961年9月18日
约旦		1958年6月10日	1979年11月15日	1980年2月13日
哈萨克斯坦			1995年11月20日（*）	1996年2月18日

续表

国家	备注	签约	批准、加入（＊）、继承（§）	生效
肯尼亚	(a)		1989年2月10日(＊)	1989年5月11日
科威特	(a)		1978年4月28日(＊)	1978年7月27日
吉尔吉斯斯坦			1996年12月18日(＊)	1997年3月18日
老挝人民民主共和国			1998年6月17日(＊)	1998年9月15日
拉脱维亚			1992年4月14日(＊)	1992年7月13日
黎巴嫩	(a)		1998年8月11日(＊)	1998年11月9日
莱索托			1989年6月13日(＊)	1989年9月11日
利比里亚			2005年9月16日(＊)	2005年12月15日
列支敦士登	(a)		2011年7月7日(＊)	2011年10月5日
立陶宛	(b)		1995年3月14日(＊)	1995年6月12日
卢森堡	(a)	1958年11月11日	1983年9月9日	1983年12月8日
马达加斯加	(a)(c)		1962年7月16日(＊)	1962年10月14日
马拉维	(a)(c)(i)		2021年3月4日(＊)	2021年6月2日
马来西亚	(a)(c)		1985年11月5日(＊)	1986年2月3日
马尔代夫			2019年9月17日(＊)	2019年12月16日
马里			1994年9月8日(＊)	1994年12月7日
马耳他	(a)(i)		2000年6月22日(＊)	2000年9月20日
马绍尔群岛			2006年12月21日(＊)	2007年3月21日
毛里塔尼亚			1997年1月30日(＊)	1997年4月30日
毛里求斯			1996年6月19日(＊)	1996年9月17日
墨西哥			1971年4月14日(＊)	1971年7月13日
摩纳哥	(a)(c)	1958年12月31日	1982年6月2日	1982年8月31日
蒙古国	(a)(c)		1994年10月24日(＊)	1995年1月22日
黑山	(a)(c)(i)		2006年10月23日(§)	2006年6月3日
摩洛哥	(a)		1959年2月12日(＊)	1959年6月7日
莫桑比克	(a)		1998年6月11日(＊)	1998年9月9日
缅甸			2013年4月16日(＊)	2013年7月15日
尼泊尔	(a)(c)		1998年3月4日(＊)	1998年6月2日
荷兰	(a)(e)	1958年6月10日	1964年4月24日	1964年7月23日

续表

国家	备注	签约	批准、加入（*）、继承（§）	生效
新西兰	(a)		1983年1月6日(*)	1983年4月6日
尼加拉瓜			2003年9月24日(*)	2003年12月23日
尼日尔			1964年10月14日(*)	1965年1月12日
尼日利亚	(a)(c)		1970年3月17日(*)	1970年6月15日
北马其顿	(c)(i)		1994年3月10日(§)	1991年11月17日
挪威	(a)(j)		1961年3月14日(*)	1961年6月12日
阿曼			1999年2月25日(*)	1999年5月26日
巴基斯坦	(a)	1958年12月30日	2005年7月14日	2005年10月12日
帕劳	(a)(c)		2020年3月31日	2020年6月29日
巴拿马			1984年10月10日(*)	1985年1月8日
巴布亚新几内亚			2019年7月17日(*)	2019年10月15日
巴拉圭			1997年10月8日(*)	1998年1月6日
秘鲁			1988年7月7日(*)	1988年10月5日
菲律宾	(a)(c)	1958年6月10日	1967年7月6日	1967年10月4日
波兰	(a)(c)	1958年6月10日	1961年10月3日	1962年1月1日
葡萄牙	(a)		1994年10月18日(*)	1995年1月16日
卡塔尔			2002年12月30日(*)	2003年3月30日
大韩民国	(a)(c)		1973年2月8日(*)	1973年5月9日
摩尔多瓦共和国	(a)(i)		1998年9月18日(*)	1998年12月17日
罗马尼亚	(a)(b)(c)		1961年9月13日(*)	1961年12月12日
俄罗斯	(b)	1958年12月29日	1960年8月24日	1960年11月22日
卢旺达			2008年10月31日(*)	2009年1月29日
圣文森特和格林纳丁斯	(a)(c)		2000年9月12日(*)	2000年12月11日
圣马力诺			1979年5月17日(*)	1979年8月15日
圣多美和普林西比			2012年11月20日(*)	2013年2月18日
沙特阿拉伯	(a)		1994年4月19日(*)	1994年7月18日
塞拉利昂	(a)(c)(i)		2020年10月28日(*)	2021年1月26日
塞内加尔			1994年10月17日(*)	1995年1月15日

续表

国家	备注	签约	批准、加入（*）、继承（§）	生效
塞尔维亚	(a)(c)(i)		2001年3月12日（§）	1992年4月27日
塞舌尔	(a)(c)(i)		2020年2月3日（*）	2020年5月3日
新加坡	(a)		1986年8月21日（*）	1986年11月19日
斯洛伐克	(a)(b)		1993年5月28日（§）	1993年1月1日
斯洛文尼亚	(i)		1992年7月6日（§）	1991年6月25日
南非			1976年5月3日（*）	1976年8月1日
西班牙			1977年5月12日（*）	1977年8月10日
斯里兰卡		1958年12月30日	1962年4月9日	1962年7月8日
巴勒斯坦国			2015年1月2日（*）	2015年4月2日
苏丹			2018年3月26日（*）	2018年6月24日
苏里南	(a)(c)		2022年11月10日（*）	2023年2月8日
瑞典		1958年12月23日	1972年1月28日	1972年4月27日
瑞士		1958年12月29日	1965年6月1日	1965年8月30日
阿拉伯叙利亚共和国			1959年3月9日（*）	1959年6月7日
塔吉克斯坦	(a)(i)(j)		2012年8月14日（*）	2012年11月12日
泰国			1959年12月21日（*）	1960年3月20日
东帝汶			2023年1月17日（*）	2023年4月17日
汤加	(c)		2020年6月12日（*）	2020年9月10日
特立尼达和多巴哥	(a)(c)		1966年2月14日（*）	1966年5月15日
突尼斯	(a)(c)		1967年7月17日（*）	1967年10月15日
土耳其	(a)(c)		1992年7月2日（*）	1992年9月30日
土库曼斯坦	(a)(c)(i)		2022年5月4日（*）	2022年8月2日
乌干达	(a)		1992年2月12日（*）	1992年5月12日
乌克兰	(b)	1958年12月29日	1960年10月10日	1961年1月8日
阿拉伯联合酋长国			2006年8月21日（*）	2006年11月19日
大不列颠及北爱尔兰联合王国	(a)(g)		1975年9月24日（*）	1975年12月23日

续表

国家	备注	签约	批准、加入（*）、继承（§）	生效
坦桑尼亚联合共和国	(a)		1964年10月13日（*）	1965年1月11日
美国	(a)(c)		1970年9月30日（*）	1970年12月29日
乌拉圭			1983年3月30日（*）	1983年6月28日
乌兹别克斯坦			1996年2月7日（*）	1996年5月7日
委内瑞拉玻利瓦尔共和国	(a)(c)		1995年2月8日（*）	1995年5月9日
越南	(a)(b)(c)		1995年9月12日（*）	1995年12月11日
赞比亚			2002年3月14日（*）	2002年6月12日
津巴布韦			1994年9月29日（*）	1994年12月28日

注：

（a）该国将只对承认和执行在另一缔约国领土内作出的裁决适用本公约。

（b）对于在非缔约国领土内作出的裁决，该国仅在这些国家给予对等待遇的范围内适用本公约。

（c）该国将只根据国内法被视为商业性的法律关系所产生的分歧适用本公约，而不论这种关系是否为合同关系。

（d）加拿大声明，它只对根据加拿大法律被视为商业的法律关系所产生的分歧适用《纽约公约》（以下简称《公约》），但魁北克省除外，该省的法律没有规定这种限制。

（e）1964年4月24日，荷兰宣布《公约》适用于荷属安的列斯群岛。

（f）1976年2月10日，丹麦宣布《公约》适用于法罗群岛和格陵兰。

（g）2014年2月24日，联合王国提交通知，将《公约》的领土适用范围扩大到英属维尔京群岛。对于下列领土，联合王国提交了扩大领土适用范围的通知，并声明《公约》仅适用于承认和执行在另一缔约国领土内作出的裁决：直布罗陀（1975年9月24日）、马恩岛（1979年2月22日）、百慕大（1979年11月14日）、开曼群岛（1980年11月26日）、根西岛（1985年4月19日）、泽西辖区（2022年5月28日）。

（h）中国政府于1997年7月1日恢复对香港的主权后，将《公约》的领土适用范围扩大到中国香港特别行政区，但须遵守中国最初在加入《公约》时所作的声明。2005年7月19日，中国宣布《公约》适用于中国澳门特别行政区，但须以中国在加入《公约》时最初作出的声明为准。

（i）该国对追溯适用《公约》提出了保留意见。

（j）该国对《公约》在不动产案件中的适用提出了保留意见。

附录八 《关于解决国家与他国国民之间投资争端公约》[①]

序言

考虑到为经济发展进行国际合作的需要和私人国际投资在这方面的作用；

注意到各缔约国和其他缔约国的国民之间可能不时发生与这种投资有关的争端；

认识到虽然此种争端通常将遵守国内法律程序，但在某些情况下，采取国际解决方法可能是适当的；

特别重视提供国际调解或仲裁的便利，各缔约国和其他缔约国国民如果有此要求可以将此种争端交付国际调解或仲裁；

愿在国际复兴开发银行的主持下建立此种便利；

认识到双方同意借助此种便利将此种争端交付调解或仲裁，构成了一种有约束力的协议，该协议特别要求对调解员的任何建议给予适当考虑，对任何仲裁裁决予以遵守。

宣告不能仅仅由于缔约国批准、接受或核准本公约这一事实而不经其同意就认为该缔约国具有将任何特定的争端交付调解或仲裁的义务，达成协议如下：

第一章 解决投资争端国际中心

第一节 建立和组织

第一条

一、兹建立解决投资争端国际中心（以下简称"中心"）。

[①] 《关于解决国家与他国国民之间投资争端公约》（即《ICSID 公约》）1965 年 3 月 18 日由国际复兴开发银行提交各国政府，1966 年 10 月 14 日生效。

二、中心的宗旨是依照本公约的规定为各缔约国和其他缔约国的国民之间的投资争端，提供调解和仲裁的便利。

第二条

中心的总部应设在国际复兴开发银行（以下称为"银行"）总行办事处。该总部可以根据行政理事会及其成员的三分之二多数作出的决定迁往另一地点。

第三条

中心应设有一个行政理事会和一个秘书处，并应有一个调解员小组和一个仲裁员小组。

第二节　行政理事会

第四条

一、行政理事会由每一个缔约国各派代表一人组成，在首席代表未能出席会议或不能执行任务时，可以由副代表担任代表。

二、如无相反的任命，缔约国所指派的银行的理事和副理事应当然地成为各该国的代表和副代表。

第五条

银行行长应为行政理事会的当然主席（以下称为"主席"），但无表决权。在他缺席或不能执行任务时和在银行行长职位空缺时，应由暂时代理行长的人担任行政理事会主席。

第六条

一、行政理事会在不损害本公约其他条款赋予它的权力和职能的情况下，应：

（一）通过中心的行政和财政条例；

（二）通过交付调解和仲裁的程序规则；

（三）通过调解和仲裁的程序规则（以下称为"调解规则和仲裁规则"）；

（四）批准同银行达成的关于使用其行政设施和服务的协议；

（五）确定秘书长和任何副秘书长的服务条件；

（六）通过中心的年度收支预算；

（七）批准关于中心的活动的年度报告。

上述（一）、（二）、（三）和（六）项中的决定，应由行政理事会成员的三分之二多数票通过。

二、行政理事会可以设立它认为必要的委员会。

三、行政理事会还应行使它所确定的为履行本公约规定所必需的其他权力和职能。

第七条

一、行政理事会应每年举行一次年会，以及理事会可能决定的，或经理事会至少五个成员的请求由主席或由秘书长召开的其他会议。

二、行政理事会每个成员享有一个投票权，除本公约另有规定外，理事会所有的事项应以多数票作出决定。

三、行政理事会任何会议的法定人数应为其成员的多数。

四、行政理事会可由其成员的三分之二多数决定建立一种程序，根据该程序的主席可以不召开理事会议而进行理事会表决，该项表决只有理事会的多数成员在上述程序规定的期限内投票，才能认为有效。

第八条

中心对行政理事会成员和主席的工作，不付给报酬。

第三节 秘书处

第九条

秘书处由秘书长一人、副秘书长一人或数人以及工作人员组成。

第十条

一、秘书长和任何副秘书长由主席提名，经行政理事会根据其成员的三分之二多数票选举产生，任期不超过六年，可以连任。主席在同行政理事会成员磋商后，对上述每一职位得提出一个或几个候选人。

二、秘书长和副秘书长的职责不得与执行任何政治任务相联系。秘书长或任何副秘书长除经行政理事会批准外，不得担任其他任何职务，或从事其他任何职业。

三、在秘书长缺席或不能履行职责时，或在秘书长职位空缺时，由副秘书长担任秘书长。如果有一个以上的副秘书长，应由行政理事会在事前决定他们担任秘书长的次序。

第十一条

秘书长是中心的法定代表人和主要官员，并依照本公约的规定和行政理事会通过的规则负责其行政事务，包括任命工作人员。他应履行书记官的职务，并有权认证根据本公约作出的仲裁裁决和核证其副本。

第四节　小组

第十二条

调解员小组和仲裁员小组各由合格的人员组成，他们应根据以下规定指派，并愿意提供服务。

第十三条

一、每一缔约国可以向每个小组指派四人，他们可以是但不一定是该缔约国国民。

二、主席可以向每个小组指派十人，所指派人员应具有不同的国籍。

第十四条

一、指派在小组服务的人员应具有高尚的道德品质，并且在法律、商务、工业和金融方面有公认的能力，他们可以被信赖作出独立的判断。对仲裁员小组的人员而言，在法律方面的能力尤其重要。

二、主席在指派在小组中服务的人员时，还应适当注意保证世界上各种主要法律体系和主要经济活动方式在小组中的代表性。

第十五条

一、小组成员的任期为六年，可以连任。

二、如果小组的成员死亡或辞职时，指派该成员的机构有权指派另一人在该成员剩余的任期内服务。

三、小组成员应继续任职，直至其继任人被指派时为止。

第十六条

一、一个人可以在两个小组服务。

二、如果一个人被一个以上的缔约国、或被一个或一个以上的缔约国和主席指派在同一个小组服务,他应被认为是被首先指派他的机构所指派;或者如果其中一个指派他的机构是他国籍所属国家,他应被认为是被该国所指派。

三、所有的指派应通知秘书长,并从接到通知之日起生效。

第五节 中心的经费

第十七条

如果中心对使用其设施而收取的费用或其他收入不足以弥补其支出,那么属于银行成员的缔约国应各按其认购的银行资本股份的比例,而不属于银行成员的缔约国则按行政理事会通过的规则来负担超支部分。

第六节 地位、豁免和特权

第十八条

中心具有完全的国际法律人格。中心的法律能力应包括:

(一)缔结契约的能力;

(二)取得和处置动产和不动产的能力;

(三)起诉的能力。

第十九条

为使中心能履行其职责,它在各缔约国领土内应享有本节规定的豁免和特权。

第二十条

中心及其财产和资产享有豁免一切法律诉讼的权利,除非中心放弃此种豁免。

第二十一条

主席,行政理事会成员,担任调解员或仲裁员的人员或按照第五十二条第三款任命的委员会成员以及秘书处的官员的雇员:

(一)在履行其职责时的一切行动,享有豁免法律诉讼的权利,除非中心放弃此种豁免;

(二)如不是当地的国民,应享有缔约国给予其他缔约国相应级别的代表、官员和雇员在移民限制、外国人登记条件和国民兵役义务方面的同等豁免权,在外汇限制方面的同等便利以及有关旅行便利的同等待遇。

第二十二条

第二十一条的规定应适用于根据本公约在诉讼中出席作为当事人、代理人、顾问、辩护人、证人或专家的人,但该条第(二)项只适用于他们往返诉讼地的旅程和停留。

第二十三条

一、中心的档案不论其在何处,应不受侵犯。

二、关于官方通信,各缔约国给予中心的待遇,不得低于给予其他国际组织的待遇。

第二十四条

一、中心及其资产、财产和收入,以及本公约许可的业务活动的交易,应免除一切税捐和关税。中心还应免除征缴任何税捐或关税的义务。

二、除当地国民外,对中心付给行政理事会主席或成员的津贴或其他报酬,均不得征税。

三、对担任调解员或仲裁员,或按照第五十二条第三款任命的委员会成员,在本公约规定的诉讼中取得的报酬或津贴,均不得征税,倘若此项征税是以中心所在地、进行上述诉讼的地点、或付给报酬或津贴的地点为唯一管辖依据的话。

第二章 中心的管辖

第二十五条

一、中心的管辖适用于缔约国(或缔约国向中心指定的该国的任何组成部分或机构)和另一缔约国国民之间直接因投资而产生并经双方书面同意提交给中心的任何法律争端。当双方表示同意后,任何一方不得单方面撤销其同意。

二、"另一缔约国国民"系指:

(一)在双方同意将争端交付调解或仲裁之日以及根据第二十八条第三款或第三十六条第三款登记请求之日,具有作为争端一方的国家以外的某一缔约国国籍的任何自然人，但不包括在上述任一日期也具有作为争端一方的缔约国国籍的任何人；

（二）在争端双方同意将争端交付调解或仲裁之日，具有作为争端一方的国家以外的某一缔约国国籍的任何法人，以及在上述日期具有作为争端一方缔约国国籍的任何法人，而该法人因受外国控制，双方同意为了本公约的目的，应看作是另一缔约国国民。

三、某一缔约国的组成部分或机构表示的同意，需经该缔约国批准，除非该缔约国通知中心不需要予以批准。

四、任何缔约国可以在批准、接受或核准本公约时，或在此后任何时候，把它将考虑或不考虑提交给中心管辖的一类或几类争端通知中心。秘书长应立即将此项通知转送给所有缔约国。此项通知不构成第一款所要求的同意。

第二十六条

除非另有规定，双方同意根据本公约交付仲裁，应视为同意排除任何其他救济方法而交付上述仲裁。缔约国可以要求以用尽该国行政或司法救济作为其同意根据本公约交付仲裁的条件。

第二十七条

一、缔约国对于其国民和另一缔约国根据本公约已同意交付或已交付仲裁的争端，不得给予外交保护或提出国际要求，除非该另一缔约国未能遵守和履行对此项争端所作出的裁决。

二、在第一款中，外交保护不应包括纯粹为了促进争端的解决而进行的非正式的外交上的交往。

第三章　调解

第一节　请求调解

第二十八条

一、希望交付调解程序的任何缔约国或缔约国的任何国民，应就此向秘书长提出书面请求，由秘书长将该项请求的副本送交另一方。

二、该项请求应包括有关争端的事项、双方的身份以及他们同意依照交付调解和仲裁的程序规则进行调解等内容。

三、秘书长应登记此项请求,除非他根据请求的内容认为此项争端显然在中心的管辖范围之外。他应立即将登记或拒绝登记通知双方。

第二节 调解委员会的组成

第二十九条

一、调解委员会(以下称为"委员会")应在依照第二十八条提出的请求予以登记之后尽速组成。

二、(一)委员会应由双方同意任命的独任调解员或任何非偶数的调解员组成。

(二)如双方对调解员的人数和任命的方法不能达成协议,则委员会应由三名调解员组成,由每一方各任命调解员一名,第三名由双方协议任命,并担任委员会主席。

第三十条

如果在秘书长依照第二十八条第三款发出关于请求已予以登记的通知后九十天内,或在双方可能同意的其他期限内未能组成委员会,主席经任何一方请求,并尽可能同双方磋商后,可任命尚未任命的一名或数名调解员。

第三十一条

一、除主席根据第三十条进行任命的情况外,可任命调解员小组以外的人为调解员。

二、从调解员小组以外任命的调解员应具备第十四条第一款所述的品质。

第三节 调解程序

第三十二条

一、委员会应是其本身权限的决定人。

二、争端一方提出的反对意见,认为该争端不属于中心的管辖范围,或因其他原因不属于委员会权限范围,委员会应加以考虑,并决定是否将其作为先决问题处理,或与该争端的是非曲直一并处理。

第三十三条

任何调解程序应依照本节规定,以及除双方另有协议外,依照双方同意调解之日有效的调解规则进行,如发生任何本节或调解规则或双方同意的任何规则未作规定的程序问题,则该问题应由委员会决定。

第三十四条

一、委员会有责任澄清双方发生争端的问题,并努力使双方就共同可接受的条件达成协议。为此目的,委员会可以在程序进行的任何阶段,随时向双方建议解决的条件。双方应同委员会进行真诚的合作,以使委员会能履行其职责,并对委员会的建议给予最认真的考虑。

二、如果双方达成协议,委员会应起草一份报告。指出发生争端的问题,并载明双方已达成协议。如果在程序进行的任何阶段,委员会认为双方已不可能达成协议,则应结束此项程序,并起草一份报告,指出已将争端提交调解,并载明双方未能达成协议。如果一方未能出席或参加上述程序,委员会应结束此项程序并起草一份报告,指出该方未能出席或参加。

第三十五条

除争端双方另有协议外,参加调解程序的任何一方均无权在其他任何程序中,不论是在仲裁员面前或在法院或其他机构,援引或依仗参加调解程序的另一方所表示的任何意见或所作的声明或承认或提出的解决办法,也不得援引或依仗委员会提出的报告或任何建议。

第四章 仲裁

第一节 请求仲裁

第三十六条

一、希望采取仲裁程序的任何缔约国或缔约国的任何国民,应就此向秘书长提出书面请求,由秘书长将该项请求的副本送交另一方。

二、该项请求应包括有关争端事项、双方的身份以及他们同意依照交付调解和仲裁的程序规则提交仲裁等内容。

三、秘书长应登记此项请求,除非他根据请求的内容,认为此项争端显然在中心的管辖范围之外,他应立即将登记或拒绝登记通知双方。

第二节 仲裁庭的组成

第三十七条

一、仲裁庭应在依照第三十六条提出的请求登记之后尽速组成。

二、（一）仲裁庭应由双方同意任命的独任仲裁员或任何非偶数的仲裁员组成。

（二）如双方对仲裁员的人数和任命的方法不能达成协议，仲裁庭应由三名仲裁员组成，由每一方各任命仲裁员一名，第三人由双方协议任命，并担任首席仲裁员。

第三十八条

如果在秘书长依照第三十六条第三款发出关于请求已予以登记的通知后九十天内，或在双方可能同意的其他期限内未能组成仲裁庭，主席经任何一方请求，并尽可能同意双方磋商后，可任命尚未任命的仲裁员或数名仲裁员。主席根据本条任命的仲裁员不得为争端一方的缔约国的国民或其国民是争端一方的缔约国的国民。

第三十九条

仲裁员的多数不得为争端一方的缔约国国民和其国民是争端一方的缔约国的国民；但独任仲裁员或仲裁庭的每一成员经双方协议任命，本条上述规定则不适用。

第四十条

一、除主席根据第三十八条进行任命的情况外，可以从仲裁员小组以外任命仲裁员。

二、从仲裁员小组以外任命的仲裁员应具备第十四条第一款所述的品质。

第三节 仲裁庭的权力和职能

第四十一条

一、仲裁庭应是其本身权限的决定人。

二、争端一方提出的反对意见，认为该争端不属于中心的管辖范围，或因其他原因不属于仲裁庭的权限范围，仲裁庭应加以考虑，并决定是否将其作为先决问题处理,或与该争端的是非曲直一并处理。

第四十二条

一、仲裁庭应依照双方可能同意的法律规则对争端作出裁决。如无此种协议,仲裁庭应适用作为争端一方的缔约国的法律(包括其冲突法规则)以及可能适用的国际法规则。

二、仲裁庭不得借口法律无明文规定或含义不清而暂不作出裁决。

三、第一款和第二款的规定不得损害仲裁庭在双方同意时按公允及善良原则对争端作出裁决的权利。

第四十三条

除双方另有协议,如果仲裁庭在程序的任何阶段认为有必要时,它可以:

(一)要求双方提交文件或其他证据;

(二)访问与争端有关的场地,并在该地进行它可能认为适当的调查。

第四十四条

任何仲裁程序应依照本节规定,以及除双方另有协议外,依照双方同意提交仲裁之日有效的仲裁规则进行。如发生任何本节或仲裁规则或双方同意的任何规则未作规定的程序问题,则该问题应由仲裁庭决定。

第四十五条

一、一方未出席或陈述其案情,不得视为接受另一方的主张。

二、如果一方在程序的任何阶段未出席或陈述案情,另一方可以请求仲裁庭处理向其提出的问题并作出裁决。仲裁庭在作出裁决之前,应通知未出席或陈述案情的一方,并给以宽限日期,除非仲裁庭确信该方不愿意这么做。

第四十六条

除非双方另有协议,如经一方请求,仲裁庭应对争端的主要问题直接引起的附带或附加的要求或反要求作出决定,但上述要求应在双方同意的范围内,或在中心的管辖范围内。

第四十七条

除双方另有协议外,仲裁庭如果认为情况需要,建议采取任何临时措施,以维护任何一方的权利。

第四节　裁决

第四十八条

一、仲裁庭应以其全体成员的多数票对问题作出决定。

二、仲裁庭的裁决应以书面作成,并由仲裁庭投赞成票的成员签字。

三、裁决应处理提交仲裁庭的每一个问题,并说明所根据的理由。

四、仲裁庭的任何成员可以在裁决上附上他个人的意见(不论他是否同意多数人的意见),或陈述他的不同意见。

五、中心未经双方的同意不得公布裁决。

第四十九条

一、秘书长应迅速将裁决的核证无误的副本送交双方。裁决应视为在发出上述副本之日作出。

二、仲裁庭经一方在作出裁决之日后四十五天内提出请求,可以在通知另一方后对裁决中遗漏的任何问题作出决定,并纠正裁决中的任何抄写、计算或类似的错误。其决定应为裁决的一部分,并应按裁决一样的方式通知双方。第五十一条第二款和第五十二条第二款规定的期限应从作出决定之日起计算。

第五节　裁决的解释、修改和撤销

第五十条

一、如果双方对裁决的意义或范围发生争议,任何一方可以向秘书长提出书面申请,要求对裁决作出解释。

二、如有可能,应将该项要求提交作出裁决的仲裁庭。如果不可能这样做,则应依照本章第二节组织新的仲裁庭。仲裁庭如认为情况有此需要,可以在它作出决定前停止执行裁决。

第五十一条

一、任何一方可以根据所发现的某项其性质对裁决有决定性影响的事实,向秘书长提出书面申请要求修改裁决,但必须以在作出裁决时仲裁庭和申请人都不了解该事实为条件,而且申请人不知道该事实并非由于疏忽所致。

二、申请应在发现该事实后的九十天内,且无论如何应在作出裁决之日后三年之内提出。

三、如有可能,该项要求应提交作出裁决的仲裁庭。如果不可能这样做,则应依照本章第二节组织新的仲裁庭。

四、仲裁庭如认为情况有此需要,可以在作出决定前,停止执行裁决。如果申请人在申请书中要求停止执行裁决,则应暂时停止执行,直到仲裁庭对该要求作出决定为止。

第五十二条

一、任何一方可以根据下列一个或几个理由,向秘书长提出书面申请,要求撤销裁决:

(一) 仲裁庭的组成不适当;

(二) 仲裁庭显然超越其权力;

(三) 仲裁庭的成员有受贿行为;

(四) 有严重的背离基本程序规则的情况;

(五) 裁决未陈述其所依据的理由。

二、申请应在作出裁决之日后一百二十天内提出,但以受贿为理由而要求撤销者除外,该申请应在发现受贿行为后一百二十天内,并且无论如何在作出裁决之日后三年内提出。

三、主席在接到要求时,应立即从仲裁员小组中任命一个由三人组成的专门委员会。委员会的成员不得为作出裁决的仲裁庭的成员,不得有相同的国籍,不得为争端一方国家的国民或其国民是争端一方的国家的国民,不得为上述任一国指派参加仲裁员小组的成员,也不得在同一争端中担任调解员。委员会根据第一款规定的任何理由有权撤销裁决或裁决中的任何部分。

四、第四十一至第四十五条、第四十八条、第四十九条、第五十三条和第五十四条以及第六章和第七章的规定,在适用于委员会的程序时,得作必要的变动。

五、委员会如认为情况有此需要,可以在作出决定前,停止执行裁决。如果申请人在申请书中要求停止执行裁决,则应暂时停止执行,直到委员会对该要求作出决定为止。

六、如果裁决被撤销,则经任何一方的请求,应将争端提交给依照本章第二节组织的新仲裁庭。

第六节 裁决的承认和执行

第五十三条

一、裁决对双方具有约束力。不得进行任何上诉或采取除本公约规定外的任何其他补救办法。除依照本公约有关规定予以停止执行的情况外,每一方应遵守和履行裁决的规定。

二、在本节中,"裁决"应包括依照第五十条、第五十一条或第五十二条对裁决作出解释、修改或撤销的任何决定。

第五十四条

一、每一缔约国应承认依照本公约作出的裁决具有约束力,并在其领土内履行该裁决所加的财政义务,正如该裁决是该国法院的最后判决一样。具有联邦宪法的缔约国可以在联邦法院或通过该法院执行裁决,并可规定联邦法院应把该裁决视为组成联邦的某一邦的法院作出的最后判决。

二、要求在一缔约国领土内予以承认或执行的一方,应向该缔约国为此目的而指定的主管法院或其他机构提供经秘书长核证无误的该裁决的副本一份。每一缔约国应将为此目的而指定的主管法院或其他机构以及随后关于此项指定的任何变动通知秘书长。

三、裁决的执行应受要求在其领土内执行的国家关于执行判决的现行法律的管辖。

第五十五条

第五十四条的规定不得解释为背离任何缔约国现行的关于该国或任何外国执行豁免的法律。

第五章　调解员和仲裁员的更换及取消资格

第五十六条

一、在委员会或仲裁庭组成和程序开始之后，其成员的组成应保持不变；但如有调解员或仲裁员死亡、丧失资格或辞职，其空缺应依照第三章第二节或第四章第二节的规定予以补充。

二、尽管委员会或仲裁庭的某一成员已停止成为仲裁员小组的成员，他应继续在该委员会或仲裁庭服务。

三、如果由一方任命的调解员或仲裁员未经委员会或仲裁庭（该调解员或仲裁员是该委员会或仲裁庭的成员）的同意而辞职，造成的空缺应由主席从有关小组中指定一人补充。

第五十七条

一方可以根据明显缺乏第十四条第一款规定的品质的任何事实，向委员会或仲裁庭建议取消其任何成员的资格。参加仲裁程序的一方还可根据第四章第二节以某一仲裁员无资格在仲裁庭任职为理由，建议取消该仲裁员的资格。

第五十八条

对任何取消调解员或仲裁员资格的建议的决定应视情况由委员会或仲裁庭的其他成员作出，但如成员中双方人数相等，或遇到建议取消独任调解员或仲裁员的资格，或取消大多数调解员或仲裁员的资格时，则应由主席作出决定。如决定认为该建议理由充分，则该决定所指的调解员或仲裁员应依照第三章第二节或第四章第二节的规定予以更换。

第六章　诉讼费用

第五十九条

双方为使用中心的设施而应付的费用由秘书长依照行政理事会通过的条例予以确定。

第六十条

一、每一委员会和每一仲裁庭应在行政理事会随时规定的限度内并在同秘书长磋商后，决定其成员的费用和开支。

二、本条第一款的规定并不排除双方事先同有关的委员会或仲裁庭就其成员的费用和开支达成协议。

第六十一条

一、就调解程序而言，委员会成员的费用和开支以及使用中心的设施的费用，应由双方平均分摊。每一方应负担各自与程序有关的任何其他开支。

二、就仲裁程序而言，除双方另有协议外，仲裁庭应估计双方同程序有关的开支，并决定该项开支、仲裁庭成员的酬金和开支以及使用中心的设施的费用应如何和由何人偿付。此项决定应成为裁决的一部分。

第七章 诉讼地

第六十二条

调解和仲裁程序除以下的条文规定外，应在中心的所在地举行。

第六十三条

如果双方同意，调解和仲裁程序可以在下列地点举行：

（一）常设仲裁庭或任何其他适当的公私机构的所在地，中心可以同上述机构就此目的作出安排；

（二）委员会或仲裁庭在同秘书长磋商后所批准的任何其他地点。

第八章 缔约国之间的争端

第六十四条

缔约国之间发生的不能通过谈判解决的有关本公约的解释或适用的任何争端，经争端任何一方申请，可提交国际法院，除非有关国家同意采取另一种解决办法。

第九章 修改

第六十五条

任何缔约国可建议修改本公约。建议修改的文本应在审议该修改案的行政理事会召开会议之前至少九十天送交秘书长，并由秘书长立即转交行政理事会所有成员。

第六十六条

一、如果行政理事会根据其成员的三分之二多数决定修改,则建议修改的文本应分送给所有缔约国予以批准、接受或核准。每次修改应在本公约的保管人向各缔约国发出关于所有缔约国已经批准、接受或核准该项修改的通知之后三十天开始生效。

二、任何修改不得影响任何缔约国或其任何组成部分或机构或该国的任何国民,在修改生效之日以前表示同意受中心管辖而产生的由本公约规定的权利和义务。

第十章　最后条款

第六十七条

本公约应开放供银行的成员国签字。本公约也向参加国际法院规约和行政理事会根据其成员的三分之二多数票邀请签署本公约的任何其他国家开放签字。

第六十八条

一、本公约须由签字国依照其各自的宪法程序予以批准、接受或核准。

二、本公约在交存第二十份批准、接受或核准书之日后三十天开始生效。对以后每一个交存批准、接受或核准书的国家,本公约在其交存之日后三十天开始生效。

第六十九条

每一缔约国应采取使本公约的规定在其领土内有效所必需的立法或其他措施。

第七十条

本公约应适用于由一缔约国负责国际关系的所有领土,但不包括缔约国在批准、接受或核准时,或其后以书面通知本公约的保管人予以除外的领土。

第七十一条

任何缔约国可以书面通知本公约的保管人退出本公约。该项退出自收到该通知六个月后开始生效。

第七十二条

缔约国依照第七十条或第七十一条发出的通知，不得影响该国或其任何组成部分或机构或该国的任何国民在保管人接到上述通知以前由他们其中之一所表示的同意受中心的管辖而产生的由本公约规定的权利和义务。

第七十三条

本公约的批准、接受或核准书以及修改的文本应交存于银行，它是本公约的保管人。保管人应将本公约核证无误的副本送交银行的成员国和被邀请签署本公约的任何其他国家。

第七十四条

保管人应依照联合国宪章第一〇二条和大会通过的有关条例向联合国秘书处登记本公约。

第七十五条

保管人应将下列各项通知所有签字国：

（一）依照第六十七条的签字；

（二）依照第七十三条交存的批准、接受和核准书；

（三）依照第六十八条本公约的生效日期；

（四）依照第七十条不适用本公约的领土；

（五）依照第六十六条对本公约的任何修改的生效日期；

（六）依照第七十一条退出本公约。

订于华盛顿，用英文、法文和西班牙文写成，三种文本具有同等效力。正本一份，存放在国际复兴开发银行档案库，银行已在下方签字，以表明它同意根据本公约履行其职责。

附录九 《ICSID 公约》缔约国名单

国家	签约日期	交存批准书日期	公约生效日期
阿富汗	1966年9月30日	1968年6月25日	1968年7月25日
阿尔巴尼亚	1991年10月15日	1991年10月15日	1991年11月14日
阿尔及利亚	1995年4月17日	1996年2月21日	1996年3月22日
阿根廷	1991年5月5日	1994年10月19日	1994年11月18日
亚美尼亚	1992年9月16日	1992年9月16日	1992年10月16日
澳大利亚	1975年3月24日	1991年5月5日	1991年6月1日
奥地利	1996年5月5日	1971年5月25日	1971年6月24日
阿塞拜疆	1992年9月18日	1992年9月18日	1992年10月18日
巴哈马群岛	1995年10月19日	1995年10月19日	1995年11月18日
巴林	1995年9月22日	1996年2月14日	1996年3月15日
孟加拉国	1979年11月20日	1980年3月27日	1980年4月26日
巴巴多斯	1981年5月13日	1983年11月1日	1983年12月1日
白俄罗斯	1992年7月10日	1992年7月10日	1992年8月9日
比利时	1965年12月15日	1970年8月27日	1970年9月26日
伯利兹	1986年12月19日		
贝宁	1965年9月10日	1966年9月6日	1966年10月14日
波斯尼亚和黑塞哥维那	1997年4月25日	1997年5月14日	1997年6月13日
博茨瓦纳	1970年1月15日	1970年1月15日	1970年2月14日
文莱达鲁萨兰国	2002年9月16日	2002年9月16日	2002年10月16日
保加利亚	2000年3月21日	2001年4月13日	2001年5月13日
布基纳法索	1965年9月16日	1966年8月29日	1966年10月14日
布隆迪	1967年2月17日	1969年11月5日	1969年12月5日
佛得角	2010年12月20日	2010年12月27日	2011年1月26日
柬埔寨	1993年11月5日	2004年12月20日	2005年1月19日
喀麦隆	1965年9月23日	1967年1月3日	1967年2月2日
加拿大	2006年12月15日	2013年11月1日	2013年12月1日
中非	1965年8月26日	1966年2月23日	1966年10月14日

续表

国家	签约日期	交存批准书日期	公约生效日期
乍得	1966年5月12日	1966年8月29日	1966年10月14日
智利	1991年1月25日	1991年9月24日	1991年10月24日
中国	1990年2月9日	1993年1月7日	1993年2月6日
哥伦比亚	1993年5月18日	1997年7月15日	1997年8月14日
科摩罗	1978年9月26日	1978年11月7日	1978年12月7日
刚果民主共和国	1968年10月29日	1970年4月29日	1970年5月30日
刚果	1965年12月27日	1966年6月23日	1966年10月14日
哥斯达黎加	1981年9月29日	1993年4月27日	1993年5月27日
科特迪瓦	1965年6月30日	1966年2月16日	1966年10月14日
克罗地亚	1997年6月16日	1998年9月22日	1998年10月22日
塞浦路斯	1966年3月9日	1966年11月25日	1966年12月25日
捷克共和国	1993年3月23日	1993年3月23日	1993年4月22日
丹麦	1965年10月11日	1968年4月24日	1968年5月24日
吉布提	2019年4月12日	2020年6月9日	2020年7月9日
多米尼加	2000年3月20日		
埃及	1972年2月11日	1972年5月3日	1972年6月2日
萨尔瓦多	1982年6月9日	1984年3月6日	1984年4月5日
爱沙尼亚	1992年6月23日	1992年6月23日	1992年7月23日
斯威士兰	1970年11月3日	1971年6月14日	1971年7月14日
埃塞俄比亚	1965年9月21日		
斐济	1977年7月1日	1977年8月11日	1977年9月10日
芬兰	1967年7月14日	1969年1月9日	1969年2月8日
法国	1965年12月22日	1967年8月21日	1967年9月20日
加蓬	1965年9月21日	1966年4月4日	1966年10月14日
冈比亚	1974年10月1日	1974年12月27日	1975年1月26日
格鲁吉亚	1992年8月7日	1992年8月7日	1992年9月6日
德国	1966年1月27日	1969年4月18日	1969年5月18日
加纳	1965年11月26日	1966年7月13日	1966年10月14日
希腊	1966年3月16日	1969年4月21日	1969年5月21日
格林纳达	1991年5月24日	1991年5月24日	1991年6月23日
危地马拉	1995年11月9日	2003年1月21日	2003年2月20日

续表

国家	签约日期	交存批准书日期	公约生效日期
几内亚	1968年8月27日	1968年11月4日	1968年12月4日
几内亚比绍	1991年9月4日		
圭亚那	1969年7月3日	1969年7月11日	1969年8月10日
海地	1985年1月30日	2009年10月27日	2009年11月26日
洪都拉斯	1986年5月28日	1989年2月14日	1989年3月16日
匈牙利	1986年10月1日	1987年2月4日	1987年3月6日
冰岛	1966年7月25日	1966年7月25日	1966年10月14日
印尼	1968年2月16日	1968年9月28日	1968年10月28日
伊拉克	2015年11月17日	2015年11月17日	2015年12月17日
爱尔兰	1966年8月30日	1981年4月7日	1981年5月7日
以色列	1980年6月16日	1983年6月22日	1983年7月22日
意大利	1965年11月18日	1971年3月29日	1971年4月28日
牙买加	1965年6月23日	1966年9月9日	1966年10月14日
日本	1965年9月23日	1967年8月17日	1967年9月16日
约旦	1972年7月14日	1972年10月30日	1972年11月29日
哈萨克斯坦	1992年7月23日	2000年9月21日	2000年10月21日
肯尼亚	1966年5月24日	1967年1月3日	1967年2月2日
韩国	1966年4月18日	1967年2月21日	1967年3月23日
科索沃	2009年6月29日	2009年6月29日	2009年7月29日
科威特	1978年2月9日	1979年2月2日	1979年3月4日
吉尔吉斯共和国	1995年6月9日		
拉脱维亚	1997年8月8日	1997年8月8日	1997年9月7日
黎巴嫩	2003年3月26日	2003年3月26日	2003年4月25日
莱索托	1968年9月19日	1969年7月8日	1969年8月7日
利比里亚	1965年9月3日	1970年6月16日	1970年7月16日
立陶宛	1992年7月6日	1992年7月6日	1992年8月5日
卢森堡	1965年9月28日	1970年7月30日	1970年8月29日
马达加斯加	1966年6月1日	1966年9月6日	1966年10月14日
马拉维	1966年6月9日	1966年8月23日	1966年10月14日
马来西亚	1965年10月22日	1966年8月8日	1966年10月14日
马里	1976年4月9日	1978年1月3日	1978年2月2日

续表

国家	签约日期	交存批准书日期	公约生效日期
马耳他	2002年4月24日	2003年11月3日	2003年12月3日
毛里塔尼亚	1965年7月30日	1966年1月11日	1966年10月14日
毛里求斯	1969年6月2日	1969年6月2日	1969年7月2日
墨西哥	2018年1月11日	2018年7月27日	2018年8月26日
密克罗尼西亚联邦	1993年6月24日	1993年6月24日	1993年7月24日
摩尔多瓦	1992年8月12日	2011年5月5日	2011年6月4日
蒙古国	1991年6月14日	1991年6月14日	1991年7月14日
黑山共和国	2012年7月19日	2013年4月10日	2013年5月5日
摩洛哥	1965年10月11日	1967年5月11日	1967年6月10日
莫桑比克	1995年4月4日	1995年6月7日	1995年7月7日
纳米比亚	1998年10月26日		
瑙鲁	2016年4月12日	2016年4月12日	2016年5月12日
尼泊尔	1965年9月28日	1969年1月7日	1969年2月6日
荷兰	1966年5月25日	1966年9月14日	1966年10月14日
新西兰	1970年9月2日	1980年4月2日	1980年5月2日
尼加拉瓜	1994年2月4日	1995年3月20日	1995年4月19日
尼日尔	1965年8月23日	1966年11月14日	1966年12月14日
尼日利亚	1965年7月13日	1965年8月23日	1966年10月14日
北马其顿	1998年9月16日	1998年10月27日	1998年11月26日
挪威	1966年6月24日	1967年8月16日	1967年9月15日
阿曼	1995年5月5日	1995年7月24日	1995年8月23日
巴基斯坦	1965年7月6日	1966年9月15日	1966年10月15日
巴拿马	1995年11月22日	1996年4月8日	1996年5月8日
巴布亚新几内亚	1978年10月20日	1978年10月20日	1978年11月19日
巴拉圭	1981年7月27日	1983年1月7日	1983年2月6日
秘鲁	1991年9月4日	1993年8月9日	1993年9月8日
菲律宾	1978年9月26日	1978年11月17日	1978年12月17日
葡萄牙	1983年8月4日	1984年7月2日	1984年8月1日
卡塔尔	2010年9月30日	2010年12月21日	2011年1月20日
罗马尼亚	1974年9月6日	1975年9月12日	1975年10月12日
俄罗斯	1992年6月16日		

续表

国家	签约日期	交存批准书日期	公约生效日期
卢旺达	1978年4月21日	1979年10月15日	1979年11月14日
萨摩亚	1978年2月3日	1978年4月25日	1978年5月25日
圣马力诺	2014年4月11日	2015年4月18日	2015年5月18日
圣多美和普林西比	1999年10月1日	2013年5月20日	2013年6月19日
沙特阿拉伯	1979年9月28日	1980年5月8日	1980年6月7日
塞内加尔	1966年9月26日	1967年4月21日	1967年5月21日
塞尔维亚	2007年5月9日	2007年5月9日	2007年6月8日
塞舌尔	1978年2月16日	1978年3月20日	1978年4月19日
塞拉利昂	1965年9月27日	1966年8月2日	1966年10月14日
新加坡	1968年2月2日	1968年10月14日	1968年11月13日
斯洛伐克共和国	1993年9月27日	1994年5月27日	1994年6月26日
斯洛文尼亚	1994年3月7日	1994年3月7日	1994年4月6日
所罗门群岛	1979年11月12日	1981年9月8日	1981年10月8日
索马里	1965年9月27日	1968年2月29日	1968年3月30日
南苏丹	2012年4月18日	2012年4月18日	2012年5月18日
西班牙	1994年3月21日	1994年8月18日	1994年9月17日
斯里兰卡	1967年8月30日	1967年10月12日	1967年11月11日
圣基茨和尼维斯	1994年10月14日	1995年8月4日	1995年9月3日
圣卢西亚	1984年6月4日	1984年6月4日	1984年7月4日
圣文森特和格林纳丁斯	2001年8月7日	2002年12月16日	2003年1月15日
苏丹	1967年3月15日	1973年4月9日	1973年5月9日
瑞典	1965年9月25日	1966年12月29日	1967年1月28日
瑞士	1967年9月22日	1968年5月15日	1968年6月14日
叙利亚	2005年5月15日	2006年1月25日	2006年2月24日
坦桑尼亚	1992年1月10日	1992年5月18日	1992年6月17日
泰国	1985年12月6日		
东帝汶	2002年7月23日	2002年7月23日	2002年8月22日
多哥	1966年1月24日	1967年8月11日	1967年9月10日
汤加	1989年5月1日	1990年3月21日	1990年4月20日
特立尼达和多巴哥	1966年10月5日	1967年1月3日	1967年2月2日
突尼斯	1965年5月5日	1966年6月22日	1966年10月14日

续表

国家	签约日期	交存批准书日期	公约生效日期
土耳其	1987 年 6 月 24 日	1989 年 3 月 3 日	1989 年 4 月 2 日
土库曼斯坦	1992 年 9 月 26 日	1992 年 9 月 26 日	1992 年 10 月 26 日
乌干达	1966 年 6 月 7 日	1966 年 6 月 7 日	1966 年 10 月 14 日
乌克兰	1998 年 4 月 3 日	2000 年 6 月 7 日	2000 年 7 月 7 日
阿拉伯联合酋长国	1981 年 12 月 23 日	1981 年 12 月 23 日	1982 年 1 月 22 日
大不列颠及北爱尔兰联合王国	1965 年 5 月 26 日	1966 年 12 月 19 日	1967 年 1 月 18 日
美利坚合众国	1965 年 8 月 27 日	1966 年 6 月 10 日	1966 年 10 月 14 日
乌拉圭	1992 年 5 月 28 日	2000 年 8 月 9 日	2000 年 9 月 8 日
乌兹别克斯坦	1994 年 3 月 17 日	1995 年 7 月 26 日	1995 年 8 月 25 日
也门共和国	1997 年 10 月 28 日	2004 年 10 月 21 日	2004 年 11 月 20 日
赞比亚	1970 年 6 月 17 日	1970 年 6 月 17 日	1970 年 7 月 17 日

注：

163 个国家已于所列日期签署了《解决国家与其他国家国民之间投资争端公约》（《ICSID 公约》）。已交存批准书国家合计 155 个。

玻利维亚共和国政府于 1991 年 5 月 3 日签署了《ICSID 公约》，并于 1995 年 6 月 23 日交存了批准书。《ICSID 公约》于 1995 年 7 月 23 日对玻利维亚生效。2007 年 5 月 2 日，收到玻利维亚退出公约的书面通知。根据《ICSID 公约》第七十一条，退约自收到玻利维亚通知 6 个月后，即 2007 年 11 月 3 日起生效。

厄瓜多尔共和国政府于 1986 年 1 月 15 日签署了《ICSID 公约》，并于同日交存了批准书。《ICSID 公约》于 1986 年 2 月 14 日对厄瓜多尔生效。2009 年 7 月 6 日，收到厄瓜多尔退出《ICSID 公约》的书面通知。根据《ICSID 公约》第七十一条，退约自收到厄瓜多尔通知 6 个月后，即 2010 年 1 月 7 日起生效。

委内瑞拉玻利瓦尔共和国政府于 1993 年 8 月 18 日签署了《ICSID 公约》，并于 1995 年 5 月 2 日交存了批准书。《ICSID 公约》于 1995 年 6 月 1 日对委内瑞拉生效。2012 年 1 月 24 日，收到委内瑞拉退出《ICSID 公约》的书面通知。根据《ICSID 公约》第七十一条，退出在收到通知 6 个月后即 2012 年 7 月 25 日生效。

附录十 与我国签订的避免双重征税协定的国家和地区名单

序号	国家或地区	签署日期	生效日期	执行日期
1	日本	1983年9月6日	1984年6月26日	1985年1月1日
2	美国	1984年4月30日	1986年11月21日	1987年1月1日
3	法国	1984年5月30日	1985年2月21日	1986年1月1日
3	法国	2013年11月26日	2014年12月28日	2015年1月1日
4	英国	1984年7月26日	1984年12月23日	1985年1月1日
4	英国	2011年6月27日	2013年12月13日	中（China）：2014年1月1日 英（UK）：所得税和财产收益税（Income Tax and Capital Gains Tax）：2014年4月6日； 公司税（Corporation Tax）：2014年4月1日
5	比利时	1985年4月18日	1987年9月11日	1988年1月1日
5	比利时	2009年10月7日	2013年12月29日	2014年1月1日
6	①德国	1985年6月10日	1986年5月14日	1985年1月1日/7月1日
6	德国	2014年3月28日	2016年4月6日	2017年1月1日
7	马来西亚	1985年11月23日	1986年9月14日	1987年1月1日
8	挪威	1986年2月25日	1986年12月21日	1987年1月1日
9	丹麦	1986年3月26日	1986年10月22日	1987年1月1日
9	丹麦	2012年6月16日	2012年12月27日	2013年1月1日
10	新加坡	1986年4月18日	1986年12月11日	1987年1月1日
10	新加坡	2007年7月11日	2007年9月18日	2008年1月1日

续表

序号	国家或地区	签署日期	生效日期	执行日期
11	加拿大	1986年5月12日	1986年12月29日	1987年1月1日
12	芬兰	1986年5月12日	1987年12月18日	1988年1月1日
	芬兰	2010年5月25日	2010年11月25日	2011年1月1日
13	瑞典	1986年5月16日	1987年1月3日	1987年1月1日
14	新西兰	1986年9月16日	1986年12月17日	1987年1月1日
	新西兰	2019年4月1日	2019年12月27日	2020年1月1日
15	泰国	1986年10月27日	1986年12月29日	1987年1月1日
16	意大利	1986年10月31日	1989年11月14日	1990年1月1日
	意大利	2019年3月23日	（尚未生效）	
17	荷兰	1987年5月13日	1988年3月5日	1989年1月1日
	荷兰	2013年5月31日	2014年8月31日	2015年1月1日
18	②捷克斯洛伐克（适用于斯洛伐克）	1987年6月11日	1987年12月23日	1988年1月1日
19	波兰	1988年6月7日	1989年1月7日	1990年1月1日
20	澳大利亚	1988年11月17日	1990年12月28日	1991年1月1日
21	③南斯拉夫（适用于波斯尼亚和黑塞哥维那）	1988年12月2日	1989年12月16日	1990年1月1日
22	保加利亚	1989年11月6日	1990年5月25日	1991年1月1日
23	巴基斯坦	1989年11月15日	1989年12月27日	1989年1月1日/7月1日
24	科威特	1989年12月25日	1990年7月20日	1989年1月1日
25	瑞士	1990年7月6日	1991年9月27日	1990年1月1日
	瑞士	2013年9月25日	2014年11月15日	2015年1月1日
26	塞浦路斯	1990年10月25日	1991年10月5日	1992年1月1日
27	西班牙	1990年11月22日	1992年5月20日	1993年1月1日
	西班牙	2018年11月28日	2021年5月2日	非源泉扣缴税收2022年1月1日；其他税收2021年5月2日
28	罗马尼亚	1991年1月16日	1992年3月5日	1993年1月1日
	罗马尼亚	2016年7月4日	2017年6月17日	2018年1月1日

续表

序号	国家或地区	签署日期	生效日期	执行日期
29	奥地利	1991年4月10日	1992年11月1日	1993年1月1日
30	巴西	1991年8月5日	1993年1月6日	1994年1月1日
31	蒙古国	1991年8月26日	1992年6月23日	1993年1月1日
32	匈牙利	1992年6月17日	1994年12月31日	1995年1月1日
33	马耳他	1993年2月2日	1994年3月20日	1995年1月1日
	马耳他	2010年10月18日	2011年8月25日	2012年1月1日
34	阿联酋	1993年7月1日	1994年7月14日	1995年1月1日
35	卢森堡	1994年3月12日	1995年7月28日	1996年1月1日
36	韩国	1994年3月28日	1994年9月27日	1995年1月1日
37	俄罗斯	1994年5月27日	1997年4月10日	1998年1月1日
	俄罗斯	2014年10月13日	2016年4月9日	2017年1月1日
38	巴新	1994年7月14日	1995年8月16日	1996年1月1日
39	印度	1994年7月18日	1994年11月19日	1995年1月1日
40	毛里求斯	1994年8月1日	1995年5月4日	1996年1月1日
41	克罗地亚	1995年1月9日	2001年5月18日	2002年1月1日
42	白俄罗斯	1995年1月17日	1996年10月3日	1997年1月1日
43	斯洛文尼亚	1995年2月13日	1995年12月27日	1996年1月1日
44	以色列	1995年4月8日	1995年12月22日	1996年1月1日
45	越南	1995年5月17日	1996年10月18日	1997年1月1日
46	土耳其	1995年5月23日	1997年1月20日	1998年1月1日
47	乌克兰	1995年12月4日	1996年10月18日	中（China）：1997年1月1日 乌（Ukraine）：股利特个人（Dividend, Interest, Royalties and Individual Income Tax）：1996年12月17日；企业所得税（Corporate Income Tax）：1997年1月1日

续表

序号	国家或地区	签署日期	生效日期	执行日期
48	亚美尼亚	1996年5月5日	1996年11月28日	1997年1月1日
49	牙买加	1996年6月3日	1997年3月15日	1998年1月1日
50	冰岛	1996年6月3日	1997年2月5日	1998年1月1日
51	立陶宛	1996年6月3日	1996年10月18日	1997年1月1日
52	拉脱维亚	1996年6月7日	1997年1月27日	1998年1月1日
53	乌兹别克斯坦	1996年7月3日	1996年7月3日	1997年1月1日
54	孟加拉国	1996年9月12日	1997年4月10日	中（China）1998年1月1日 孟（Bangladesh）1998年7月1日
55	④南斯拉夫联盟（适用于塞尔维亚和黑山）	1997年3月21日	1998年1月1日	1998年1月1日
56	苏丹	1997年5月30日	1999年2月9日	2000年1月1日
57	马其顿	1997年6月9日	1997年11月29日	1998年1月1日
58	埃及	1997年8月13日	1999年3月24日	2000年1月1日
59	葡萄牙	1998年4月21日	2000年6月7日	2001年1月1日
60	爱沙尼亚	1998年5月12日	1999年1月8日	2000年1月1日
61	老挝	1999年1月25日	1999年6月22日	2000年1月1日
62	塞舌尔	1999年8月26日	1999年12月17日	2000年1月1日
63	菲律宾	1999年11月18日	2001年3月23日	2002年1月1日
64	爱尔兰	2000年4月19日	2000年12月29日	中（China）2001年1月1日 爱（Ireland）2001年4月6日
65	南非	2000年4月25日	2001年1月7日	2002年1月1日
66	巴巴多斯	2000年5月15日	2000年10月27日	2001年1月1日
67	摩尔多瓦	2000年6月7日	2001年5月26日	2002年1月1日
68	卡塔尔国	2001年4月2日	2008年10月21日	2009年1月1日
69	古巴	2001年4月13日	2003年10月17日	2004年1月1日
70	委内瑞拉	2001年4月17日	2004年12月23日	2005年1月1日
71	尼泊尔	2001年5月14日	2010年12月31日	2011年1月1日

续表

序号	国家或地区	签署日期	生效日期	执行日期
72	哈萨克斯坦	2001年9月12日	2003年7月27日	2004年1月1日
73	印度尼西亚	2001年11月7日	2003年8月25日	2004年1月1日
74	阿曼	2002年3月25日	2002年7月20日	2003年1月1日
75	尼日利亚	2002年4月15日	2009年3月21日	2010年1月1日
76	突尼斯	2002年4月16日	2003年9月23日	2004年1月1日
77	伊朗	2002年4月20日	2003年8月14日	2004年1月1日
78	巴林	2002年5月16日	2002年8月8日	2003年1月1日
79	希腊	2002年6月3日	2005年11月1日	2006年1月1日
80	吉尔吉斯斯坦	2002年6月24日	2003年3月29日	2004年1月1日
81	摩洛哥	2002年8月27日	2006年8月16日	2007年1月1日
82	斯里兰卡	2003年8月11日	2005年5月22日	2006年1月1日
83	特立尼达和多巴哥	2003年9月18日	2005年5月22日	针对不同所得项目分别于2005年6月1日和2006年1月1日起执行
84	阿尔巴尼亚	2004年9月13日	2005年7月28日	2006年1月1日
85	文莱	2004年9月21日	2006年12月29日	2007年1月1日
86	阿塞拜疆	2005年3月17日	2005年8月17日	2006年1月1日
87	格鲁吉亚	2005年6月22日	2005年11月10日	2006年1月1日
88	墨西哥	2005年9月12日	2006年3月1日	2007年1月1日
89	沙特阿拉伯	2006年1月23日	2006年9月1日	2007年1月1日
90	阿尔及利亚	2006年11月6日	2007年7月27日	2008年1月1日
91	塔吉克斯坦	2008年8月27日	2009年3月28日	2010年1月1日
92	埃塞俄比亚	2009年5月14日	2012年12月25日	2013年1月1日
93	土库曼斯坦	2009年12月13日	2010年5月30日	2011年1月1日
94	捷克	2009年8月28日	2011年5月4日	2012年1月1日
95	赞比亚	2010年7月26日	2011年6月30日	2012年1月1日
96	叙利亚	2010年10月31日	2011年9月1日	2012年1月1日
97	乌干达	2012年1月11日	（尚未生效）	

续表

序号	国家或地区	签署日期	生效日期	执行日期
98	博茨瓦纳	2012年4月11日	2018年9月19日	中（China）2019年1月1日 博（Botswana）源泉扣缴税种：2018年10月19日；其他税种：2019年7月1日
99	厄瓜多尔	2013年1月21日	2014年3月6日	2015年1月1日
100	智利	2015年5月25日	2016年8月8日	2017年1月1日
101	津巴布韦	2015年12月1日	2016年9月29日	2017年1月1日
102	柬埔寨	2016年10月13日	2018年1月26日	2019年1月1日
103	肯尼亚	2017年9月21日	（尚未生效）	
104	加蓬	2018年9月1日	（尚未生效）	
105	刚果（布）	2018年9月5日	（尚未生效）	
106	安哥拉	2018年10月9日	（尚未生效）	
107	阿根廷	2018年12月2日	（尚未生效）	

内地与港澳地区签订的避免双重征税安排

序号	地区	签署日期	生效日期	执行日期
1	香港特别行政区	2006年8月21日	2006年12月8日	内地（Mainland）2007年1月1日 香港（HKSAR）2007年4月1日
2	澳门特别行政区	2003年12月27日	2003年12月30日	2004年1月1日

大陆与台湾地区签订的避免双重征税协议

序号	地区	签署日期	生效日期	执行日期
1	台湾	2015年8月25日	（尚未生效）	

注：

（1）截至2020年4月底，我国已对外正式签署107个避免双重征税协定，其中101个协定已生效，和香港、澳门两个特别行政区签署了税收安排，与台湾地区签署了税收协议。

（2）①中国政府于1985年6月10日、1987年6月8日先后与德意志联邦共和国、德意志民主共和国政府签订避免对所得和财产双重征税协定、避免对所得双重征税和防止偷漏税协定。1990年10月3日，德意志联邦共和国与德意志民主共和国统一为德意志联邦共和国，中国政府1985年6月10日与德意志联邦共和国政府签订的避免对所得和财产双重征税协定继续适用于中国和统一以后的德意志联邦共和国。②中国政府于1987年6月11日与捷克斯洛伐克社会主义共和国政府签订避免对所得双重征税和防止偷漏税协定。1990年，捷克斯洛伐克社会主义共和国先后改国名为捷克斯洛伐克联邦共和国、捷克和斯洛伐克联邦共和国，上述协定继续适用。1993年1月1日，捷克和斯洛伐克联邦共和国分解为捷克共和国和斯洛伐克共和国，上述协定继续适用于中国和上述两国。2009年8月28日，中国政府与捷克共和国政府签订避免对所得双重征税和防止偷漏税协定，该协定适用于捷克共和国。③中国政府于1988年12月2日与南斯拉夫社会主义联邦共和国议会联邦执行委员会（南斯拉夫政府）签订避免对所得和财产双重征税协定，后来南斯拉夫解体，据外交部告，该协定由解体后的各国继承，后来中国政府陆续与解体后的各国政府签订避免对所得和财产双重征税协定，仅有波斯尼亚和黑塞哥维那政府未单独签订，上述协定继续适用于中国和波斯尼亚和黑塞哥维那。④中国政府于1997年3月21日与南斯拉夫联盟共和国联盟政府（南斯拉夫联盟政府）签订避免对所得和财产双重征税协定。2003年2月4日，南斯拉夫联盟共和国改国名为塞尔维亚和黑山共和国，上述协定继续适用。2006年6月3日，塞尔维亚和黑山共和国分解为塞尔维亚共和国和黑山共和国，上述协定继续适用于中国和上述两国。

参考文献

[1] 驻安哥拉经商参处.中国国家开发银行与安哥拉财政部签署新一期融资贷款合作协议.http：//www.mofcom.gov.cn/article/i/jyjl/k/201405/20140500590705.shtml.商务部网站.

[2] 刘烨.海外基础设施投资中的国家担保问题［J］.国际工程与劳务杂志，2017.

[3] 王福俭等.中国企业境外投资和对外承包工程风险管控及案例分析［M］.中国经济出版社，2015.

[4] 中国的对外援助.http：//www.gov.cn/zwgk/2011－04/21/content_1850553.htm.中华人民共和国中央人民政府网站.

[5] 金锐.中国对外经济合作三十年之对外承包工程.商务部国际贸易经济合作研究院.

[6] 中国出口信用保险公司.全球投资风险分析报告，2015—2016年版.中国财政经济出版社.

[7] 中国出口信用保险公司.国家风险分析报告，2005—2023年版.

[8] 中国对外承包工程商会.中国对外承包工程发展报告，2015、2016.

[9] 中国对外承包工程商会.中国对外承包工程发展报告，2016、2017.

[10]《美国工程新闻记录》.http：//www.enr.com/toplists.

[11] 曹荣湘.国家风险与主权评级［M］.北京：社会科学文献出版社，2004：12.

[12] 屈晓鹏.浮动抵押在融资结构中的应用及启示.国际工程与劳务杂志，2017：4.

[13] 闫妮，刘欣，李淑静.融资租赁与海外租赁保险研究报告.

[14] 邹小燕，张璇. 出口信贷. 机械工业出版社，2008.

[15] 商务部网站. http://www.mofcom.gov.cn/article/i/jyjl/j/200411/20041100302936.shtml.

[16] 赵因因，卢进勇. 中国对外直接投资现状、问题及应对分析［J］. 对外经贸实务. 2011：12.

[17] 卡门·M. 莱因哈特，肯尼斯 S. 罗格夫. 这次不一样：八百年金融危机史［M］. 2020.

[18] 苏相中. 主权债务危机治理中的集体行动规则［D］. 北京交通大学，2015.35.

[19] 罗熹. 《信用保险词典》，中国金融出版社.

[20] 王静波，于洪晨. 债券博弈：弄潮国际债券市场的中国企业. 中国人民大学出版社，2014：8.

[21] 周啸东. 《"一带一路"大实践》，机械工业出版社.

[22] 霍家杰. 《艰难辉煌：投建营一体化成功案例》，国工百家讲堂.

[23] 乔亚，沈光伟. 海外私人投资基础设施项目开发及前期工作实务，国际工程与劳务，2020年第9期.

[24] 李铮. 卡西姆电站项目风险控制纪实. 国际工程与劳务，2016年7月.

[25] 财政部PPP中心. "一带一路" PPP项目案例——巴基斯坦卡西姆港燃煤电站PPP项目，"走出去"服务港，2017年7月（来源："一带一路"金融工程）.

[26] 耿兴强，刘向晨，康从钦. 点亮"中巴经济走廊"希望之光——中国电建投资建设巴基斯坦卡西姆电站纪实，中国能源报，2017年12月11日.

[27] 进出口银行就孟加拉国达卡机场高架快速路项目签署银团贷款协议，中国进出口银行，2019年4月26日.

[28] 总投资12.63亿美元大项目！中泰两国企业合作签署孟加拉国达卡机场高架快速路项目，"一带一路"金融工程，2020年2月27日.

[29] 山东高速国际合作公司. 国际合作公司孟加拉国达卡机场高架快速路项目实现首笔放款, 2020年4月5日.

[30] 孟加拉国达卡机场高架快速路项目实现融资关闭落地. 国际微参, 2020年4月7日.

[31] 中国出口信用保险公司. 中国信保承保的孟加拉国达卡机场高架快速路项目荣获《财资》"最佳交通运输项目"奖, 2021年7月26日.

[32] 中国信保天津分公司. 某公路海外投资保险BOT项目承保案例, 案例分享第4期, 2022年6月28日.

[33] "我们过去的梦想, 今天实现了"——共建"一带一路"助力孟加拉国交通发展. 中国"一带一路"网, 2023年10月8日.

[34] 山东高速国际合作公司. 忠诚无悔守初心, 奋战海外显担当——记孟加拉国达卡机场高架快速路项目团队, 丝路奔腾——十年征程再出发, 2023年11月21日.

[35] 商务部国际贸易经济合作研究院, 中国驻外国大使馆经济商务处, 商务部对外投资和经济合作司. 对外投资合作国别（地区）指南.

[36] 中国商务部, 国家统计局, 国家外汇管理局. 中国对外直接投资统计公报.

[37] 签约+开工！山西院越南光伏市场开发与项目推进成效显著. 中国能建山西院网站, 2018年11月23日.

[38] 中国能建山西院稳步推进东南亚新能源业务. 中国能建网站, 2018年12月11日.

[39] 向东南亚新能源建设市场进军. 山西经济日报, 2018年12月11日.

[40] 电缆网/能源资讯中心. 泰国B.GrimmPower公司发行绿色债券获亚行投资, 2018年12月14日.

[41] 完美履约打造"丝路"新能源示范项目. 中国能建规划设计集团网站, 2019年6月19日.

[42] 绿色能源映富安. 中国能源报, 2019年6月28日.

［43］Phú Yên: Khánh thành Nhà máy điện mặt trời Hoà Hội．越南通讯社（VNA）2019年6月28日．

［44］风劲扬帆舒宏图 厚积薄发臻一流．山西工人报，2019年8月5日．

［45］张君涛，高雷丽，沈光伟．国际工程项目融资模式创新与选择．国际工程与劳务，2020年第4期．

［46］胡俊珺，杨雁景．承包商延付融资模式下的担保机制？——以越南光伏发电项目为例．阳光时代法律观察，2020年5月15日．

［47］亚行支持越南中部257兆瓦太阳能发电站．国际新能源解决方案平台，2020年10月10日．

［48］利用"预付款+信用证"解决业主延期支付和承包商即期收汇难题．风险简说（大海外），2020年10月13日．

［49］亚开行牵头为越南257MW光伏项目提供贷款1.8亿美元．晶澳、天合供应组件．光伏们，2020年10月14日．

［50］郭舒．甘再水电站为柬埔寨经济发展提供强劲动力，中国新闻网，2016年10月12日．

［51］财政部PPP中心．"一带一路"PPP项目案例——柬埔寨甘再水电站，2017年6月14日．

［52］谢文刚．海外投资保险在BOT项目融资中的应用．国际工程，2017年12月6日．

［53］电建海投，中国水力发电工程学会．中国对外投资项目最成功案例：柬埔寨甘再水电站．2017年9月6日．

［54］中国进出口银行．进出口银行控股的中国——欧亚经济合作基金完成柬埔寨甘再水电站项目投资交割．2021年1月4日．

［55］柬埔寨甘再水电站CDM碳减排量顺利通过联合国核签．易碳家，2023年9月2日．

［56］中国驻牙买加使馆经商参处．牙买加2012年经济形势和2013年经济展望．2013年9月7日．

［57］都是海外最大项目，差别咋这么大捏?! 勘察设计前沿，2016

年 2 月 25 日.

[58] 中企在海外运营首条高速公路！中国交建投资的牙买加南北高速车流量过百万！国资小新（来源中国交建），2016 年 6 月 24 日.

[59] 投资驱动，建筑类央企国际化业务新形态. 向洋看世界，2016 年 10 月 20 日.

[60] "一带一路"领头羊：中国交建在海外的投资与并购. 中国对外承包工程商会，2017 年 4 月 24 日.

[61] "一带一路" PPP 项目案例——牙买加 H2K 高速公路南北线项目. "一带一路"金融工程，2017 年 7 月 8 日.

[62] 如何通过 PPP 模式支持"一带一路"相关国家的基础设施建设？桥梁网与桥梁视界，2018 年 5 月 11 日.

[63] 熊升全，李阳. 创新海外产融合作 促进投资高质量发展. 国际工程与劳务杂志，2019 年 5 月 13 日.

[64] 时靖，加勒比地区 PPP 项目开发策略. 国际工程与劳务杂志，2019 年 6 月 12 日.

[65] 牙买加南北高速公路项目. 中国港湾，2020 年 10 月 24 日.

[66] 境外保函新思路，中国信保增信助发展. 中国信保四川分公司资讯，2021 年 12 月 23 日.

[67] 中国出口信用保险公司. 中国信保内保外贷支持海外投资项目更好应对美元贷款加息，2022 年 8 月 17 日.

[68] 优维金融空间. 中信保单一最大内保外贷项目落地. 综合自中国信保，跨境金融研究院，中国港湾. 2022 年 8 月 18 日.

[69] 中国产业海外发展协会业务二部. 牙买加投资环境介绍，2022 年 12 月 29 日.

[70] 菲律宾 AGUS-Ⅲ 水电站工程可行性研究评估报告. 中水北方勘测设计研究有限责任公司，2018 年 5 月.

[71] 北京中佳汇达能源投资有限. 菲律宾 Agus-Ⅲ 水电站工程概况介绍. 2018 年 8 月 12 日.

[72] 北京中佳汇达能源投资有限. 菲律宾 Agus-Ⅲ 水电项目资本金出资及融资方案. 2018 年 9 月 18 日.

[73] 赵志浩, 刘兴原, 党侃. 浅谈外国企业投资菲律宾水电项目现状和流程. 国际工程与劳务杂志, 2020 年 5 月 8 日.

[74] 王晓军. 菲律宾: NDC、电力市场和中国国家电网公司, Green-BRI, 2021 年 4 月 30 日.

[75] 浅析菲律宾常规水电开发潜力与建议. "走出去"直通车, 2022 年 6 月 15 日.

[76] 菲律宾十大本土银行. 山海图, 2023 年 8 月 22 日.

[77] 菲律宾装机总量现状一览. 山海图, 2023 年 11 月 7 日.

[78] 中国机械工业集团公司. 国机集团签署菲律宾马利万斯电站 5.8 亿美元 EPC 合同. 2009 年 3 月 9 日.

[79] 国家开发银行签约菲律宾马立万斯燃煤电站项目. 国际电力网, 2010 年 1 月 8 日.

[80] 杨世新. 菲律宾电改启示录. 中国出口信用保险公司, 2012 年 6 月 13 日.

[81] 菲律宾电力行业 SWOT 分析. 国际能源电力, 2018 年 8 月 31 日.

[82] Myrna Velasco, Roel Landingin. GNPOWER 的巴丹之战.

[83] 菲律宾电力行业投资指南, 湘企出海综合服务平台, 2018 年 9 月 17 日.

[84] 菲律宾电力发展史. 国际电力, 2022 年 1 月 27 日.

[85] 江涛, 陈仪方, 菲律宾电力高度市场化 基础设施待升级. 南方电网报, 2022 年 5 月 24 日.

[86] 斯里兰卡电力行业简析. 中国驻斯里兰卡大使馆经商参处, 2006 年 11 月 6 日.

[87] 2017 年斯里兰卡电力行业风电光伏装机量及中企主导电站建设情况分析（图）. 中国报告网, 2017 年 10 月 31 日.

[88] 北京中佳汇达能源投资有限公司. 斯里兰卡 30MW 生物质电站

项目简介，2018 年 11 月 29 日．

［89］北京中佳汇达能源投资有限公司．斯里兰卡生物质发电项目现场考察工作大纲，2018 年 11 月 30 日．

［90］北京中佳汇达能源投资有限公司．斯里兰卡潜在还款担保银行情况汇总表，2019 年 1 月 8 日．

［91］北京中佳汇达能源投资有限公司．中国企业国际承包及海外投资项目融资情况分析，2019 年 1 月 16 日．

［92］北京中佳汇达能源投资有限公司．斯里兰卡生物质发电及糖厂项目融资工作计划，2019 年 1 月 21 日．

［93］中国驻斯里兰卡大使馆经济商务处．斯里兰卡电力行业现状与前景分析，2021 年 2 月 20 日．

［94］斯里兰卡电力行业概述．国际电力．2021 年 12 月 31 日．

［95］商务部国际贸易经济合作研究院、商务部投促局，驻古巴使馆经商参处．古巴金融环境怎么样．2013 年 1 月 4 日．

［96］中国进出口银行关于印发《中国进出口银行对外承包工程项目贷款管理暂行办法》的通知．2000 年 9 月 6 日．

［97］中国驻古巴大使馆经商参处．国际信用评级机构调高古巴有关评级，2016 年 1 月 12 日．

［98］古巴时隔两年重新开放外汇出售业务．新华社，2022 年 8 月 24 日．

［99］黄强，祝琳曦．全球首家官方出口信用机构—英国出口信用担保局．虎啸外贸与信保．2022 年 3 月 24 日．

［100］黄强律师团队．商业信用保险三巨头之一，Coface（科法斯）．虎啸外贸与信保，2022 年 12 月 14 日．

［101］黄强，纪思戎．德国出口信用机构——德国裕利安宜股份有限公司．虎啸外贸与信保，2022 年 8 月 10 日．

［102］黄强律师团队．比利时出口信贷机构——Credendo，虎啸外贸与信保．2023 年 3 月 23 日．

［103］黄强，刘航宇．加拿大出口发展公司（EDC）简介．虎啸外贸

与信保，2022 年 9 月 21 日．

［104］专访 OPIC CEO：美国投资加快全球布局，哪些区域是重点？经济观察报，2019 年 8 月 12 日．

［105］木广言博士．美国开发性金融往事——写在 OPIC 重组的历史拐点．知乎用户 nqvn77 跨境投融资评论，2019 年 11 月 12 日．

［106］黄强，纪思戎．美国进出口银行（EXIM）．虎啸外贸与信保，2022 年 6 月 28 日．

［107］黄强律师团队．南非出口信用保险公司——ECIC，虎啸外贸与信保，2023 年 5 月 19 日．

［108］黄强，纪思戎．澳大利亚出口融资局（Export Finance Australia）．虎啸外贸与信保，2022 年 7 月 20 日．

［109］黄强，刘航宇．日本出口和投资保险组织（NEXI）简介，虎啸外贸与信保，2022 年 8 月 31 日．

［110］黄强律师团队．印度出口信用保险有限公司——ECGC（一），虎啸外贸与信保，2023 年 8 月 3 日．